科技写作与文献检索

（第4版）

孙 平 伊雪峰 主 编
魏子淇 田 芳 副主编

清華大學出版社
北 京

内 容 简 介

本书是根据国家教育部高等教育司及辽宁省教育厅对高校“科技写作与文献检索”课程的教学要求，针对当前的教学实际需要而编写的。书中简要阐述了科技论文写作的基本问题及信息检索的基础知识，详细介绍了科技论文写作的步骤和科技论文的撰写格式，给出了国内外几种著名检索工具的使用方法，还介绍了科技论文的规范表达、毕业论文的撰写、科技论文的投稿、科技写作训练实例方面的知识。本书内容简明扼要，有较强的针对性和实用性，并有丰富的科研成果实例，非常适合自学。

本书可作为“科技写作与文献检索”课程的教材，也可作为高校师生掌握科技论文写作与文献查找方法的速成参考书，还可作为大学生完成毕业设计、查找科技资料、快速提升写作能力的必读教材。

图书在版编目(CIP)数据

科技写作与文献检索 / 孙平，伊雪峰主编 . -- 4 版 .
北京 : 清华大学出版社 , 2025. 3. -- ISBN 978-7-302-68540-1
Ⅰ . G301； G254.9
中国国家版本馆 CIP 数据核字第 2025V3J096 号

责任编辑：施　猛　张　敏
封面设计：常雪影
版式设计：恒复文化
责任校对：成凤进
责任印制：刘　菲

出版发行：清华大学出版社
网　　址：https://www.tup.com.cn，https://www.wqxuetang.com
地　　址：北京清华大学学研大厦 A 座　　邮　　编：100084
社 总 机：010-83470000　　邮　　购：010-62786544
投稿与读者服务：010-62776969，c-service@tup.tsinghua.edu.cn
质 量 反 馈：010-62772015，zhiliang@tup.tsinghua.edu.cn
印 装 者：三河市东方印刷有限公司
经　　销：全国新华书店
开　　本：185mm×260mm　　印　　张：20.5　　字　　数：401 千字
版　　次：2013 年 8 月第 1 版　　2025 年 3 月第 4 版　　印　　次：2025 年 3 月第 1 次印刷
定　　价：69.00 元

产品编号：108983-01

前　言
（第4版）

青年强，则国家强。党的二十大报告指出：“教育、科技、人才是全面建设社会主义现代化国家的基础性、战略性支撑。必须坚持科技是第一生产力、人才是第一资源、创新是第一动力，深入实施科教兴国战略、人才强国战略、创新驱动发展战略，开辟发展新领域新赛道，不断塑造发展新动能新优势。”《科技写作与文献检索》一书旨在通过科技写作知识和文献检索方法的阐释，培养大学生的科技创新精神。

《科技写作与文献检索》第1版自2013年出版以来，受到了广大读者的欢迎，并于2015年获得沈阳工业大学优秀教材评选一等奖。广大读者的厚爱激励着编者不断累积和沉淀科技写作与文献检索最新的相关知识和方法，于2016年出版了第2版。第3版于2023年出版，并获沈阳工业大学“十四五”规划重点培育教材。

编者讲授该门课程近20年，深刻领悟到学生对科技写作知识和文献检索方法的渴求，学生的求知精神激励着编者在教学中不断创新，现将第4版呈现给读者。第4版总体上保持了第1版、第2版和第3版的基本体系与特点，并在第1版、第2版和第3版的基础上融入了大量编者的最新科研成果案例，全面更新了文献检索数据库，用实际案例激发学生的实践探索兴趣。

第4版对第3版内容的主要改动有：在8.3.2节毕业论文文献综述的写作中新增了写作要点，删除了6.5.1节引言的概念和内容并将其替换为引言的内容和写作技巧，更新了6.3.3节中两个摘要的案例、第4章文献检索与利用的数据库、第5章全文文献检索与利用。第4版内容秉持新成果和新发展的理念，附有大量写作与文献检索的案例，并融入微课及数字化习题资源，使全书内容呈现丰富性和新颖性的脉络，不仅有助于学生掌握写作与检索的方法和技巧，而且可以提升学生创新与创造的能力。

第4版的内容中增加了编者最新的科研论文成果、有价值的新信息以及科技写作实例，相信更加有益于提高学生的写作水平和文献检索能力。“古人学问无遗力，少壮工夫老始成。纸上得来终觉浅，绝知此事要躬行。”也许前行路上“千淘万漉虽辛苦”，我们一定要坚信“吹尽狂沙始到金”。编者愿意与读者共勉。

全书共10章：第1章、第2章、第6章、第7章、第8章、第9章、第10章由孙平编写(共计16万字)，第3章(3.1节、3.2节)、第4章(4.6节)、第5章(5.1节、5.9节)由伊雪峰编写(共计3万字)，第3章(3.3节)、第4章(4.3节、4.4节、4.5节、4.7节、4.8节)、第5章(5.2节、5.5节、5.6节、5.7节、5.10节)由魏子淇编写(共计15万字)，第4章(4.1节、4.2节)、第5章(5.3节、5.4节、5.8节)由田芳编写(共计6万字)。全书由孙平统稿。

本书的出版得到了沈阳工业大学教务处的大力支持，在此表示感谢。

在本书的编写过程中，编者参阅了大量教材、文件、网站资料及有关参考文献，并引用了一些论述和例文。部分参考书目附录于后，但由于篇幅有限，还有一些参考书目未能一一列出，在此谨向这些作者表示谢忱和歉意。

由于编写水平有限且时间仓促，书中难免存在不妥之处，敬请谅解，诚望广大读者不吝赐教，提出宝贵意见。反馈邮箱：shim@tup.tsinghua.edu.cn。

编　者

2024年6月

前　言
（第3版）

《科技写作与文献检索》第1版自2013年出版以来，受到了广大读者的欢迎，并于2015年获得沈阳工业大学优秀教材评选一等奖。广大读者的厚爱激励着编者们不断累积和沉淀科技写作与文献检索最新的相关知识和方法，于2016年出版了第2版，现将第3版呈献给读者。

编者讲授该门课程16年，深深意识到该门课程对学生能力培养的重要性，因此愿意把科技写作知识和文献检索方法奉献给读者。第3版总体上保持了第1版和第2版的基本体系与特点，并在第1版和第2版的基础上丰富了大量编者的最新科研成果案例，更新了文献检索数据库，突出了本教材实用性和实践性的特点。

第3版对第2版内容的主要改动有：新增了8.3节毕业论文的文献综述、9.1.1节科技论文的高效发表，更新了2.3节研究试验、第6章的科技写作案例、7.2节层次标题的规范表达案例、第4章文献检索与利用的数据库、第5章全文文献检索与利用。第3版内容本着体现新进展、丰富新成果、完善新体系的原则，附有大量写作与文献检索的案例，使全书内容具有全面性、实用性、新颖性的特点，不仅有助于学生掌握写作与检索的方法和技巧，而且可以激发学生创新与创造的热情。

第3版在内容上增加了编者最新的科研论文成果、有价值的新信息、科技写作实例，相信更加有益于提高学生们的写作水平和文献检索能力。“书，足以记名姓而已。剑，一人敌，不足学。学万人敌。”蝉鸣一夏，却蛰伏了好几个四季；昙花一现，却等待了整个白昼。你终将明白，所有的收获都是默默耕耘的成果，所有的横空出世都是厚积薄发。编者愿意与读者共勉。

全书共10章：第1章、第2章、第6章、第7章、第8章、第9章、第10章由孙平编写，第3章、第4章(4.5节、4.6节)、第5章(5.1节、5.2节、5.7节、5.9节)由伊雪峰编写，第4章(4.3节、4.4节、4.7节)、第5章(5.5节、5.6节)由魏子淇编写，第4章(4.1节、4.2节)、第5章(5.3节、5.4节、5.8节)由田芳编写。全书由孙平统稿。

本书的出版得到了沈阳工业大学教务处的大力支持，在此表示感谢。

在本书的编写过程中，编者参阅了大量教材、文件、网站资料及有关参考文献，并引用了一些论述和例文。部分参考书目附录于后，但由于篇幅有限，还有一些参考书目未能一一列出，在此谨向这些作者表示谢忱和歉意。

由于编写水平有限且时间仓促，书中难免存在不妥之处，敬请谅解，诚望广大读者不吝赐教，提出宝贵意见。

编　者

2022年2月

前　言
(第2版)

《科技写作与文献检索》第1版自2013年出版以来，受到了广大读者的欢迎，并于2015年获得沈阳工业大学优秀教材评选一等奖。

编者讲授该门课程10余年，深深体会到学生对写作与检索知识的需求，学生的期盼给编者完成第2版内容提供了无穷动力。第2版总体上保持了第1版的基本体系与特点，并在第1版的基础上丰富了大量的撰写实例，更新了文献检索数据库，突出了本教材实用性的特点。每章增加的思考题可以用于复习和巩固已学的知识，对学生掌握写作与检索方法起到了重要作用。

第2版对第1版内容的主要改动有：新增了2.3节研究试验、9.2节中英文论文的投稿步骤、10.1节开题报告撰写及实例、10.2节创新创业训练项目申请书撰写及实例、10.3节专利申请撰写实例，更新了第4章文献检索与利用的数据库、第5章全文文献检索与利用。第2版内容本着体现新进展、新研究成果、完善新体系的原则，附有大量撰写与文献检索的案例，使全书内容具有全面性、实用性、新颖性的特点，不仅有助于学生掌握写作与检索的方法和技巧，而且可以激发学生创新与创造的热情。

编者在第2版中增加了有价值的新信息和实例，相信更加有益于提高学生们的学习质量。“学然后知不足，教然后知困。知不足，然后能自反也；知困，然后能自强也。故曰：教学相长也。”编者愿意与读者共勉。

全书共10章：第1章、第2章、第6章、第7章、第8章、第9章、第10章由孙平编写，第3章、第4章(4.3节、4.5节、4.6节)、第5章(5.1节、5.2节、5.7节、5.9节)由伊雪峰编写，第4章(4.1节、4.2节)、第5章(5.3节、5.4节、5.8节)由田芳编写，第4章(4.4节、4.7节)、第5章(5.5节、5.6节)由研究生魏子淇编写。全书由孙平统稿。

本书的出版得到了沈阳工业大学教务处的大力支持，在此表示感谢。

在本书的编写过程中，编者参阅了大量教材、文件、网站资料及有关参考文献，并引用了一些论述和例文。部分参考书目附录于后，但由于篇幅有限，还有一些参考书目未能一一列出，在此谨向这些作者表示谢忱和歉意。

由于编写水平有限且时间仓促，书中难免存在不妥之处，敬请谅解，诚望广大读者不吝赐教，提出宝贵意见。

编　者

2016年4月

前　言
（第1版）

科技写作是人类从事科学技术信息书面存储的社会实践活动的全过程，也是科学研究工作者毕生都要从事的工作。因此，科技写作能力是大学生必须具备的能力，也是衡量当代大学生才智的重要素质之一。同时，大学生的自学能力、独立研究能力和创造能力，都离不开对信息的综合利用，而大量的信息都储存在文献中，因此学生必须要具备检索和利用文献的能力。

随着全球化的不断深入和扩大，如何把我国从一个高等教育大国建设成为高等教育强国是我们面临的重要挑战。提高学生从事科学研究的积极性和能力，让学生知道如何做学问、如何规范地进行科技论文写作、如何进行信息的查找和检索，自觉遵守学术道德，对提高我国高等教育的质量具有深远意义。

为实现“科技写作与文献检索”课程的教学目的，本教材以培养大学生的科技写作意识和提高大学生的信息查找能力为前提来构思教材结构及相应的教学内容，力求使教材具有科学性、系统性和实用性。本教材具有实践性强的特点，在写作中结合案例加以分析，清晰地阐述科技论文的框架结构，以增强学生从事科技论文写作的兴趣；同时，本教材对信息的检索方法和步骤进行了较详细的介绍，并引导学生依据检索结果获取全文，以便高效地综合利用学术文献信息。科技写作与文献检索既是一门理论科学，又是一门应用科学，通过学习本课程，学生既可以掌握基本的写作知识和技巧，又能提高从事科技写作的能力。本课程将基础理论和实际应用紧密结合，以科学研究和能力培养为指导，实现大学理念及人才培养的对接，对全面素质教育起到有效的引导作用，使学生能够学以致用。

智慧奉献给勤奋，成功奉献给毅力，拿什么奉献给你，我的朋友！在你开始本课程学习之际，我们谨把此书奉献给你，为你提供一个从事创造发明的工具箱、一把打开智慧宝库的钥匙；我们期盼你从本课程的学习开始，努力进行科学研究和科技创造实践，相信学习和创造会给你带来无穷的乐趣和丰富的人生财富！

全书共9章：第1章、第2章、第6章、第7章、第8章、第9章由孙平编写，第3章、第4章、第5章由伊雪峰编写。全书由孙平统稿。

本书的出版得到了沈阳工业大学教务处的大力支持，在此表示感谢。

在本书的编写过程中，编者参阅了大量教材、文件、网站资料及有关参考文献，并引用了一些论述和例文。部分参考书目附录于后，但由于篇幅有限，还有一些参考书目未能一一列出，在此谨向这些作者表示谢忱和歉意。

由于编写水平有限且时间仓促，书中难免存在不妥之处，诚望广大读者不吝赐教，提出宝贵意见。

编　者

2012年9月

目 录

第1章 科技论文写作的基本问题

科技写作是人类从事科学技术信息书面存的社会实践活动的全过程。世界著名物理学家和化学家法拉第(M. Faraday)指出：“科学研究有三个阶段，首先是开拓，其次是完成，第三是发表。”我国著名化学家卢嘉锡指出：“一个只会创造不会表达的人，不算一个真正的科技工作者。”可见，科技写作是科学研究工作者毕生都要从事的工作。

当前是一个不断取得重大科学突破，推动人类思维方式、生产方式和生活方式发生更加深刻变化的时代，也是一个以科技创新和人才为核心的国际竞争更趋激烈的时代。科技论文是创新性科学技术研究工作成果的科学论述，也是理论性、实验性或观测性新知识的科学记录。按照国际科学界的规定，任何一项科研成果的确立，尤其是基础理论研究成果，都必须以在学术刊物上公开发表为依据。将研究成果撰写成论文投往专业学术期刊，是把科技成果公之于世的必经途径。

1.1 科技论文写作与发表的意义

1. 开设科技写作课程的原因

科技写作能力是创新型人才的必备素质之一。在大学阶段开设科技写作课程有以下几方面原因。

(1) 只有按照科技论文的要求规范地写作，才能准确地把科技成果记录下来。写作科技论文是科学研究的后续部分，也是科学研究全过程中最重要、最精彩的总结，因此它是科学研究的关键环节。

科技论文与人文科学和哲学社会科学不同，由于它记述的是自然科学领域的发明、创造以及对自然现象的观察发现，是对人类健康生活的真实记录，要求务必真实，符合科学原理。另外，科技论文的实用价值显著，因此需要规范的记述形式来保障。

(2) 在形式上，写作科技论文有一整套的技术性要求。从这一角度来说，科技论文写作与科学研究过程一样，有隶属于方法论的特点。科技论文的记述过程又会指导论文作者把科学研究的全过程观察、思考、设计、论证得更周密、完整、合理，从而使这一记述过程更能体现科技成果自身的价值。

如今，国家甚至国际相关组织已经制定了科技论文写作规范，科技论文写作技能已成为科技人员的必备素质，因而学校有必要把科技论文写作作为一门技能知识学习和素质培养并重的基础课程列入学生的培养计划之中。

(3) 科技论文的写作水平是科技人员品质、修养的反映，往往会直接影响科技工作的进展，因此培养科技人员的写作技能是至关重要的。例如，一篇质量很好的科研选题报告或建设项目可行性论证报告，可以促进一个有价值的科研项目或建设项目尽快实施；反之，一篇质量不好、表达不规范的论文，将妨碍某项科研成果得到公认，妨碍某种新理论、新方法被人们接受，妨碍某项先进技术得到迅速推广。又如，尽管研究成果具有发表的价值，但由于文稿写作质量太差，有时不易被期刊编辑部门所接受。因此，作为科技工作者，应当掌握科技论文写作的一般方法，了解编辑出版部门对文稿质量和规格的要求，熟悉有关的国家标准和规定，并通过写作实践不断提高自己的写作能力，从而使自己能够得心应手地写出符合要求的论文，即学术价值或实用价值高、科学性强、文字细节和技术细节表达规范性强的科技论文，以此奉献给社会，让它们在促进学术交流和推动科学技术及经济建设的发展中发挥应有的作用。

2. 科技论文写作与发表的意义

(1) 科技论文的写作是科技工作者进行科学技术研究的重要手段。有的科技工作者在接受科研任务时，往往认为他们接受的只是“一项”任务，即科研；实际上，他们在一开始就应当认识到接受的是“两项”任务，即科研和写作，所有的科技工作者都应当建立起这样一个概念。

不少科技工作者往往把写作论文当作课题研究最后一个阶段的事来做，因而常常听到他们说：“等课题做完了再写吧！”其实，写论文不是为了“交差”“还账”，也不只是为了发表。科技论文写作是科学技术研究的一种手段，是科学技术研究工作的重要组成部分。比较好的做法是在开始课题研究时便开始论文写作，不要等课题做完了才写。写，就是用文字符号把思考的过程逐一记录下来，让它们在纸面上视觉化，便于反复琢磨与推敲，使抽象、混乱的思维变得清晰、具体和有条理，使思维更缜密。如果把科技论文写作贯穿在整个研究工作中，即边研究、边写作，则可及时发现研究工作的不足，随时补充和修正正在进行的研究，使研究成果更加完善；同时还有激发写作灵感的可能，促进研究方案的重大改进，从而提高研究成果的水平和价值。

(2) 科技论文的发表可以促进学术交流。英国文学家萧伯纳说过：“倘若你有一个苹果，我也有一个苹果，而我们彼此交换，那你和我仍各有一个苹果；但倘若你有一种思想，我也有一种思想，而我们彼此交流，那我们将各有两种思想。”发表科技论文正是科技工作者之间进行科学思想交流的永久记录，也是科学发展史的书面说明，它记载了探索真理的过程以及各种观测结果和研究结果，而科学技术研究是一种承上启下的连续性工作，一项研究的结束可能是另一项研究的起点，因此，科技工作者通过论文写作与发表的形式进行学术交流，能促进研究成果的推广和应用，有利于科学事业的繁荣与发展。

现代科学技术工作已经趋于综合化、社会化，与社会各方面的联系十分密切，没有这些联系，科技工作就寸步难行。在某一科学技术领域中，往往是一些研究者在进行不同方向或者相同方向、相同课题的研究，这就需要彼此联系、交流和借鉴。这种联系、交流和借鉴主要是通过科技工作者发表论文的形式进行的。论文的写作与发表，对于提高研究水平、减少无效劳动和推动科学技术发展起着不可低估的作用。科技发展史告诉我们，许多重大的发明、发现都是从继承和交流开始的，因此可以认为，科技论文写作是一些科技交流的基础。

(3) 科技论文的写作与发表有利于科学知识的积累。科技论文写作是信息的书面存储活动，通过论文的写作与发表，信息的传递将超越时空的限制，研究成果将作为文献保存下来，成为科学技术宝库中的重要组成部分，为同时代人和后人提供学习与研究科学技术知识的参考，从而被整个人类所共享，科学技术历史长河就是由这样一个个“浪花”汇集而成的。

(4) 科技论文的发表是发现人才的重要渠道，是考核科技工作者业务成绩的重要依据。一篇论文的发表，可能使一个原来默默无闻的科技工作者被发现并受到重用。发表论文的数量和质量是衡量一个科技工作者学识水平与业务成绩的重要指标，同时也是考核他们能否获得学位和晋升技术职称的重要依据。

总之，科技论文写作是科技工作的组成部分，是科学研究的必要手段，是科技成果的重要标志，是科技交流的理想工具。

1.2 科技论文的定义和分类

1.2.1 科技论文的定义

科技论文的定义很多，有的简单一些，有的则比较复杂；从不同的角度看，也会有不同的说法。

从论文内容的角度来看，科技论文是创新性科学技术研究工作成果的科学论述，是某些具备理论性、实验性或观测性新知识的科学记录，是某些已知原理应用于实际中取得新进展、新成果的科学总结。这个定义反映了科技论文区别于其他文体的特点，使读者明确什么样的文章才叫作科技论文。

简单地说，科技论文是对创造性的科研成果进行理论分析和总结的科技写作文体。比较翔实的定义是，科技论文是报道科学研究和技术开发创新工作成果的论说性文章，是通过运用概念、判断、推理、证明或反驳等逻辑思维手段，来分析表达科学理论和技术开发研究成果的一种文体。

1.2.2 科技论文的分类

科技论文的分类就像它的定义一样，有很多种不同的分法。例如，科技论文按学科的不同，可分为物理学论文、化学论文、医学论文、数学论文等；科技论文按写作目的的不同，可分为学术性论文和学位论文等；科技论文按写作时使用的表述方法的不同，可分为论证型论文、描述型论文、设计型论文、评述型论文等。

下面着重从科技论文发挥的作用、研究的方式和论述的内容两个不同的角度对科技论文进行分类，并说明各类论文的概念及写作要求。

1. 根据科技论文发挥的作用进行分类

科技论文就其发挥的作用来看可分为三类：一是学术性论文，二是技术性论文，三是学位论文。

(1) 学术性论文。它是指研究人员提供给学术性期刊发表或向学术会议提交的论文，以报道学术研究成果为主要内容。学术性论文反映了该学科领域最新的、前沿的科学水平和发展动向，对科学技术事业的发展起着重要的推动作用。这类论文应具有新的观点、新的分析方法和新的数据或结论，并具有科学性。

(2) 技术性论文。它是指工程技术人员为报道工程技术研究成果而提交的论文，这种研究成果主要是通过应用已有的理论来解决设计、技术、工艺、设备、材料等具体技术问题而取得的。技术性论文对技术进步和提高生产力起着直接的推动作用。这类论文应具有技术的先进性、实用性和科学性。

(3) 学位论文。它是指学位申请者为了获得所修学位，按要求提交的论文。这类论文依据学位的高低又分为以下三种。

- 学士论文。它是指大学本科毕业生申请学士学位要提交的论文。有些工科大学要求学生做毕业设计，毕业设计与科技论文有某些相同之处。学士论文或毕业设计应反映作者具有专门的基础知识和技能，具有从事科学技术研究或担负专门性技术工作的初步能力。这种论文一般只涉及不太复杂的课题，论述的范围较窄，深度也较浅，因此，严格地说，学士论文一般不能作为科技论文发表。
- 硕士研究生论文。它是指硕士研究生申请硕士学位要提交的论文。它是在导师的指导下完成的，但必须具有一定程度的创新性，强调作者的独立思考能力。通过答辩的硕士论文，应该说基本上达到了发表的水平。
- 博士研究生论文。它是指博士研究生申请博士学位要提交的论文。它可以是一篇论文，亦可以是相互关联的若干篇论文的总和。博士论文应反映作者具有坚实、广博的基础理论知识和系统深入的专门知识，具有独立从事科学技术研究工作的能力，应能反映该科学技术领域最前沿的独创性成果。因此，博士论文被视为重要的科技文献。

学位论文要经过考核和答辩，因此，无论是论述、文献综述，还是介绍实验装置、实验方法，都要求比较详尽，而学术性论文和技术性论文是写给同专业的人员看的，要力求简洁。除此之外，学位论文与学术性论文和技术性论文之间并无严格的区别。就写作方法而论，这种分类并无太大意义，在这里仅借分类的方式说明它们各自的特点和一般写作要求。

2. 根据研究的方式和论述的内容进行分类

在科学技术研究工作中，人们研究的内容和方式是不同的，有的以实验为研究手段，通过实验发现新现象，寻找科学规律，或验证某种理论和假说，总之，实验结果的科学记录和总结就是研究工作的成果；有的先提出假说，进行数学推导或逻辑推理，或者借助数学方法作为研究的手段，用实验结果来检验理论，这类论文以论述或论证为中心，或提出新的理论，或对原有的理论做出新的补充和发展，或做出否定；有的研究对象虽然属于自然科学或工程技术范畴，但论述的方式却类似社会科学的某些论文，即用可信的调查研究所得的事实或数据来论证新的观点等。基于如上区别，可按研究的方式和论述的内容对科技论文进行如下分类。

(1) 实(试)验研究报告。这类论文不同于一般的实(试)验报告，其写作重点应放在“研究”上。它追求的是可靠的理论依据，先进的实(试)验设计方案，先进、适用的测试手段，合理、准确的数据处理，以及科学、严密的分析与论证。

(2) 理论推导。这类论文主要是针对提出的假说进行数学推导和逻辑推理，从而得到新的理论，包括定理、定律和法则。它的写作要求是数学推导要科学、准确，逻辑推理要严密，并准确地使用定义和概念，力求得到无懈可击的结论。

(3) 理论分析。这类论文主要是对新的设想、原理、模型、结构、材料、工艺、样品等进行理论分析，对过去的理论分析加以完善、补充或修正。它的写作要求是论证分析要严谨，数学运算要正确，资料数据要可靠，结论除了要准确，一般还须经实(试)验验证。

(4) 设计计算。它一般是指为解决某些工程问题、技术问题和管理问题而进行的计算机程序设计。例如，某些系统、工程方案、机构、产品的计算机辅助设计和优化设计，以及某些过程的计算机模拟；某些产品(包括整机、部件或零件)或物质(材料、原材料等)的设计或调、配制等。对这类论文总的要求是相对要“新”，数学模型的建立和参数的选择要合理，编制的程序要能正常运行，计算结果要合理、准确，设计的产品或调、配制的物质要经试验证实或经生产、使用考核。

(5) 专题论述。这类论文是指对某些产业、某一领域、某一学科、某项工作发表议论(包括立论和驳论)，通过分析论证，对它们的发展战略决策、发展方向和道路，以及方针政策等提出新的、独到的见解。

(6) 综合论述。这类论文应是在作者博览群书的基础上，综合介绍、分析、评述该学科领域里国内外的研究新成果、发展新趋势，并表明作者自己的观点，做出发展的科学预测，提出比较中肯的建设性意见和建议。一篇好的综合论述，对学科发展的探讨，产品、设计、工艺材料改进的研究，科学技术研究的选题，以及研究生学位论文的选题和青年科技人员及教师进修方向的选择等的指导作用都是很大的。对这类论文的基本要求是，资料要新而全，作者立足点要高、眼光要远，问题的综合性要强，分析到位，意见和建议比较中肯。

1.3 科技论文的特点

科技论文属于学术论文的范畴，是论述科技领域中具有创新意义的新成果、新见解和新知识，或者是总结某种已知原理应用于实践所取得的新方法、新技术和新产品的科技文献。科技论文是反映科研成果、开展学术交流的重要手段，对推动人类社会发展和科学技术的进步起着极为重要的作用。

尽管科技论文的种类很多，在写作目的、表述方式上也各有特色，但是所有的科技论文都具有一些共同的特点。

1. 学术性

学术性是科技论文区别于其他论文的重要标志。科技论文侧重对事物进行抽象地概括或论证，描述事物发展的内在本质和规律，因而表现为知识的专业性、内容的系统性，要求读者具有某一方面的专业知识。这是与科技新闻报道文章、科普文章以及科技应用文写作的较大区别。

2. 创新性

创新性是科技论文价值的根本所在，也是衡量科技论文学术水平高低的重要标志。科技论文要反映作者对客观事物研究的独到理解和观点，显示作者在学术上的新成就、新理论、新设想、新方法、新定理。

3. 科学性

科技写作中的各类文体都强调科学性，因为科学性是科学技术的重要属性，也是科技写作的基本要求。科技论文与其他科技文章相比，对科学性的要求更为严格。科技论文的撰写必须有实验数据做支撑，且论据充分，推理论证严谨、准确，要能反映作者进行科学研究的思维过程和所取得的成果。在写作科技论文的过程中，作者要经过周密思考，论点应经得起推敲。

4. 再现性

再现性又称重复性。读者在根据论文中所描述的实验方法、实验条件、实验设备重复作者的实验时，应能得到与作者相同的结果。但是应明确的是，一些带有专利性的内容，或者是应该保密的内容，不应写入文中。

5. 可读性

科技论文的撰写应达到文字通顺、语法正确、概念准确、表述清晰、论点鲜明、论据充分等要求。

6. 规范性

规范性是科技写作不同于文学创作或人文科学写作的一个重要特点。一般来讲，科技论文要符合特定期刊投稿的格式要求和相关规定。

思考题

(1) 科技论文的定义是什么？科技论文如何分类？

(2) 简述科技论文写作与发表的意义。

(3) 简述科技论文的特点。

扫码自测

第2章 科技论文写作的步骤

好的科技论文是以好的研究成果为基础的，本章将对科技论文写作的内涵进行适当扩展，将科研工作的4个基本步骤——科研选题、资料收集、研究试验和论文撰写囊括到科技论文写作的过程中，即从科研选题开始，通过资料收集、研究试验取得满意的结果后，再进行具体的论文撰写工作。事实上，上述4个步骤是不断往复、螺旋式展开的。下面对这4个步骤进行具体介绍。

2.1 科研选题

2.1.1 选题的重要意义

选题，顾名思义，就是选择论文的论题，即在写论文前，选择确定所要研究论证的问题。

在论述选题的相关内容时，我们应当先把课题、论题、题目三个概念搞清楚。这三者同属于某一学科的学术问题，但又有所区别。

论题不同于课题，课题通常是指某一学科重大的科研项目，其研究范围比论题大得多；论题又不同于题目，题目是指论文的标题，其研究范围一般比论题要小。

正确又合适的选题，对撰写论文具有重要的意义。通过选题，可以大体看出作者的研究方向和学术水平。爱因斯坦曾经说过：“在科学面前，提出问题往往比解决问题更重要。”如果说提出问题是解决问题的第一步，那么选准论题是论文写作成功的第一步。好的论题可以起到事半功倍的作用。选题的意义具体包括以下几方面。

(1) 选题能够决定毕业论文的价值和效用。虽然论文的成果与价值最终是由文章的完成情况和客观效用来评定的，但选题对论文来说是至关重要的。选题不仅仅是给文章定个题目和简单地规定个范围，选择毕业论文题目的过程，就是初步进行科学研究的过程。选择一个好的题目，需要作者多方思索、互相比较、反复推敲、精心策划。题目一经选定，也就表明作者头脑里已经大致形成了论文的轮廓。正如我国著名哲学家张世英所说："能提出像样的问题，不是一件容易的事，却是一件很重要的事。说它不容易，是因为提问题本身就需要研究，一个不研究某一行道的人，不可能提出某一行道的问题。也正因为要经过一个研究过程才能提出一个像样的问题，所以我们也可以说，问题提得像样了，这篇论文的内容和价值也就很有几分了。这就是选题的重要性之所在。"论文的选题有意义，写出来的论文才有价值，如果选定的题目毫无意义，即使花了很多工夫，文章的结构和语言也不错，那么也不会产生积极的效果和作用。

通过一个好的论文题目，我们能够提前对文章内容做出基本的估计。这是因为在确定题目之前，作者会先大量地接触、收集、整理和研究资料，从对资料的分析、选择中确定自己的研究方向，直到定下题目。在这一研究过程中，客观事物或资料中所反映的对象与作者的思维活动不断发生冲撞，产生共鸣。正是在这种对立统一的矛盾运动中，作者产生了思想火花和认识上的飞跃。这种飞跃必然包含合理的成分，或者是作者的独到见解，或者是对已有结论的深化，或者是对不同观点的反驳等。总之，这种思想火花和认识上的飞跃是将要起草论文的重要思想基础。

(2) 选题可以规划文章的方向、角度和规模。作者在研究客观资料的过程中，随着资料的积累以及思维的渐进深入，会产生各种各样的想法，这些想法对于作者来说是十分宝贵的。但它们尚处于分散的状态，还难以确定它们对论文主题是否有用或有多大用。因此，对它们必须有一个选择、鉴别、归拢、集中的过程，即从对个别事物的个别认识上升到对一般事物的共性认识，从对对象的具体分析中寻找彼此间的差异和联系，从输入大脑的众多信息中提炼，形成属于自己的观点，并使其确定下来。正是由于从个别到一般、分析与综合、归纳与演绎相结合的逻辑思维过程，作者的头脑中产生了写作方向并逐渐明晰起来，毕业论文的着眼点、论证的角度以及大体的规模也有了一个初步轮廓。

(3) 选题还有利于弥补知识储备不足的缺陷，使作者有针对性地、高效率地获取知识，早出成果，快出成果。撰写毕业论文的过程是先打基础后搞科研的过程，大学生在打基础阶段，学习的知识要广博一些；在研究阶段，钻研的资料应当集中一些。而选题则是广博和集中的有机结合。在选题的过程中，研究方向逐渐明确，研究目标越来越集中，最后确定论题开展研究工作。爱因斯坦说过："我不久就学会了识别出那种能够导致深邃知识的东西，而把其他许多东西撇开不管，把许多充塞脑袋，并使其偏离主要目标的东西撇开不管。”要做到这一点，必须先具备较多的知识积累。对于初写论文的人来说，在知识不够齐备的情况下，对准研究目标，直接进入研究过程，就可以根据研究的需要来补充和收集有关资料，有针对性地弥补知识储备的不足。这样一来，选题的过程也成了学习新知识、拓宽知识面、加深对问题理解的好时机。

(4) 合适的选题可以保证写作的顺利进行，提高研究能力。以学生的毕业论文为例，对于大学生来说，撰写毕业论文并不是一件轻松的事。如果毕业论文的题目过大或过难，就难以完成写作任务；反之，如果题目过于容易，就不能较好地锻炼科学研究的能力，也就达不到写作毕业论文的目的。因此，选择一个难易合适的题目，可以保证写作的顺利进行。

通过选题，能对所研究的问题由感性认识上升到理性认识，再加以条理化使其初步系统化；同时，对这一问题的历史和现状进行研究，找出症结与关键，不仅可以清楚地认识问题，还可以树立对研究工作的信心。科学研究要以专业知识为基础，但专业知识的丰富并不一定表明该人的研究能力很强。有的人书读得不少，但由于忽视研究能力的培养，仍然写不出一篇像样的论文。可见，知识并不等于能力，研究能力不会自发产生，必须在使用知识的实践中，即科学研究的实践中，自觉地加以培养和锻炼才能获得和提高研究能力。选题是研究工作实践的第一步，对于选题的确定，需要积极思考，且需要具备一定的研究能力，在开始选题到确定题目的过程中，从事学术研究的各种能力都可以得到初步的锻炼和提高。选题前，需要下功夫钻研某一学科的专业知识，需要学会查阅、收集、整理资料等各项研究工作的方法。在选题的过程中，要对已学的专业知识反复认真地思考，并从一个角度、一个侧面深化对问题的认识，从而使自己的归纳和演绎、分析和综合、判断和推理、联想和发挥等方面的思维能力和研究能力得到锻炼和提高。

毕业论文的选题是在教师的指导下进行的，有的学生不做独立思考，完全依赖教师给出题目；有的学生缺乏分析研究，拿过题目就写。这些做法都是不正确的，因为这样不利于作者主观能动性的调动，会限制作者主观能动性的发挥，不利于增长知识，提高能力。同时，撰写论文前不经过选题这一具有重要意义的研究过程，对文章的观点、论据、论证方法便会“胸中无数”，材料的准备更显不足，这样勉强提笔来写，在写作的过程中就会感到困难重重，有时甚至一筹莫展，最后可能要推倒重来。

2.1.2 选题的基本要求

选题就是确定专攻方向，明确需要解决的主要问题的过程。选题不能单凭个人兴趣或者一时热情，而要从实际出发，选择那些有价值的，能促进科学技术发展，或者在生产、建设和人民生活中迫切需要解决的有重大效益的课题。那么我们应该怎样选择课题呢？

(1) 选择本学科亟待解决的课题。在各个自然学科领域之中都有一些亟待解决的课题，有些是关系国计民生的重大问题，有些是该学科发展中的关键问题，有些是当前迫切需要解决的问题。因此，我们必须坚持为社会主义现代化建设服务的方向，选择亟待解决的课题。

(2) 选择本学科处于前沿位置的课题。凡是科学上的新发现、新发明、新创造，都有重大科学价值，必将对科学技术的发展起到推动作用。因此，在选题时要敢于创新，选择那些在本学科的发展中处于前沿位置、有重大科学价值的课题。只有这样，才能在苦心研究下取得独创性成果，为人类科学技术事业的发展做出新贡献。

(3) 选择预想获得理想效果的课题。选题的原则有以下几项：①理论联系实际。注重现实意义、实用价值和理论价值。②勤于思索，刻意求新。从观点、题目到材料直至论证方法全是新的，以新的材料论证旧的课题，从而提出新的或部分新观点、新看法，对已有的观点、材料、研究方法提出疑问，即便没有提出自己的新看法，也应达到启发人们重新思考问题的效果。③知己知彼，难易适中。充分估计自己的知识储备情况和分析问题的能力，考虑是否有资料或资料来源，题目的难易要适中，题目的大小要适度。选题的基本方法和思路可以总结为：选择那些具有背景性、调研性、规律性、冷门性、热点性、方向性、预测性，能够以小见大的课题。

2.1.3 选题的来源和方法

1. 课题来源

(1) 国家课题。它是指国家根据国民经济发展的需要，选择国民经济社会发展中长期需要解决的带有全局性、方向性、基础性的科技问题，引进重大技术和设备的消化、吸收、国产化问题，对行业的地方经济发展起关键作用的科学技术问题以及国际科技合作项目等作为国家重点科技攻关项目。

(2) 部委及省市级课题。它是指各部委或省市领导部门根据本部门、本地区经济、科技、生产发展规划的需要提出的，向科研机构或高等学校下达或招标的，需要解决的科技问题或新产品开发课题。

(3) 外单位委托课题，即所谓的“横向课题”。

(4) 本单位需要开发的新产品课题。

(5) 自选课题。在平时积累文献资料的过程中，若发现某一课题的国外报道甚少，而且有一定的深度，那么可预计该课题有发展前途；如果关于这一课题的国内报道也很少，则说明国内在此领域的研究很少或刚刚起步，可根据情况将其作为自己的研究课题。然后，可通过深入企业接触供销人员或生产人员，了解工厂或市场需求，最终确定课题。

2. 选题的方法

(1) 浏览捕捉法。浏览捕捉法的过程：将通过阅读所得到的方方面面的内容进行分类、排列、组合，从中寻找问题、发现问题，将自己在研究中的体会与资料分别加以比较，找出哪些体会在资料中没有或部分没有；哪些体会虽然资料已有，但自己对此有不同看法；哪些体会和资料是基本一致的；哪些体会是在资料基础上的深化和发挥等。经过几番深思熟虑，就容易萌生自己的想法，及时捕捉这种想法，再做进一步的思考，选题就会渐渐明晰起来。

(2) 追溯验证法，即先有拟订的想法，然后通过阅读资料加以验证来确定选题的方法。

2.2 资料收集

收集资料是课题研究工作中的一个重要步骤，它贯穿于研究的全过程。首先，资料提供了选题的依据。其次，当研究课题确定后，必须围绕选题广泛地查阅资料，这是在继承前人研究成果的基础上创新的起点，关系到研究的速度、质量以及研究成果的形成。最后，全面正确地掌握所要研究问题的情况，可以帮助研究人员确定研究方向，为所研究的问题提供科学的论证依据和研究方法，避免重复劳动，提高科学研究的效益。

2.2.1 资料在课题研究中的应用

1. 在选题、论证阶段的应用

(1) 收集的资料有助于选准研究课题。在开展课题研究时，科研人员必须借助资料，通过查阅资料调查课题研究的背景状况，了解所选课题的价值和意义，如课题是否属于改革和发展中亟待解决的，是否具有普遍推广的意义等。科研人员必须从已有的有关文献资料中汲取营养，以一定的资料为基础，以研究前人或别人的成果为起始，“站在巨人的肩膀上”选准突破口，选择相应的研究方法和研究手段。

(2) 收集的资料可以为课题的论证提供依据。论证阶段同样离不开对资料的查阅，通过查阅资料、借助资料，可了解课题题目表述是否完善，是否具有科学性、可行性。

另外，在论证时，一些主管领导、有关专家、同行所发表的意见或提供的建议以及对课题研究设计的修改要求、签署的评审鉴定书等，同样是资料的一部分，俗称“原始资料”，具有极大的针对性与时效性，其为完善课题研究设计提供了可靠的依据。

2. 在课题实施运行阶段的应用

课题的实施运行是一个动态的、创新的、不断完善的过程。在这个过程中，调研人员要及时了解相关的学术期刊、专著中的最新研究成果，随时掌握有关学术会议的快报，研讨会的纪要、综述、述评，或有关会议的报道等最新的专业、学术研究动态与国外的发展趋向，密切注意同类课题研究的进展情况；调研人员要重视收集那些未公开于社会、未经过记录整理、未正式传递的直接作用于研究人员的原始资料，这样的资料大多以口头传播、书信、实物展示等形式存在，具有较高的时效性，亦是调研人员快速获取第一手原始资料的重要来源。这类资料可以触发、启迪科研人员不断进行深入思考，不断调整自己的研究计划，从而加快课题研究的进度。

3. 在成果撰写、评价和推广阶段的应用

(1) 引用资料有助于解释研究成果、撰写研究报告或论文。在课题研究后期，要进行成果的总结，撰写实验报告或研究论文。对于与课题有关的理论、有关研究的情况和结论了解得越多，那么对自己研究结果的解释分析和得出的结论就越恰当，就越易于充分显示本研究结果的理论价值和应用价值。

(2) 收集资料有助于成果的鉴定、评价和推广。在成果鉴定时，首先是对在前面阶段积累、分析研究所取得的各种资料、数据等实验结果进行归纳整理，与此同时，还要借鉴与运用有关的理论、原理，有关的研究结论、动态等资料来阐述本研究的结果与结论，然后在此基础上进行解释和讨论，进行自我鉴定。成果的社会评价与推广同样需要依靠各种资料载体，调研人员只有通过各种渠道、方法和媒体才能捕捉到社会对该成果的评价，并获得传播、推广的动向和信息反馈等。

2.2.2 资料收集的主要方法

(1) 利用计算机在网上查阅资料。互联网上的信息量大，内容丰富，信息传递快，在网上可以查找与自己的科研方向有关的材料和信息，了解国内外新动态，为科研提供依据。

(2) 到图书馆查阅资料。

(3) 对报纸上的相关文章进行剪贴、归类整理。

(4) 从能够接触到的同行、专家等人士那里借阅、复印有关方面的书籍或资料，并及时购买新出版的有关书籍。

(5) 各种学术活动。

2.3 研究试验

试验是证明假设的一种手段，用以判断某一假设的理论是否符合大量可观察的事实，以及某一新的假设是否能够实现。试验还有一个作用，就是观察迄今为止未曾观察到的新事实。

古代的科学研究的成果大多是对原始观察材料进行统计归纳、判断、推理的结果。人们完全凭借自己的感官去直接观察自然现象。但是，由于生理结构的限制，人体感官难以直接体验所有的客观运动，人们必须借助科学实验，把自然过程置于最确定、最少受外界干扰的纯粹状态之中，通过仪器设备进行检测，进行深入细致的观察，才能揭示某一事物的本质或其运动规律。

对试验的基本要求是结果重现性好，不能重现的结果是不可靠的或不可信的。所谓的“重现性好”也并非完全相同、一点不差，而要根据统计规律来判断，是否在允许的误差范围之内。在试验过程中，科研人员要细心观察，除了观察实验中的事物，还要认识事物，有意识地寻找可能存在的特征，寻找与其他事物之间的内在联系。

研究试验通常包含试验方案设计、试验调试、试验结果分析等环节。研究试验的具体方法和步骤随学科特点、研究对象和研究手段的变化而变化，不能一概而论。这里以控制科学与工程学科的康复步行训练机器人控制为例进行阐述。

康复步行训练机器人需要跟踪医生指定的轨迹，帮助步行障碍者进行康复训练，从而恢复障碍者的步行能力和平衡能力。因此，使康复步行训练机器人安全跟踪指定轨迹的控制方法至关重要，为了验证控制器设计的有效性，我们通过仿真实验研究进行分析和评价[参考文献：孙平，单芮，王硕玉. 人机不确定条件下康复步行训练机器人的部分记忆迭代学习限速控制. 机器人，2021，43(4)：502-512.]。

2.3.1 试验方案设计

对医生指定的直线训练轨迹进行跟踪，方程描述为

$$x_d(t)=2\cos^3(0.1t)$$
$$y_d(t)=2\sin^3(0.1t)$$
$$\theta_d(t)=\frac{\pi}{t}$$

基于康复步行训练机器人的动力学模型，进行系统物理参数设置。根据残障者的实际情况，设置康复步行训练机器人的最大运动速度，并设定康复步行训练机器人的初始出发位置。

系统参数设定之后，编写实验程序，得到康复步行训练机器人的实际运动轨迹，并与指定的直线轨迹进行对比，观察跟踪效果；同时计算康复步行训练机器人的实际运动速度，与设定的最大运动速度进行对比，观察运动速度能否保障残障者安全。

为了验证控制方法的优越性，与仅考虑重心随机变化的情况而忽略人机系统不确定性及速度约束的跟踪控制方法进行对比，在康复步行训练机器人实现轨迹跟踪时，求解实际运动速度，通过对比分析说明康复步行训练机器人限速迭代控制的必要性。

2.3.2 试验调试

通过反复调试控制器参数，使康复步行训练机器人实现轨迹跟踪，仿真曲线如图2-1～图2-8所示。

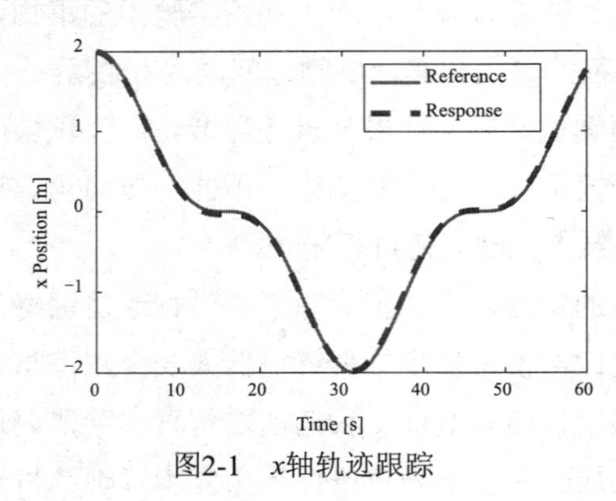

图2-1 x轴轨迹跟踪

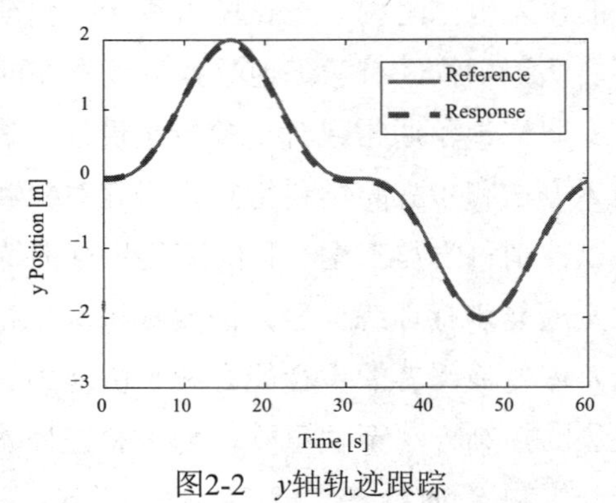

图2-2 y轴轨迹跟踪

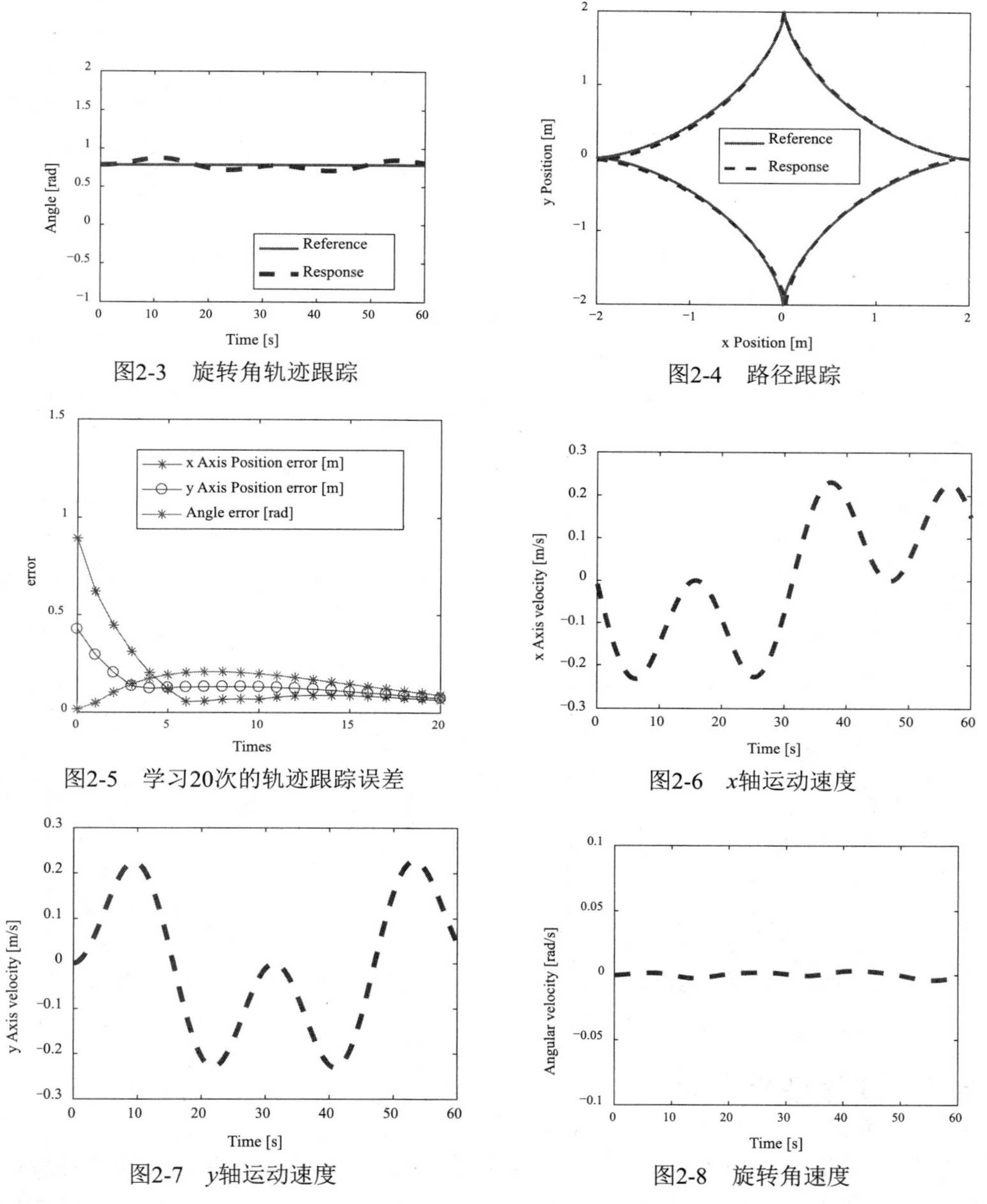

图2-3　旋转角轨迹跟踪

图2-4　路径跟踪

图2-5　学习20次的轨迹跟踪误差

图2-6　x轴运动速度

图2-7　y轴运动速度

图2-8　旋转角速度

为了进一步说明上文提到的控制方法的优越性，将这种方法与仅考虑重心随机变化的情况而忽略人机系统不确定性及速度约束对机器人跟踪性能影响的随机控制方法进行对比，仿真曲线如图2-9～图2-14所示。

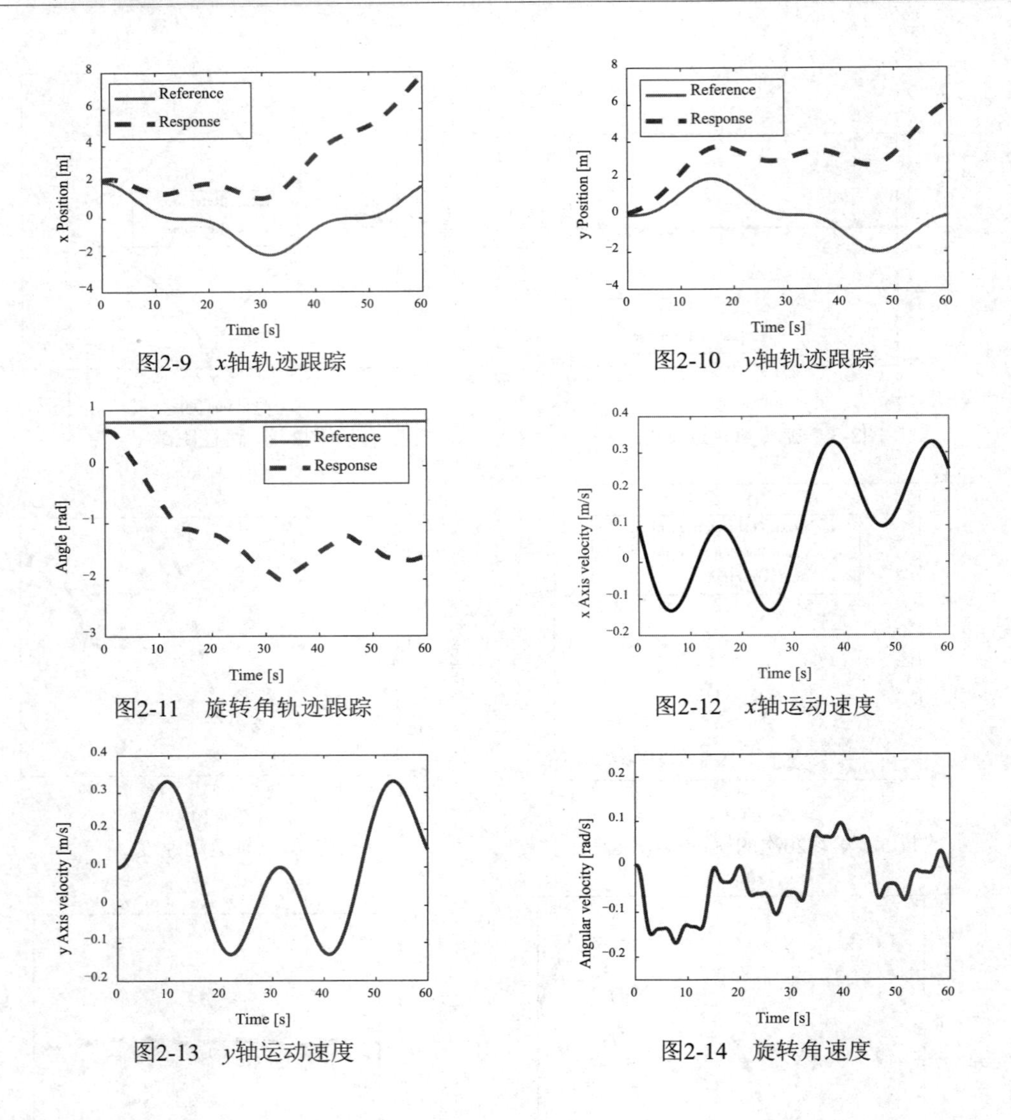

图2-9 *x*轴轨迹跟踪

图2-10 *y*轴轨迹跟踪

图2-11 旋转角轨迹跟踪

图2-12 *x*轴运动速度

图2-13 *y*轴运动速度

图2-14 旋转角速度

2.3.3 试验结果分析

图2-1～图2-3分别给出了机器人迭代学习时*x*轴、*y*轴和旋转角方向的轨迹跟踪曲线，路径跟踪曲线如图2-4所示。由图2-1～图2-4可知，旋转角方向初始一段时间的轨迹跟踪有些误差，主要由于人机不确定性对旋转角方向的运动状态影响较大。随着不断学习对跟踪误差的修正，使误差逐渐减小，最后人机系统实现了稳定的轨迹跟踪，具有部分记忆信息的控制器在自适应律的作用下，抑制了人机不确定性对跟踪性能的影响，并且随着迭代学习次数的增加，轨迹误差逐渐趋于0(见图2-5)，误差系统实现了渐近稳定，提高了人机系统的跟踪精度。图2-6～图2-8分别给出了机器人迭代学习

时x轴、y轴和旋转角方向的运动速度曲线，可以看出，机器人各轴运动速度均被限制在指定范围内，避免系统速度发生突变，保障了人机系统运动速度的安全性。

图2-9～图2-11分别给出了机器人随机控制时x轴、y轴和旋转角方向上的轨迹跟踪曲线，可以看出，机器人无法实现稳定的跟踪训练，过大的跟踪误差会使机器人发生碰撞危险。图2-12～图2-14分别给出了机器人在x轴、y轴和旋转角方向上的运动速度曲线，可以看出，ODW(全方向康复步行训练机器人，omnidirectional rehabilitative training walker)的运动速度没有被限制在指定的安全范围内，过大的速度会导致人机运动不协调而威胁训练者的安全。由此可知，解决人机不确定性及速度约束对提高系统的跟踪精度和安全性具有重要作用。

以上通过康复步行训练机器人的跟踪控制实验，阐述了科技论文写作中研究试验的撰写过程。可见，研究试验是对科技论文中理论研究结果的验证，也是科学研究中验证假说的重要环节，有助于发现新理论和新方法。

2.4 论文撰写

若要使论文条理清晰、脉络分明，那么必须使全文有一条贯穿线，这就是论文的主题。主题是一篇学术论文的精髓，用来体现作者的学术观点和学术见解。论文对读者的影响主要就是靠其主题来实现的。因此，在写论文前，构思就要围绕主题展开，要为主题服务。正如法国画家米勒(Millet)所说："所谓构思，是指把一个人的思想传递给别人的艺术。"

在对一篇论文进行构思时，有时需要按时间顺序编写，有时又需要按空间顺序编写，但更多地还是需要按逻辑关系编写，即要求符合客观事物的内在联系和规律，符合科学研究和认识事物的逻辑。但不管采用何种情形，都应保证论文合乎情理、连贯完整。有时，作者会构思出多种写作方案，这就需要进行比较。在比较中，随着思考的不断深化，写作思路会经历一个由庞杂到单纯、由千头万绪到形成一条明确线索的过程，作者应适时抓住顿悟之机，确定一种较好的方案。

作者撰写并发表任何一篇科技文章的最终目的都是让别人阅读，因此，构思时要求做到"心中装着读者"，多做读者分析。有了清晰的读者对象，才能有效地展开构思，也才能顺利地确定立意、选材以及表达的角度。一般说来，读者可分为专业读者、非专业读者、主管领导或科技工作主管机构负责人等，不同的群体对科技文章的要求与评估标准也不同。对于学术论文来说，其读者对象为同行专业读者，因此，构思要从满足专业需要与发展的角度去思考，确定取舍材料与表达的深度与广度，明确论文的重点。如果一篇论文包含重要性不同的几个论题，那么作者应分清主次，考虑如何由次要论题向主要论题过渡，才能引起专业读者的兴趣。

那么如何提高写文章的构思能力？很难想象，一个思维不清晰的作者会写出条理清晰、脉络分明的论文来。因此，问题的关键在于通过写作实践训练思维能力，只有提高思维能力，构思论文的能力才会随之提高。在正式撰写学术论文之前，先拟定写作提纲，可以极大地帮助作者锻炼思维能力，提高构思能力，这一办法经长期实践证明较为有效。据有关资料统计，世界上先拟定写作提纲，然后按提纲进行写作的科技人员，约占总数的95%。

2.4.1 编写提纲的作用

从写作程序上讲，编写提纲是作者动笔行文前的必要准备；从提纲本身来讲，它是作者构思谋篇的具体体现。所谓构思谋篇，就是组织设计论文的篇章结构。因为论文的写作不像写一首短诗、一篇散文、一段札记那样随感而发、信手拈来，也无法用一则材料、几段短语就能表达一种思想、一种感情，而是要用大量的资料、较多的层次、严密的推理来展开论述，从各个方面来阐述理由，论证自己的观点。因此，构思谋篇就显得非常重要，科研人员必须编制写作提纲，以便有条理地安排材料、展开论证。一个好的提纲，有利于纲举目张，提纲挈领，掌握全篇论文的基本骨架，使论文的结构完整统一；有利于分清层次，明确重点，周密地谋篇布局，使总论点和分论点有机地统一起来；也有利于按照各部分的要求安排、组织、利用资料，决定取舍，最大限度地发挥资料的作用。

有些学生不愿意写提纲，喜欢直接写初稿，这样做的结果是事倍功半，甚至是功亏一篑。如果没有在头脑中把全文的提纲想好，如果心中对于全文的论点、论据和论证步骤还是混乱的，那么编写一个提纲是十分必要的，其作用至少有以下三个方面。

(1) 可以体现作者的总体思路。提纲是由序码和文字组成的一种逻辑图表，是帮助作者考虑文章全篇逻辑构成的写作设计图。它的优点是使作者易于掌握论文结构的全局，可以让论文的层次清楚，重点明确，简明扼要，一目了然。

(2) 有利于论文前后呼应。提纲可以帮助作者树立全局观念，从整体出发，检验每一个部分所占的地位、所起的作用，相互间是否有逻辑联系，每部分所占的篇幅与其在全局中的地位和作用是否相称，各个部分之间的比例是否恰当和谐，每一字、每一句、每一段、每一部分是否都为全局所需要，是否丝丝入扣、相互配合，能否成为整体的有机组成部分，能否为展开论题服务。只有经过这样的思考和编写，论文的结构才能统一而完整，才能更好地为表达论文的内容服务。

(3) 有利于及时调整，避免大返工。在毕业论文的研究和写作过程中，作者的思维活动是非常活跃的，一些不起眼的材料，或许从表面看来与论文主题毫不相关，但经过熟悉和深思，作者常常会产生新的联想或新的观点，如果不认真编写提纲，那么动起笔来就会被这种现象所干扰，不得不停下笔来重新思考，甚至要推翻已写的内容重新来写。这样，不仅增加了工作量，也会极大地影响写作情绪。毕业论文的提纲犹如工程的蓝图，只要动笔前把提纲考虑得周到严谨，就能形成一个层次清楚、逻辑严密的论文框架，从而避免许多不必要的返工。另外，初写论文的学生，如果把自己的思路先写成提纲，再去请教他人，那么人家对论文内容一目了然，也能比较容易提出一些修改补充的意见，便于自己得到有效的指导。

2.4.2 编写提纲的步骤

编写提纲一般包括以下几个步骤。

1. 确定论文提要，再加进材料，形成全文的概要

论文提要是内容提纲的雏形。一般的书籍(包括教学参考书)都有反映全书内容的提要，以便读者对书的大概内容有初步了解。我们写论文时也需要先写出论文提要，在执笔前把论文的题目、大标题和小标题列出来，再把选用的材料插进去，这样就形成了论文内容的提要。

2. 安排文章篇幅

写好论文提要之后，要根据论文的内容考虑篇幅的长短、文章的各个部分以及大体上要写多少字。例如，计划写20页的论文，可以考虑绪论用1页，本论用17页，结论用1～2页；然后将本论部分再进行分配，如本论共有四项，可以第一项用3～4页，第二项用4～5页，第三项用3～4页，第四项用6～7页，这样的分配便于资料的配备和安排，能使写作更有计划。

3. 编写各章节提纲

提纲可分为简单提纲和详细提纲两种。简单提纲只是高度概括地列出论文的要点，不涉及如何展开论述。这种提纲虽然简单，但由于它是作者经过深思熟虑构成的，能够保证写作的顺利进行。详细提纲是将文章的主要内容叙述出来，在大小标题下列出所探讨的问题，这样就可以看出文章的逻辑系统，把握各章节大意，在写作时可以按提纲一层层来写。

2.4.3 拟定论文提纲的原则和方法

1. 拟定论文提纲的原则

第一，要有全局观念，从整体出发去检查每一部分在论文中所占的地位和作用。要看看各部分的比例分配是否恰当，篇幅的长短是否合适，每一部分能否为中心论点服务。比如，有一篇论述企业深化改革与稳定的辩证统一关系的论文，作者以浙江省某某市某企业为例，提出“只要干部在改革中以身作则，与职工同甘共苦，就可以取得多数职工的理解”的观点。从全局观念分析，我们可以发现这篇论文只讲了企业如何改革才能稳定，没有论述通过深化改革，转换了企业经营机制，提高了企业经济效益，增加了职工收入，最终达到社会稳定的内容。因此，这一论据没有为论点服务，是不恰当的。

第二，在撰写论文的过程中，我们应从中心论点出发决定材料的取舍，把与主题无关或关系不大的材料毫不吝惜地舍弃。有所失，才能有所得。一块毛料寸寸宝贵，如果舍不得剪裁，也就无法缝制合身的衣服。因此，为了成衣，应剪裁不需要的部分。撰写论文也是同样的道理，我们应时刻牢记材料只是为形成论文的论点服务的，如果材料偏离了论点，那么无论是多好的材料都必须舍弃。

第三，还要考虑各部分之间的逻辑关系。新手撰写的论文常出现以下几个错误：论点和论据没有必然联系，有的只限于反复阐述论点，而缺乏切实有力的论据；有的材料一大堆，论点不明确；有的各部分之间没有形成有机的逻辑关系。这样的毕业论文都是不合乎要求的，是没有说服力的。为了使论文有说服力，必须做到有论点、有例证，理论和实际相结合，论证过程有严密的逻辑性。

2. 拟定论文提纲的方法

(1) 先拟标题。

(2) 写出总论点。

(3) 考虑全篇总的安排。从几个方面，以什么顺序来论述总论点，这是论文结构的骨架。

(4) 大的项目安排妥当之后，再逐个考虑每个项目的下位论点，直到段一级，写出段的论点句，即段旨。

(5) 依次考虑各个段落的安排，把准备使用的材料按顺序编码，以便写作时使用。

(6) 全面检查，做必要的增删。

论文提纲的语句格式有两种：一是标题式，即用简要的文字写出标题，把这部分内容概括出来。这种写法简明扼要，一目了然，但只有作者自己明白。毕业论文的提纲一般不能采用这种方法编写。二是句子式，即以一个能表达完整意思的句子把该部分内容概括出来。这种写法具体而明确，别人看了也能明了，但费时费力。毕业论文的提纲要交给指导教师阅读，所以要求采用第二种编写方法。

提纲写好后，还有一项很重要的工作不容忽视，即提纲的推敲和修改，具体过程要把握如下两点：一是推敲题目是否恰当，是否合适；二是推敲提纲的结构是否合理。首先，围绕所要阐述的中心论点或者要说明的主要议题，检查各部分、层次和段落是否可以充分说明问题，是否合乎道理；各层次、段落之间的联系是否紧密，过渡是否自然。然后，进行总体布局的检查，对每一层次中的论述秩序进行“微调”。最后，按照提纲一层一层地进行论文的写作。

思考题

(1) 简述科研选题的意义和基本要求。

(2) 简述科技论文的写作步骤。

(3) 文献资料在课题研究中有哪些作用？

(4) 简述编写提纲的基本步骤。

扫码自测

第3章 信息检索基础知识

当今社会早已进入信息时代，人们的生活、学习和工作等各方面都离不开查找和利用信息，掌握信息检索的方法和技巧能使人们在浩如烟海的信息资料中快速、准确、全面地获取所需信息。在科学研究的过程中，从选题、立项、试验、撰写研究报告、研究成果鉴定到申报奖项，每一个环节都离不开信息检索。据美国科学基金会统计，科研人员花费在科技出版物上的时间为全部科研时间的60%。研究人员只有大量收集、整理、分析与利用信息，才能了解、掌握前人取得的成果和今人正在研究的课题，以及国内外对该课题的研究动态，确定哪些问题是比较新颖和前沿的，从而保证研究的高起点，这样才能“站在巨人的肩膀上”，取得高水平的研究成果，推动人类社会文明的进步。

3.1 信息检索概述

“信息检索”一词是“information retrieval”的译义，是信息工作和文献工作的相关术语，是指将信息按照一定的方式组织和存储起来，并根据需要找出所需特定信息的过程。它的全称又叫信息存储与检索(information storage and retrieval)，这是广义的信息检索。狭义的信息检索，是指从信息源中查找所需特定信息的过程。据此，可以将信息检索表述为从庞大的、高度分散的信息源中查找所需特定信息的过程。

根据不同的检索对象，信息检索一般可分为三种类型：文献检索(document retrieval)、数据检索(data retrieval)和事实检索(fact retrieval)。

(1) 文献检索。凡是以文献(或文献线索、文摘)为检索对象的检索都叫文献检索。文献检索是一种相关性检索而非确定性检索，系统不直接解答用户提出的问题本身，只提供与之相关的文献或文献的属性信息与来源提示，供用户参考和取舍。文献检索一般通过检索工具进行，如书目、索引、文摘等，检索结果是特定的文献。例如，检索“关于载人飞船都有哪些文献”就是文献检索。

(2) 数据检索。凡是以数据(或计算公式、化学分子式、图表等)为检索对象的检索都叫数据检索。数据检索是一种确定性检索，即直接提供用户所需要的确切数据，一般通过年鉴、手册等参考工具书来进行，检索结果为数据信息。例如，检索“载人飞船的飞行高度、飞行速度各是多少”就是数据检索。

(3) 事实检索。凡是以具体事实为检索对象的检索都叫事实检索。事实检索以事项为检索的目的和对象，检索的结果是有关某一事物的具体答案。因此，事实检索也是一种确定性检索，如某一个人或团体机构的基本情况，某一事件发生的时间、地点、过程等，都属于事实检索，这些事实检索一般利用百科全书、词典、年鉴、名录等参考工具书来完成。例如，检索“世界上有哪些国家发射了载人飞船”就是事实检索。

从信息检索的三种类型来看，文献检索与数据检索和事实检索在原理、方法和实践方面并无本质差异，相反，它们之间有着密切的联系。数据检索和事实检索是要检索出包含在文献中的具体信息，要通过检索的文献才能获得；文献检索的结果是与某一课题有关的若干篇论文，书刊的来源出处以及收藏地点等是最典型、最重要，也是利用率最高的信息检索。因此，文献检索是信息检索最基本的形式，也是获取信息的主要手段。正因为如此，国内外有不少人常把文献检索与信息检索等同起来，将文献检索作为信息检索的同义语。可见，文献检索虽然只是信息检索的一部分，但它却是其中最重要的一部分。

3.1.1　文献检索的方法

文献检索有多种方法，目前常用的检索方法主要有以下几种。

1. 常用法

常用法，即文献检索的常用方法。常用法根据查找方式的不同，又分为顺查法、逆查法和抽查法三种。

顺查法就是根据检索课题分析所得出的年代要求，由远及近逐年查找文献的方法。这种检索方法的优点是，逐年逐卷查找，漏检文献少，同时在检索过程中可以根据检索进展情况随时修订检索策略，误检文献少，检准率高；缺点是查找费时间，工作量大，检索效率不高。

逆查法就是根据检索课题分析所得出的年代要求，由近及远逐年查找文献的方法。这种检索方法常常用来查找最新文献。检索时，只需要查到基本所需的文献就可以了，不必逐年查到头。逆查法的优点是花费时间少；缺点是不如顺查法所查得的文献全面、系统，漏检率高。

抽查法就是根据学科发展特点，抓住某学科发展迅速、文献发表较多的年代，抽出几年或十几年，逐年查找文献的方法。这种检索方法的优点是检索的时间较少，获得的文献较多，检索效率高；缺点是必须在熟悉某学科发展特点的情况下才能使用。

2. 追溯法

追溯法是指利用文献末尾所附的参考文献，逐一跟踪查找的一种方法。这种检索方法的优点是，在没有检索工具或检索工具不齐全的情况下，借助原始文献所引用的参考文献跟踪追溯，可以查到一批有关文献；缺点是检索受到原始文献所引参考文献的限制，漏检和误检文献比较多，检索效果不好。美国的《科学引文索引》(Science Citation Index，SCI)就是在此基础上发展起来的一种检索工具。目前，追溯法包括利用参考文献进行追溯查找和利用《科学引文索引》等引文索引工具进行追溯查找两种方法。

3. 循环法

循环法是指先利用检索工具查出一批有用的文献，然后利用这些文献所附参考文献追溯查找的方法。一般情况下，5年以内的重要文献都会被引用。根据这一规律，可跳过引用的5年，再用检索工具查出一批有用的文献，利用其所附参考文献追溯查找。如此循环检索，直到取得满意的检索结果为止。这种检索方法的检索效率高，检索速度快，能系统地查到所需文献。

3.1.2 文献检索的途径

文献检索是根据文献信息的某些内容特征和外部特征，从不同的角度查找并获取特定的相关文献的过程。一般来说，文献信息有分类号、主题词、分子式等内容特征；有题名、著者、文献编码等外部特征。因此，检索途径可以是以文献内容特征进行检索的分类途径、主题途径，也可以是以文献外部特征进行检索的题名途径、著者途径、文献编码途径、出版发行者途径等，还可以是其他途径。

1. 内容特征途径

(1) 分类途径。分类途径是一种根据文献的内容特征，利用分类目录或分类索引查找文献的途径。分类途径在我国被较早采用，许多目录以分类方法编排，分类途径也被称为体系分类途径。体系分类索引是指利用文献的体系分类法所建成的索引系统。利用这一途径检索文献，首先要明确课题的学科属性、分类等级，获得相应的分类号，然后逐类查找。按分类途径检索文献可以从学科体系的角度获得较系统的文献线索，即具有族性检索功能。它要求检索者对所用的分类体系有一定的了解，熟悉分类语言的特点，熟悉学科分类的方法，熟悉跨学科课题的分类特征。

目前，国内外主要的分类法有《中国图书馆分类法》《国际十进分类法》《美国国会图书馆图书分类法》等。分类表是体系分类语言的直观反映形式，它是整个分类法的一个体系。我国普遍采用《中国图书馆分类法》(以下简称《中图法》)，其分类表由基本部类、基本大类、简表、详表和辅表5个部分组成。《中图法》分类表结构如图3-1所示。

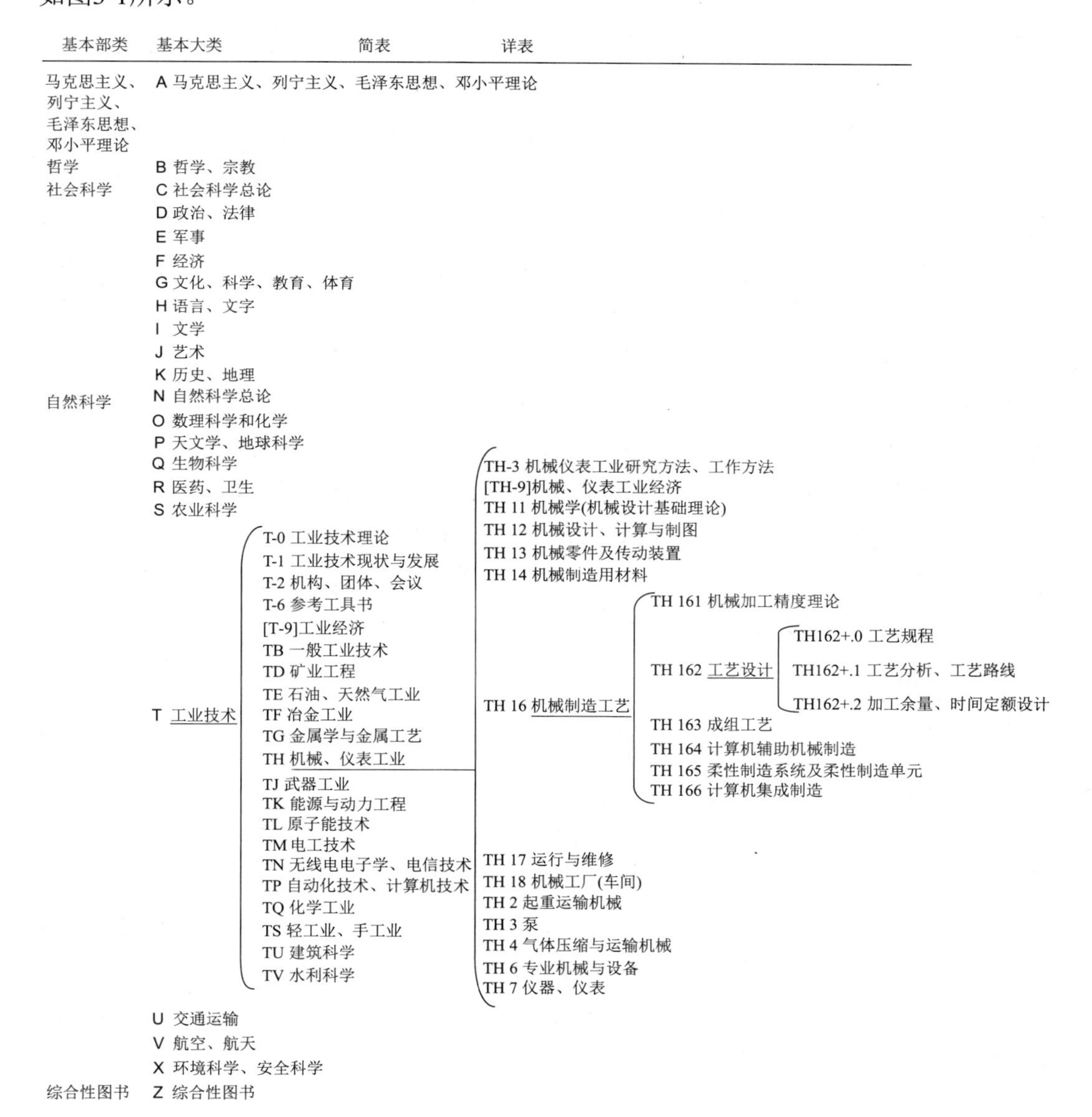

图3-1　《中图法》分类表结构示意

① 基本部类，又称基本序列。《中图法》采用五分法，把基本部类分为马克思主义、列宁主义、毛泽东思想、邓小平理论，哲学，社会科学，自然科学，综合性图书五类。

② 基本大类，又称分类法大纲。它是在基本部类的基础上进一步展开而成的，是分类表中首先区分出来的第一级概括性类目。《中图法》的基本大类共有22个类目，并用22个大写汉语拼音字母代表类目的具体内容。

③ 简表。它是在基本大类的基础上进一步区分出来的类目，由二级类目组成。它比基本大类详细，比详表简略，浏览简表可以很快了解分类概貌。因此在查表时，一般先查简表，再在简表的指引下查详表，就能快速而准确地找到需要的资料。

④ 详表，又称主表，是分类表的正文部分。详表由类目、类号、类目注释组成。它是文献分类的直接依据，也是用户查找文献不可缺少的工具。

⑤ 辅表，也称复分表。它由一组一组的通用或专用子目表组成，主要用于对主表中列举的类目进行细分。通用复分表包括总论复分表、世界地区表、中国地区表、国际时代表、中国时代表、中国民族表、通用时间及地点复分表等，均附在主表之后，专用复分表则插在主表中的相关部分之中。

(2) 主题途径。主题途径是根据文献的主题特征，利用各类主题目录和索引进行检索的途径。主题目录和主题索引就是将文献按表征其内容特征的主题词组织起来的索引系统。利用主题途径检索时，只要根据所选用的主题词的字顺(字母顺序、音序或笔画顺序等)找到所查主题词，就可查得相关文献。主题途径具有直观、专指、方便等特点，不必像使用分类途径那样，先考虑课题所属学科范围、确定分类号等。主题途径表征概念较为准确、灵活，不论主题多么专深都能直接表达和查找，并能满足多主题课题和交叉边缘学科检索的需要，具有特性检索的功能。

2. 外部特征途径

(1) 题名途径。利用图书、期刊、文章的名称查找文献，是最直接、方便的途径。题名途径是一种重要的检索途径。

(2) 著者途径。它是指根据文献的外部特征，利用责任者/著者(个人或单位)目录和著者索引进行检索的途径。国外比较重视著者途径的利用，许多检索工具都把著者索引作为最基本的索引工具。它是按著者的姓名字顺，将有关文献排序而成的。以著者为线索可以系统、连续地掌握他们的研究水平和研究方向，同一著者的文章往往具有一定的逻辑联系。同时，著者途径能满足一定的族性检索要求。已知与课题相关的著者姓名，便可以依据著者索引迅速、准确地查到特定的文献。

(3) 文献编码途径。它是指根据文献的序号特征，利用其序号索引进行检索的途径。许多文献具有唯一的或一定的序号，如专利号、报告号、国际标准图书编号(ISBN)、电子组件型号等。根据各种序号编制成不同的文献编码索引，在已知序号的前提下，利用序号途径就能查到所需文献，满足特性检索的需要。利用序号途径，需对序号的编码规则和排检方法有一定的了解，往往可以通过序号判断出文献的种类、出版的年份等信息。文献编码途径一般被作为辅助检索途径。

(4) 出版发行者途径。出版发行者是文献固有的外部特征，将出版发行者作为辅助检索途径，可以迅速缩小检索范围，找到特定的满足需要的文献。

3. 其他途径

其他途径是指引文途径、时序途径、地序途径、分子式途径、化学物质途径等。这些途径也可被归入上文提到的内容特征和外部特征两种途径之列。

综上，检索途径如图3-2所示。

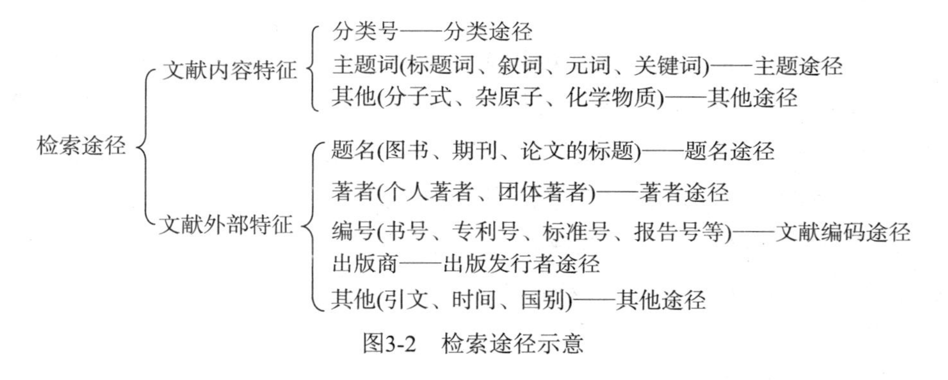

图3-2　检索途径示意

3.1.3　文献检索的策略

文献检索策略是进行文献检索的具体方案。过去不少用户认为，只有在进行计算机检索时才需要制定检索策略，其实不然，人工检索也同样需要采取检索策略，才能获得满意的检索结果。人工检索和计算机检索的区别在于，人工检索对文献检索策略的运用更灵活，因为人能进行思维活动，而计算机不能。

制定文献检索策略，就是要根据文献检索的需要与可能性制定一套可供检索文献遵循的方案。它的基本内容包括多个检索步骤，而重点是分析检索课题和确定检索途径。根据文献检索的全过程来分析，文献检索主要分为6个步骤进行，如图3-3所示。

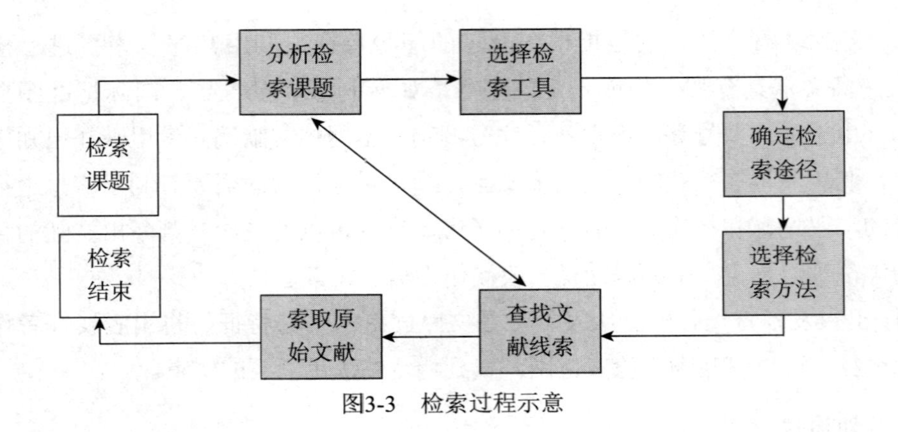

图3-3　检索过程示意

3.2 信息源

人们通常把产生信息的源泉或母体简称为信息源。从事科学研究工作或生产管理及经营活动的组织和个人是一种信息源，各种图书馆、信息中心是一种信息源，文献资料本身也是一种信息源。从根本上来说，一切信息都来自自然界或人类的实践活动，只有自然界和人类社会才是信息的真正源泉。文献上记录的信息只能称为信息流，是信息传递过程中的一种存在方式或表达方式。不过，对于大多数信息用户或读者来说，文献资料是他们获取信息的主要来源，所以习惯上把文献资料统称为信息源。

3.2.1　信息源的类型

为了便于存储和传递，信息总是要依附于某种载体。信息源按载体形式可分为口头信息源、实物信息源和文献信息源。

1. 口头信息源

口头信息源的信息以人的声音为载体，信息提供者或发送者直接用口头谈话的方式将信息传送出去，如各种报告会、新闻发布会或个别交谈等。口头信息源具有传递速度快、选择性强、反馈迅速等优点。它的缺点是直接传播面较窄，信息容易遗失，而且难以实行有效的社会监督。

2. 实物信息源

实物信息源的信息附着于某种实际的物品(如产品、样品、样机等)上面，信息用户通过参观或考察来采集其中的有用信息。实物信息源直观、真实，易检验或仿制，但一般需经过复杂的分析或解析过程才能将其中的有用信息分离出来。各种展览会是获取实物信息的重要渠道。

3. 文献信息源

文献信息源的信息以文字、符号、图形等形式记录在纸张、感光材料或磁性材料上，以印刷版、电子版等形式传递出去。这是一种最大、最重要的信息源。信息用户通过阅读和理解来获取其中的有用信息。文献信息源传播面广，便于信息的系统积累和长期保存，是在时间和空间上积累和传递信息的最有效手段，也是人们获取信息的主要来源。

3.2.2　科技文献的类型

所谓科技文献，是指用文字、符号、图形、声频、视频等技术手段记录科技信息或知识的载体。它是重要的信息源之一。

科技文献按不同的划分标准可分为不同的类型。

1. 按科技文献外在的物质形态分类

(1) 印刷型科技文献，即传统纸张印刷品，印刷方法有铅印、油印、胶印等。纸张印刷品的优点是便于流传阅读，不受时间、地点和条件的限制；缺点是比较笨重，不易保存。印刷型科技文献的主要品种有图书、期刊、报纸等。

(2) 缩微型科技文献，即通过现代技术手段将所需文献缩小复制到胶片等材料上，使原来的文献缩小几十倍甚至上千倍。它的优点是体积小，重量轻，占用空间小，便于保存和自动化检索等；缺点是不能直接阅读，需借助缩微阅读机。

(3) 机读型科技文献，即计算机可读型文献，主要有磁带、磁盘等。它将文献内容变成计算机可读的语言储存在磁带或磁盘上，阅读时由计算机输出变成人们能识读的语言。

(4) 声像型科技文献，包括唱片、录音带、录像带、光盘、幻灯片、科技影片等。这些资料声情并茂，给人们以直观感受。声像型科技文献在某些方面能起到独特的作用，如语音教学等。目前，这种类型的文献主要是以数字存储技术为基础出版的，包括各种专业学术资源数据库、网络资源检索系统等。它的优点是一次输入，多项查询，查询速度快，效率高，文献原文获取非常便利。这是目前科技文献工作主要依靠的类型。

2. 按图书情报人员对文献的加工深度分类

(1) 零次文献，即非正式出版物或非正式渠道交流的原始文献。例如，手稿、个人通信、原始记录、经验交流记录、演讲，甚至包括口头言论。零次文献不仅在内容上有一定的价值，而且能弥补一般公开文献从文献的形成到出版传播之间周期长的弊端，其新颖程度为诸多学者所关注。

(2) 一次文献。它是以著者本人在科研、生产工作中取得的科技成果为依据而撰写、创作的原始文献，不论其载体形式、出版类型如何，都属于一次文献。例如，期刊论文、科技报告、专利说明书、会议文献等，都是一次文献。一次文献直接记载了科研和生产中创造发明成果的原始资料，是科技人员宝贵的参考资料。

(3) 二次文献。由于一次文献类型多、数量大，不便于检索和利用，人们便将分散的、无组织的各类一次文献收集起来，进行加工、整理、简化和组织，形成文献的目录、索引和文摘，作为检索一次文献的工具，这样的检索工具即为二次文献。利用二次文献，科技人员可以全面、系统地查找有关一次文献的线索，节省查找文献所花费的时间，尽快弄清楚某一课题的发展历史、现状和趋势，避免造成重复劳动；能够准确了解与课题有关的技术资料，借鉴别人的经验和教训，加快科研和生产的步伐。

(4) 三次文献。三次文献是在利用二次文献检索得到一次文献线索的基础上，合理应用一次文献，对其内容进行综合、分析、评述而撰写的文献。例如，进展报告、评论、综述、字典、词典、手册、年鉴、百科全书等，都属于三次文献。三次文献一般综合性强，系统性好，知识面广，有的还具有检索功能，参考价值比较大。

总之，从零次文献、一次文献、二次文献到三次文献，是一个由分散到集中、由无序到有序、由广博到精深，对知识信息进行不同层次加工的过程。它们所包含的信息的质和量是不同的，对于改善人们的知识结构所起的作用也是不同的。零次文献和一次文献是最基本的信息源，是文献信息检索和利用的主要对象；二次文献是对一次文献的集中提炼和有序化，是文献信息检索的工具；三次文献是把分散的零次文献、一次文献、二次文献，按照专题或者知识的门类进行综合分析加工而成的成果，是高度浓缩的文献信息，在内容上具有综合性，在功效上具有参考性。科学、合理地利用二次文献和三次文献，对一次文献的形成和再生产、对提高文献信息资源的利用效率都具有重要意义。

3. 按出版形式分类

(1) 科技图书。科技图书是对科学技术成果、生产技术知识和经验的概括和总结，包括科技著作和参考工具书。它的优点是内容比较系统、全面，理论性强，成熟可靠；缺点是编辑出版周期长，知识的新颖性不够。但对于要获取某一专题较全面、系统的知识，或对于不熟悉的问题要获得基本了解的读者来说，参阅图书是行之有效的方法。

公开出版的图书都有一个ISBN(International Standard Book Number)，即国际标

准书号，它是国际标准化组织于1972年颁布的一项国际通用的出版物统一编号方法。ISBN具有唯一性，指的是一种图书，如果装帧不同、版本不同，就会有不同的ISBN。

① 10位的ISBN。ISBN由10位数字组成。例如，《信息检索与利用》一书的ISBN为“ISBN 7-5601-3374-6”，具体含义如图3-4所示。

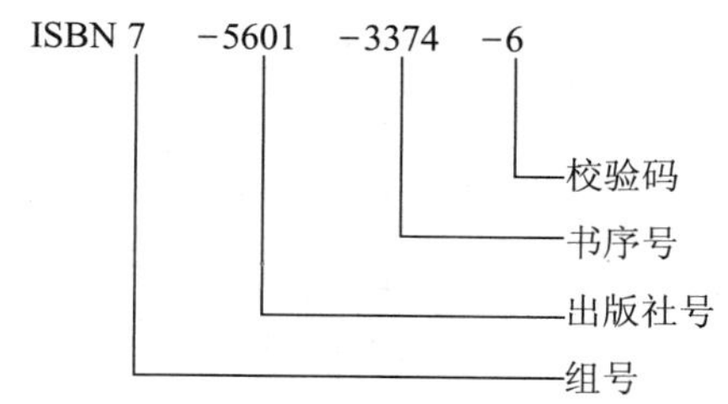

图3-4 《信息检索与利用》一书的ISBN的含义

② 13位的ISBN。从2007年开始在全球范围内启用13位的ISBN，将ISBN纳入国际标准产品编码(EAN-UCC-13)的编码系统中，使其与国际标准产品编码统一起来，具体方法是在ISBN的前面增加EAN前缀码——978或979，并重新核算最后一位校验码，这样就可以把国际标准书号直接改成欧洲物品编码(EAN)，使ISBN与EAN统一起来。其余号码的用法与过去一样。例如，《体育与健康》一书的ISBN为“ISBN 978-7-301-04815-3”。

要想获得某一册科技图书，必须正确注明书名、著者、出版社、出版年月、国别、文种及版本等项目。

(2) 科技期刊。期刊也叫杂志，是指采用固定名称的定期或不定期出版的连续性刊物。每期有连续的卷、期号或年、月顺序号，有固定的篇幅和开本，内容上一般有两篇以上的独立文章。科技期刊出版量大、学科多、内容新，是及时了解科技动态、掌握某一学科的进展情况、开阔视野、拓宽思路、汲取新知识的有力工具。许多期刊的封面上印有国际标准连续出版物编号(International Standard Series Number，ISSN)。ISSN也具有唯一性，指的是一种期刊，不管哪一种期刊，ISSN始终不变。国际标准刊号由8位数字组成。8位数字分为两段，每段4位数字，中间用“-”隔开。前7位是刊名代号；末位是计算机校验位，它能够校验出ISSN是否正确。例如，ISSN 1000-5420的前7位是标准号，最后一位是计算机校验号。要想获得某一期刊，必须正确注明该期刊的刊名、卷、期、出版年月、出版国家或出版单位及文种。

(3) 科技报告。科技报告又称研究报告、技术报告，是反映科研工作成果的正式报告，或者是对研究和试验过程中的每个阶段的进展情况的实际记录。这种报告在形式上，每份报告自成一册；在内容上，专门具体，往往涉及尖端学科的最新研究课

题；在时间上，相关内容一般都早于期刊等其他类型的文献。科技报告是在第二次世界大战期间及战后迅速发展起来的，并逐渐成为一种重要的信息源。目前，全世界每年出版的报告大约为60万件，其中公开发表的约有20万件，其余的都是保密报告。美国有著名的Publication Board(PB)、Accessioned Documents(AD)、National Aeronautics and Space Administration(NASA)及Department of Energy(DOE)四大报告。这些科技报告的报道内容各有侧重，PB报告的内容侧重于民用工程技术方面；AD报告的内容侧重于军用工程技术方面；NASA报告的内容侧重于航空和宇航方面；DOE报告的内容侧重于能源及其应用方面。每种报告都包括数十万篇科技报告，占全世界科技报告的绝大多数。要索取科技报告，必须要有报告号。

(4) 会议文献。科技会议已成为科学技术交流的一条重要渠道。各个科学技术学会、协会及有关主管部门经常召开学术会议，会议文献就是指这些会议的报告、记录、论文集等。这些文献代表着一门学科或专业的最新研究成果，反映了国内外的发展水平和趋势，因此是信息的重要来源。除专题论文集、连续会议录以外的会议文献，常常以期刊特号、专题等编入科技报告中发表。如果会议论文是以会议录(图书)的形式报道的，则需要明确会议召开的时间、地点、会议名称、会议录名称，还要明确会议录的出版年、出版地、出版单位，以及论文所在的页码；如果会议论文是以期刊的形式报道的，则需要明确该期刊的刊名、年、卷、期，以及刊登论文的页码；如果会议论文是以报告的形式报道的，则需要明确报告类型和报告号。

(5) 专利文献。专利文献是一种用法律形式来保护的文献。专利文献包括专利说明书、专利公报、专利文摘、与专利有关的法律文件及诉讼资料等，这是对专利文献的广义解释。狭义的专利文献就是指专利说明书。专利说明书是专利文献的主体。专利说明书是指个人或机构为了获得某项发明的专利权，在申请专利时必须向专利局呈交的有关发明的一份详细技术说明书。它说明了该项目发明的目的、用途、特点、效果及采用何种原理或方法等。专利文献不仅向人们提供维护工业社会秩序的权利情报，还向人们提供大量的技术开发中不可缺少的技术情报。世界各国的科技人员都十分重视专利文献，对专利文献的利用率非常高。一般在下列情况下需要查专利文献：查明某些技术领域内新发明和新设计的发展动向；制订长远的技术开发计划；调查先进技术；从别人的发明或设计中寻求启发；避免对研究和生产设备的重复投资；获得与外国公司技术合作的谈判资料，加强自己的谈判地位等。如果想查看一份专利文献，那么必须知道专利说明书的编号。

(6) 标准文献。标准文献是指由技术标准及其他在特定活动领域内必须执行的规格、定额、规划、要求等的技术文件所组成的一种特定形式的技术文献体系。标准文献有一定的法律约束力。标准文献的种类有国际标准、区域标准、国家标准、部颁标准、专业标准、企业标准等。技术标准已成为各国执行技术政策时所必需的工具。通过标准文献，可以了解各国的经济政策、技术政策、生产水平、资源情况和标准化水平；可以借鉴先进的标准研制新产品、改造老产品、改进工艺和提高操作水平；可以以标准文献为依据进行外贸方面的检验工作。要查看某一个技术标准，必须正确写明颁布该技术标准的国家或标准化组织的名称以及该技术标准的制定年份和标准号。

(7) 政府出版物。政府出版物是指各国政府部门及专门机构发表、出版的文献。它的内容广泛，概括起来可分为行政文件和科技文献两大类。行政文件包括国会记录、司法资料、方针政策、决议等。科技文献包括各部门的研究报告、技术政策文件等。其中，科技文献占整个政府出版物的30%～40%。尽管政府出版物在出版之前，部分已被所在单位出版过，与其他文献(如科技报告等)有时重复，但是政府出版物对于了解某国的科技政策、经济政策和演变情况，以及了解其科技活动本身具有一定的作用。

(8) 学位论文。学位论文是指作者为了取得各级学位进行公开答辩而撰写的学术论文。在撰写论文的过程中，既有导师的监督指导，又有严格的科学规范及要求。尽管学位论文的质量参差不齐，但都是就某一专题进行研究所做的总结，对问题的论述比较详细、系统，具有一定的独创性，并且对科研有一定的参考价值，属难得文献。早期的学位论文一般不公开出版，仅由学位授予单位和国家指定单位收藏。但是现在大家可以通过相关的学位论文数据库来了解国内外学位论文的情况。

(9) 产品资料。产品资料是各国厂商为推销产品而印发的宣传性出版物，主要包含有关产品的技术信息，如产品的性能、规格、重量、结构图、线路图及照片等。它是生产及科研单位研究、分析各国产品技术发展情况和产品水平的重要资料，也是贸易部门判断某项产品价值或洽购产品的主要依据。产品资料大多图文并茂，给人以直观的印象，对造型设计、技术引进等都有较大的参考价值。另外，产品资料一般都被作为赠阅品，传递迅速，交流广泛，且多不提供详细数据和理论数据。

(10) 其他类型。除了上文列出的几种主要类型，科技文献还有许多类型，这里统归为其他类型，如报纸、科技档案、技术图纸、技术资料等。

3.3 计算机信息检索

通过计算机进行的检索称为计算机信息检索。计算机信息检索不仅能够跨越时空，在短时间内查阅各种数据库，还能快速地对几十年前的文献资料进行回溯检索，具有数据库更新速度快、检索途径多、检索者可随时检索到所需的最新信息的优势，是手工检索无法比拟的。因此，计算机信息检索已成为目前人们获取信息的主要手段之一。

3.3.1 计算机信息检索中常用的运算符

计算机信息检索的过程，实际上是将表述检索需求的检索词与文献记录的标引词进行对比匹配的过程。为了提高检索效率，用户需要使用逻辑算符将检索词组配在一起，并使用位置运算符限定检索词之间的位置关系，使用截词符来适应检索词的词型变化。下面介绍几种常用的信息检索运算符的使用方法。

1. 布尔逻辑算符

在实际检索中，检索提问涉及的概念往往不止一个，而同一个概念又往往涉及多个同义词或相关词。为了正确地表达检索提问，系统中采用布尔逻辑算符将不同的检索词组配起来，使一些具有简单概念的检索单元通过组配成为一个具有复杂概念的检索式，用以表达用户的信息检索要求。常用的逻辑算符主要有以下几种。

(1) 逻辑“与”，用“AND”或“*”表示，是用于组配不同概念的逻辑算符，表示“AND”所连接的两个词在一个记录中必须同时出现。逻辑“与”的使用可以缩小检索范围，有利于提高检索的专指性。如欲查找同时含有概念A和概念B的文献，则可表示为“A AND B”或“A*B”，其检索结果如图3-5所示，图中阴影部分即为同时包含A和B两个概念的命中文献。例如，查找“图书馆自动化”方面的英文文献，布尔逻辑表达式为“Library AND Automation”或“Library *Automation”。

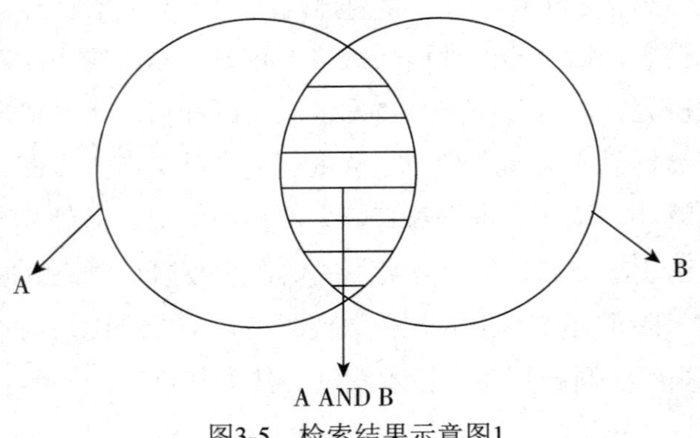

图3-5　检索结果示意图1

(2) 逻辑“或”，用“OR”或“+”表示，是用于组配相同或相近概念的逻辑算符，表示在记录中出现其一即可视为检索命中。这种组配可以扩大检索范围，提高查全率。如欲检索含有检索项A或检索项B的文献，则可表示为“A OR B”或“A+B”，检索结果是将含有检索项A的文献集合与含有检索项B的文献集合相加，形成一个新的集合，其检索结果如图3-6所示，图中阴影部分即为包含A或B的命中文献。图中两者共同的部分只计一次，故避免了命中文献的重复出现。例如，检索“计算机辅助设计”方面的英文文献，布尔逻辑表达式为“Computer Aided Design OR

CAD”或“Computer Aided Design + CAD”。

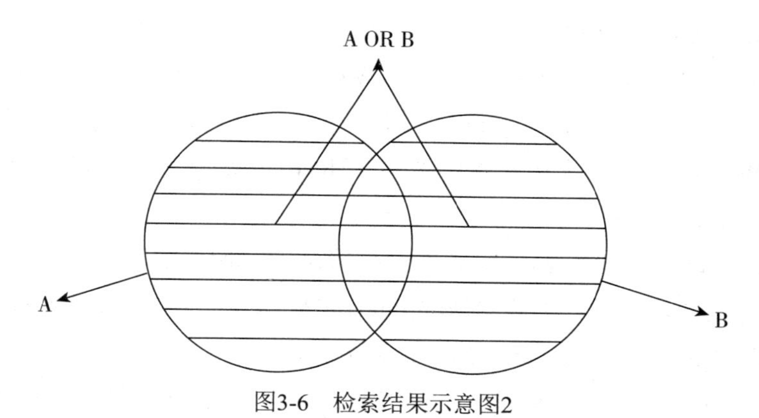

图3-6　检索结果示意图2

(3) 逻辑“非”，用“NOT”或“-”表示，是用于排除某个概念的逻辑算符，这种组配可以缩小检索范围。如欲在含有概念A的文献集合中排除同时含有概念B的文献，则可表示为“A NOT B”或“A-B”，其检索结果图3-7所示，图中阴影部分即为包含A且排除B的命中文献。例如，在含有“专利”这个词的外文文献记录中排除含“法文”这个词的记录，布尔逻辑表达式为“Patent NOT French”或“Patent-French”。

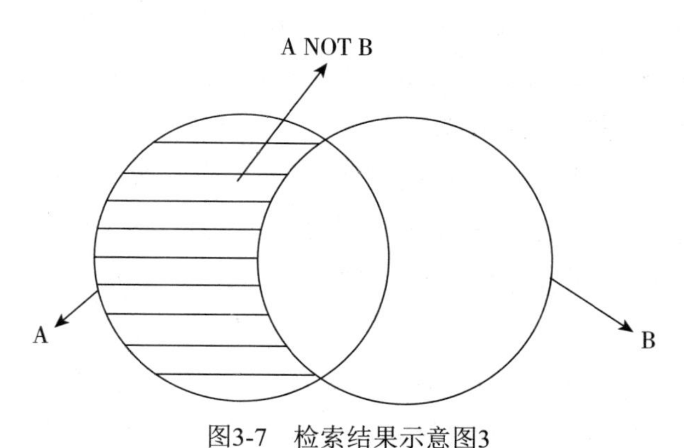

图3-7　检索结果示意图3

2. 优先处理算符

优先处理算符用“( )”表示。在含有多个运算符的检索式中，对于需要优先运算的部分，可以使用“( )”，系统会优先运算“( )”中的部分，然后按照“NOT”“AND”“OR”的顺序进行运算。

3. 位置算符

位置算符用于规定检索词之间的位置关系，常用的位置算符如下。

(1) (W)或( )。W是With的缩写。(W)表示该算符两侧的检索词相邻，且两者之间只允许有一个空格或标点符号，不允许有任何字母或词，顺序不能颠倒。(W)

也可以简写为( )。例如，通过检索式“A1(W)Si(W)Alloy”可检索出含有“Al-Si A1loy”(铝硅合金)的文献记录。

(2) (nW)。nW是*n* words的缩写。(nW)表示在此算符两侧的检索词之间最多允许间隔*n*个词(实词或虚词)，且两者的相对位置不能颠倒。例如，通过检索式“Electric(1W) Equipments”可检索出含有“Electric Equipments”和“Electric Control Equipments”的文献记录。

(3) (N)。N是near的缩写。(N)表示该算符两侧的检索词相邻，但两者的相对位置可以颠倒。例如，通过检索式“Computer(N)Network”可检索出含有“Computer Network”和“Network Computer”的文献记录。

(4) (nN)。nN是*n* near的缩写。(nN)表示此算符两侧的检索词之间允许间隔最多*n*个词，且两者的顺序可以颠倒。例如，通过检索式“Computer(2N)System”可检索出含有“Computer System”“Computer Code System”“Computer Aided Design System”“System Using Modern Computer”等的文献记录。

(5) (S)。S是Subfield或Sentence的缩写。(S)表示其两侧的检索词必须是在文献记录的同一子字段中或者同一句话中，但不限定它们在该子字段中的相对次序和相对位置的距离。在文摘字段中，一个句子就是一个子字段。例如，通过检索式“Computer( )Control(S) Application”可检索出文摘中含有“This paper is concerned with an application of the computer control technique in an intelligent system for testing inner walls of pipes.”这样一句话的文献记录。

(6) (F)。F是Field的缩写。(F)表示其两侧的检索词必须是在文献记录的同一字段中，而它们在该字段中的相对次序和相对位置的距离不限。例如，通过检索式“Water( )Pollution(F)Control”可检索出在同一个字段中[如篇名、文摘、叙词(也称为主题词)等]同时含有“Water Pollution”和“Control”的文献记录。

需要说明的是，不同检索系统的位置算符，其表示方法有所不同，我们在使用位置算符前要阅读有关检索系统的使用指南。

4. 截词符

由于西文的构词特性，在检索中经常会遇到以下几种情况：名词的单复数形式不一致；同一个意思的词，英美拼法不一致；词干加上不同性质的前缀和后缀就可以派生许多意义相近的词；对单词的拼写不确定；等等。此时，恰当地使用截词符可以有效地解决这些问题。

截词符的使用方式有多种，按照截断的位置可分为前截断、后截断和中间截断(或称中间屏蔽)，按照截断的字符数量可分为无限截断和有限截断。较常用的截词符是“*”和“？”。其中，“*”代表0到无数个字符，即无限截断；“？”代表1个字符，即有限截断。

(1) 无限截断截词符主要有以下两种用法。

① 后截断。在检索词后面加“*”，可检索出词根相同的任意词尾形式的词。例如，通过检索式“child*”可检索出含有“child”“children”“childhood”的文献记录。

② 前截断。在检索词前面加“*”，表示允许检索词的前端有若干形式变化。例如，通过检索式“* magnetic”可检索出含有“magnetic”“electromagnetic”“paramagnetic”“thermomagnetic”等的文献记录。

(2) 有限截断截词符主要有以下两种用法。

① 后截断。在检索词后面加“?”，表示可检索出词尾有一个字母的变化的词；在检索词后面加“??”，表示可检索出词尾有两个字母的变化的词。例如，通过检索式“book?”可检索出检索词的单数和复数形式，即检索出含有“book”“books”的文献记录。

② 中间截断。将“?”加在检索词中间，可以代表一个字符的变化。例如，通过检索式“m?n”可检索出含有“man”“men”的文献记录；通过检索式“ioni?ation”可检索出含有“ionization”和“ionisation”的文献记录；通过检索式“fib??board”可检索出含有“fiberboard”和“fibreboard”的文献记录。

应当说明的是，截词符主要用于西文电子资源的检索，而不同的检索系统所使用的截词符不尽相同，使用时请留意。

3.3.2　计算机信息检索策略的制定与调整

检索策略是指为实现检索目标而制订的全盘计划和方案，是对整个检索过程的谋划和指导。具体来讲，就是在分析课题内容实质的基础上，选择数据库，确定检索途径和检索词，并科学安排各检索词之间的位置关系、逻辑联系、查找范围、查找步骤等。通常提及的检索提问式(即检索词与各运算符及字段标识符组配成的表达式)仅仅是狭义上的检索策略。制定检索策略通常包括以下几个步骤。

1. 分析检索课题，明确检索需求

这是人们进行检索的出发点，同时也是选择数据库、编写检索提问式以及判断检索效果的依据。若要明确课题的范围、涉及哪些相关问题、想要解决哪些方面的问题、有哪些具体要求等，那么通常可以从以下几方面考虑。

(1) 检索目的。用户的检索目的是多种多样的，有申请专利、撰写论文、申报课题、科技查新等，故制定的检索策略和检索范围也会有所不同。

(2) 学科范围。一个检索课题往往同时涉及多个学科，这就要求在检索时分清所属学科，有针对性地选择数据库。

(3) 主题概念明朗化、具体化。要避免使用抽象的、泛指的概念进行检索，以免造成误检和漏检。

(4) 文献类型、语种及年限。用户应对命中文献的类型、语种及出版时间提出具体的要求。

2. 选择数据库

数据库的选择需在分析检索课题、明确检索需求的基础之上，根据检索需求的各项要求进行。因此，要综合考虑数据库的特点、收录的文献类型、专业范围、文献存储年限、检索途径、语种等方面，选用合适的数据库。

3. 确定检索词

检索词(或检索项)是指文献记录中一个文献的特征标志，可以是反映文献内容特征的主题词、分类号等，也可以是仅反映文献外表特征的作者、出版时间等。确定检索词一定要参考有关数据库的使用指南，特别是选用主题词时一定要参阅所用数据库的专用词表。检索词(或检索项)既是构成检索策略的基本元素，也是进行逻辑组配和编写检索提问式的最小单位。检索词确定得恰当与否，将直接影响检索效果。

4. 编写检索提问式

检索提问式可用来表达用户的检索需求，也是决定检索策略的质量和检索效果的重要因素。编写检索提问式是指在分析检索课题、选择数据库、确定检索词的基础上，用布尔逻辑算符或位置算符等对各检索词进行组配，以形成完整的检索概念，同时拟定检索顺序的最佳实施方案。

5. 实施检索并调整检索策略

编写完检索提问式以后就可以实施检索。在检索时，应即时分析检索结果是否与检索要求一致，若不一致，则要根据以下两种检索结果对提问式做相应的修改和调整，直到得到比较满意的结果。

(1) 当检索结果信息量过多时，可从以下几个方面进行调整，以进一步缩小检索范围(即缩检)。

① 调整检索词，使用检索词的下位概念或专指度更高的概念来代替，或用逻辑“非”运算符将无关的概念排除。

② 慎重使用截词符，词根太短的词应避免使用截词符。

③ 可对检索词采用字段限制，或者限制检索词在指定的基本字段中出现，或者指

定辅助字段，或者限制结果的文献类型、语种、出版国家等。

④ 在运用布尔逻辑算符的同时适当使用位置算符。

(2) 当检索结果信息量过少时，可从以下几个方面寻找原因并加以调整，以进一步扩大检索范围(即扩检)。

① 可能是检索词的选择不合适。如果选用了不规范的主题词或某些产品的俗称、商品名作为检索词，就会造成漏检，这时应采用规范词或增加同义词、相关词，用逻辑“或”组配后进行检索。

② 同义词没能运用全。有的用户在检索过程中，会因为知识面的局限性(如未能完全掌握某些主题的同义词和衍生词)而导致漏检，这时可适当增加同义词或同族相关词，用逻辑“或”组配后进行检索。

③ 各种限制过于严格也会造成检索结果过少。如果利用跨字段检索，即同时使用题名、关键词和文摘等字段进行检索，然后将它们用逻辑“或”组配，则可以有效地提高查全率。

④ 选用的检索词专指度太高也会影响检索结果的输出。在这种情况下，可适当降低检索词的专指度，补充一些同义词或近义词，用逻辑“或”组配后进行扩检。

总之，在检索过程中，检索策略的制定需要根据检出结果信息的情况，不断调整、优化检索提问式，这样才能达到最佳的检索效果。

思考题

(1) 什么是信息检索？按照检索对象，信息检索可分为哪几种类型？

(2) 《中图法》的分类表由哪几部分组成？分类表有何作用？

(3) 文献检索的方法有哪些？常用的检索途径有哪些？

(4) 按图书情报人员对文献的加工深度，可将科技文献分为哪几种类型？

(5) 简述零次文献、一次文献、二次文献和三次文献的异同。

(6) 科技文献的出版形式有哪些？

(7) 计算机信息检索中常用的运算符有哪些？如何使用？

(8) 简述计算机信息检索策略的制定方法和步骤。

(9) 什么是扩检？什么是缩检？如何对检索策略进行调整？

扫码自测

第4章 文献线索检索与利用

文献线索检索是指围绕某一研究课题，利用二次文献检索系统查找文献的出处，检索结果就是文献线索，即文献来源的篇名、著者、出处(出版物名称、出版者、出版地、出版时间)等文献外部特征。用于检索文献线索的检索系统有书目数据库、题录数据库、文摘数据库、搜索引擎等。在信息检索(特别是外文文献检索)的过程中，一般首先利用信息源获得与研究课题相关的文献线索，然后对检索结果进行筛选、分析等处理后，再以一定的方式获取原文。

4.1 获取文献线索的途径

目前，获取文献线索的途径主要有文摘类数据库、搜索引擎和文献引文。

1. 文摘类数据库

文摘类数据库将期刊论文、会议论文等全文文献进行内容和属性的提炼与加工，提供确切的文献来源信息，供用户快速、全面地查询文献线索。它的特点是信息量大、更新快、时间跨度长、检索功能强，使信息用户能够系统地查询某个学科、领域或主题的文献信息。目前，文摘类数据库的发展趋势是平台集成化，具有提供分析评价、全文链接、个性化服务等功能。常用的文摘类数据库有Ei Compendex(工程索引)、Science Citation Index Expanded(科学引文索引)等。

文摘类数据库主要有以下几个作用。

(1) 报道科学文献。文摘类数据库所收录的文献都来自各种学术出版物，并经过了筛选，可保证所收录的文献能够反映最新的研究动态。因此，利用文摘数据库提供的信息可较为准确、全面地了解某专业领域的学术概况和最新进展。

(2) 节省阅读时间。从文摘类数据库中所了解的文献摘要，实际上是原始文献的高度浓缩。通过阅读文摘，使用者可初步了解该文献的内容，甚至可以直接引用。

(3) 提供查找原始文献的线索。当使用者通过文摘判断出原文对其研究课题有参考价值时，即可通过文摘数据库所提供的文献出处，利用馆藏资源或文献传递获取原始文献。

(4) 能克服语言障碍，充分利用其他语种的文献。对于不熟悉的语种文献，看英文摘要即可。

2. 搜索引擎

要在海量的网络资源中迅速找到所需要的信息，搜索引擎是必不可少的检索工具。来自OCLC(Online Computer Library Center，Inc., 联机计算机图书馆中心)的调查表明，84%的用户使用搜索引擎来进行信息检索。搜索引擎是目前获取文献线索的一个重要渠道，特别是学术搜索引擎，如Google Scholar、百度学术等。而与出版商的合作更加显现出学术搜索引擎的优越性，如Google Scholar与出版商、图书馆的合作，国内有中国国家图书馆、中国知网、北京万方数据股份有限公司、重庆维普资讯有限公司，国外有OCLC等。但是，我们也应看到搜索引擎与专业的学术资源数据库相比，存在着信息重复、信息质量无保障、查全率和查准率较低、有时无法获得全文等缺陷。因此，我们应充分认识搜索引擎的优缺点，在进行学术研究时优先使用本校图书馆提供的学术资源数据库，同时也应参考搜索引擎、学术论坛、专家学者的个人主页等其他网上资源的检索结果。

3. 文献引文

在检索过程中，利用已有文献所附的参考文献作为文献线索，也可以找到一些重要文献。一种方法是当获得一些相关文献的全文后，通过不断追溯参考文献来扩大检索范围，就像滚雪球一样，依据文献之间的引用关系，获得越来越多的与自己研究内容相关的文献。这些文献可能反映了某一课题的立论依据和立项背景，也可能在某种程度上反映了课题的某个观点或某种发展过程。尤其要重视综述类文献后面所附的参考文献，综述类文献通常附有大量的参考文献，少则几十条，多则上百条，可以利用这些文献作为线索获取全文。该方法不需要利用检索工具，准确性好，但获得的文献不够新颖、全面。

另一种方法是利用引文索引获取文献线索。引文索引是以文献资料后面所附的参考文献的作者、题目、出处等项目，按照引证与被引证的关系编排而成的，如《中国科学引文数据库》(CSCD)、《中国社会科学引文索引》(CSSCI)、美国《科学引文索引》(SCI)等。引文索引具有独特的性能与功用，其从不同角度揭示了学科之间交叉和相互渗透的关系，是提供边缘学科研究成果的有效途径。

利用上述途径找到相关文献线索后，要依据出处部分提供的信息，判断文献的出版类型、语种等，再利用全文信息源获取全文文献。

4.2 Ei Compendex数据库

4.2.1 Ei Compendex数据库概况

1. Engineering Village平台简介

Ei Compendex是Engineering Village的核心数据库。Engineering Village是一个多数据库的检索平台，包括Ei Compendex、Inspec、NTIS、PaperChem、Chimica、CBNB、GEOBASE、GeoRef、US Patents、EP Patents、Knovel 、WO Patents等10多个数据库资源，涵盖了与工程、应用科学相关的最为广泛的领域，内容来源包括学术文献、商业出版物、发明专利、会议论文和技术报告等。其中，Ei Compendex 就是我们常说的Ei数据库。

2. Ei Compendex数据库简介

Ei Compendex数据库即Ei Compendex Web，它是《工程索引》的网络版，由Elsevier Engineering Information Inc. 编制。目前，它是全球最全面的工程类文摘数据库，该数据库收录了5600多种工程类期刊、会议论文集和技术报告的文献信息。其中，大约22%的文献为会议文献，90%的文献语种是英文。数据库涵盖工程和应用科学领域的各学科，涉及核技术、生物工程、交通运输、化学和工艺工程、照明和光学技术、农业工程和食品技术、计算机和数据处理、应用物理、电子和通信、控制工程、土木工程、机械工程、材料工程、石油、宇航、汽车工程，以及这些领域的子学科与其他主要的工程领域。其中，有关化学和工艺工程的期刊文献数量最多，约占15%；有关计算机和数据处理的期刊文献数量占12%；有关应用物理的期刊文献数量占11%；有关电子和通信的期刊文献数量占12%；有关土木工程和机械工程的期刊文献数量各占6%。

Ei Compendex数据库收录1969年至今的文献，数据量已达3000万篇，且每年新增150万篇。Ei Compendex数据库每周都会更新数据，以确保用户可以跟踪其所在领域的最新进展。

Ei Compendex数据库采用校园网范围的IP控制使用权限，IP地址属于订购范围内的用户具有访问权。用户可通过图书馆主页的数据库链接进入Ei Compendex。

4.2.2 检索方法

Ei Compendex数据库提供三种检索方法，即快速检索(Quick search)、专家检索(Expert search)、词表检索(Thesaurus search)。

1. 快速检索

快速检索是系统默认的检索方式。快速检索为初级用户提供在线提示，通过一系列下拉式检索菜单图示及提示信息，帮助和引导用户简单快速地检索到所需信息，检索过程直观易懂，简单易学。使用快速检索功能时，首先要选择数据库，用户只能在其所在单位有访问权限的数据库中进行选择，这里我们可以选择“Compendex”。在“Search documents”下方的输入框中输入检索词，在“Search within”下方的字段下拉式菜单中选择检索字段，如需输入多个检索词，则可单击页面中的“Add search field”按钮增加新的检索词输入框，检索词之间通过逻辑组配，再选择限定条件、输出结果排序等选项，能够快速获得所需要的检索结果，具体页面如图4-1所示。

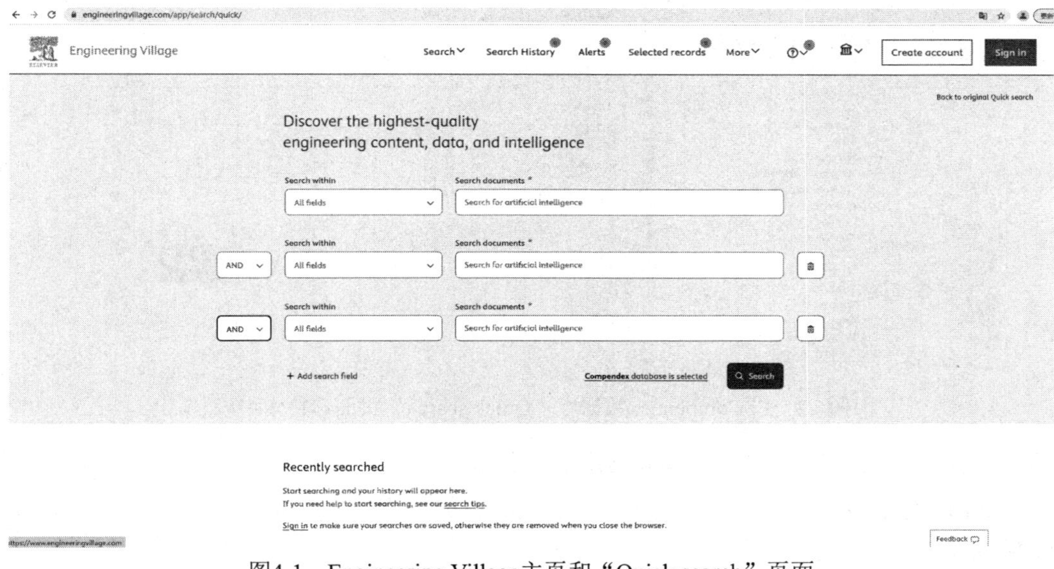

图4-1 Engineering Village主页和“Quick search”页面

1) 检索字段(Search fields)

在Engineering Village主页中，“Search within”下方的框用来输入检索词，所有检索字段都允许在同一检索框下输入检索词并用逻辑算符、位置算符和截词符连接。“Quick search”默认界面提供了1个检索条件输入框，单击“Add search field”增加新的检索条件输入框后，它们之间可以选择“AND”“OR”或“NOT”的关系连接，不同字段间按照“NOT”“AND”“OR”的顺序进行运算。

在“Search within”下方的字段下拉式菜单中可以选择检索字段，Ei Compendex

数据库提供的检索字段有以下几种：All fields(所有字段)；Subject/Title/Abstract(主题/篇名/摘要)；Abstract(摘要)；Author(作者)；First author(第一作者)；Author affiliation(作者单位)；Title(篇名)；Standard ID(标准ID)；ICS classification code(ICS分类代码)；Ei classification code(Ei分类代码)；CODEN(代码数字系统)；Conference information(会议信息)；Conference code(会议代码)；ISSN(国际标准期刊号)；Main heading(主标题词)；Publisher(出版商)；Source title(来源出版物名称)；Controlled term(受控词)；Uncontrolled term(非受控词)；Country of origin(原出版国)；Funding number(赞助基金编号)；Funding acronym(基金缩写编号)；Funding sponsor(基金资助者)；Funding information(基金资助信息)。Ei Compendex数据库"Quick search"页面和检索字段如图4-2所示。

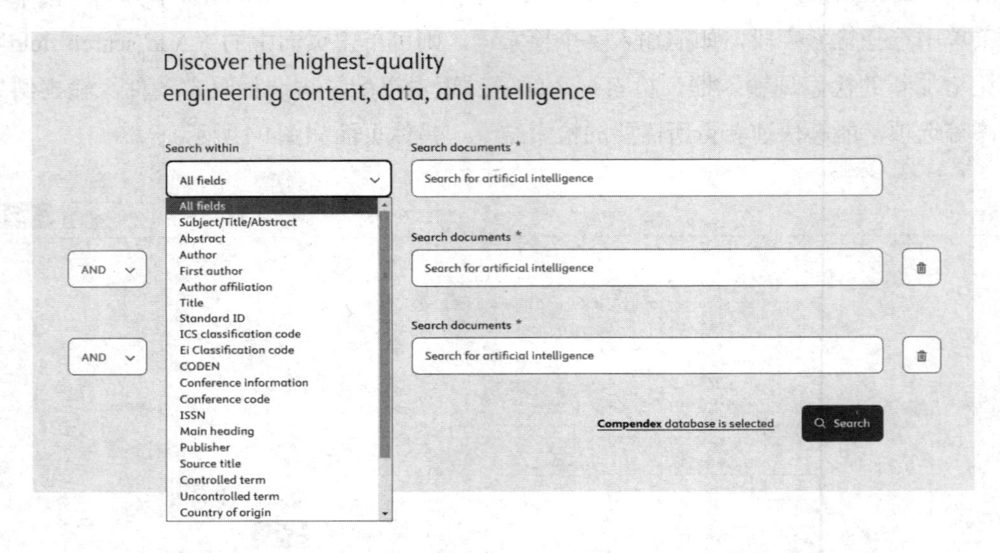

图4-2 Ei Compendex数据库"Quick search"页面和检索字段

下面我们对"快速检索"部分常用字段作如下说明。

(1) 所有字段(All fields)，包括Ei Compendex数据库全部著录项目，该字段为系统默认字段。

(2) 主题/篇名/摘要(Subject/Title/Abstract)，包括"摘要""标题""标题的翻译版本""Ei受控词""Ei主标题"和"非受控词"。这是最大限度提高搜索结果相关性的一个有效途径。如果要精确检索一个短语，那么可为此短语添加括号或双引号。例如，(international space station)、"linear induction motors"。

(3) 作者(Author)。数据库引用的作者姓名为原文中所使用的名字。姓在前，接着是逗号，然后是名。如果文章中使用的是名的首字母和姓，而全名在原文中某处已给出(如在目录中)，则数据库仍提供所有的信息，但不包括头衔，如先生(Sir或Mister)与学位等。用作者字段检索时可参考作者索引表。

(4) 作者单位(Author affiliation)。2009年3月份之前, Ei Compendex数据库只有第一作者才有单位名称和通讯地址，而对于非第一作者，从Ei Compendex数据库中无法检索。因此，以前的作者机构字段(Author Affiliation)只能算是“第一作者”机构字段。2009年3月份之后, Ei Compendex数据库进一步完善了作者机构字段的功能，给每一位作者都添加了单位名称和通讯地址。

(5) 篇名(Title)。如果已知文献的标题而希望查找该文献，那么可以用括号或引号将标题括起来或引起来(这样在检索时就把它当作一个短语)，然后在Title字段检索。例如，(Unified diode model for circuit simulation)、“near earth asteroid rendezvous mission”。

如果用户希望在标题中检索某些特定的词语，那么也须在Title字段中检索。标题中的词语常常表明该词语在论文中的重要性。例如，输入“radio frequency”，在检索出的论文中，“radio frequency”将是该论文比较重要的一个概念。

(6) 出版商(Publisher)。搜索出版商字段可查找出版商或由特定出版商出版的期刊。搜索时，务必要查找出版商名称的所有版本。此时，可以参考页面下方“浏览索引”(Browse indexes)中的出版商索引(Publisher)，以保证查全。

(7) 来源出版物名称(Source title)，包括期刊、专著、会议录、会议文集的名称。

2) 对搜索结果进行限定

快速检索结果界面还提供了4种检索结果限制选项，分别是日期(Date)、语言(Language)、文献类型(Document type)和处理方式(Treatment type)。使用检索结果限定选项，可得到更为精确的检索结果。Ei Compendex数据库“Quick search”页面中对搜索结果进行限定的页面如图4-3所示。

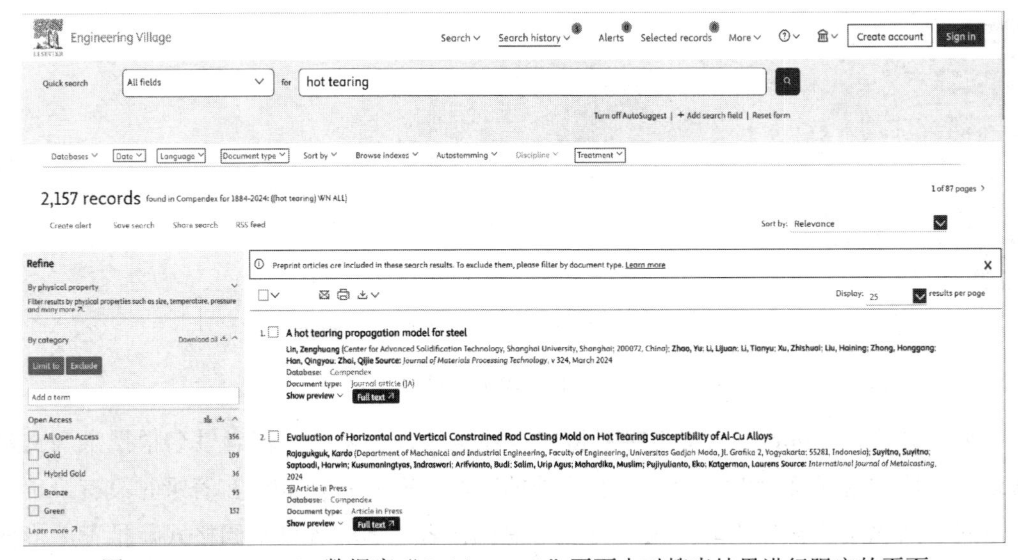

图4-3 Ei Compendex数据库“Quick search”页面中对搜索结果进行限定的页面

3) 检索结果排序(Sort by)

使用排序功能可对搜索结果进行排序，可选择按日期(Date)排序或按相关性(Relevance)排序，系统默认按相关性排序。通过相关性排序，使用者可在检索结果中连续地阅读到内容或形式上相关程度高的文章信息。通过日期排序，使用者可找到较新的文献信息。

4) 自动取词根(Autostemming)

在快速检索中，系统将自动检索以所输入词的词根为基础的所有派生词(作者栏中的检索词除外)。例如，输入“controllers”，结果为“controllers”“control”“controlling”“controlled”“controls”等。勾选“Turn autostemming off”前方的选择框即可关闭自动取词根功能。

5) 浏览索引(Browse indexes)

通过“浏览索引”可以查看按字母顺序排列的索引，Ei Compendex提供了“Author”“Author affiliation”“Classification code”“Controlled term”“ICS code”“Publisher”和“Source title”7个检索字段的索引词表，单击索引词表链接可以进入该词表进行相应词的选择，然后在作者、作者机构、受控词表等索引词表中勾选需要查找的内容，勾选内容将自动出现在“快速搜索”的检索框中。其中，较常用的“作者浏览”索引如图4-4所示。

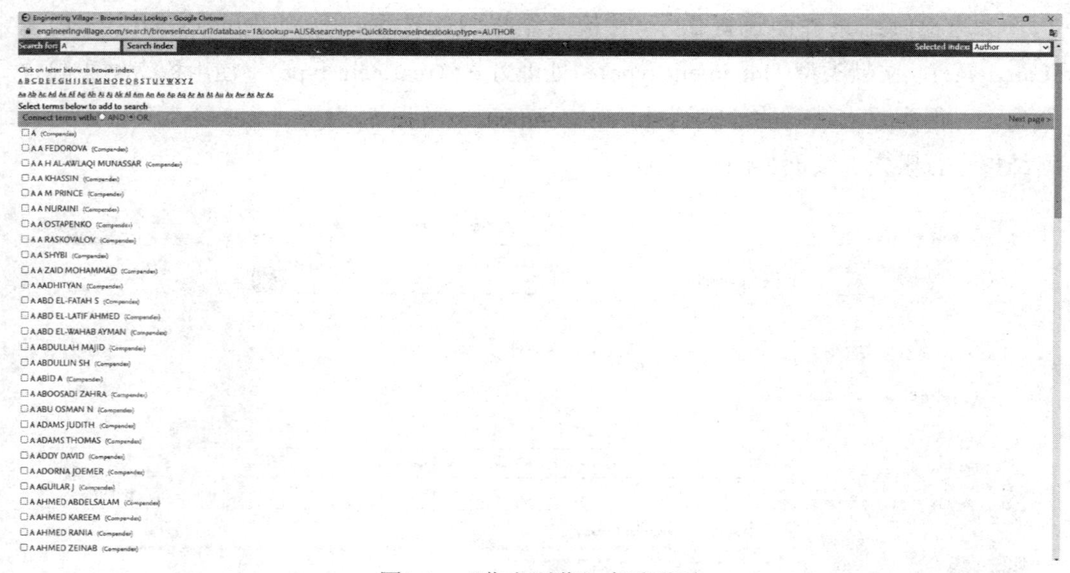

图4-4 “作者浏览”索引页面

通过作者(Author)检索文献时，格式一般是“姓，名”，作者姓名根据来源文献著录。不同的来源文献对同一作者有不同的写法，Ei Compendex在著录时没有给出统一格式，所以用户在检索时，要尽可能考虑到作者姓名的各种不同格式，推荐用户使用浏览索引(Browse indexes)中的作者(Author)索引来进行相关检索。

受控词(Controlled term)是Ei Compendex主题词表中的词，它以专业和规范词的形式检索文献的内容，通过主题途径检索文献时，推荐使用浏览索引(Browse indexes)中的受控词(Controlled term)进行索引。使用受控词索引时，可同时检索到专业的精确词和其相关词。

操作时，可以在受控词索引列表中同时勾选2个以上的词，但同时勾选5个以上的词时，检索速度会变得特别慢，且容易发生检索错误。这是因为，有些作者的姓名、单位名称或Ei Compendex主题词的中文与英文的表示方法和习惯不完全相同。只有正确地按Ei Compendex所认可的方式输入检索词，才可得到准确的检索结果，页面下方的复位按钮(Reset form)可以清除前面的检索结果，将所有的选项复位到默认值。

开始检索时，Engineering Village平台将跟踪用户的所有检索记录，而且用户能够自己建立一个列表式的文件来记录检索过程中所选择的文件。检索结束后，用户如想保存过程，则必须将结果保存在个人的账户中，否则，结果将丢失。如果一次检索处于非激活状态超过30分钟，那么将自动断开数据库连接，此时，单击页面上的“Begin new session”按钮即可继续检索。

2. 专家检索

专家检索页面如图4-5所示。专家检索在快速检索的基础上增加了一些搜索选项，结合了高级布尔逻辑体系，使得搜索功能更强大，更灵活。专家检索页面中只显示单一搜索框。用户需要在搜索框内使用“within”命令(WN)和字段代码输入检索式，检索式的单位结构为：“检索词”WN“字段代码”。其中，“检索词”为查询的关键词，可以使用布尔逻辑算符、邻近运算符(NEAR)、截词符(“*”“$”)和“Browse indexes”连接；算符“WN”表示检索某一特定字段；“字段代码”表明检索范围。具体代码可在检索页面下方查询。结构复杂的检索式可以包括很多个单位结构式，并且用布尔逻辑算符(AND、OR、NOT)和括号等连接这些单位结构式。系统将严格按检索式进行检索，如检索式“IEEE WN PN AND(image processing)WN TI”。专家检索还可以搜索特定字段，如加入“收录号”“DOI”“ISBN”，也可以搜索专利和会议的具体信息等。

同一个检索式在专家检索和快速检索中得到的结果有可能不同，因为采用快速检索，系统默认词根运算，而专家检索的词根运算默认是关闭的。

另外，专家检索下的“Browse indexes”选项中除了包含快速检索“Browse indexes”中的“Author”等7个选项外，还增加了“Assignee”“Document type”“Inventor”“Language”“Treatment”选项。“Language”(语言浏览)索引为数据库提供了480多种搜索语言。

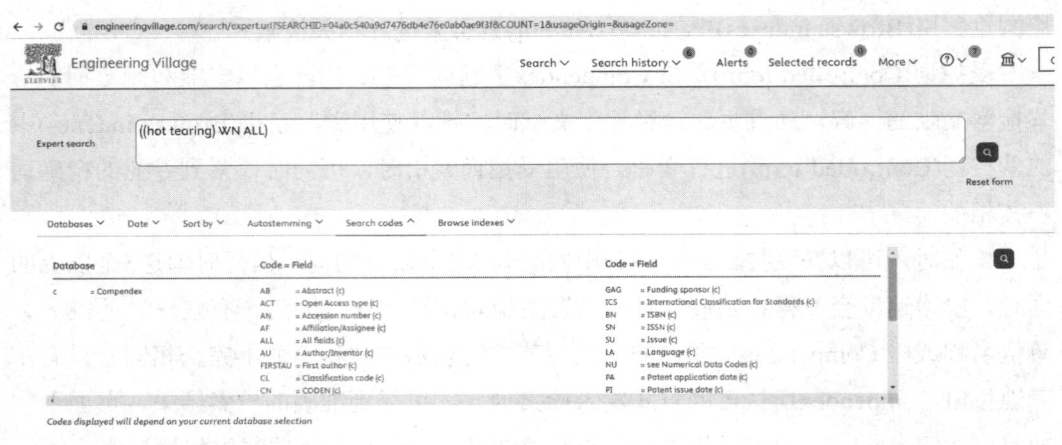

图4-5　专家检索(Expert search)页面

3. 词表检索

单击页面顶部的“Search”下拉菜单，单击“Thesaurus”即可进入“Thesaurus search”(词表检索)页面，如图4-6所示。Ei Compendex精选1.8万受控词组成的“Thesaurus”(主题词表)。利用主题词表，可清晰地展示所查找的有关主题词的广义词、狭义词、相关词等词间关系，可供按照主题词进行导航式的选词检索。选中一个或多个术语的复选框，选定的词条会自动添加到页面右侧的“Selected term(s)”，成为检索词。使用主题词表能大大提高检索效率，得到的检索结果也比较准确。

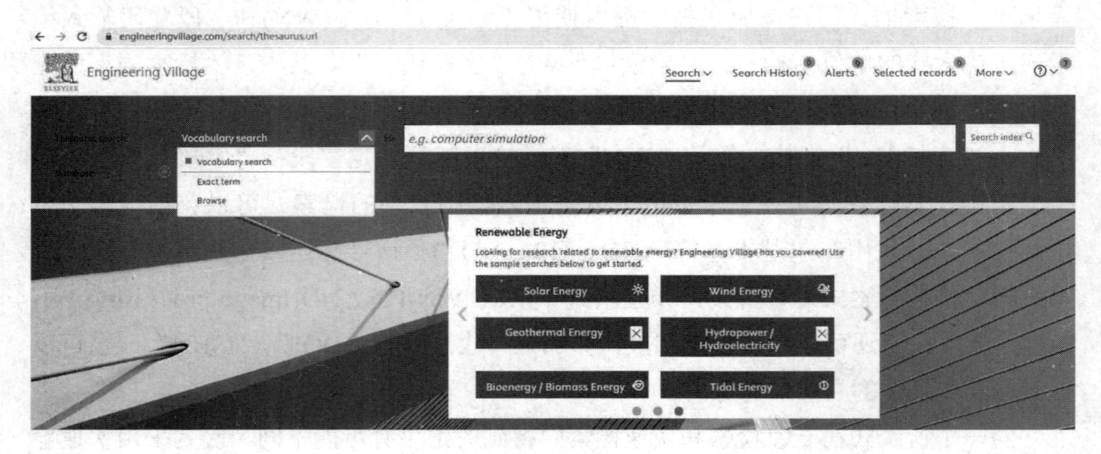

图4-6　词表检索 (Thesaurus search)页面

“Thesaurus search”提供词汇搜索(Vocabulary search)、精确词汇(Exact term)、浏览(Browse)三种功能。

(1) 词汇搜索(Vocabulary search)。如果要从受控词汇表中查找术语以及更宽、更窄或相关的受控词汇表术语，则可选择此项检索。输入检索词进行搜索，可获得用来检索的准确的主题词，系统同时还提供与该检索词相关的主题词(Related terms)。如图4-7所示，输入检索词“Wind power”，单击检索，检索结果表明，“Wind power”可以用作检索词。除“Wind power”可用作检索词外，系统还提供了一些相关主题词“Renewable energy resources”“Wind turbines”等。检索时，可以勾选多个主题词，系统将对勾选的主题词同时进行检索，多个主题词之间默认是“OR”的关系。

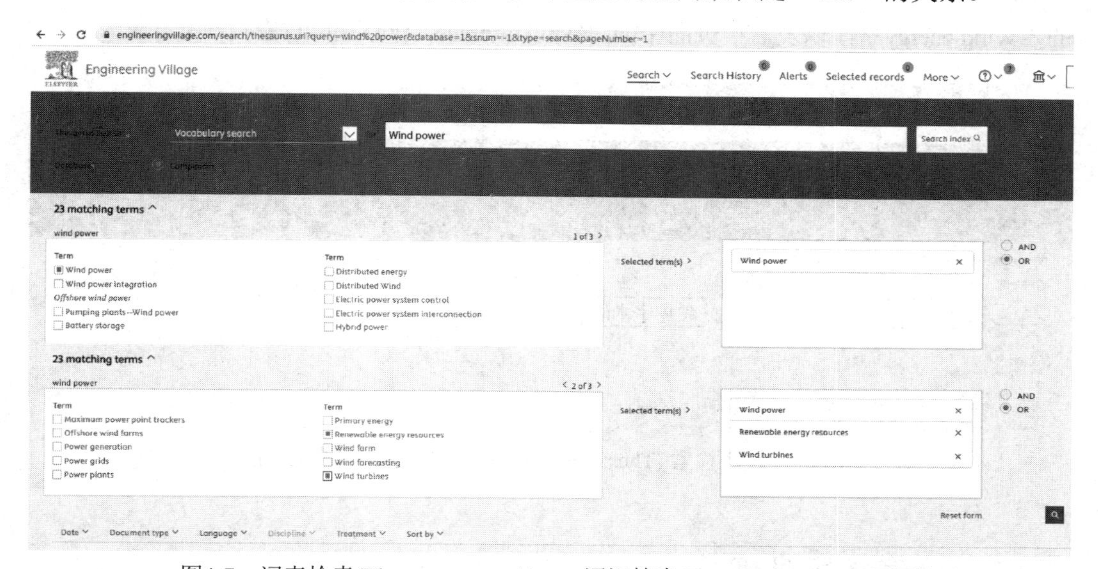

图4-7　词表检索(Thesaurus search)——词汇搜索(Vocabulary search)页面

(2) 精确词汇(Exact term)。如果已经知道确切的主题词，并希望直接查看其更宽、更窄或相关的术语，则可选择此项检索。精确词汇功能可显示用户输入词汇的广义词 (Broader terms)、狭义词 (Narrower terms)或相关词 (Related terms)，也就是该词汇的等级关系，可根据扩检或缩检的需要，选择相应的词汇进行检索。其中“for:”后指示的是那些不能使用的检索词。精确词汇 (Exact term)页面如图4-8所示。

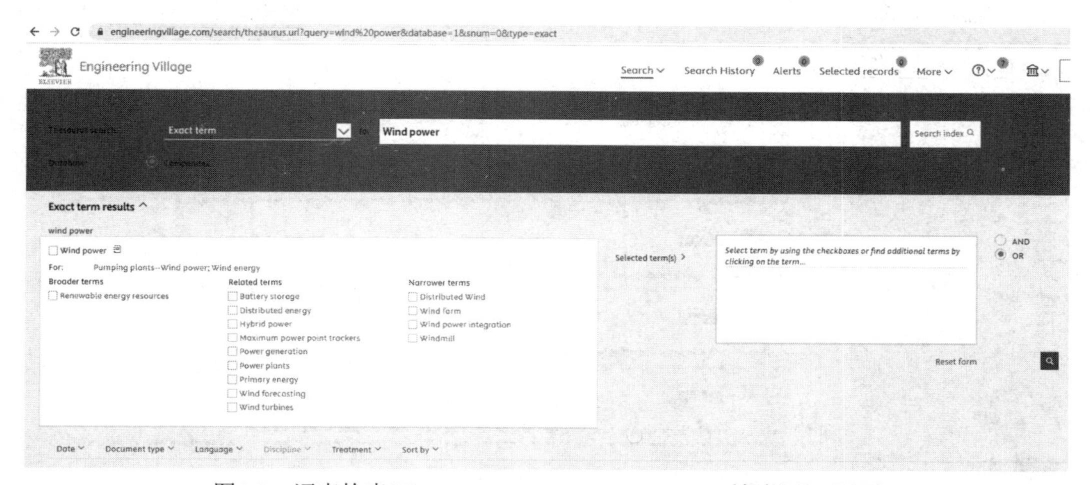

图4-8　词表检索(Thesaurus search)——Exact term(精确词汇)页面

(3) 浏览(Browse)。浏览选项的功能与印本同义词表中的索引相同，选择“Browse”即可转到主题词表中按字母顺序显示术语的部分。应用此功能时，输入一个词，可显示该词在主题词表中依字母顺序排列的位置，上下词汇在意义上不一定相关，只是依照字母顺序做排列。该功能可以用来查找主题词表中相关的主题词，斜体字术语是指受控词汇表的引入术语。如图4-9所示，如输入“Wind power”，检索后可找到检索结果首页中的“Wind energy”，以及后续页面中的“Wind turbines”(向后翻页)等。

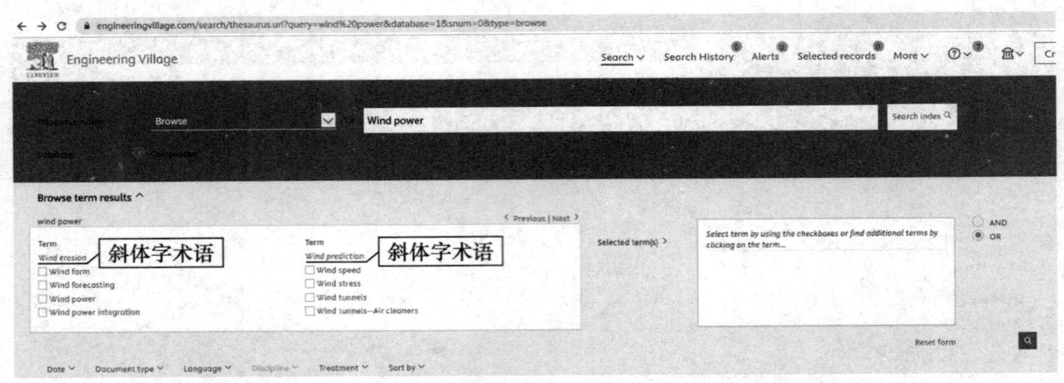

图4-9　词表检索 (Thesaurus search)——Browse(浏览)页面

4.2.3　检索结果处理

1. 检索结果的精炼和统计分析

实施某一检索后，通常会得到一些检索结果，可利用“Sort by”(排序)功能，对命中文献进行筛选，然后依照相关度、日期、作者、文献来源、出版者进行具体排序(预设为相关度)。在相同条件下，再依降序或升序规则排序，如图4-10所示。

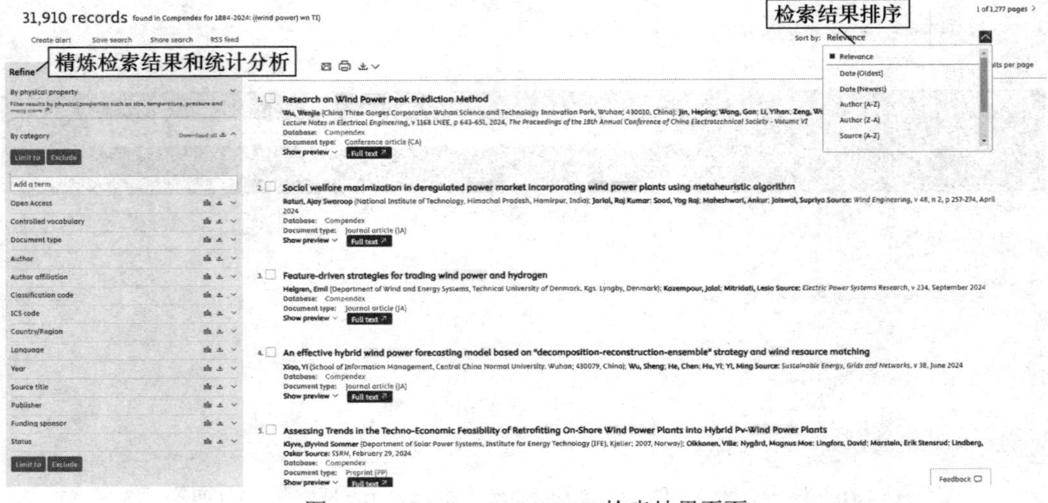

图4-10　(Wind power) WN TI检索结果页面

此外，利用“Refine”功能，可以对检索结果进行进一步筛选和统计分析。利用“Author”统计，可了解该课题的核心研究人员是谁，他们做了什么，又取得了哪些新的研究进展；利用“Controlled vocabulary”统计，可了解相关课题所涉及的领域，是否有新的研究方向；利用“Year”统计，可了解课题所处的生命周期和发展趋势；利用“Source title”统计，可了解与课题相关的核心期刊，作为投稿选择期刊的参考；利用“Document type”统计，可通过文献类型了解文献的分布，或选择所需要的文献类型来了解相关文献内容等。

2. 检索结果的查看及输出

检索结果有三种显示格式可供选择，即引文(Citation)格式、摘要(Abstract)格式和详细记录(Detailed record)格式。系统默认的是引文(Citation)格式，这种格式可提供足够的信息，以确定文献的来源。如果用户想进一步浏览文献记录的相关内容，那么可单击每条文献下边的超链接“Show preview”或“Full text”。其中，“Full text”是数据库新增的功能，可直接链接到机构所订购的其他外文全文数据库，如“Wiley Online Library”“Springer Nature”等，从而获取全文。用户选定所需要的记录后，在每条记录题名左侧的复选框中做标记，可选择“Email”“Print”“Download”方式获取文献的引文、摘要或详细记录；同时可提供多种输出格式，如EndNote、BibTeX、CSV、Excel®、PDF、RTF(Word®)等。检索结果查看及输出页面如图4-11所示。

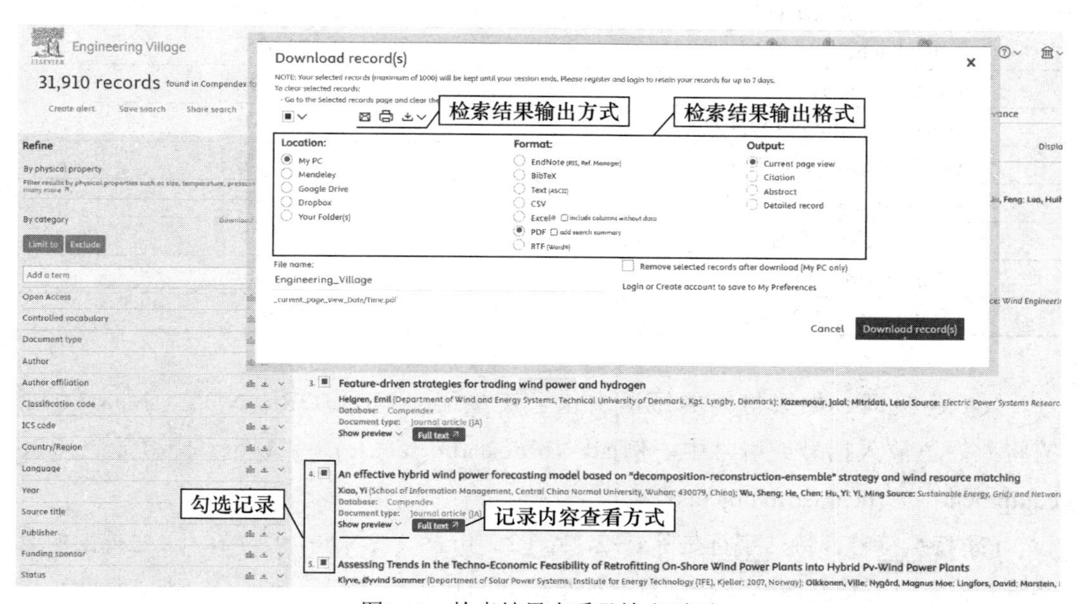

图4-11　检索结果查看及输出页面

4.2.4 检索技术

(1) 逻辑算符。逻辑“与”用“AND”或“空格”表示，逻辑“或”用“OR”表示，逻辑“非”用“NOT”表示。

(2) 位置算符“NEAR”，表示两个词彼此接近，词序任意。

(3) 截词符“*”，用以代替任意多个字母。例如，输入“comput*”可得到“computer”“computerized”“computation”“computational”“computability”等。

(4) 截词符“？”。一个“？”代表一个字符。例如，输入“wom?n”将检索到“woman”和“women”；输入“t??th”将检索到“tooth”“teeth”“truth”和“tenth”。

(5) 精确短语检索。如果输入的短语不带括号或引号，由于系统默认将检索结果按相关性排序，那么可以得到比较多的检索结果。如果需要做精确匹配检索，就应使用括号或引号。

下面以“solar energy”(太阳能)为例，利用专家检索在“Title”字段中分别使用不同的检索表达式，会得到不同的检索结果，命中文献数量如表4-1所示。其中，“solar energy”与{solar energy}同属精确检索，两者的检索结果相同，且命中文献条数最少。

表4-1　不同的检索表达式得到的命中文献数量比较

检索表达式	命中数量/条
(solar energy) WN TI	25 628
(solar and energy) WN TI	25 628
(solar Near energy) WN TI	19 807
(solar or energy) WN TI	946 568
(solar not energy) WN TI	236 885
(solar* energ*) WN TI	27 053
("solar energy") WN TI	12 366
({solar energy}) WN TI	12 366

(6) 连接词。如果检索的短语中包含连接词(AND，OR，NOT，Near)，则需将此短语放入括号或引号中。例如，(block and tackle)、“water craft parts and equipment”、(near earth objects)。

(7) 特殊符号。特殊字符是除a～z，A～Z，0～9，?，*，#，( )，{ }之外的所有字符。检索时系统将忽略特殊字符。如果检索的短语中含有特殊字符，则需将此短语放入括号或引号中，此时特殊字符将被一个空格所代替。

4.2.5 个性化服务

一般来说，国外数据库提供的个性化服务是免费的，但是要想获得此项服务，需要用户在数据库系统上进行简单的注册，Ei Compendex数据库也不例外。在该数据库首页的右上方，单击“Create account”，即可进行个人账户注册。个人账户注册的方法非常简单，只需填写用户的姓名、有效邮箱地址(E-mail)和密码，单击“注册”即可完成，注册页面见图4-12。注册完成后，只要登录个人账户，就可以享受系统提供的各种个性化服务。

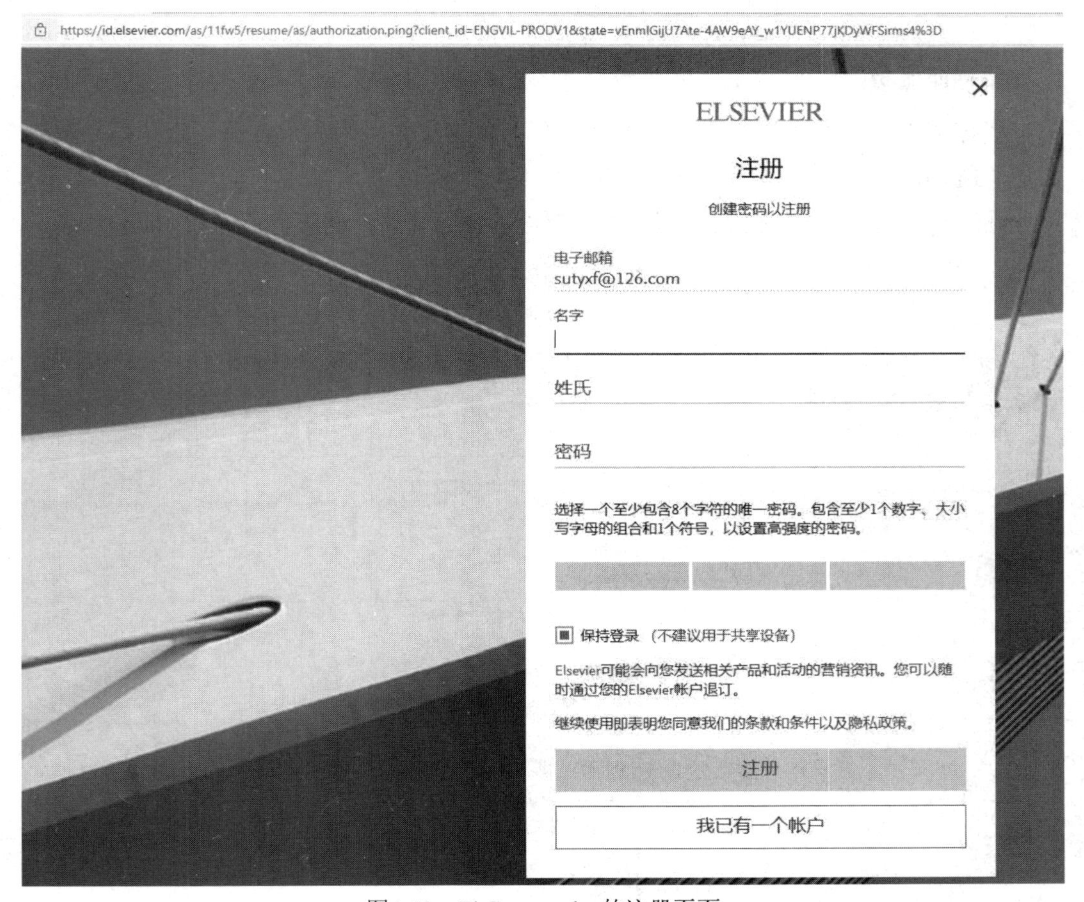

图4-12 Ei Compendex的注册页面

登录成功后，单击页面右上方的个人账户按钮，可进入个人账户设置页面进行个性化功能的设定。例如，设置个人偏好、管理邮件提醒及已储存的检索结果、管理及更新个人信息等。Ei Compendex的个性化服务设定页面如图4-13所示。

Ei Compendex数据库主要提供两种类型的个性化服务：一是存储服务；二是电子邮件通告服务。下面对这两种个性化服务进行详细介绍。

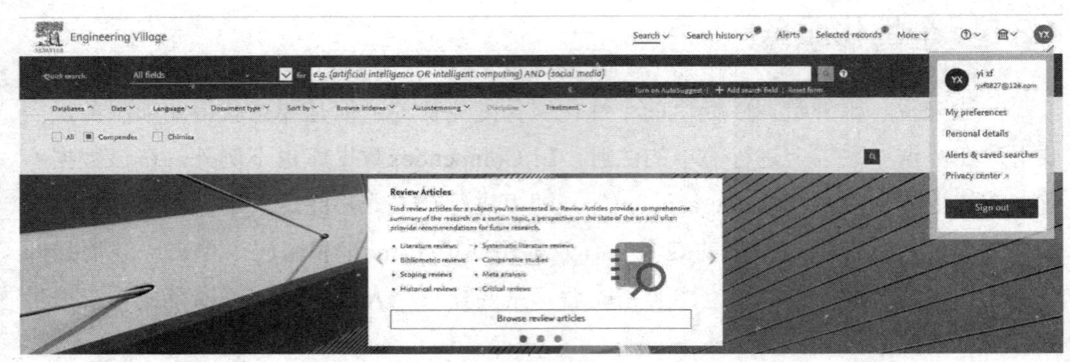

图4-13　Ei Compendex的个性化服务设定页面

1. 存储服务

存储服务就是在数据库服务器上开辟个人存储空间，为用户存储、查找信息提供方便。Ei Compendex数据库的个性化存储服务主要有以下几项。

(1) 保存检索提问式(Save search)。保存检索提问式的存储服务页面如图4-14所示。

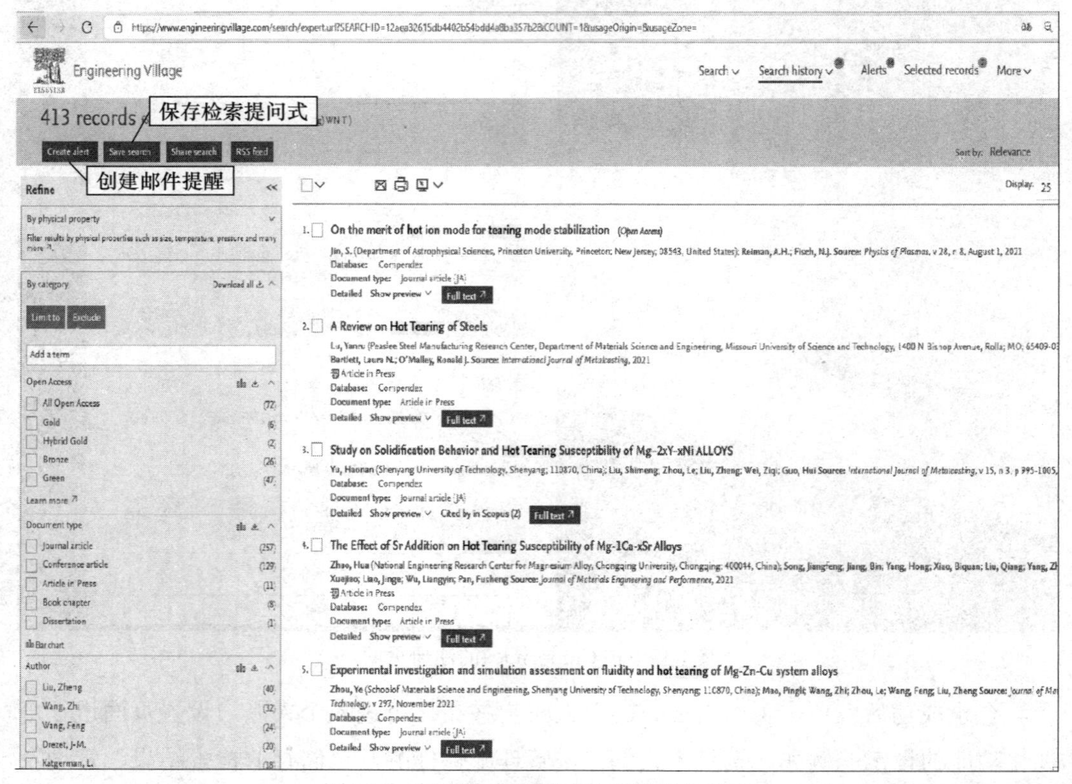

图4-14　保存检索提问式的存储服务页面

进入个人账户以后，如果想要保存检索提问式，则可以单击检索结果页面左上角的“Save search”，系统会自动进行保存。用户所保存的检索式按保存时间的先后顺序排列(每个检索式都标注了保存的时间)，用户最多可保存260个检索式。保存了某一个检索式后，如果以后还需要检索相同的内容，用户不用重新输入检索表达式，只需单击已保存的检索式就可运行此检索，而且此检索将在整个数据库中进行，包括此检索式被保存以后数据库中新近增加的数据，从而省去了再次输入检索式的烦琐步骤。用户可在邮件提醒和保存过的检索式(Alerts and Saved searches)页面查看、修改和删除检索提问式，如单击“Actions”列的“×”按钮即可删除某个已保存的检索式。邮件提醒和保存过的检索式页面如图4-15所示。

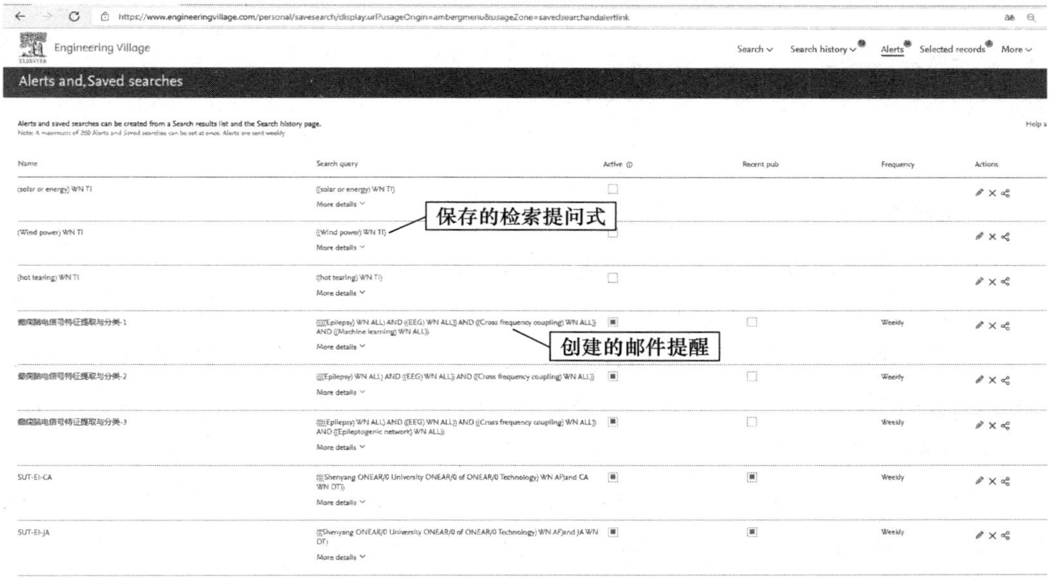

图4-15　邮件提醒和保存过的检索式页面

(2) 将选定的记录保存到我的文件夹(My Folders)。用户可以将选定的记录保存在自己的文件夹中。在检索结果页面，选定自己所需要的记录后，单击“Download record(s)”对应的图标，选中“Your Folder(s)”选项，系统会出现用户已建立的个人文件夹，选择某一个文件夹后，单击“Save”，即可把所选的记录保存到文件夹中，下次可以直接进到这个文件夹中浏览所保存的检索记录。保存、查看、管理文件夹的页面如图4-16所示。如果用户还没有建立自己的文件夹，那么系统会提示用户先建立自己的文件夹。每个账户可以建立10个文件夹，每个文件夹最多可保存100条记录。

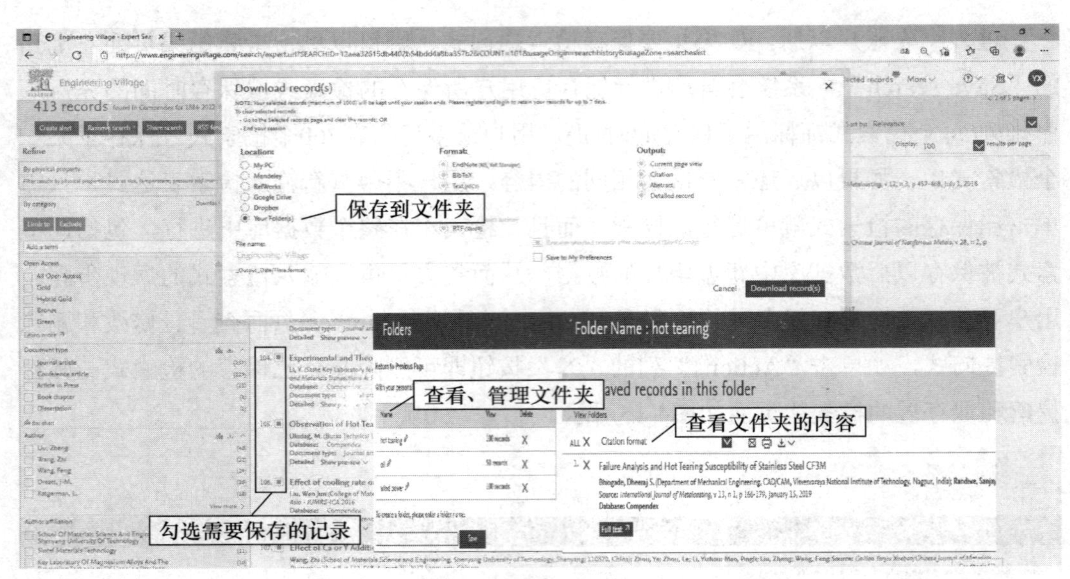

图4-16 保存、查看、管理文件夹的页面

2. 电子邮件通告服务

电子邮件通告服务是指当数据更新时，系统将按用户设定的检索需求自动检索，并将检索到的最新数据(包括文献题名、作者、文摘等)发送至用户的电子邮箱中。如果保存某一作者信息的检索，并设定Alert服务，则可获得该作者的文章被Ei Compendex收录的最新信息通报；如果保存刊名检索，并设定Alert服务，则可获得该刊的最新期目次页信息。

在检索结果(Search Results)页面，可通过单击“Create alert”按钮来创建电子邮件通告服务(见图4-14)；还可以在“Alerts and Saved searches”页面，勾选“Active”列的复选框激活电子邮件通告服务，禁用的“alert”将立即转换为已保存的检索式。

4.2.6 检索举例

检索课题：利用“Ei Compendex”查找“CAD”方面的外国专业人士。

具体的操作步骤如下。

第1步，在浏览器地址栏中输入https://www.engineeringvillage.com/或通过图书馆“外文数据库”进入Engineering Village主页。

第2步，在页面上方勾选“Compendex”，进入Ei Compendex “Quick Search”页面(默认界面)，单击“Expert Search”进入专家检索页面。

第3步，在图4-17所示页面上方的“Expert search”检索栏中输入检索提问式“CAD wn TI OR computer aided design wn TI”，其余选项均为默认状态，单击“Q”，共检索到25 994条记录。

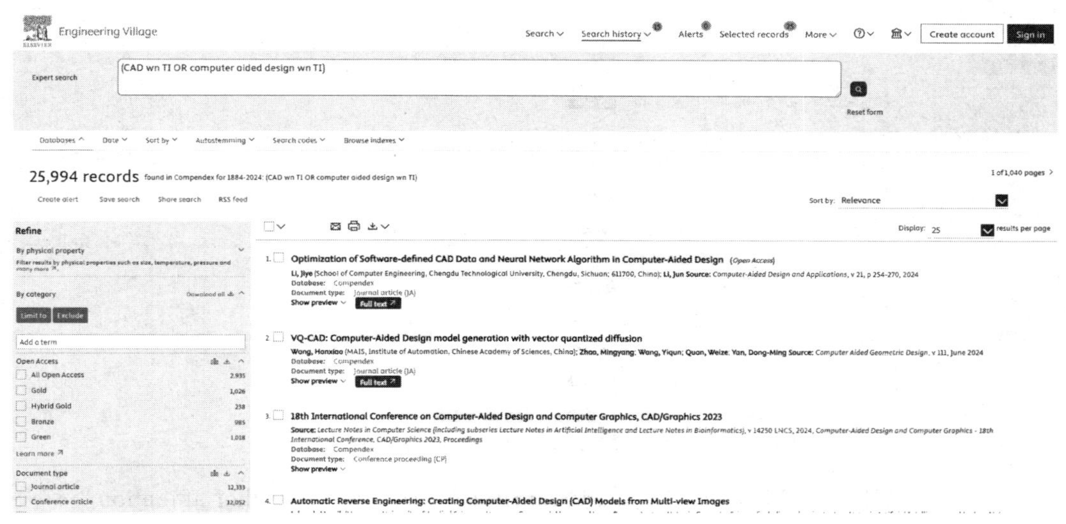

图4-17　Ei Compendex专家检索结果页面

第4步，按照“作者”选项对检索结果进行精炼。查看检索结果，选中作者Arndt, F. 左侧的复选框(见图4-18)，单击“Limit to”按钮，可显示该作者被Ei Compendex收录的27篇论文(见图4-19)。

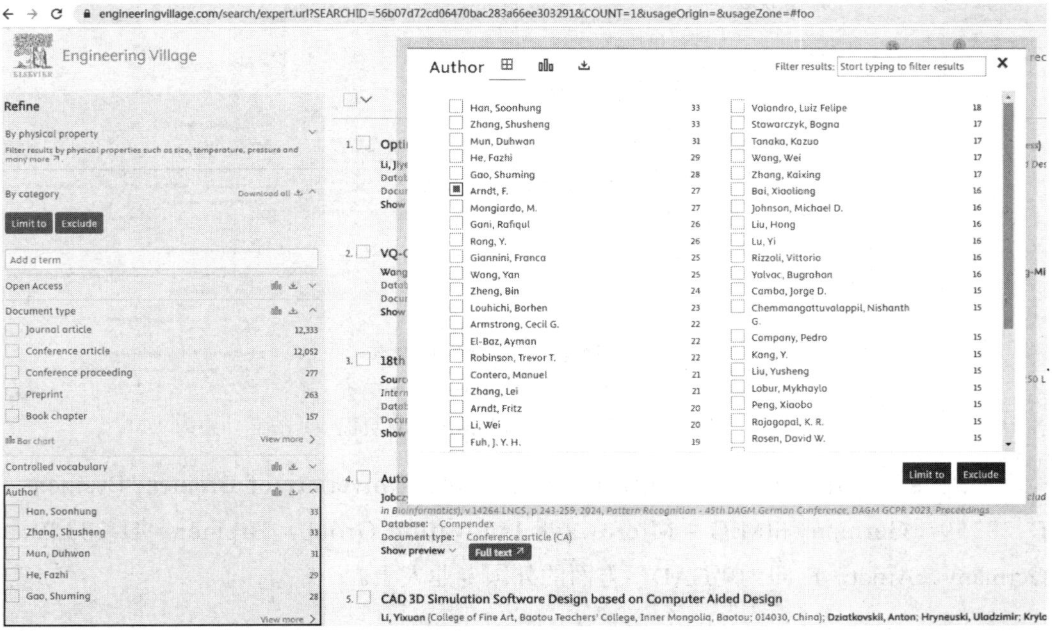

图4-18　按照“作者”选项精炼检索结果页面

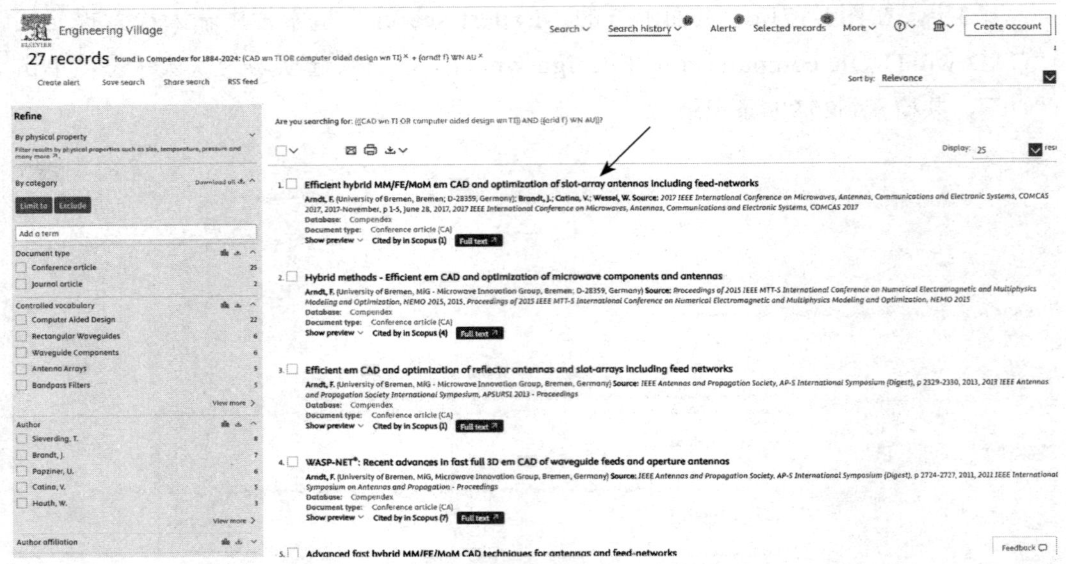

图4-19　查看作者被Ei Compendex收录的论文页面

第5步，选择其中1条，单击文献题名链接可看到Authors、Author affiliation等有关信息，如图4-20所示。

图4-20　查看文献作者详细信息页面

综上可知，作者姓名：Arndt，F.，作者单位：University of Bremen, Bremen；D-28359，Germany和MiG - Microwave Innovation Group，Bremen；D-28359，Germany。Arndt，F. 即为“CAD”方面的外国专业人士。

4.3 Web of Science™核心合集的检索与利用

4.3.1 Web of Science™核心合集概况

Web of Science™核心合集是世界上较有影响力的文摘索引数据库，其核心合集包含国内公认的重要文献检索工具Science Citation Index Expanded(SCIE)、Social Science Citation Index(SSCI)、Conference Proceedings Citation Index-Science(CPCI-S)和Conference Proceedings Citation Index–Social Science & Humanities (CPCI-SSH)，具有强大的引文检索功能和分析功能。Web of Science™平台中独特的引文索引库揭示了不同科学研究之间的内在联系和发展，反映了科学研究的贡献与影响，已成为科学研究绩效评估工作中重要的定量分析工具。下面主要介绍SCIE的使用方法。

SCIE是全球较权威的自然科学引文数据库，目前收录了9500多种高质量的自然科学方面的学术期刊，数据最早可以回溯到1900年，其内容涵盖了农业、天文学、生物化学、生物学、生物技术、化学，计算机科学、材料科学、数学、医学、神经科学，肿瘤学、小儿科、药理学、物理、植物学及精神病学、外科、兽医学、动物学等178个自然科学学科领域。根据具体的购买情况，用户所在机构的SCIE数据的回溯年份会有所不同。

SCIE数据库采用校园网范围的IP控制使用权限，IP地址属于订购范围内的用户具有访问权。用户可输入网址https://webofscience.clarivate.cn/wos/woscc/basic-search访问Web of Science™平台，也可通过图书馆主页的外文数据库链接进入该平台。

4.3.2 检索方法

Web of Science™平台以Web of Science™核心合集(著名的SCIE，SSCI，CPCI-S，CPCI-SSH等)为核心，除此之外，还包括MEDLINE、BIOSIS Citation Index、Derwent Innovations Index、CABI、INSPEC等多个数据库。如果用户所在的机构订阅了两个或两个以上的产品数据库(如Web of Science™核心合集和 Derwent Innovations Index)，则访问系统时就可以使用“所有数据库”检索选项。执行“所有数据库”检索时，系统将同时检索 Web of Science™ 核心合集和 Derwent Innovations Index。然而，如果仅订阅了一个产品数据库，如Web of Science™核心合集，就看不见“所有数据库”选项，因为在该用户的订阅中仅有一个产品数据库。

从2021年7月7日开始，新版Web of Science™正式成为默认登录界面，进入Web of Science™平台首页后，单击“所有数据库”右侧的下拉菜单，则可以看到所有可供检索的数据库，单击“Web of Science™ 核心合集”链接即可进入检索数据库，如

图4-21所示。

图4-21 选择“Web of Science™ 核心合集”页面

进入后，可勾选“Web of Science™ 核心合集”中的子库“Science Citation Index Expanded (SCI-EXPANDED)”，页面如图4-22所示。

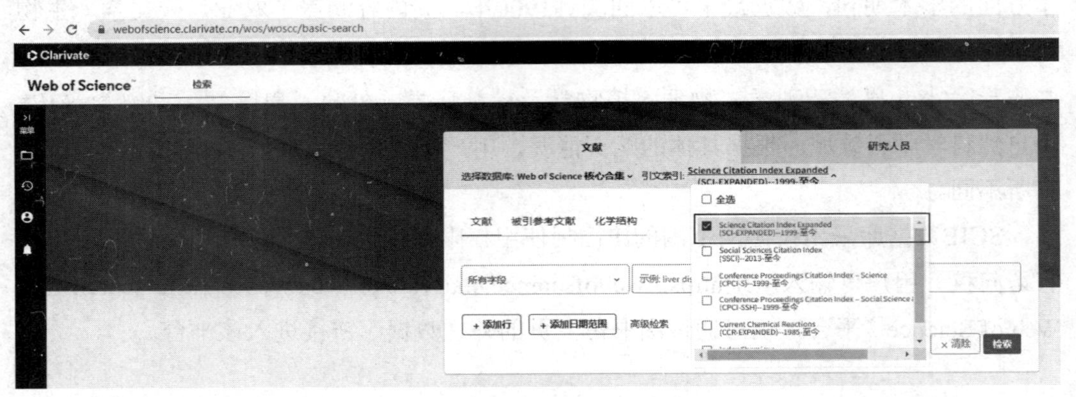

图4-22 勾选“SCIE”页面

“Web of Science™ 核心合集”检索选项提供5种检索方式：基本检索、作者检索、被引参考文献检索、化学结构检索和高级检索。基本检索与高级检索均整合到文献检索模块，如图4-23所示。

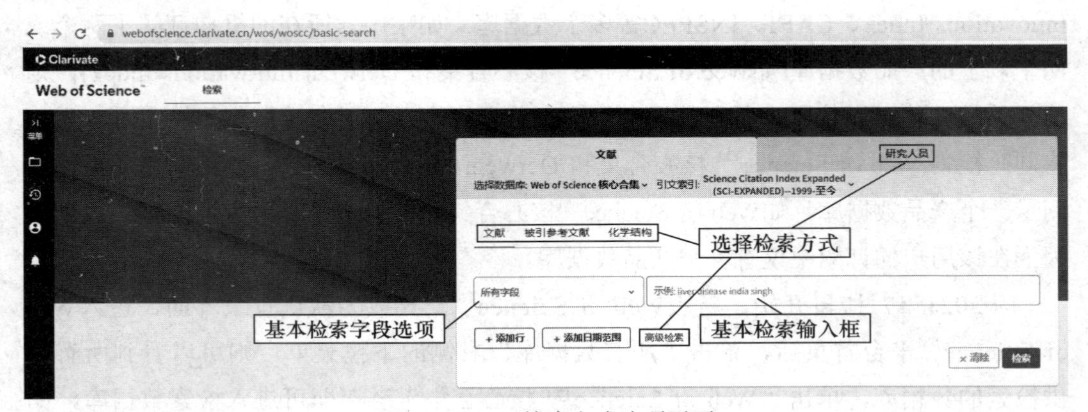

图4-23 SCIE检索方式选项页面

1. 基本检索

基本检索页面是“Web of Science™ 核心合集”的默认检索页面，系统提供了1个输入框。单击“添加行”左侧的“+”，可以增加新的检索字段。通过下拉式菜单选择检索字段，还可以使用“AND”“OR”和“NOT”进行逻辑组合。

1) 检索字段

系统提供共计24个检索字段(部分检索字段见图4-24)，其中几种常用的检索字段的名称、含义如下。

(1) 主题(Topic)。在“主题”字段中输入检索词，可检索记录中的标题、摘要、作者关键词字段和 Keywords Plus。可按任意顺序输入检索词，如检索式“radioactive decay”与“decay radioactive”的效果相同。如果要检索精确匹配的短语，那么请使用引号，如“radioactive decay”。

(2) 标题(Title)。标题是指期刊文献、会议录论文、书籍或书籍章节的标题。如果要检索期刊标题，那么请选择“出版物标题”字段。

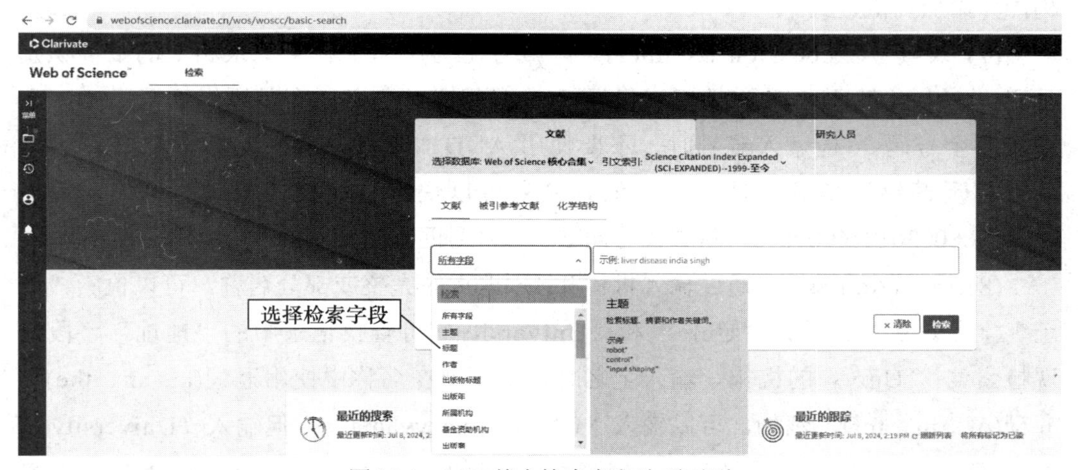

图4-24 SCIE基本检索字段选项页面

(3) 作者(Author)。输入作者姓名，可在记录中检索论文作者、书籍作者、团体作者、书籍团体作者、发明人。首先输入姓氏，再输入空格和作者名字的首字母。只输入一个名字首字母时，系统将自动添加通配符“*”。例如，输入“Johnson M”与输入“Johnson M*”得到的检索结果相同。因此，在作者姓名的每个名字的首字母后输入通配符(如“Johnson M*S*”)才是一个有效的检索式。

(4) 出版物标题(Publication titles)。出版物标题是指期刊标题、书籍标题、会议录标题等，也称来源出版物名称。输入出版物名称，可以检索记录中的“来源出版物名称”，可检索英语和原语种标题出版物名称。输入部分出版物名称时，后面要加上通配符(*、?、$)。例如，输入“Cell Biology*”可找到“Cell Biology

International”“Cell Biology International Reports”“Cell Biology Research Progress”。用引号将期刊标题引起，可以查找精确匹配的期刊标题。例如，输入“Journal of Agricultural and Food Chemistry”，将只反馈在*Journal of Agricultural and Food Chemistry*中发表的论文。

(5) 出版年(Year published)。检索“出版年”字段将同时检索“出版”和“在线发表日期”字段。输入4位数的出版年份或年份范围，如“2020”“2015—2021”，可检索某一年或某个范围内的多个年份。用户应将“出版年”检索字段和其他字段的检索式进行组配，如“主题”“作者”或“出版物标题”。利用“出版年”检索字段，可检索出用户指定的年份范围中的记录。

(6) 所属机构(Affiliation)。对于所属机构，首选组织名称和(或)其名称的不同拼写形式进行检索。“所属机构”字段新增输入联想功能，可根据输入内容推荐提示归并后的机构，同时支持从“所属机构索引”中搜索和添加归并后的机构。单击该字段检索式输入框右侧的“从索引中选择”链接，可从“所属机构索引”中查找多个所属机构，并添加到检索式。

(7) 入藏号(Accession Number)。入藏号是与产品中各条记录相关的唯一识别号码。它由入藏号(一种产品识别代码)和序号组成。务必用布尔逻辑算符“ OR ”连接多个号码。 检索入藏号时，不要使用 AND，NOT，NEAR 和 SAME，否则系统将反馈错误信息。输入唯一的入藏号可以快速查找特定记录。例如，输入“WOS:000301236900016”将查找与此唯一入藏号匹配的记录。

(8) 地址(Address)。通过输入机构和(或)地点的完整或部分名称，可以检索“地址”字段。例如，输入“Univ”和“University”可查找记录中的“地址”字段出现检索词 “Univ”的机构。输入全名时，请不要在名称中使用冠词(a、an、the)和介词(of、in、for)。例如，可以输入“UNIV Pennsyvania”，但输入“University of Pennsylvania”将导致错误信息。请注意，常见的地址检索词可能在产品数据库中采用缩写形式。例如，单词“Department”可能缩写为“Dept”或“Dep”。建议用户将“地址”检索与“作者”检索结合起来使用，这样可扩大或缩小检索范围。

(9) 所有字段(All Fields)。在所有可检索字段中进行检索式检索，可以在任何字段中轻松找到所需要的检索词。

2) 检索限定

检索限定主要包括语种限定和文献类型限定。

(1) 语种限定用于限定检索文献所使用的语种，其语种列表主要包括English(英语)、Chinese(中文)、French(法语)、Italian(意大利语)、Japanese(日语)、Portuguese(葡萄牙语)、Russian(俄语)、Spanish(西班牙语)等51个选项。要限制语种来检索时，可从上述51个选项中选择一种或多种语种。默认选择是“所有语种”。

(2) 文献类型限定，即限定要检索的文献类型。要限制文献类型来检索时，可从系统提供的“文献类型”列表中选择一个或多个文献。文献类型列表主要包括All document types (所有文献类型)、Abstract of Published Item (出版项目摘要)、Article (论文)、Book Review (书评)、Letter (快讯)、Meeting Abstract (会议摘要)、Review (评论)等47个选项。默认选择是“所有文献类型”。

在基本检索界面中还有“添加日期范围”检索限定选项，该选项包含“出版日期”和“索引日期”两个选项。选择恰当的限定条件，可得到更为精确的检索。使用“添加日期范围”选项可指定用户要检索文献的出版或收录的时间段。

3) 检索结果排序

检索结果可按相关性、出版日期、被引频次、使用次数、会议标题、第一作者姓名、出版物标题等进行排序。按照出版日期降序排列可找到最新文献，按照被引频次降序排列可以找到高频次被引用(简称高被引)文献。检索结果排序选项页面如图4-25所示。

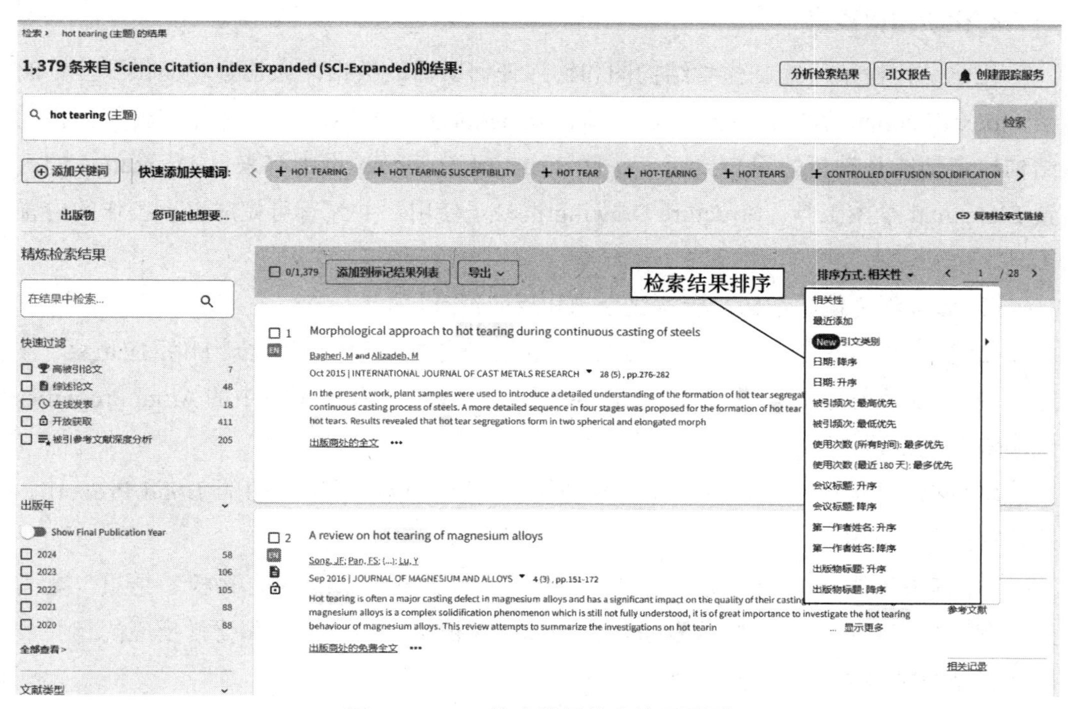

图4-25　SCIE检索结果排序选项页面

2. 作者检索

使用“作者检索”功能，可以通过作者姓名、作者的Web of Science Researcher ID或者ORCID ID以及组织名称查看个人学术档案，通过作者影响力射束图、出版物、引文网络、作者位置、合作网络等信息全方位了解和展示学术成果及影响力。作者姓名的形式为姓氏在先，名字首字母(最多4个字母)在后。姓氏可以包含连字号、空格或撇号，如Wilson SE，O'Grady AP，Ruiz-Gomez M，De La Rosa JM和Van der Waals JE。检索时，也可以使用作者的 Web of Science Researcher ID 或 ORCID ID 查找作者记录。例如，A-1009-2008或0000-0003-3768-1316。某些 Web of Science Researcher ID 和 ORCID ID 可能未与作者记录相关联，这时可改为使用姓名检索。

3. 被引参考文献检索

被引参考文献检索，即检索引用的发表的著作的记录。通过引用的参考文献检索，可以了解某个已知理念或创新获得确认、应用、改进、扩展或纠正的过程，可以了解谁在引用该项研究成果，以及该项著作对世界上其他研究人员的影响。“被引参考文献检索”字段包括被引作者、被引著作、被引 DOI、被引年份、被引卷、被引期、被引页码、被引标题。

4. 化学结构检索

化学结构检索可绘制化学结构图和输入任何所需的数据。该检索功能供那些订阅了 Index Chemicus(IC)或 Current Chemical Reactions(CCR-Expanded)的用户使用。化学结构检索功能具有新的用户页面，并且 Structure Drawing 框中有来自 Dotmatics 的内置 Elemental 绘图工具。Structure Drawing 框易于使用，并配有可完成以下工作的内置工具。

(1) 通过创建化学结构，检索化合物和反应记录。

(2) 复制并粘贴在其他绘图工具中创建的化学结构，以检索化合物和反应记录。

(3) 右键单击化学结构中的原子，并使用上下文菜单和子菜单中的 Atom Properties 选项修改化学结构。

(4) 右键单击化学结构中的键，并使用上下文菜单和子菜单中的 Bond Properties 选项修改化学结构。

(5) 其他增强功能允许用户在“化学反应检索结果”和“化合物检索结果”页面上保存、打印和通过电子邮件发送化合物和反应记录。在化合物和化学反应的相关数值数据字段中使用范围检索运算符。

5. 高级检索

在“高级检索”中，用户可以创建检索式并对其进行组配，如图4-26所示。使用字段标识、布尔逻辑算符、括号和检索结果集来创建检索式，检索结果显示在页面底部的“检索历史”中。

图4-26　SCIE高级检索页面

SCIE高级检索页面字段标识及代码如表4-2所示。

表4-2　SCIE高级检索字段标识及代码

TS=主题	PS=省/州
TI=标题	CU=国家/地区
AB=摘要	ZP=邮编 (邮政编码)
AU=作者	FO=基金资助机构
AI=作者标识符	FG=授权号
AK=作者关键词	FD=基金资助详情
GP=[团体作者]	FT=基金资助信息
ED=编者	SU=研究方向
KP=Keyword Plus ®	WC=Web of Science 类别
SO=[出版物标题]	IS= ISSN/ISBN
DO=DOI	UT=入藏号
PY=出版年	PMID=PubMed ID
CF=会议	DOP=出版日期
AD=地址	LD=索引日期
OG=[所属机构]	PUBL=出版商
OO=组织	ALL=所有字段
SG=下属组织	FPY=最终出版年
SA=街道地址	EAY=Early Access Year
CI=城市	SDG=可持续发展目标

4.3.3 检索结果处理

1. 对检索结果的二次检索和统计分析

当利用SCIE实施某一检索时，如查找与“Mg-Zn-Y合金”相关的文献，可选取主题字段，在与其对应的字段检索框中输入“Mg-Zn-Y ALLOY*”进行检索，可得到多条相关记录。对于得到的检索结果，除了利用“检索结果排序”功能进行筛选文献，还可以对结果继续进行精炼或做必要的分析。

1) 精炼检索结果

在检索结果页面，系统提供了精炼检索结果功能，可增加限定词在结果中二次检索，或将检索结果按出版年、文献类型、Web of Science 类别、作者、所属机构、出版物标题、出版商、基金资助机构、开放获取、编者、团体作者、研究方向、国家/地区、语种及会议名称等进行分类排序显示，如图4-27所示。

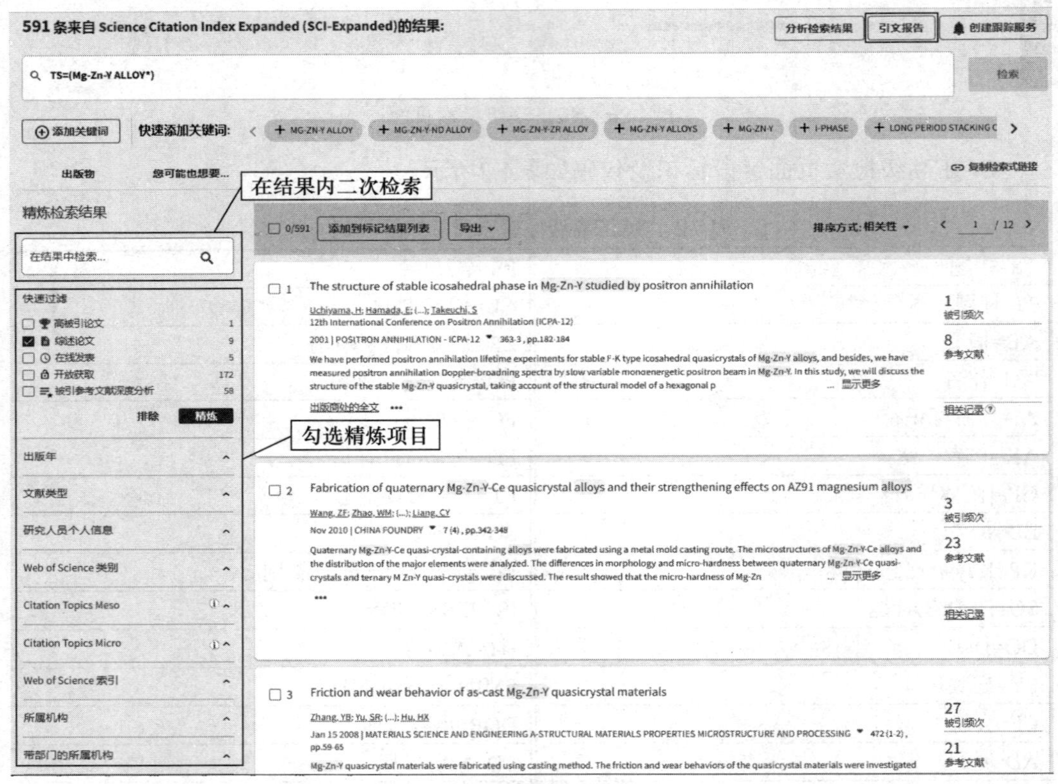

图4-27 SCIE精炼检索结果页面

如果要过滤或减少“检索结果”页面上的记录，那么可在“在结果中检索”文本框中输入“主题”检索式，然后单击“🔍”进行检索。此检索只返回原始结果中包含用户所输入的主题词的记录。此检索词可按任何顺序在检索到的记录中显示。如果要在检索结果中检索精确短语，那么请用引号将短语引起。

选择一个或多个复选框，可将结果限制在与所选标准匹配的记录范围内。例如，选中一个出版年份和研究领域后，将生成包含部分结果的列表，其中的项目符合以下条件：①在指定的年份内出版；②属于选定的研究领域。如果选择“文献类型”下的“REVIEW”，并按照“被引频次(降序)”排序，则可以快速锁定检索结果中具有高影响力的综述文献。高被引综述文献的精炼结果如图4-28所示。

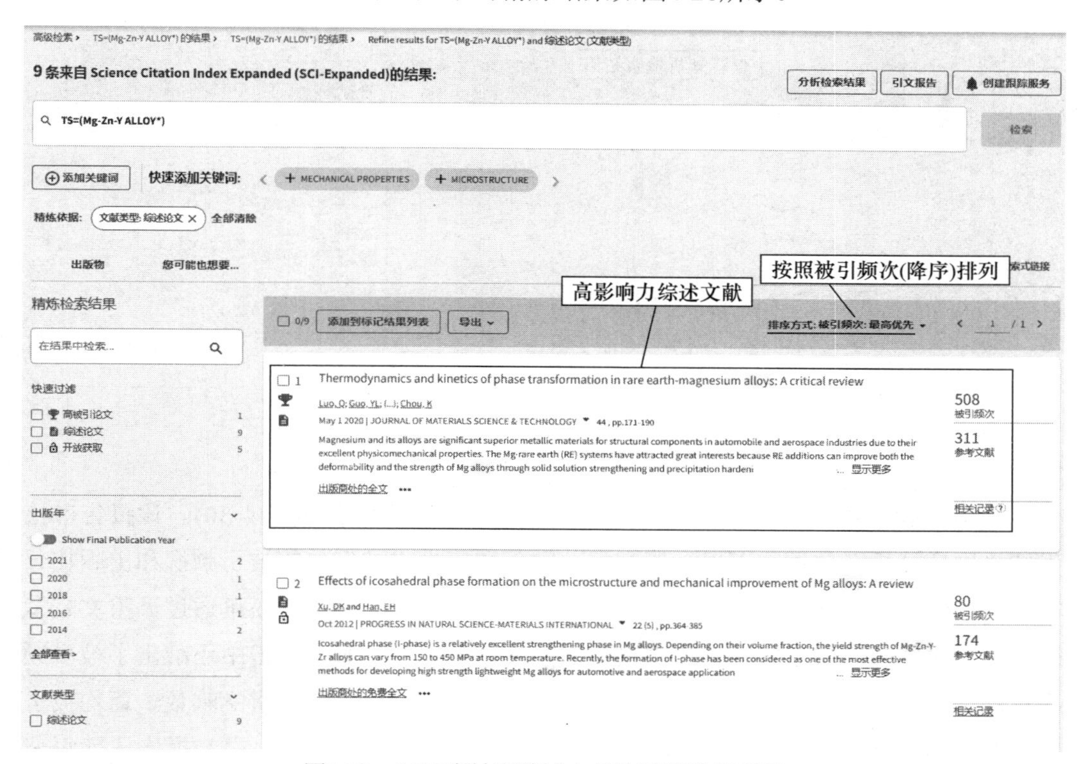

图4-28　SCIE高被引综述文献的精炼结果页面

2) 分析检索结果

单击检索结果页面的“分析检索结果”，链接将转至结果分析页面(见图4-29)，可以从出版年、文献类型、Web of Science类别、作者、所属机构、出版物标题、出版商、基金资助机构、授权号、开放获取、编者、研究方向、国家/地区、语种等18个方面对所有检索结果进行分析。这个功能有助于从宏观上把握命中文献的各种分布情况，如某专题的核心研究人员和权威机构有哪些？某专题文献的高产国家有哪些？某专题的研究起始于什么年份或历史上研究的高峰期处于什么年代？某一专题的文献主要集中在哪些刊物上？

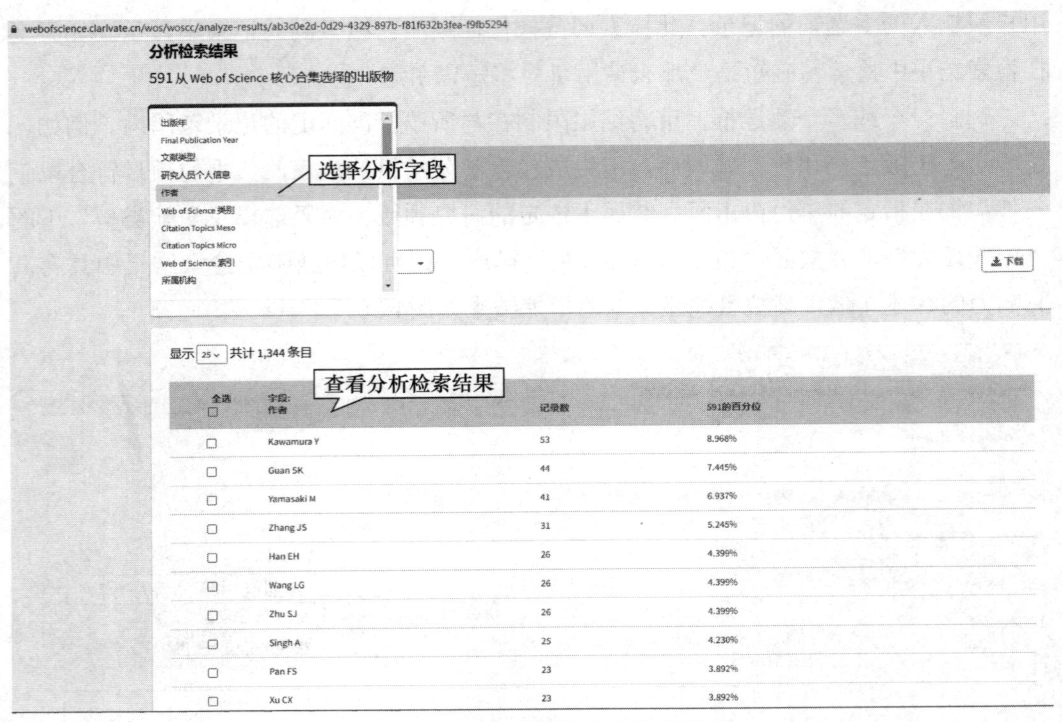

图4-29　SCIE分析检索结果页面

3) 生成引文报告

单击图4-27中的“引文报告”，即可进入引文报告页面(见如4-30)。该报告对检索结果进行分析，使用户可以一览全局，并可直接生成按年份的被引频次和出版物分布图谱，帮助用户综合分析文献产出趋势及其引文影响力趋势，还可通过调整文献发表年份的时间区间来分析特定年限文献的引文影响力。同时，报告中还给出了被引频次总数、去除自引的被引频次总数、施引文献数、去除自引的施引文献数、篇均被引频次及h-index(H指数)。除对检索结果按被引频次降序排列以外，引文报告还就每一条结果自某年以来每年的被引频次及年均被引频次做了逐一统计，有利于研究者对近几年高频次被引论文、热点论文进行全局把握。

2. 对检索结果的查看及导出

1) 查看检索结果记录

在图4-31所示的检索结果页面中，单击文献题名链接可以查看全记录内容。SCIE数据库本身并不提供原文，如果用户所在的机构拥有该记录所在全文数据库的使用权，那么单击“出版商处的全文”链接即可查看全文，否则需要付费购买全文。单击“出版商处的全文”右侧的图标“•••”，可进行“添加到标记结果列表”“复制入藏号”“复制DOI”“复制论文链接”等操作。全记录页面(见图4-32)可显示文献作者、文献来源信息、关键词、作者信息和出版商等，为用户了解原文提供进一步参考。

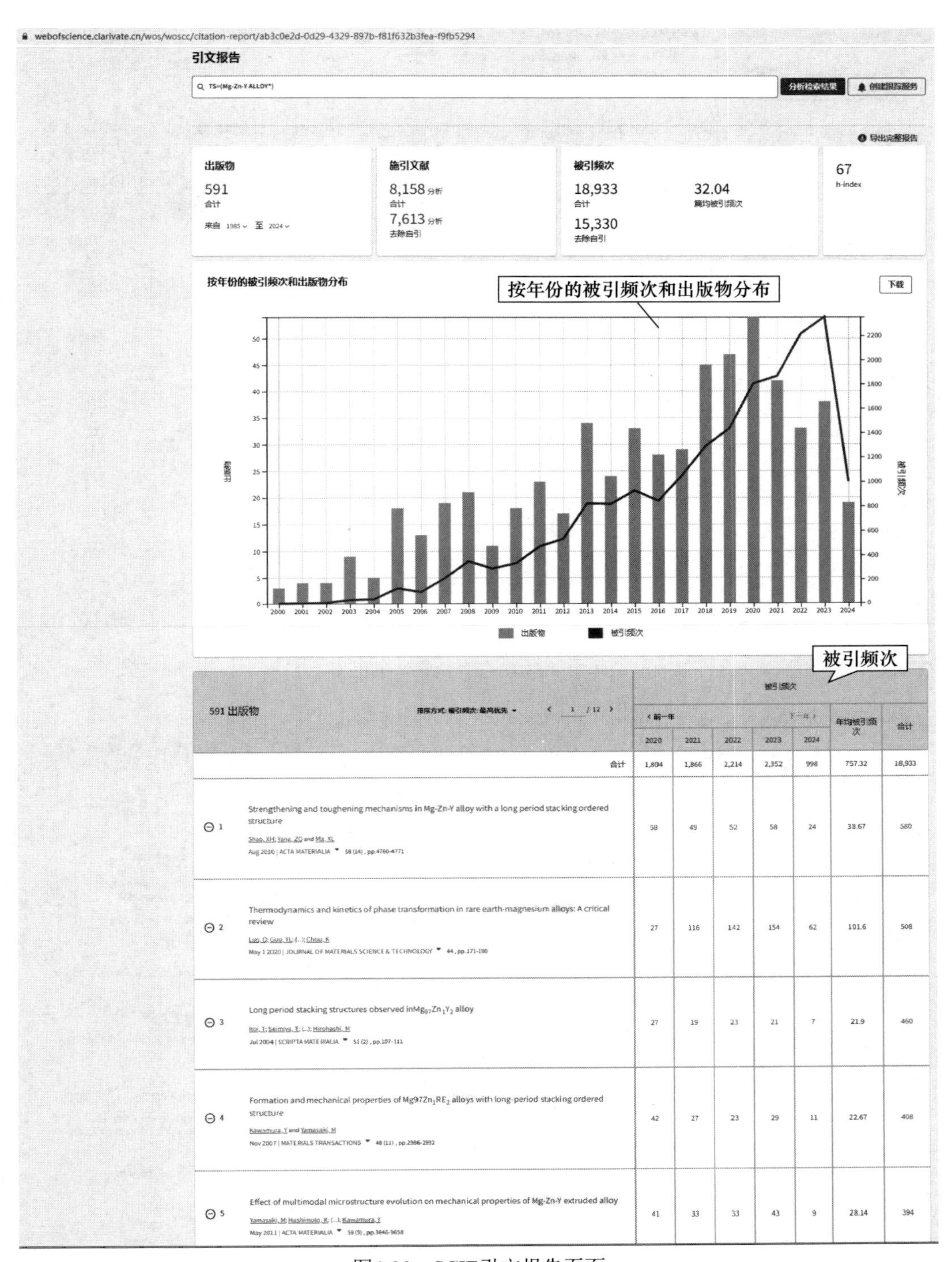

图4-30 SCIE引文报告页面

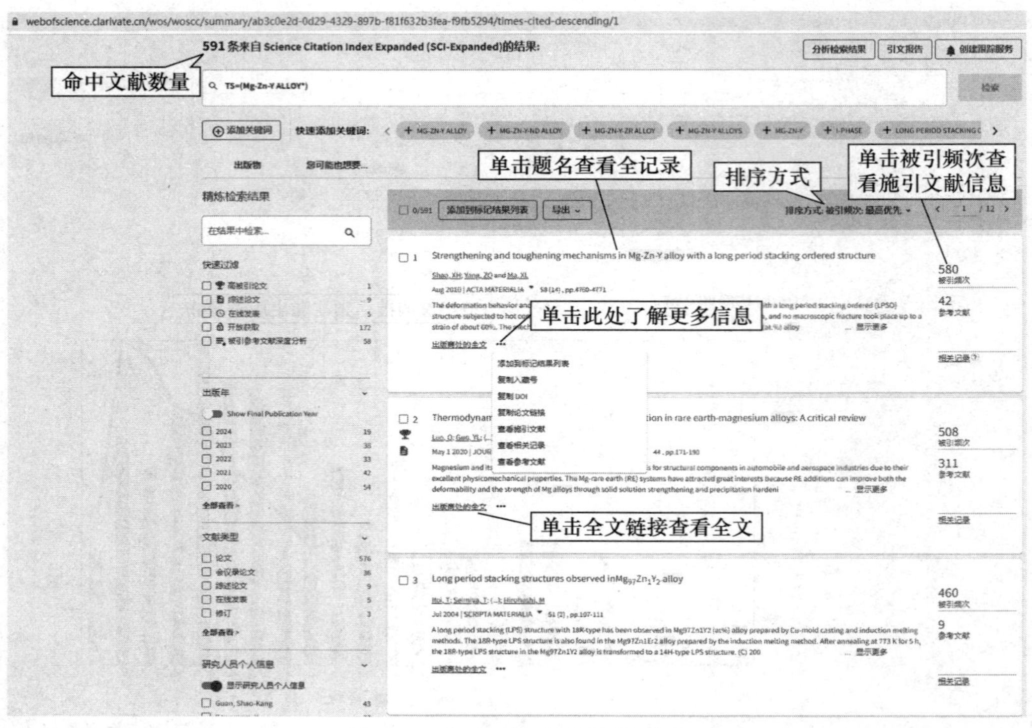

图4-31　SCIE查看检索结果页面

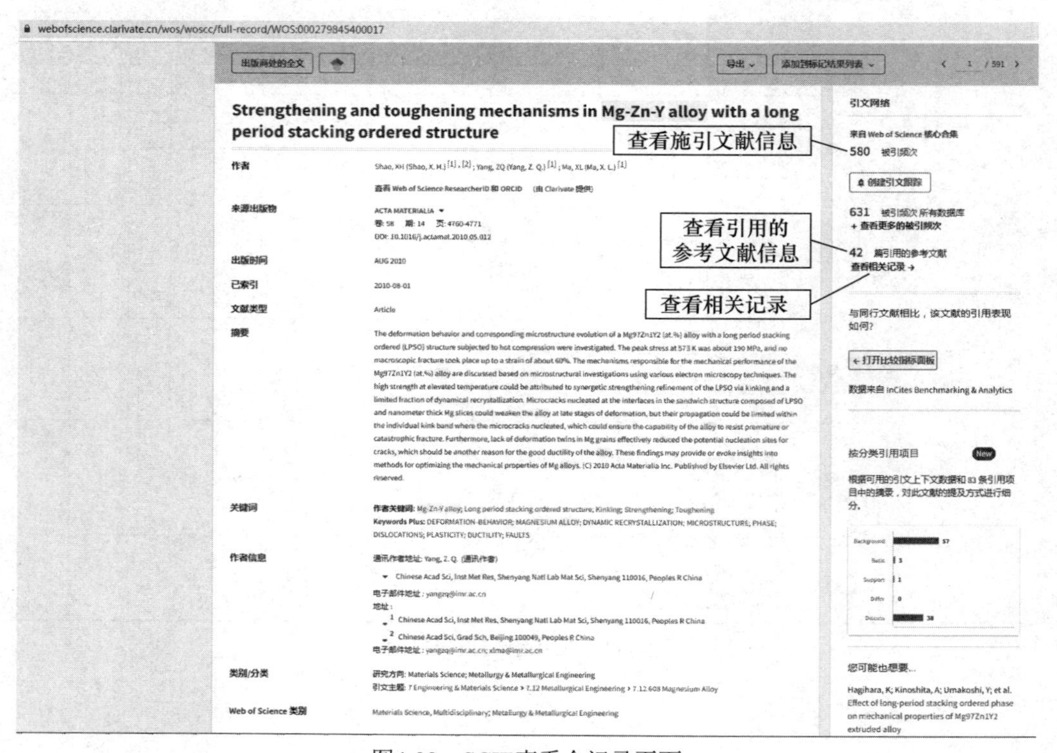

图4-32　SCIE查看全记录页面

此外，还可以单击有关链接，查看施引文献信息、引用的参考文献信息和相关记录。查看施引文献信息可以了解与课题相关的最新应用和进展。例如，对于图4-32所示的出版年为2010年的文献，其最新的施引文献的出版年为2024年(见图4-33)，说明目前相关研究人员仍然在关注该研究课题。

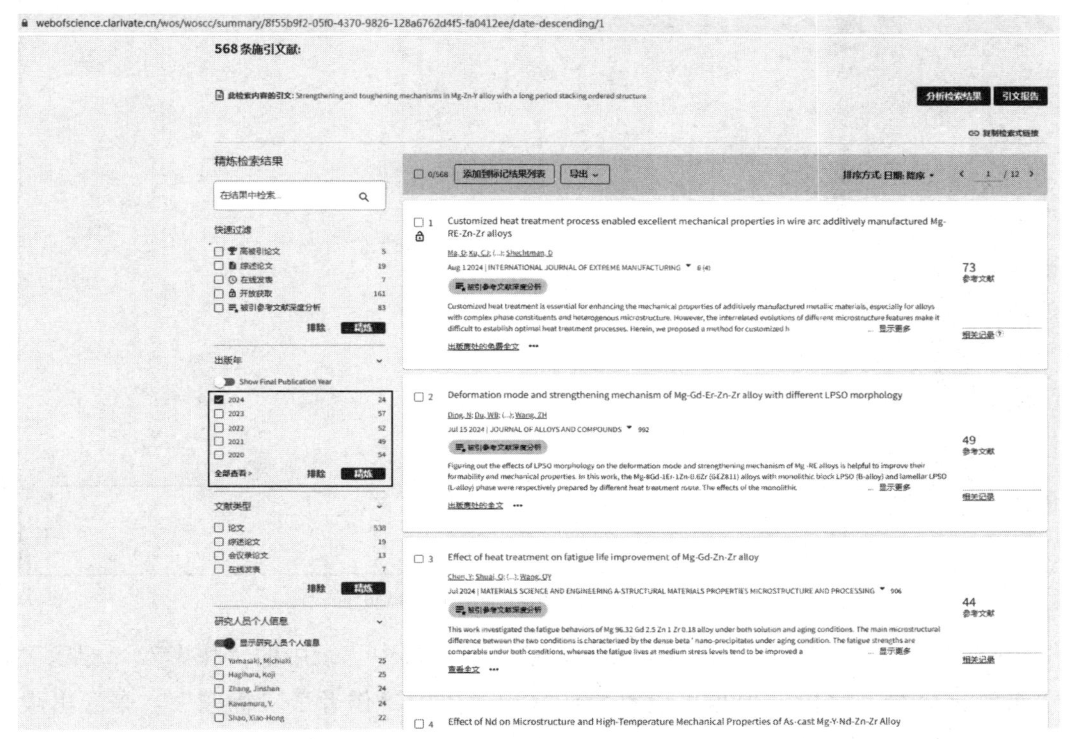

图4-33　SCIE查看施引文献页面

查看引用的参考文献信息可以了解与课题相关的起源和历史进程。例如，对于图4-32所示的出版年为2010年的文献，其最早的参考文献的出版年为1942年(见图4-34)。查看相关记录可以扩大文献信息来源，了解与课题相关的学科之间的交叉和渗透，启迪人们拓展新的研究领域。

2) 导出检索结果记录

检索结果页面和全记录页面上都有导出选项。系统提供“EndNote”“Plain text file”“Excel”“导出至 InCites”“RIS”“可打印的HTML文件”等多个文献导出格式。一次最多可批量导出1000条文献记录。导出检索结果记录的步骤如下。

(1) 选择记录。提供的选项有以下几个：选择页面上的所有记录；标记结果中的全部记录(最多1000)；向下滚动以查看这些记录。在这里，可以使用页面底部的显示菜单增加每页显示的记录数，如“页面显示20”“页面显示50”等。

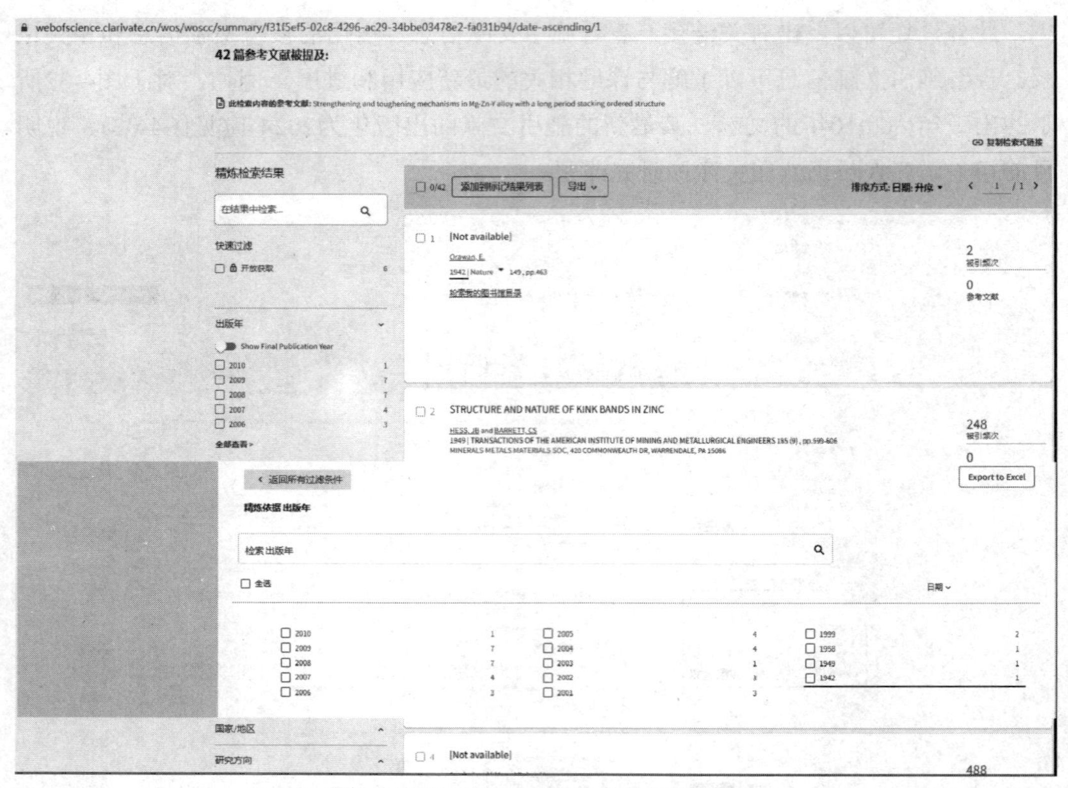

图4-34　SCIE查看引用的参考文献页面

(2) 选择记录内容。默认情况下，系统将自动选中记录中的“作者”“标题”“来源出版物”字段，但也可设置为选择记录中的“作者”“标题”“来源出版物”“摘要”字段，或选择完整记录，或选择全记录与引用的参考文献。需要注意的是，如果添加了诸如“摘要”和“引用的参考文献”等内容较多的字段，就会增加系统的处理时间。

(3) 选择导出目标。可以选择导出到“EndNote Online”“EndNote Desktop”“Incites”，也可以保存为其他文件格式，如“纯文本文件”“RIS(其他参考文献软件)”“Excel”“可打印的HTML文件”等。

4.3.4　检索技术

1. 检索总体规则

(1) 大小写字母。检索时，不区分字母大小写，可以使用大写、小写或混合大小写。例如，AIDS、Aids 以及aids可查找相同的结果。

(2) 检索运算符。在各个检索字段中，检索运算符(AND，OR，NOT，NEAR

和 SAME)的使用会有所变化。例如，在“主题”字段中可以使用“AND”，但在“出版物名称”或“来源出版物”字段中却不能使用；可以在多数字段中使用“NEAR”，但不能在“出版年”字段中使用；可以在“地址”字段中使用“SAME”，但不能在其他字段中使用。

请记住，使用检索运算符时不区分大小写。例如，OR，Or和or返回的结果相同。

(3) 通配符。在大多数检索式中都可以使用通配符(*，$，?)，但通配符的使用规会随着字段的不同而有所变化。

(4) 短语检索。若要精确查找短语，那么请用引号将短语引起。例如，输入“energy conservation”，将检索包含精确短语energy conservation的记录。这仅适用于“主题”和“标题”检索。如果输入不带引号的短语，则系统将检索包含用户所输入的所有检索词的记录。这些检索词可能连在一起出现，也可能不连在一起出现。例如，输入energy conservation，将查找包含精确短语energy conservation的记录，还会查找到包含短语conservation of energy的记录。如果输入以连字号、句号或逗号分隔的两个检索词，则检索词将视为精确短语。例如，输入检索词waste-water，将查找包含精确短语waste-water或短语waste water的记录，而不会查找包含water waste、waste in drinking water或water extracted from waste的记录。需要说明的是，检索精确匹配的短语时，请不要在引号内部使用“$”符号，否则将检索不到结果。

(5) 括号。括号用于将合成的布尔运算符进行分组。例如，(Antibiotic OR Antiviral) AND (Alga* OR Seaweed)，(Pagets OR Paget’s)AND(cell* AND tumor*)等。

(6) 连字号。输入带连字号或不带连字号的检索词可以检索用连字号连接的单词和短语。例如，输入speech-impairment，将查找包含speech-impairment和speech impairment的记录。

2. 检索运算符的使用方法

逻辑运算符(AND，OR，NOT，NEAR和SAME)可用于组配检索词，从而扩大或缩小检索范围。

NEAR/x为位置限定算符，使用NEAR/x可查找由该运算符连接的检索词之间相隔指定数量的单词的记录。该规则也适用于单词处于不同字段的情况。用数字取代x可指定将检索词分开的最大单词数。如果只使用“NEAR”而不使用“/x”，则系统将查找其中的检索词由“NEAR”连接且彼此相隔不到15个单词的记录。例如，输入检索式“salmon NEAR virus”与“salmon NEAR/15 virus”的效果相同。但要注意，不能在“主题”和“标题”检索式中将“AND”运算符作为“NEAR”运算符的一部分使用。

3. 检索运算符的优先顺序

(1) 如果在检索式中使用下列不同的运算符，则会根据以下顺序处理检索式：

①NEAR/x；②SAME；③NOT；④AND；⑤OR。

(2) 使用括号。使用括号可以忽略运算符优先级，优先执行括号内的表达式。输入(cadmium AND gill*)NOT Pisces可查找包含cadmium和gill(或gills)的记录，但排除包含单词Pisces的记录。输入(salmon OR pike)NEAR/10 virus可查找salmon或pike与virus相隔不到10个单词的记录。

4. 通配符的使用方法

通配符表示未知字符。通配符仅在英文查询中有效。星号(*)表示任何字符组，包括空字符；问号(?)表示任意一个字符；美元符号($)表示零或一个字符。

4.3.5 个性化服务

用户完成注册后，可以免费获得以下几项个性化服务。

(1) 用户可按照时间查看检索历史，并访问检索结果。

(2) 用户可创建跟踪服务，跟踪服务包括检索跟踪和引文跟踪。在数据有更新时，系统直接根据保存的检索式进行检索，并把最新结果推送到指定的邮箱，用户可随时掌握课题的最新进展或文章最新的引用情况。用户可根据需要创建针对课题、作者、期刊、文献的跟踪服务。跟踪服务的有效期一般为半年，到期后可以续订。

(3) 复制分享检索链接等。

4.3.6 检索举例

检索课题：利用“SCIE”查找“镁锌钇合金”方面的最新文献、高被引文献、综述文献和收录与该课题内容相关文献数量较多的来源出版物。

具体的操作步骤如下。

第1步，在浏览器地址栏中输入https://www.webofscience.com/wos/alldb/basic-search或通过图书馆“外文数据库”进入Web of Science™主页。

第2步，在页面上方“所有数据库”下拉菜单中单击“Web of Science™ 核心合集”，进入“Web of Science™ 核心合集”基本检索页面(默认页面)，单击“合集:All”下拉菜单，勾选“Science Citation Index Expanded (SCIE)”。

第3步，在图4-35所示的页面上方的“基本检索”栏中输入检索提问式“Mg-Zn-Y NEAR/0 ALLOY*”，检索字段选择“主题”，其余选项均为默认状态，单击“检索”，共检索到281条记录，如图4-36所示。

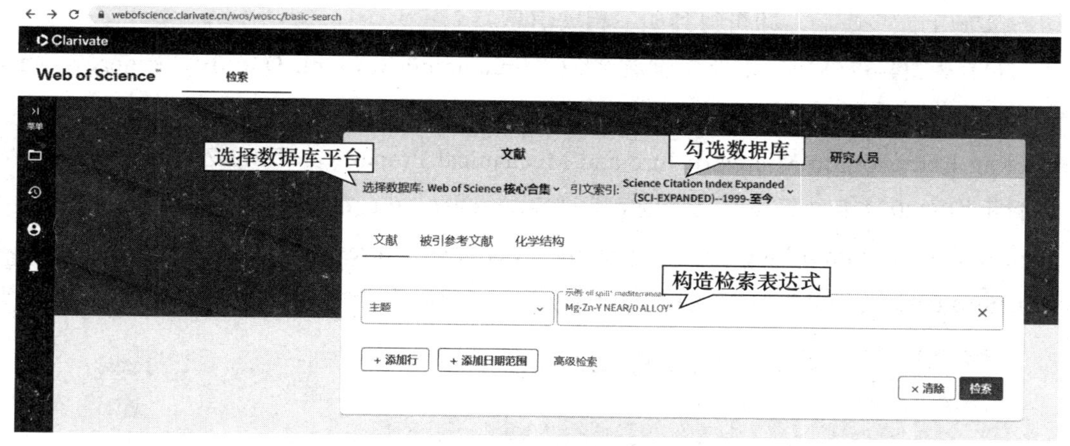

图4-35 SCIE构造检索表达式页面

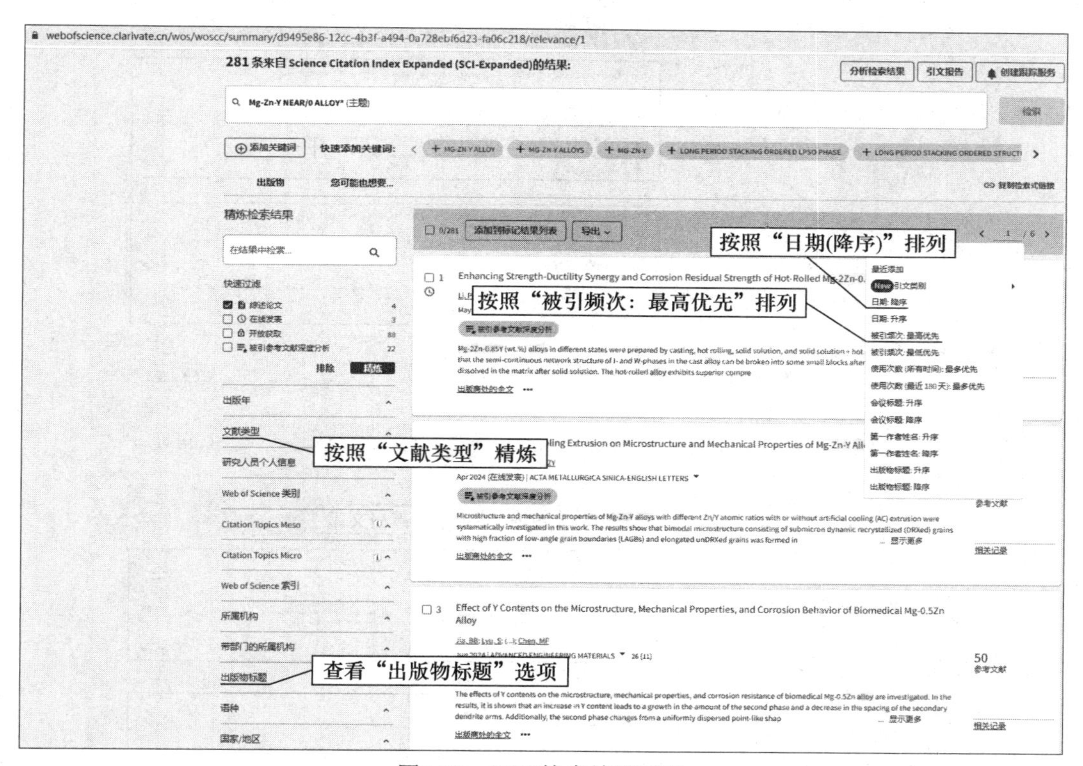

图4-36 SCIE检索结果页面

第4步，在图4-36所示的检索结果页面中，选择按照“日期(降序)”排列检索结果，可得到与课题相关的最新文献；选择按照“被引频次：最高优先”排列检索结果，可得到与课题相关的高被引文献。勾选“综述论文”，按照“文献类型”精炼，并对精炼结果按照“被引频次：最高优先”排序，即可得到高影响力综述文献；查看“出版物标题”选项，即可得到与该课题相关度较高的来源出版物。

实施上述步骤后，即可得到如下相关信息。

(1) 从图4-37可知，最新文献题名为“Enhancing Strength-Ductility Synergy and Corrosion Residual Strength of Hot-Rolled Mg-2Zn-0.85Y Alloy”和“Effect of Artificial Cooling Extrusion on Microstructure and Mechanical Properties of Mg-Zn-Y Alloys”，出版年均为2024年；高被引文献题名为“Strengthening and toughening mechanisms in Mg-Zn-Y alloy with a long period stacking ordered structure”和“Long period stacking structures observed inMg(97)Zn(1)Y(2) alloy”，被引频次分别为580次和460次。

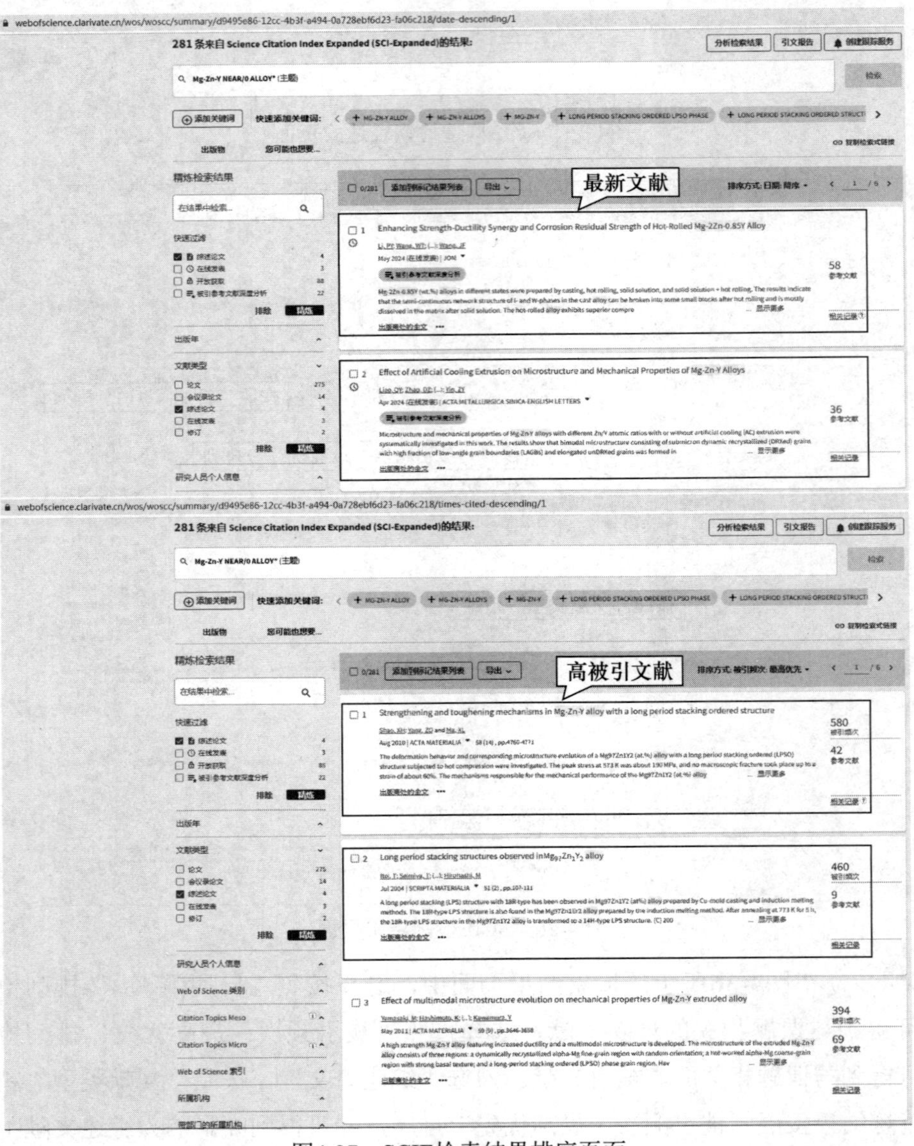

图4-37 SCIE检索结果排序页面

(2) 从图4-38可知，综述文献题名为“A Critical Review of Mg-Zn-Y Series Alloys Containing I, W, and LPSO Phases”和“Tailoring microstructure of Mg-Zn-Y alloys with quasicrystal and related phases for high mechanical strength”；与本课题相关度较高的出版物名称为“MATERIALS SCIENCE AND ENGINEERING A STRUCTURAL MATERIALS PROPERTIES MICROSTRUCTURE AND PROCESSING”和“JOURNAL OF ALLOYS AND COMPOUNDS”，本次检索收录数量分别为32篇和24篇。

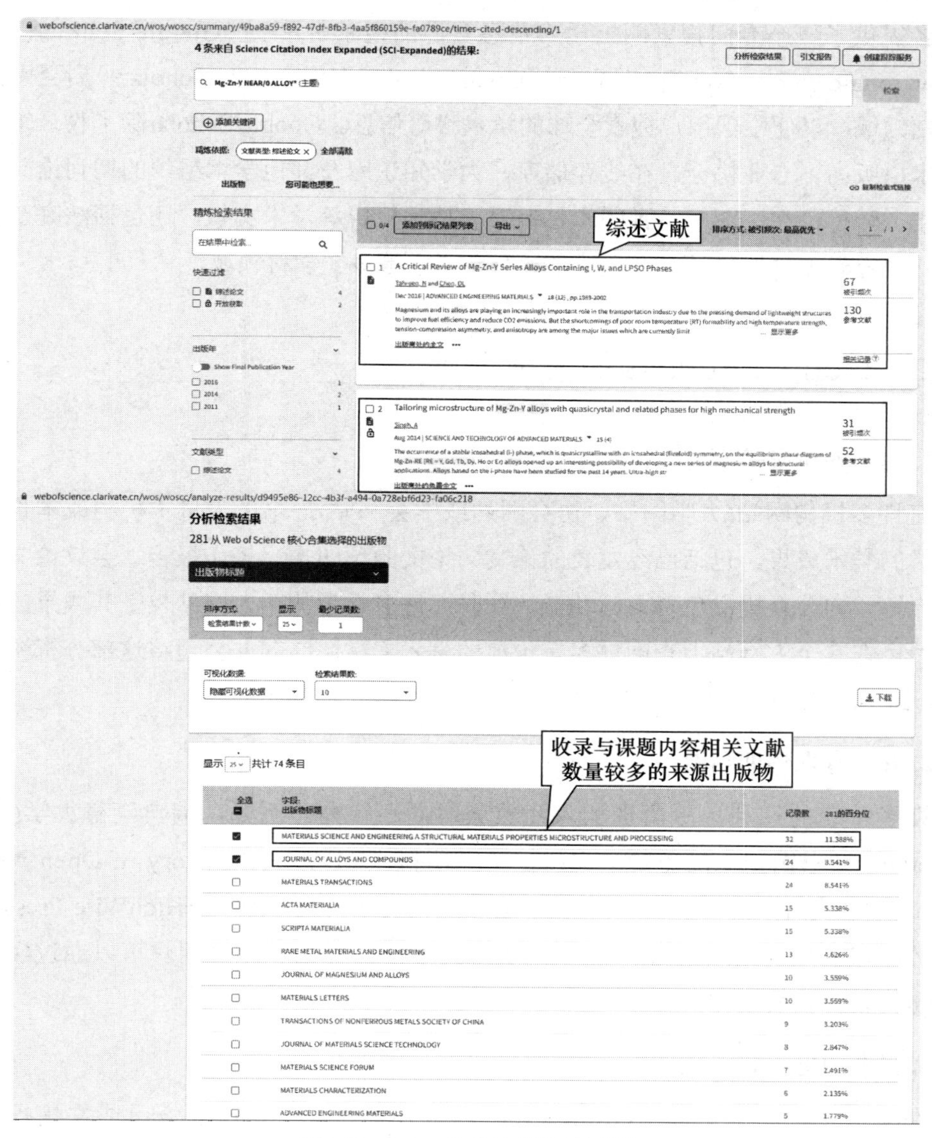

图4-38　SCIE检索结果精炼页面

4.4 Google Scholar(Google学术搜索)

4.4.1 Google Scholar概况

2004年11月，Google公司针对科学家和研究人员隆重推出了新的搜索服务，为检索者提供了一个专门搜索网上学术信息资源的搜索引擎——Google Scholar(http://scholar.google.com)。2006年1月11日，Google公司宣布将Google Scholar扩展至中文学术文献领域，以便中国用户搜索全球的学术科研信息。Google Scholar除了收录来自各种学术出版商、专业协会、在线存储库、大学知识库及其他学术组织的期刊论文、会议论文、学位论文、图书、预印本、摘要、技术报告等学术文献，还包括法庭意见和专利，内容涵盖自然科学、人文科学和社会科学等多个学科领域。

4.4.2 Google Scholar的资源构成

1. 网上的免费学术资源

有许多机构网站(大学网站、协会网站或学会网站)汇聚了大量本机构或本学会研究人员的学术成果，包括已经发表的论文、论文的预印本、工作报告、会议论文、调研报告等，向公众提供免费访问功能。同时，许多学者的个人网站也是其成果的发布网站，可在其个人网站上查阅许多有价值的学术文献。Google公司将这部分资源集中到Google Scholar中，以提供更加精准的学术信息搜索结果。

2. 开放存取的期刊网站

许多传统的期刊出版商也加入开放获取期刊行列。例如，瑞典隆德大学(Lund University)图书馆建立的免费全文科技学术期刊——DOAJ(Directory of Open Access Journals)、斯坦福大学HighWire出版社建立的免费期刊数据库——HighWire Press。这些开放存取的期刊网站的内容已基本为Google Scholar所包括，用户可以通过Google Scholar检索并获取全文的链接。

3. 付费的电子资源提供商

许多电子资源提供商与Google公司合作，将其电子资源的索引或文摘提供给Google Scholar。多数情况下，用户只能查到这些期刊数据库的文章题录信息，偶尔会获得部分免费原文。目前，Google公司已经与许多著名的学术出版商和服务商(如Nature、IEEE、Ingenta、Wiley、JSTOR、Elsevier、OCLC等)开展了合作。用户检索后可以看到这些出版商的资源出现在Google Scholar的检索结果中，其文摘信息是公开的，而多数全文信息可通过一定方式(如IP限定)控制访问，只有授权用户才可获取。中文的维普数据库和万方数据库也与Google Scholar合作，提供了中文期刊文章的题录信息。

4. 图书馆链接

Google公司向图书馆发出免费链接邀请，可以提供面向这些图书馆资源的链接和查询。目前，全球已有100多家图书馆与Google公司开展了合作。此外，美国OCLC将来自世界各国图书馆的馆藏目录提供给Google公司，因此可以从Google Scholar查询到这些图书馆的图书目录信息，这对学生和研究机构的人员有很实际的作用。用户可以单击“学术搜索设置”，通过“图书馆链接/查找图书馆”找到有使用权限的图书馆，从而获取原文。

4.4.3　Google Scholar的检索方法

Google Scholar提供了便捷友好的检索页面，具有较强大的检索功能。同时，Google Scholar具有语言选择功能，可根据需要选择中文检索页面或英文检索页面。Google Scholar的检索分为基本搜索和高级搜索两种方式。

基本搜索是主页默认的检索方式，使用起来简单、快捷，在检索框内输入检索字词或短语，单击按钮“🔍”即可进行检索。Google Scholar(英文版)基本搜索页面有“Articles”“Case Law”等选项，可根据需求选择不同的类型。

高级搜索为用户提供更多的选项，使用也非常简单。Google Scholar(中文版)高级搜索页面如图4-39所示。中文版页面上有4个检索输入框：包含全部字词、包含完整字句、包含至少一个字词、不包含字词。在检索框中可以输入字词或短语。“出现搜索字词位置”有两个限制选项可供选择：文章中任何位置、位于文章标题。页面下方还有3个特定字段的检索：作者、刊物和期间，用于检索特定作者、特定出版物的信息或指定日期。Google Scholar的高级检索功能可实现检索词、作者、出版物、日期组合的限定检索。

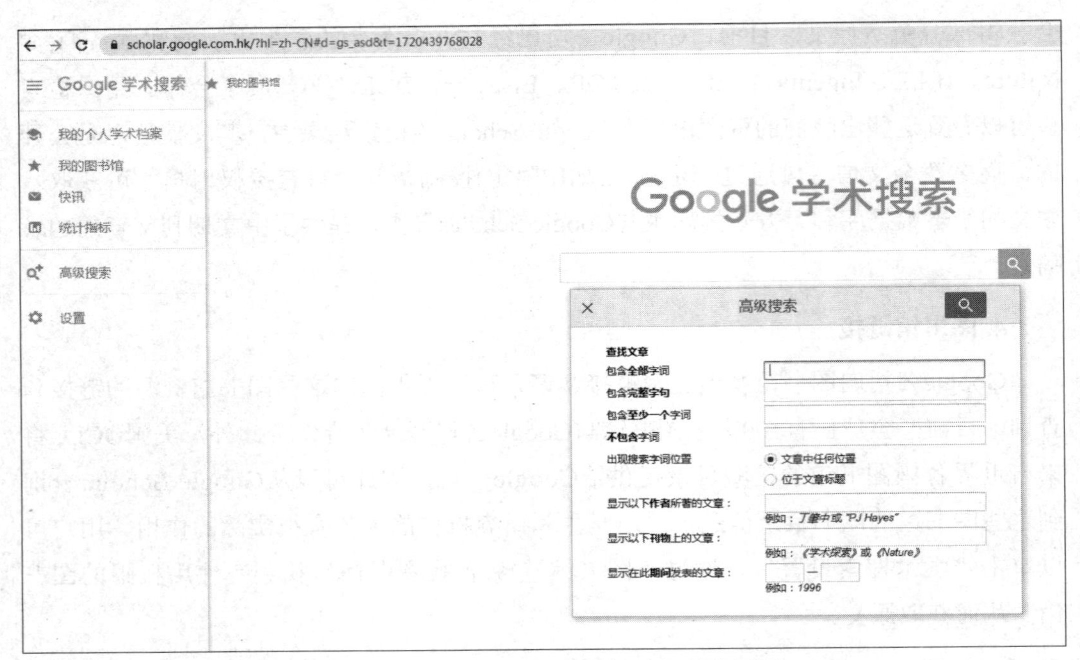

图4-39　Google Scholar(中文版)高级搜索页面

Google Scholar(英文版)高级搜索页面与上文中文版页面选项基本相同，Google Scholar(英文版)高级搜索页面如图4-40所示。

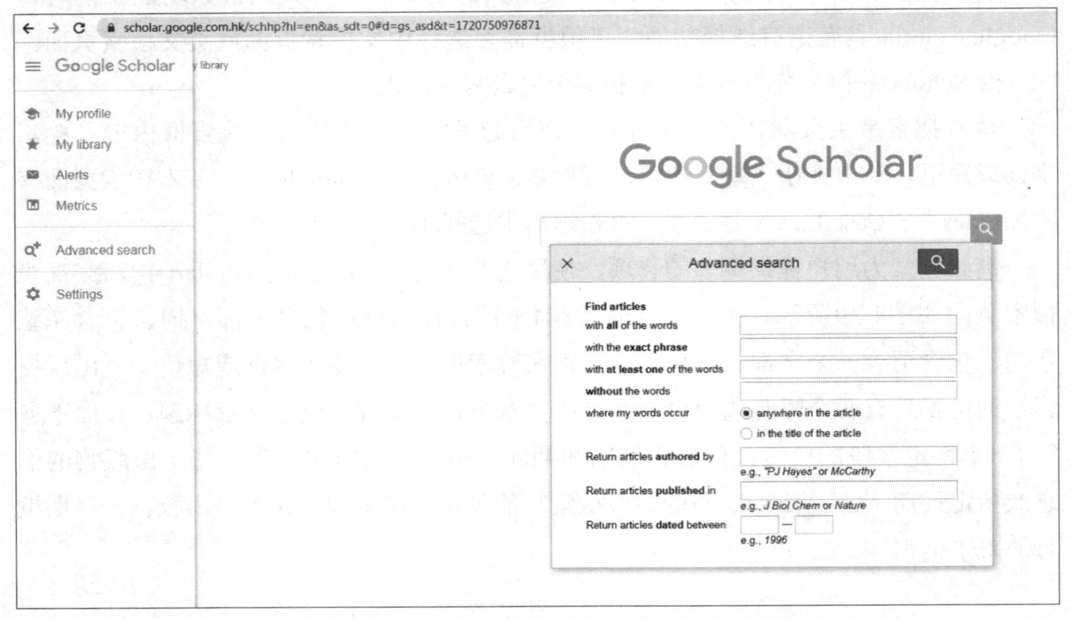

图4-40　Google Scholar(英文版)高级搜索页面

Google Scholar常用的高级操作符有以下几个。

(1) “+”操作符，用于确保搜索结果中包括Google Scholar通常会忽略的普通字词、字母或数字。

(2) “-”操作符，用于排除所有包括搜索字词的结果，相当于“NOT”，如果平时大多数用户可能只想搜索期刊论文或学位论文，但是搜索时会出现很多专利文献，那么这时可以在搜索框里加上“-patent”。例如，在检索框中输入wind power-patent，可以在结果中过滤掉大部分专利文献。

(3) “OR”操作符，表示逻辑“或”，要求必须大写。

(4) “author:”操作符，表示在“作者”字段内检索。例如，在检索框中输入author:“d knuth”或者author:“donald e knuth”。利用关键词和author:“作者名”，可以搜索某个作者发表的相关文献，如hot tearing author:“liu zheng”。

(5) 半角双引号操作符，表示精确搜索某一串字符。将论文题目用半角双引号引起，可精确查找相关文献。

4.4.4 Google Scholar的检索结果排序及内容

1. 检索结果排序

通常情况下，Google Scholar对检索结果的排序是按照检索出来的文献的学术价值来进行的，而对文献学术价值的判断又是根据该文献被引用的频率、作者和出版者的知名度及学术地位等重要指标做出的。例如，国际知名刊物刊出的论文，其内容的价值会相对较高；被其他学术论文引用的次数越多，说明该篇论文的学术价值越高，其排名就越靠前；同样，作者越出名或学术地位越高，其著述排序就越靠前。这样的排序规则与方法显然具有科学性与合理性，但不一定能够完全满足某些用户的独特需要。

Google Scholar采用的是PageRank技术，PageRank能够对网页的重要性做出客观的评价。基于此项技术，Google Scholar具有按相关性对搜索结果进行排序的优点，使得搜索内容更为全面深入、操作更为简洁迅速。

2. 检索结果的内容

1) 输出结果的显示

检索结果包含标题、作者、出版物名称、出版年、出处、本条信息来源、摘要或引证文献、被引次数、相关文章、版本数、导入文献管理软件名称等描述信息。例如，搜索“风力发电控制系统”方面的文献的检索结果页面如图4-41所示。

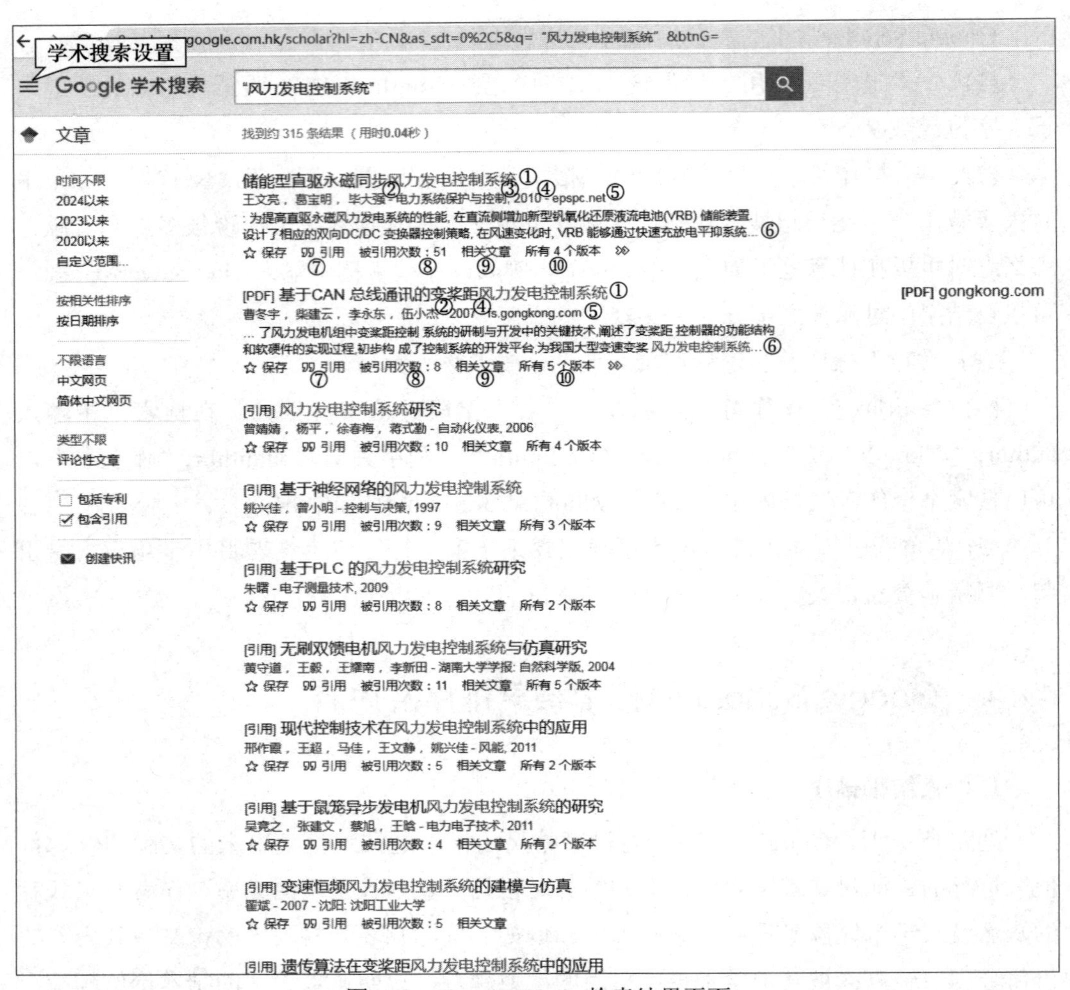

图4-41　Google Scholar检索结果页面

在图4-41中，①为标题，含有链接，如果网络上有该文的全文(一般为PDF文件)免费提供给用户，则直接链接到可获取全文的网址，否则就链接到该文文摘，文摘页面通常可以告诉用户获取该文全文的途径和方法，一般为收费服务；②为作者；③为文献出处(通常为期刊名或网站)；④为发表年份；⑤为该文献的信息来源；⑥为该文献的概况，通常是从摘要或全文中摘录的一段，或者引证该文献的相关信息；⑦为该文献的导入链接，如果搜索之前进行了检索结果导出设置，则可利用该功能导入相关的文献管理软件中；⑧为相关文章链接，如果该论文被他人引用，则列出该论文被引用的情况(标明被引用次数)，单击该链接即可查看引用该论文的所有论文或图书；⑨为与该相关的其他文献；⑩为该文献的所有版本，如该论文在网上有其他可选版本，则在此列出并进行链接。

2) 检索结果的利用

(1) 利用“所有××个版本”。使用Google Scholar检索后，返回的每个结果后面几乎都有“所有××个版本”(见图4-41)，这表明该文章可能存在多个来源，单击此处可获取该文章的多个来源。可获取全文的来源大多为开放获取网站、大学机构仓储及个人网站，查看原文时应优先选择可能是机构网站的网址。

(2) 利用“被引用次数”。文献被引用的情况通常会体现出文章的价值，国内的用户往往需要了解某篇文献被引用的情况。提供文献被引用信息的数据库一般是需要付费的，而Google Scholar可免费提供文献在一定范围内的被引用信息，以便使用者对文献的学术价值作出初步的判断。

(3) 利用“学术搜索设置”。此功能可以进行“图书馆链接”“文献管理软件”等设置，提示该篇文献被图书馆收藏的情况，帮助用户通过就近的图书馆获取电子或纸质全文。通过设置“文献管理软件”，可把检索结果保存到自己预先设置的参考文献管理软件中。

4.4.5 Google Scholar的用途

从检索情况分析，Google Scholar主要有以下用途。

1. 方便快速地查找某一领域的学术文献

由于收录范围限于学术文献，Google Scholar会将网上很多不相关的信息屏蔽掉，使其提供的信息有较强的针对性。Google Scholar集成了各种专业文献数据库，其覆盖范围的广泛性与全面性是任何一个数据库所无法相比的。尽管它本身并不提供文献的内容，只是对互联网上各类学术文献资源的相关信息进行索引，但可以根据用户的需求提供相关文献的线索，并用超文本链接的方式告诉用户何处(通常是文献出版商、各类学会等机构的网站，也可能是个人网站)能够在线获取文献本身。Google Scholar目前收录的专业学术文献以外文为主，用户可以轻易地在线获取相当大比例的免费的外文期刊文献全文，为我国学者获取外文期刊文献提供了一个新的途径。

2. 了解某一领域的概况

输入某一研究领域的关键词，从Google Scholar返回的搜索结果中，用户可以知道该研究领域有哪些重要的文献(包括论文、专著、研究报告等)，从事该领域研究的主要学者有哪些，通过这些文献的年代分布、相互引用的情况等，可以大致了解该研究领域的历史、现状及最新的研究成果，从而可以大体上了解这个研究领域的起源、现状和发展趋势，为用户做决策提供一定的依据。

3. 对研究人员的学术地位进行评价

通过检索“作者”字段，可以从Google Scholar检索出该作者在网上的全部学术文献(包括论文和专著等)，并且可以进一步了解收录这些文献的出版物、出版机构、数据库、馆藏地等，还可以了解其文献被引用的情况等。同时，输入某学者研究领域的关键词，可以了解其著述在Google Scholar搜索结果中的排名情况。这些都可作为判断该学者学术地位的重要指标。

4. 对某文献进行评价

某学术文献被其他高质量论文和专著引用的情况，是判断其学术价值和学术影响力的重要指标，受到学术界及科研管理机构的极大重视。因此，诸如美国《科学引文索引》(SCI)之类的引文检索工具越来越重要，影响力越来越大。实际上，Google Scholar本身也是一个大型的引文数据库，拥有自成体系的引文链接系统，可以起到与SCI相同的作用。但由于Google Scholar诞生的时间不长，其在科学引文检索方面的地位也许还不能与SCI相比，不过随着它的日渐成熟和其影响的扩大，我们相信Google Scholar会成为重要的科学引文检索工具。

5. 了解某种学术期刊刊载论文的被引用情况

Google Scholar的高级学术搜索有出版物选项(显示某刊物的文章)，在此选项中输入刊名可检索到此刊刊载的论文情况，检索结果将按照文章的学术价值排序，同时给出论文的被引用频次，用户可据此了解到该刊有哪些文献比较重要，并可进一步查看其引证文献了解相关研究的发展情况。

综上所述， Google Scholar为用户提供了一个强有力的学术搜索工具，可以帮助用户全面了解某一领域的第一手学术文献，还可以通过强大的学术网页搜索功能查证某一位专家到底对科学做过多大贡献，有多少人引用或继续他的研究成果。这不仅弥补了专业数据库(如 PubMed)学科面太窄的缺点，还可以让科学家及其研究结果通过网络学术搜索引擎公开化，使科学家的工作业绩变得更加透明，从而避免学术造假、评审不公等弊病。此外，Google Scholar弥补了《科学引文索引》(SCI)只重视期刊影响因子(IF)而忽略了文章内容的水平评价的缺点，使科技评价更加公正和全面。

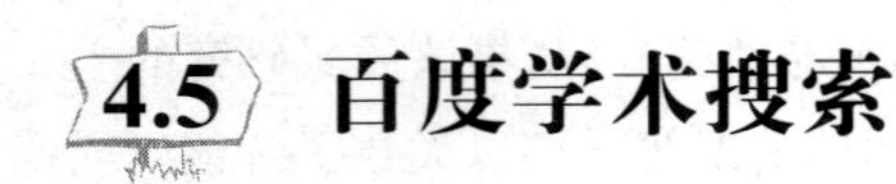

4.5 百度学术搜索

4.5.1 百度学术搜索概况

百度学术搜索(https://xueshu.baidu.com)是百度旗下的提供海量中英文文献检索服

务的学术资源搜索平台，于2014年6月初上线。百度学术搜索可检索到收费和免费的学术论文，并通过时间筛选、标题、关键字、摘要、作者、出版物、文献类型、被引用次数等细化指标提高检索的精准性。此外，百度学术搜索页面简洁大方，保持了百度搜索一贯的简单风格，只要在检索框中输入一个检索词，就可以检索出大量的网络文献信息。

4.5.2 信息来源

百度学术搜索收录了超过120万个国内外学术站点，包含大量付费数据库，如中国知网、万方、维普、Elsevier、Springer、Wiley、ACM、IEEE、ProQuest、JSTOR，以及百度文库、道客巴巴、豆丁网、OA资源等提供免费全文链接的网站。目前，百度学术搜索收录了包括学术期刊、会议论文、学位论文、专利、图书等类型在内的6.8亿多篇中外文学术文献，12亿篇文献全文链接，400万个国内学者主页的学者库，1.9万种中外文学术期刊主页的期刊库，并处于持续增长中；学科领域涉及自然科学、医学、农业、工业技术、信息工程、人文科学、哲学等300个学科研究方向。百度学术主要提供学术主页、学术搜索、学术服务三大主要服务。

(1) 学术主页。学术主页提供站内功能及常用数据库导航入口，推送“高被引论文”“学术视界”等学术资讯，开放用户中心页面。

(2) 学术搜索。学术搜索支持用户进行文献、期刊、学者三类内容的检索，并支持高校和科研机构图书馆定制版学术搜索。

(3) 学术服务。学术服务支持用户“订阅”感兴趣的关键词、“收藏”有价值的文献、对所研究的方向做“开题分析”、进行毕业论文“查重”、通过“单篇购买”或者“文献互助”的方式获取所需文献、在首页设置常用数据库方便直接访问。

4.5.3 检索方法

1. 基本检索

用户只需在图4-42所示的百度学术搜索检索框中直接输入检索词或检索式，再单击检索框右侧的“百度一下”按钮即可完成一次检索。用户还可以单击页面右上角的“设置”按钮，选择“搜索设置”对检索进行个性化设置，如“搜索语言范围”“搜索结果显示条数”及“搜索历史记录”等。若需要进入高级检索页面，则需单击检索框左侧的“高级搜索”按钮。

图4-42　百度学术搜索基本检索页面

2. 高级检索

高级检索页面如图4-43所示。在高级检索中，百度学术为用户提供了以下选项。

图4-43　百度学术搜索高级检索页面

(1) 包含全部检索词。这种检索属于模糊匹配，只要包含检索词的记录均为命中文献，若输入多个检索词，则系统默认为检索包含所有检索词的文献，多个检索词之间视为"AND"连接。例如，在"包含全部检索词"检索框中输入"计算机视觉系统"(限定在"标题"字段检索)，检索后系统会给出"计算机视觉系统框架的新构思""计算机视觉系统中图像外边缘检测的新方法"等记录。

(2) 包含精确检索词。这种检索属于精确匹配，检索词不能被拆分，系统只给出词序、词间间隔与检索词完全一致的记录。例如，在“包含精确检索词”检索框中输入“计算机视觉系统”(限定在“标题”字段检索)，检索后系统会给出“计算机视觉系统框架的新构思”“航天器交会计算机视觉系统测距求解新算法”等记录。

(3) 包含至少一个检索词。这种检索中的多个检索词之间视为“OR”连接，出现检索词中的任意一个即为命中文献，这样可用于扩大检索范围。

(4) 不包含检索词，即从命中记录中排除掉检索框中输入的检索词，用于缩小检索范围。

(5) 出现检索词的位置，即限制检索词出现在文献的任何位置(任意字段)或“文章标题”(题名)字段。

(6) 作者，即限定在“作者”字段检索。

(7) 机构，即限定在“机构”字段检索。

(8) 出版物，即按照出版物名称或会议名称检索，相当于文献来源检索。

(9) 发表时间，即限定来源文献的发表日期。

(10) 语言检索范围。在这种检索限定下，仅提供文献的中文和英文语种。

3. 专业检索

百度学术搜索沿用了百度搜索的大部分专业搜索指令，以提高检索的准确性和有效性。百度学术常用的搜索指令有以下几个。

(1) 双引号(“”)，把搜索词放在双引号中，代表完全匹配搜索，即精确检索。

(2) 减号(-)，代表不包含减号后边的检索词的文献。使用这个指令时，减号前面必须是空格，减号后面没有空格，紧跟着需要排除的检索词。

(3) intitle，指令返回的是文献title(题名)中包含检索词的文献。

(4) filetype，检索指定文件类型的文件，如pdf，doc，txt，caj等。

(7) inurl，检索站点域名中的关键词。把搜索范围限定在含有某些关键词的链接中，如“计算机视觉系统”inurl:(cnki)。

(8) site:站点域名，把搜索范围限定在某个站点域名中，“site:”后面跟的站点域名不要带 http://，如“计算机视觉系统”site:(cnki.net)。

4.5.4　检索结果处理

1. 查看检索结果

百度学术搜索的检索结果(见图4-44)内容非常丰富，每条命中记录都揭示了文献题名、文献作者、出版源、文献摘要、关键词、被引量及文献来源等主要信息。在页面左侧可通过“时间”“领域”“核心”“获取方式”“关键词”“文献类型”“作者”“期刊”及“机构”对检索结果进行进一步筛选，在页面右侧上方可选择“按相关性”“按被引量”或“按时间降序”对检索结果进行排序。

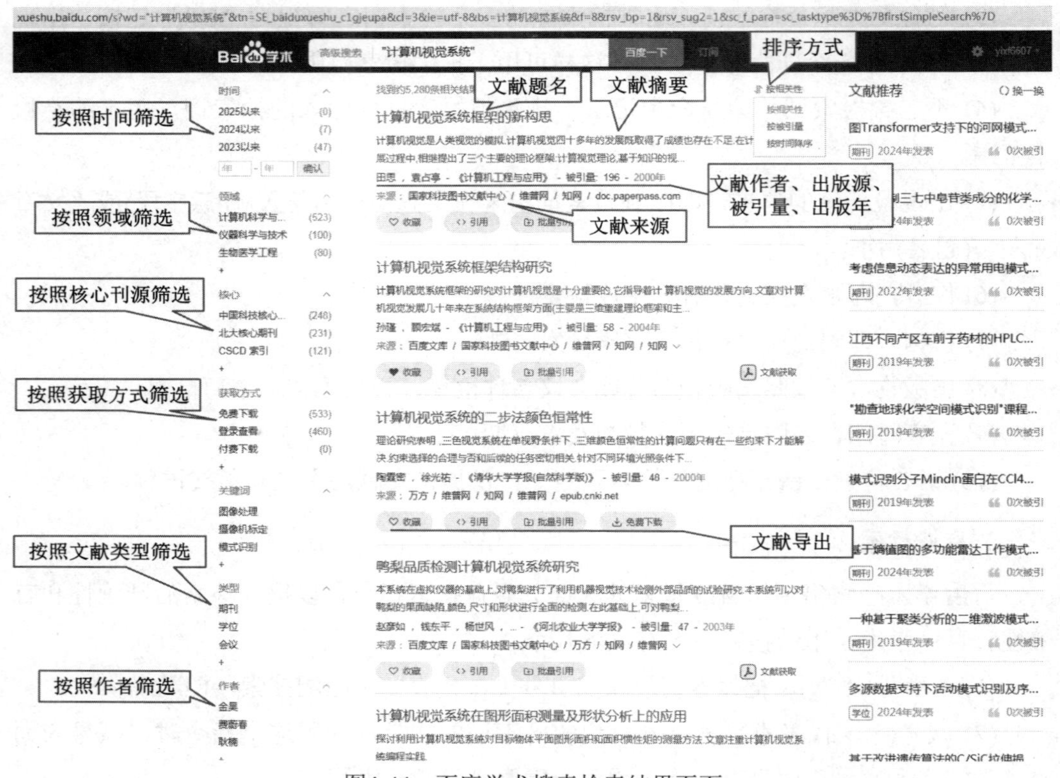

图4-44　百度学术搜索检索结果页面

2. 导出检索结果

导出检索结果主要有收藏、引用和免费下载等几种方式。

(1) 收藏，即将某条文献信息加入“我的学术”中。只有成为百度的注册用户，登录后才能使用该项服务。

(2) 引用，即自动生成该篇文献的GB/T 7714、MLA、APA 等参考文献格式，或单击BibTeX、EndNote、RefMan、NoteFirst、NoteExpress等链接直接导入对应的文献管理软件中。

(3) 免费下载。当该文献的来源页面有PDF、DOC等全文链接时才会出现“免费下载”提示，但这并不代表总能直接免费下载到全文，如道客巴巴、豆丁网等都需要登录并使用相关的代金币才能下载文献。

4.6 文献线索中文献出版类型的辨识

根据文献线索获取全文，首先要分析已有文献线索的相关信息，判断出文献的出版类型，然后选择合适的全文信息资源，通过相应的途径来获取全文。

通过不同渠道获得的文献线索，给出的文献类型标识信息有所不同，下面分别进行介绍。

4.6.1 来自文摘数据库的文献线索

文摘数据库的全记录会提供包含文献来源信息的相关字段，用户根据这些字段中的内容可以判断文献的出版类型，从而选择合适的信息资源来获取文献全文。下面以Ei Compendex中的一条全记录为例来介绍文献类型的辨识方法。

Title: An integrated control method for a wind farm to reduce frequency deviations in a small power system

Accession number: 20105213532004

Authors: Kaneko, Toshiaki (1); Uehara, Akie (1); Senjyu, Tomonobu (1); Yona, Atsushi (1); Urasaki, Naomitsu (1)

Author affiliation: (1) University of the Ryukyus, 1 Senbaru, Nishihara-cho, Nakagami, Okinawa 903-0213, Japan

Corresponding author: Uehara, A. (b985542@tec.u-ryukyu.ac.jp)

Source title: Applied Energy ①

Abbreviated source title: Appl. Energy

Volume: 88 ②

Issue: 4 ③

Issue date: April 2011

Publication year: 2011 ④

Pages: 1049-1058 ⑤

Language: English

ISSN: 03062619 ⑥

CODEN: APENDX

Document type: Journal article (JA) ⑦

Publisher: Elsevier Ltd

Abstract: Output power of wind turbine generator (WTG) is……Effectiveness of the proposed method is verified by the numerical simulations. © 2010 Elsevier Ltd.

Number of references: 22

Main heading: Power control

Controlled terms: Electric frequency control-Electric power system control-Electric utilities-Frequency estimation-Integrated control-Least squares approximations-Numerical methods-Predictive control systems-Speed-Win-Wind power-Wind turbines

Uncontrolled terms: Energy storage systems-Generalized predictive control-Load estimation-Minimal-order observers-Pitch-angle control-Variable speed wind turbines-Wind farm-Wind speed prediction

Classification code: 443.1 Atmospheric Properties-615.8 Wind Power (Before 1993, use code 611)-731 Automatic Control Principles and Applications-921.6 Numerical Methods

DOI: 10.1016/j.apenergy.2010.09.024

Compendex references: YES

Database: Compendex

Data Provider: Engineering Village

Compilation and indexing terms, Copyright 2021 Elsevier Inc.

由字段①～⑤可知，该文献刊登在出版物“Applied Energy”2011年第88卷第4期的1049～1058 页上；字段⑥给出了ISSN(国际标准连续出版物编号)；由字段⑦可知，Document type(文献类型)为Journal article(JA)，即期刊论文。因此，我们可以利用外文期刊全文资源获取该文献的全文。

下面以Web of Science™ 核心合集中的一条全记录为例，介绍如何进行文献类型的辨识。

Title: Microstructural characteristics of Mg-Zn-Y alloy containing quasicrystal phase under pulsed magnetic field

Author(s): Lei, Z (Lei, Zhang); Quan, Z (Quan, Zhou); Kun, L (Kun, Luo); Lin, Y (Lin, Yang)

Edited by: Hu Z

Source: RESEARCH IN MECHANICAL ENGINEERING AND MATERIAL ①

SCIENCE Book Series: Applied Mechanics and Materials ②

Volume: 456 ③

Pages: 482-485 ④

DOI: 10.4028/www.scientific.net/AMM.456.482

Published: 2014 ⑤

Times Cited in Web of Science Core Collection: 1

Total Times Cited: 1

Usage Count (Last 180 days): 0

Usage Count (Since 2013): 4

Cited Reference Count: 8

Abstract: A novel pulsed magnetic field (PMF) processing has been employed for refining the microstructure of Mg-Zn-Y (Mg93Zn6Y) alloy in this work……because of its strong forced convection within the whole bulk melt.

Accession Number: WOS:000336692600102

Language: English

Document Type: Proceedings Paper ⑥

Conference Title: International Conference on Mechanical, Material Engineering (MME 2013)

Conference Date: NOV 23-24, 2013

Conference Location: Hubei Univ Automot Technol, Shiyan, PEOPLES R CHINA

Conference Sponsors: Hubei Univ Automot Technol, Hubei Univ Mech Engn, Univ Teesside, Wuhan Univ, Wuhan Univ Technol, Hubei Univ Technol

Conference Host: Hubei Univ Automot Technol

Author Keywords: pulsed magnetic field; Mg-Zn-Y alloy; quasicrystal; microstructure

KeyWords Plus: REFINEMENT

Addresses: [Lei, Zhang; Quan, Zhou; Kun, Luo; Lin, Yang] Nanchang Hangkong Univ, Dept Hangkong Mfg & Engn, Nanchang 330063, Peoples R China.

Corresponding Address: Lei, Z (corresponding author), Nanchang Hangkong Univ, Dept Hangkong Mfg & Engn, Nanchang 330063, Peoples R China.

E-mail Addresses: niatzhanglei01@126.com; nchuQZhou@126.com; nchuKLuo@126.com; nchuLYang@126.com

Publisher: TRANS TECH PUBLICATIONS LTD

Publisher Address: LAUBLSRUTISTR 24, CH-8717 STAFA-ZURICH, SWITZERLAND

Web of Science Index: Conference Proceedings Citation Index - Science (CPCI-S)

Web of Science Categories: Engineering, Manufacturing; Engineering, Mechanical; Materials Science, Multidisciplinary

Research Areas: Engineering; Materials Science

IDS Number: BA5IO

ISSN: 1660-9336 ⑦

ISBN: 978-3-03785-928-5 ⑧

29-char Source Abbrev.: APPL MECH MATER

Source Item Page Count: 4

Output Date: 2021-11-03

由字段①～⑤可知，该文献刊登在2014年出版的丛书“Applied Mechanics and Materials”第456卷的出版物“RESEARCH IN MECHANICAL ENGINEERING AND MATERIAL SCIENCE”的482～485 页上；由字段⑥可知，该文献的文献类型为Proceedings Paper，即会议论文；字段⑦给出了ISSN(国际标准期刊号)；字段⑧给出了ISBN(国际标准书号)。因此，我们可以利用外文会议全文资源获取该文献的全文。

综上所述，我们可以先利用数据库全记录中含有文献来源信息的相关字段来判断文献类型，然后利用与之匹配的全文文献资源进一步获取全文文献。

4.6.2 来自信息与文献中的参考文献线索

信息与文献中的参考文献是按照一定标准列出的，常见的参考文献样式为顺序编码制和著者-出版年制。此外，还有各种其他各类期刊和专业协会推荐的样式，如现代语言协会(MLA)、美国心理协会(APA)和美国医学会(AMA)等。

国家标准《信息与文献参考文献著录规则》(GB/T 7714—2015)规定的文献类型和电子资源载体的标识代码如表4-3所示。根据参考文献类型的标识代码，可判断其文献类型。

表4-3 文献类型和电子资源载体的标识代码

文献类型和标识代码		电子资源载体和标识代码	
文献类型	标识	载体类型	标识
普通图书	M	磁带(magnetic tape)	MT
会议录	C	磁盘(disk)	DK
汇编	G	光盘(CD-ROM)	CD
报纸	N	联机网络(online)	OL
期刊	J		
学位论文	D		
报告	R		
标准	S		
专利	P		
数据库	DB		
计算机程序	CP		

（续表）

文献类型和标识代码		电子资源载体和标识代码	
文献类型	标识	载体类型	标识
电子公告	EB		
档案	A		
舆图	CM		
数据集	DS		
其他	Z		

例如，《沈阳工业大学学报》2007年02期《基于SERCOS实现的风轮输出特性模拟闭环控制》这篇文章的参考文献如下。

[1] Hoffman J A. Coupled dynamic analysis of wind energys ystems [R]. NASA CR-135152, 1977.

[2] Savas M, Ahmet D.Progress and recent trends in windenergy [J]. Progress in Energy and Combustion Science, 2004(4):501-543.

[3] Barrero F, Mora J F, Perales M.A.test-ring to evaluate awind turbine generation control system based on DSP[C]. Proc EPE’97 Conf, Norway, 1997:2642-2645.

[4] 叶杭冶. 风力发电机组的控制技术[M]. 北京：机械工业出版社，2002. (Ye H Y. Control technology of wind generatorunit [M].Beijing: China Machine Press, 2002.)

[5] Bao N S, Chen Q X, Jiang T. Modeling and identifica-tion of a wind turbine system [J].Wind Engineering, 1996, 20(4):203-218.

[6] Chedid R, Mrad F, Basma M. Intelligent control of aclass of wind energy conversion systems [J]. IEEETrans. on Energy Conversion, 2003, 14 (4): 1597 -1604.

[7] Hibbard S, Scott C. The SERCOS standard [J]. GearTechnology,1996(5):244-246.

[8] 杨春，梁中华，任敏. 双馈风力发电机无位置传感器矢量控制的策略[J]. 沈阳工业大学学报，2006，28(1)：54-58.

由参考文献的标识代码可知，文献[1]为报告；文献[2]、[5]、[6]、[7]、[8]为期刊；文献[3]为会议录；文献[4]为普通图书。由此我们可以利用不同的文献资源去获取相应的全文文献。

又如，*Materials Science Forum* 524～525卷199～204页的文献*Neutron Diffraction on LPSO Structure in MgZnY Alloys*，其文后的参考文献如下。

[1] Hutching, M. T. and Krawitz, E. D., Measurement of Residual and Applied Stress Using Neutron Diffraction. Kluwer Academic Publishers, 1992, (NATO ASI series, Applied Sciences 26).

[2] M. Hayashi et al., Proc. ICRS-5 (1997) 762.

[3] M. W. Johnson et al., J. Appl. Cryst., 35 (2002) 49.

[4] M. A. M. Bourke et al., Appl. Phys. A, 74[Suppl.], (2002) S707.

[5] X-L.Wang, "Conceptual design of the SNS engineering diffractometer" SNS Report No. IS-1.1.8.2-6035-RE-A-00.

[6] I. Tamura et al., Proc. ICANS XVI (2003) 529.

[7] K. Lefmann and K. Nielsen, Neutron News 10/3 (1999) 20.

[8] D.-Q. Wang, X.-L. Wang, J. L. Robertson and C. R. Hubbard, J. Appl. Cryst. 33 (2000) 334.

[9] P. J. Withers, M. W. Johnson, J. S. Wright, Physica B 292 (2000) 273.

[10] S. Torii and A. Moriai, Physica B, accepted for publication.

对于外文出版物文献中的参考文献，主要根据其出版形式的特点来判断其所属的文献类型，如图书的著者、出版社名称、出版地、出版年以及图书的名称等；会议录的编者、出版年、总页码以及会议录的名称缩写等；期刊论文的作者、出版年、卷、期、页码以及期刊的名称缩写等；报告的作者、名称以及报告号等；报纸文章的作者、出版日期、所在版面以及报纸的名称等。这样可判断出文献[1]为普通图书，文献[2]、[6]为会议录，文献[3]、[4]、[8]、[9]、[10]为期刊，文献[5]为报告，文献[7]为报纸。由此我们可以利用不同的外文文献资源去获取相应的全文文献。

不同领域、不同期刊、不同院校的硕博士论文等的参考文献对著录格式的要求不尽相同，辨识参考文献类型时可根据参考文献来源出版物的具体格式要求，结合不同出版类型的特点加以识别。通常连续出版物(期刊论文、丛书等)应列出出版物名称、卷(期)号及起始页码，图书应列出书名、出版社及出版年，会议录应列出会议录名称、出版年，科技报告应列出报告类型和报告号，专利应列出专利国别代码及专利号。

4.7 选题阶段重要信息的检索

选题是科研的第一步，也是科研工作中战略性的决策。选题体现了研究者的科学思维、学术水平、实验能力及其预期目的。选题是贯穿科研全过程的主线，各环节工作都是围绕这条主线运行。因此，选题是影响科研成败与成果大小的重要因素。

只有重视与课题相关的中外文学术信息资源，熟悉它们的核心内容和检索方法，才能快速准确地获得高质量的文献，并从中筛选出与课题相关的关键性信息，如该领域的文献情况(文献数量、较早的文献、高被引文献、综述性文献、最新文献等)、研究者情况(高产出、高影响力的作者等)、研究者所属机构(高产出的高等院校、研究院所、企事业研究机构等)、研究机构地域分布(高产出的国家与地区等)、学科分布、基金资助机构、重要出版物等信息，从而促进科研工作的开展，达到事半功倍的效果。

4.7.1　查找有关学科领域的高被引论文

1. 利用Web of Science™查找

利用Web of Science™(WOS)平台中的SCIE查找与“Mg-Zn-Y合金”相关的高被引文献，可以在“排序方式”下拉菜单中选择按照“被引频次(降序)”排序检索结果，即可找到高被引论文。Web of Science-SCIE按被引频次排序检索结果页面如图4-45所示。

一般情况下，我们要留意近几年的高被引论文，以把握热点研究方向。当我们找到一些重要文献后，可以逐级追溯“参考文献”，了解课题的起源和基础；可以查看施引文献(单击“被引频次”链接)，了解课题的发展和进步；可以查看“相关记录”(相关文献，即有共同参考文献的文献)，更加深入全面地了解该领域的文献，扩大视野，拓宽思路。

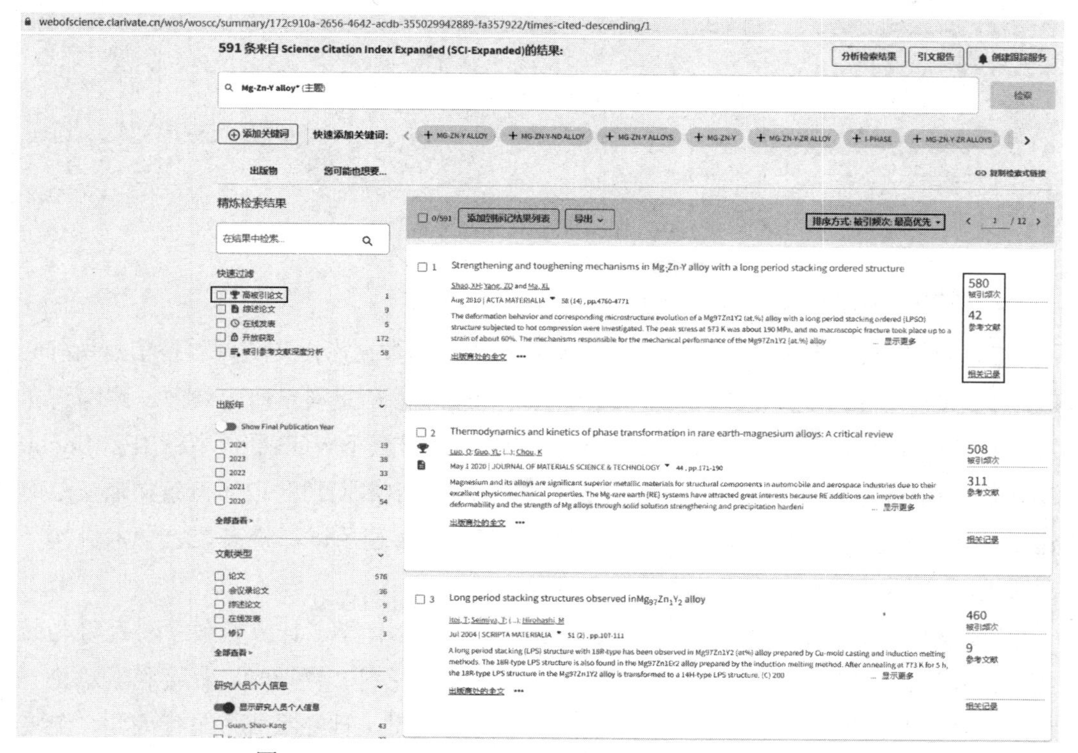

图4-45　Web of Science-SCIE按被引频次排序结果页面

另外，我们可以利用引文分析软件，对高被引文献进行进一步引文分析，以筛选出那些被同行认可的高被引文献。这里以HistCite软件为例，简要介绍其使用方法。我们将从上文WOS平台SCIE中获得的591篇与“Mg-Zn-Y合金”相关的文献，导入HistCite软件中进行文献分析，按照“LCS”次数降序排序，即可得到在本组数据中被引次数较高的文献(见图4-46)。这里说明一下，系统中有两个被引频次计数指标，其中“LCS”为本组数据集的引用，“GCS”为WOS平台的引用。“LCS”相当于小同行(三级或四级学科专业相同的研究人员)之间的引用，利用“LCS”筛选文献，可获得小同行认可的那些高质量的文献，从而找出最值得阅读的文献，并排除那些跨行业引用的高被引文献。

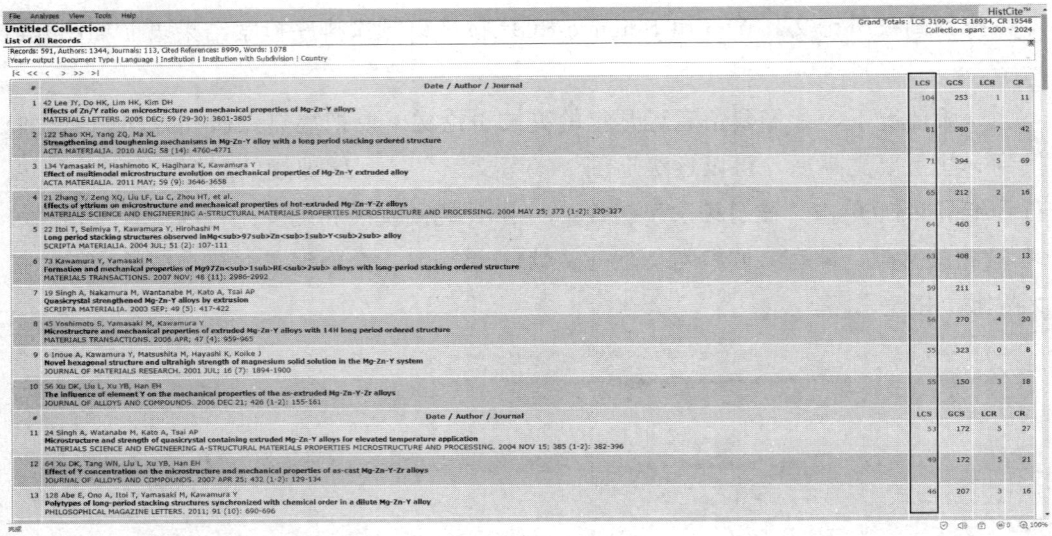

File Analyses View Tools Help HistCite™

Untitled Collection

Grand Totals: LCS 3199, GCS 18934, CR 19548
Collection span: 2000 - 2024

List of All Records

Records: 591, Authors: 1344, Journals: 113, Cited References: 8999, Words: 1078
Yearly output | Document Type | Language | Institution | Institution with Subdivision | Country

|< << < > >> >|

#	Date / Author / Journal	LCS	GCS	LCR	CR
1	42 Lee JY, Do HK, Lim HK, Kim DH **Effects of Zn/Y ratio on microstructure and mechanical properties of Mg-Zn-Y alloys** MATERIALS LETTERS. 2005 DEC; 59 (29-30): 3801-3805	104	253	1	11
2	122 Shao XH, Yang ZQ, Ma XL **Strengthening and toughening mechanisms in Mg-Zn-Y alloy with a long period stacking ordered structure** ACTA MATERIALIA. 2010 AUG; 58 (14): 4760-4771	81	580	7	42
3	134 Yamasaki M, Hashimoto K, Hagihara K, Kawamura Y **Effect of multimodal microstructure evolution on mechanical properties of Mg-Zn-Y extruded alloy** ACTA MATERIALIA. 2011 MAY; 59 (9): 3646-3658	71	394	5	69
4	21 Zhang Y, Zeng XQ, Liu LF, Lu C, Zhou HT, et al. **Effects of yttrium on microstructure and mechanical properties of hot-extruded Mg-Zn-Y-Zr alloys** MATERIALS SCIENCE AND ENGINEERING A-STRUCTURAL MATERIALS PROPERTIES MICROSTRUCTURE AND PROCESSING. 2004 MAY 25; 373 (1-2): 320-327	65	212	2	16
5	22 Itoi T, Seimiya T, Kawamura Y, Hirohashi M **Long period stacking structures observed inMg<sub>97sub>Zn<sub>1sub>Y<sub>2sub> alloy** SCRIPTA MATERIALIA. 2004 JUL; 51 (2): 107-111	64	460	1	9
6	73 Kawamura Y, Yamasaki M **Formation and mechanical properties of Mg97Zn<sub>1sub>RE<sub>2sub> alloys with long-period stacking ordered structure** MATERIALS TRANSACTIONS. 2007 NOV; 48 (11): 2986-2992	63	408	2	13
7	19 Singh A, Nakamura M, Wantanabe M, Kato A, Tsai AP **Quasicrystal strengthened Mg-Zn-Y alloys by extrusion** SCRIPTA MATERIALIA. 2003 SEP; 49 (5): 417-422	59	211	1	9
8	45 Yoshimoto S, Yamasaki M, Kawamura Y **Microstructure and mechanical properties of extruded Mg-Zn-Y alloys with 14H long period ordered structure** MATERIALS TRANSACTIONS. 2006 APR; 47 (4): 959-965	56	270	4	20
9	6 Inoue A, Kawamura Y, Matsushita M, Hayashi K, Koike J **Novel hexagonal structure and ultrahigh strength of magnesium solid solution in the Mg-Zn-Y system** JOURNAL OF MATERIALS RESEARCH. 2001 JUL; 16 (7): 1894-1900	55	323	0	8
10	56 Xu DK, Liu L, Xu YB, Han EH **The influence of element Y on the mechanical properties of the as-extruded Mg-Zn-Y-Zr alloys** JOURNAL OF ALLOYS AND COMPOUNDS. 2006 DEC 21; 426 (1-2): 155-161	55	150	3	18
#	Date / Author / Journal	LCS	GCS	LCR	CR
11	24 Singh A, Watanabe M, Kato A, Tsai AP **Microstructure and strength of quasicrystal containing extruded Mg-Zn-Y alloys for elevated temperature application** MATERIALS SCIENCE AND ENGINEERING A-STRUCTURAL MATERIALS PROPERTIES MICROSTRUCTURE AND PROCESSING. 2004 NOV 15; 385 (1-2): 382-396	53	172	5	27
12	64 Xu DK, Tang WN, Liu L, Xu YB, Han EH **Effect of Y concentration on the microstructure and mechanical properties of as-cast Mg-Zn-Y-Zr alloys** JOURNAL OF ALLOYS AND COMPOUNDS. 2007 APR 25; 432 (1-2): 129-134	49	172	5	21
13	128 Abe E, Ono A, Itoi T, Yamasaki M, Kawamura Y **Polytypes of long-period stacking structures synchronized with chemical order in a dilute Mg-Zn-Y alloy** PHILOSOPHICAL MAGAZINE LETTERS. 2011; 91 (10): 690-696	46	207	3	16

完成 100%

图4-46 HistCite软件文献分析页面

2. 利用Essential Science Indicators查找

Essential Science Indicators(ESI)，即基本科学指标数据库，是美国科技信息所(The Institute for Scientific Information，ISI)于2001年推出的衡量科学研究绩效、跟踪科学发展趋势的基本分析评价工具，是基于科睿唯安公司旗下WOS平台中SCIE和Social Science Citation Index(SSCI)所收录的全球12 000多种学术期刊的1200万条文献记录而建立的计量分析数据库。ESI已成为当今世界范围内普遍用以评价高校、学术机构、国家/地区国际学术水平及影响力的重要评价指标工具之一。

ESI从引文分析的角度，针对生物学与生物化学、化学、计算机科学、经济与商业、工程学、地球科学、材料科学、数学、综合交叉学科、物理学、社会科学总论、空间科学、农业科学、临床医学、分子生物学与遗传学、神经系统学与行为学、免疫学、精神病学与心理学、微生物学、环境科学与生态学、植物学与动物学、药理学和毒理学这22个学科领域进行研究前沿(Research Fronts)分析。研究前沿分析的原理是利用共被引分析(Co-citation Analysis)对高被引论文进行分析，一组高被引论文的标题中的主要关键词组成研究前沿的生成过程。研究前沿是一组高被引论文通过聚类分析确定的核心论文。这些论文之间的共被引关系表明这些论文具有一定的相关性，先通过聚类分析方法测度高被引论文之间的共被引关系而形成高被引论文的聚类，再通过对聚类中论文标题中的关键词分析形成相应的研究前沿。ESI对研究前沿的划分比较细致，每个学科包含若干个前沿点，前沿点之间可能存在交叉性。因此，既可以从学科的角度检索研究前沿，也可以直接输入关键词检索相关前沿点。核心论文是被聚类的高被引论文，高被引这一特征表明研究前沿的文献集合具有很大的影响力和学术价值。

在ESI指标选项页面中，选择“Research Fronts”(研究前沿)，在增加筛选条件中可选择研究领域，如选择“Material Sciences”(材料科学领域)，再选择“Highly Cited Papers”(高被引论文)为结果输出类型，则在结果区从左至右会依次显示“Total”(研究前沿的数量)、“Research Fronts”(研究前沿的具体内容)、“Highly Cited Papers”(高被引论文数)和“MeanYear”(平均年)，如图4-47所示。通过单击包含高被引论文数的蓝色条形图，可以获取每一篇高被引论文的详细信息；通过单击高被引论文或平均年指标旁边的倒三角标识，可以对结果进行排序。

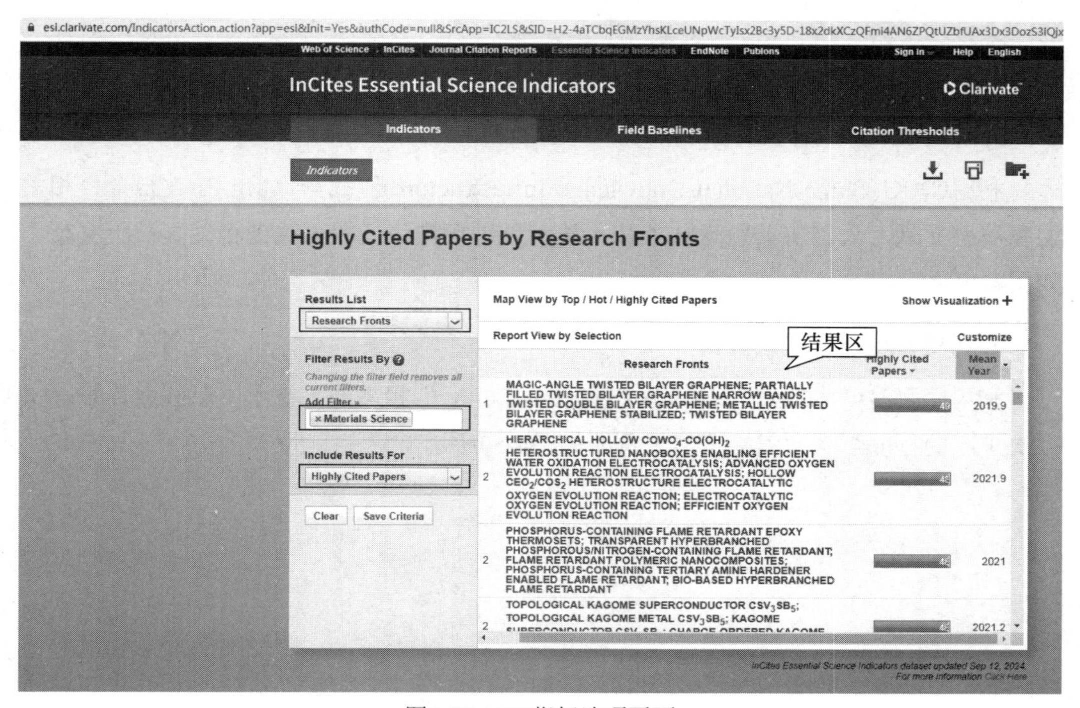

图4-47　ESI指标选项页面

如果需要按照关键词检索相关研究前沿，如“Magnesium Alloys”，那么可在ESI研究前沿检索页面增加筛选条件中选择“Research Fronts”，并输入“Magnesium Alloys”，即可查找出相关的研究前沿，如图4-48所示。

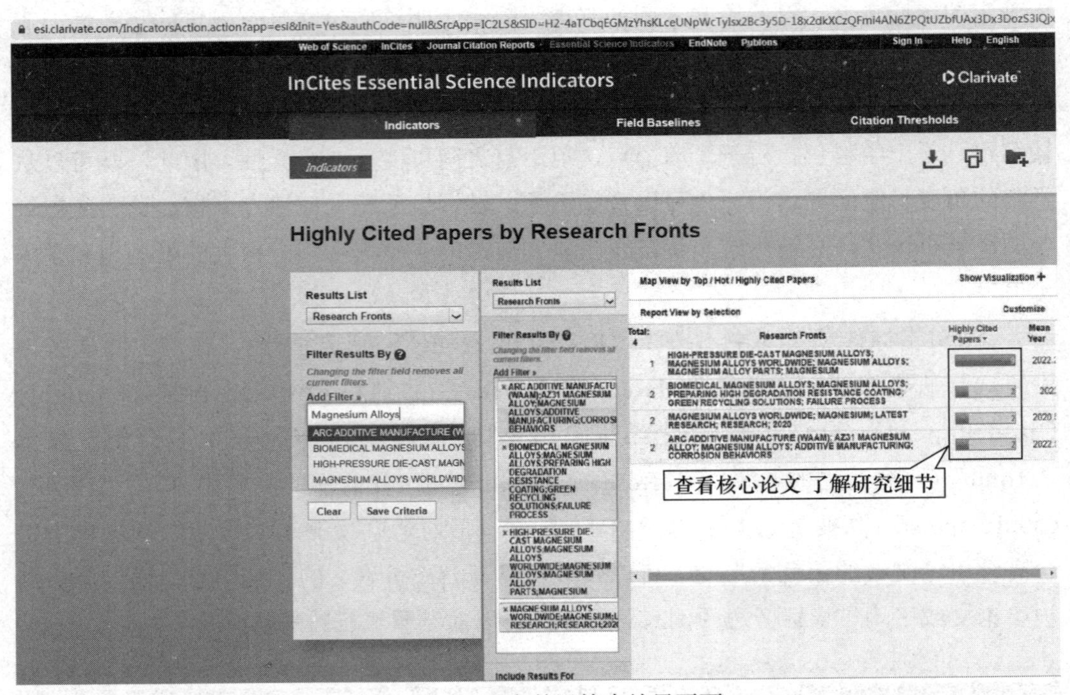

图4-48　ESI研究前沿检索结果页面

3. 利用CNKI 中外文文献统一发现平台查找

利用CNKI(China National Knowledge Infrastructure)查找与“Mg-Zn-Y合金”相关的高被引文献，只需将其检索结果按“被引”进行排序，即可找到相关高被引文献，如图4-49所示。

4. 利用百度学术搜索查找

利用“百度学术搜索”查找与“Mg-Zn-Y alloy”相关的高被引文献线索，按被引频次排序的百度学术搜索检索结果页面如图4-50所示。

图4-49　CNKI按被引频次排序结果页面

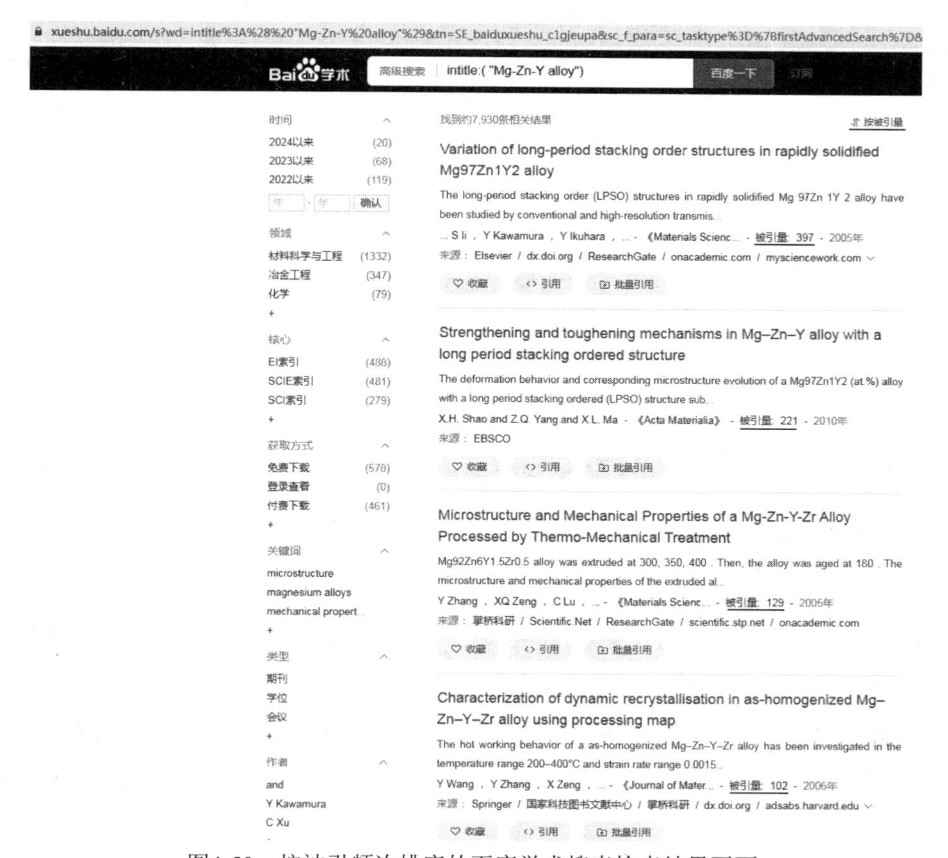

图4-50　按被引频次排序的百度学术搜索检索结果页面

4.7.2 查找有关领域的重要综述性文献

1. 利用Web of Science™查找

利用Web of Science™查找与“Mg-Zn-Y合金”相关的综述文献，可利用“精炼检索结果”—“文献类型”—“综述论文”精炼功能快速查找具有高影响力的综述文献。WOS平台的“Mg-Zn-Y alloy”检索结果页面如图4-51所示。

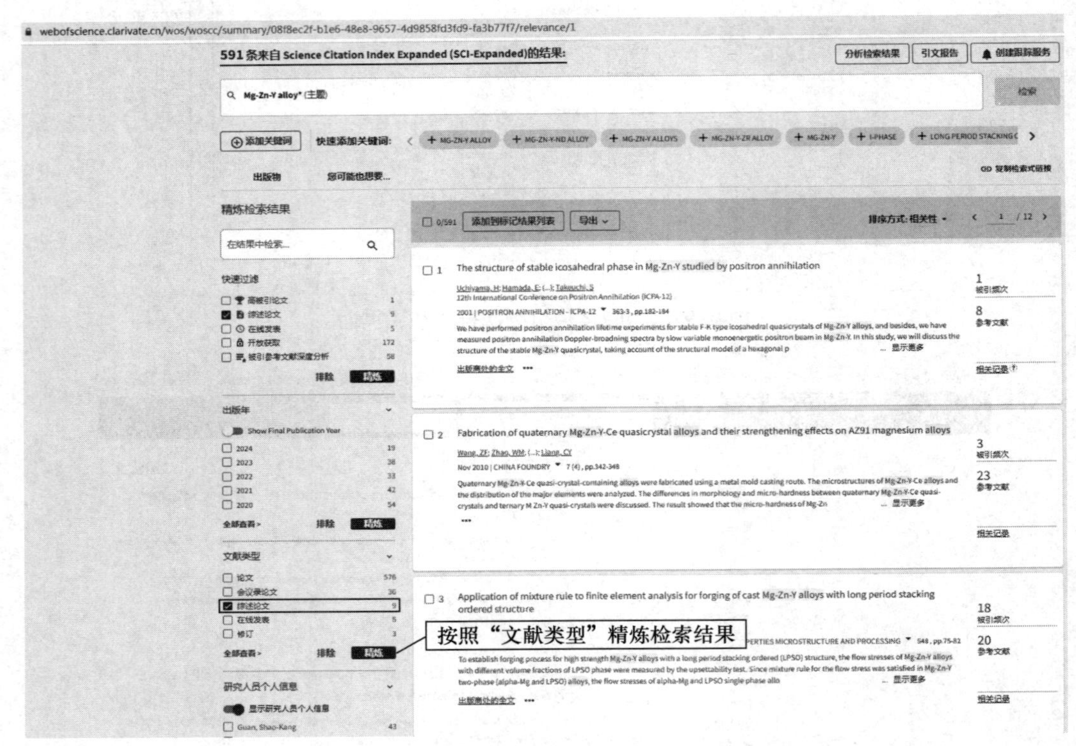

图4-51　WOS平台的“Mg-Zn-Y alloy”检索结果页面

按照“文献类型”精炼的检索结果页面如图4-52所示。

2. 利用Ei Compendex查找

可利用Ei Compendex数据库对文献类型(Document type)进行限定，如综述报告(Report review)；或者对文献处理类型(Treatment type)进行限定，如一般性综述(General review)、文献综述(Literature review)等，以获得综述性文献线索。利用Ei Compendex检索“Mg alloy”文献，限定文献类型为“Report review”的检索结果页面如图4-53 所示；限定处理类型为“General review”的检索结果页面如图4-54所示。

图4-52　WOS平台按照“文献类型”精炼的检索结果页面

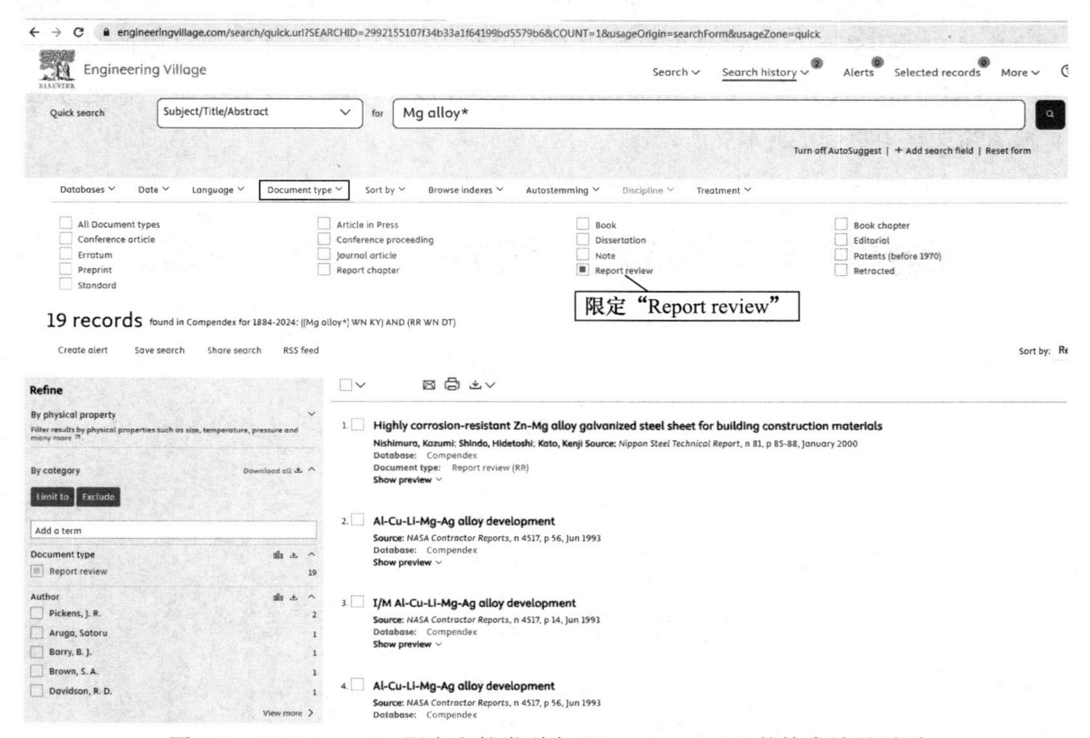

图4-53　Ei Compendex限定文献类型为“Report review”的检索结果页面

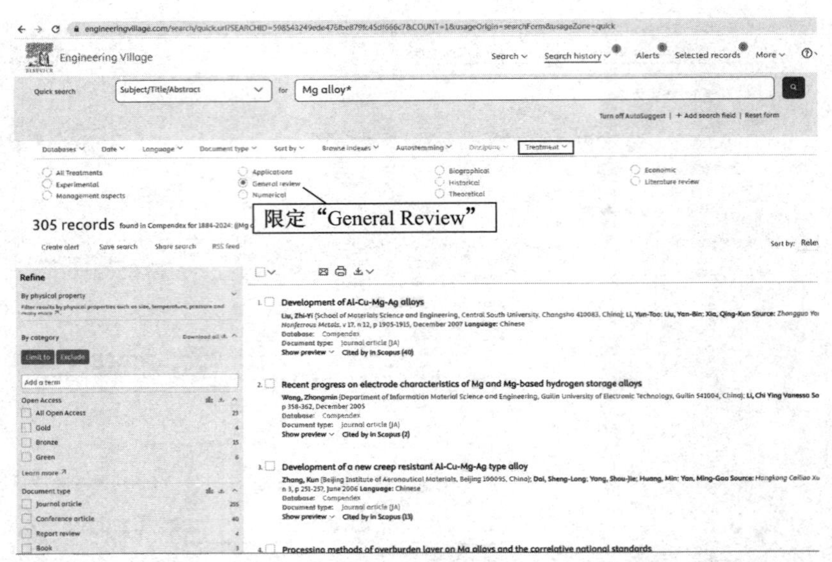

图4-54　Ei Compendex限定处理类型为“General review”的检索结果页面

3. 利用CNKI 中外文文献统一发现平台查找

利用CNKI提供的对检索结果的筛选功能，可利用“文献类型”—“综述”查找综述文献。选择按相关度排序检索结果，可找到最相关的综述文献；选择按时间排序检索结果，可找到最新综述文献；选择按被引频次排序检索结果，可找到具有高影响力的综述文献；还可以查看学位论文中有关综述方面的论述，从而多渠道地获取信息。CNKI平台“镁合金”检索结果页面如图4-55所示，按照“文献类型”筛选综述文献的筛选结果页面如图4-56所示。

图4-55　CNKI平台“镁合金”检索结果页面

图4-56 CNKI平台按照“文献类型”筛选综述文献的筛选结果页面

4. 利用Google学术搜索查找

利用Google学术搜索提供的对检索结果的筛选功能，可利用“评论性文章”查找综述文献。Google学术搜索“Mg-Zn-Y alloy”检索结果页面如图4-57所示。按照“评论性文章”筛选综述文献的筛选结果页面如图4-58所示。

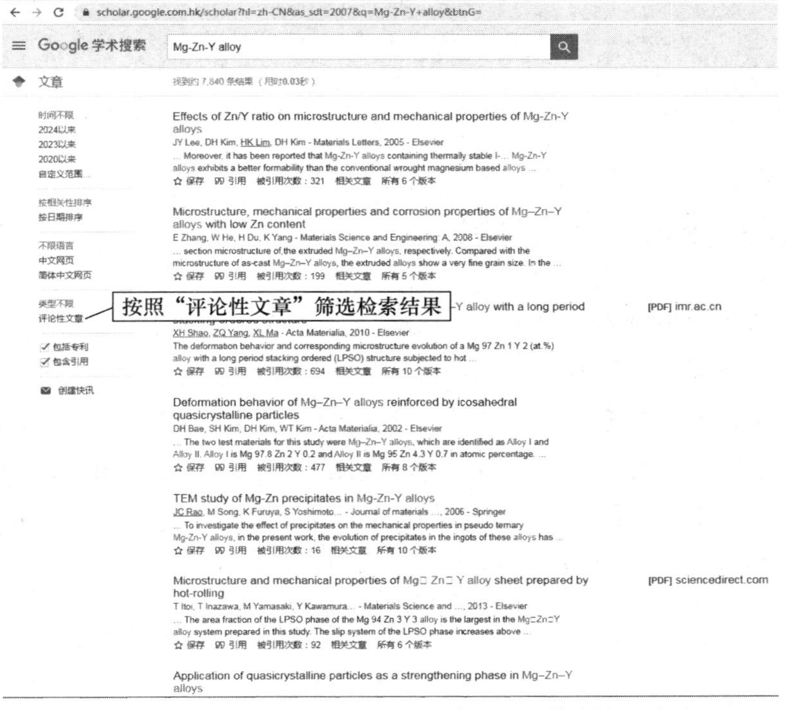

图4-57 Google学术搜索“Mg-Zn-Y alloy”检索结果页面

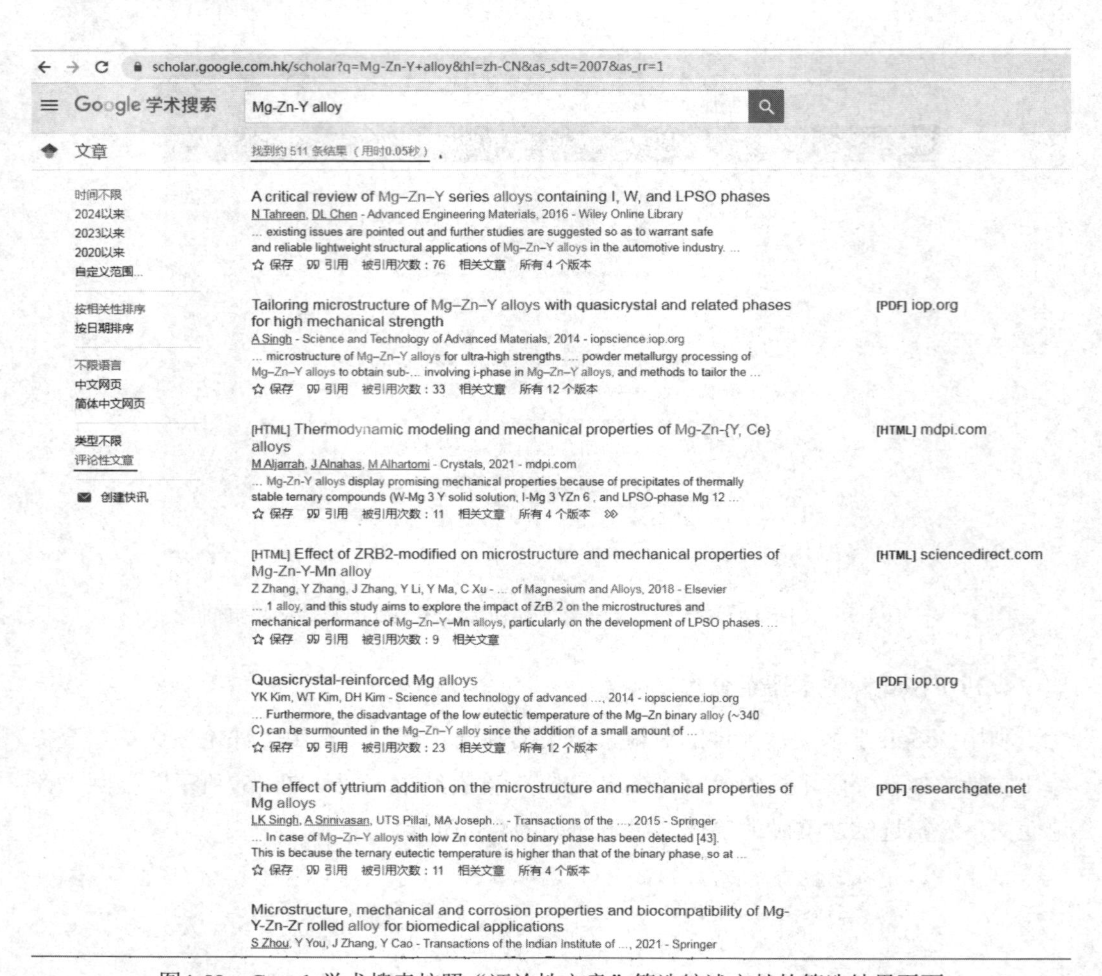

图4-58　Google学术搜索按照“评论性文章”筛选综述文献的筛选结果页面

4.7.3　了解课题的发展趋势

1. 利用Web of Science™查找

利用Web of Science™平台“精炼检索结果”中的“出版年”排序功能，可了解课题的发展趋势，也可以通过这种排序方式找到该领域的最新文献、最早文献和文献量发生突变时的时间节点，从而进一步了解该课题的起源、发展、变化等情况。例如，利用WOS平台SCIE数据库查找有关“3D打印”方面的文献，拟定的检索提问式为TS=(3D printers) OR TS=(Rapid prototyping)，执行检索后，检索出20 562条文献记录，按照“出版年”排序的检索结果页面如图4-59所示。

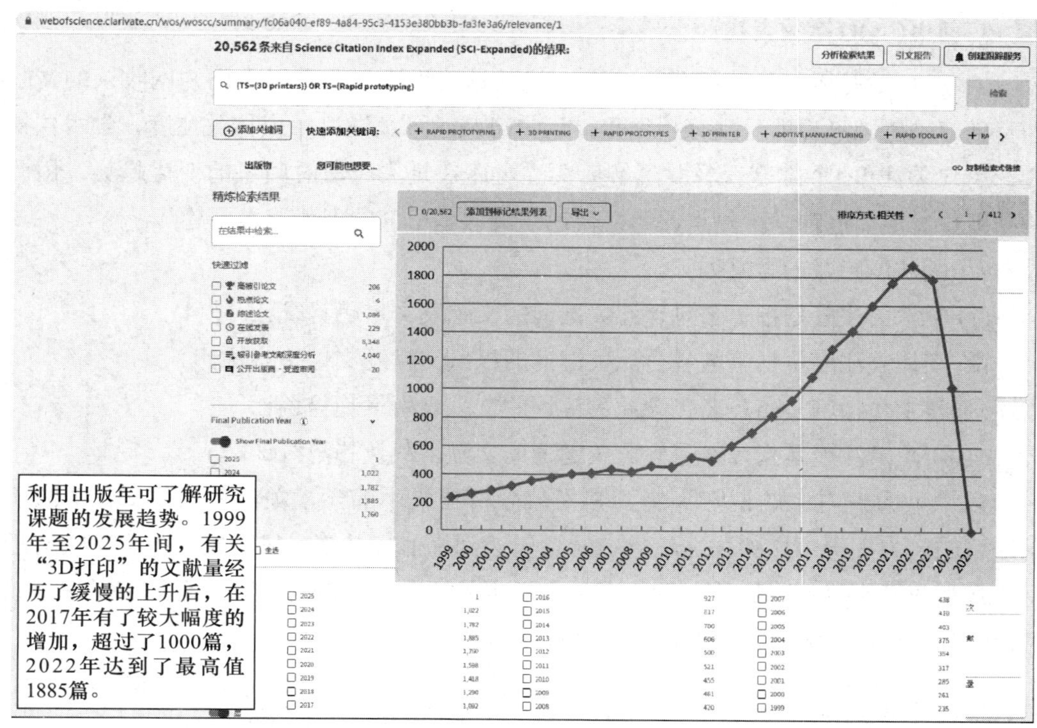

图4-59　WOS平台SCIE数据库按照“出版年”排序的检索结果页面

2. 利用Ei Compendex查找

利用Ei Compendex对检索结果按照出版年进行排序，可了解某一领域的发展趋势。Ei Compendex对“3D打印”检索结果按照“出版年”进行排序的页面如图4-60所示。

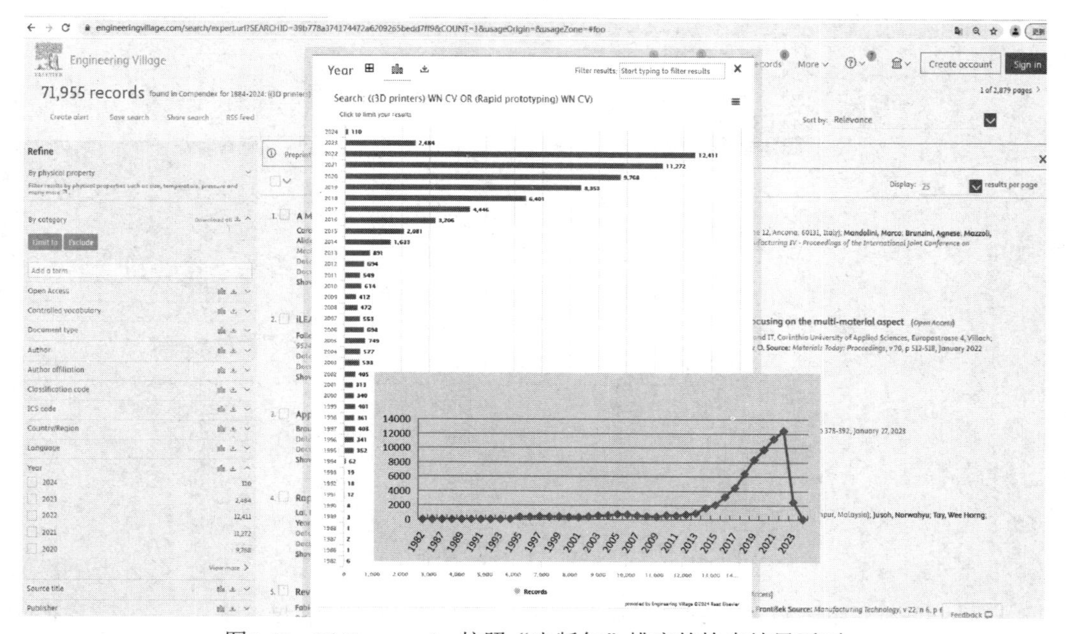

图4-60　Ei Compendex按照“出版年”排序的检索结果页面

3. 利用CNKI指数查找

CNKI指数是中国知网提供的免费在线数据分析服务，它以中国知网收录的文献为基础，采用图形界面呈现分析结果，用户可从学术关注度、媒体关注度、学术传播度、用户关注度4个维度查看并了解所关注主题在过去一段时间里的变化趋势，由此帮助用户发现和追踪学术热点课题，快速了解课题研究的现状及发展趋势。

4个关注度指数的含义如下。

(1) 学术关注度是指篇名包含此关键词的文献发文量趋势统计。

(2) 媒体关注度是指篇名包含此关键词的报纸文献发文量趋势统计。

(3) 学术传播度是指篇名包含此关键词的文献被引量趋势统计。

(4) 用户关注度是指篇名包含此关键词的文献下载量趋势统计。

以“风力发电”的检索为例，其指数分析结果中的学术关注度页面如图4-61所示，可知风力发电中文相关文献量在2012年达到峰值1350篇；风力发电外文相关文献量在2019年达到峰值5320篇。系统在显示学术关注度趋势图的同时，还列出了该领域的热点文献、学科分布、研究进展及机构分布。

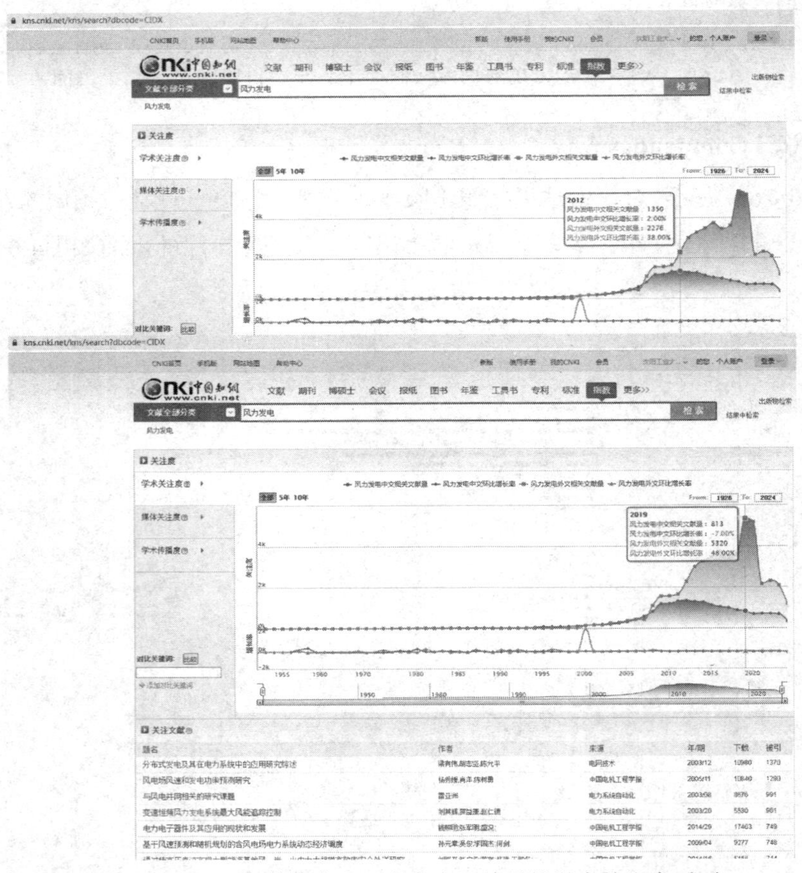

图4-61 CNKI指数检索“风力发电”结果的学术关注度页面

4. 利用万方关键词知识脉络分析工具查找

万方数据知识平台的知识脉络分析工具采用文献计量法进行多维度统计分析，将研究兴趣、发文趋势、学科分布等分析结果与图形学、信息可视化技术相结合，提供更加直观、清晰的各类指标的趋势。

利用万方数据关键词知识脉络查找“风力发电”，其关键词知识脉络分析结果页面如图4-62所示。由图中的发文趋势可知，与“风力发电”有关的文献量在2021年达到峰值6755篇后，近几年有下降的趋势。

图4-62 万方数据“风力发电”关键词知识脉络分析结果页面

4.7.4 关注其他重要信息

利用检索系统提供的检索结果字段分析功能，可以找到更多值得关注的信息。例如，对“学科类别”字段进行分析，可了解某特定课题在不同学科的分布情况，找到所关注领域的文献，也可以在其他领域寻找新的研究突破口，发现新的研究思路；利用“机构名称”或“作者”字段进行分析，可发现该领域高产出的教育机构、研究机构及作者，有利于找到该研究课题中潜在的合作机构和合作者；利用“基金资助机构”字段进行分析，可了解该领域受到哪些国家或基金的重视，以选择合适的资助机构申请课题；利用“来源出版物”字段进行分析，可找到好的出版物进行跟踪学习和投稿等。

4.8 NoteFirst文献管理软件

4.8.1 文献管理软件简介

文献管理软件是一种用于帮助研究者获取、组织、管理与研究相关的文献资料，建立个人文献数据库，并进行论文写作的工具。文献管理软件的核心功能是在论文写作时自动形成参考文献，多数文献管理软件可以直接联网到不同的数据库进行检索，还可以非常方便地管理文献信息，包括文摘、全文、笔记以及其他的附件材料等。

目前，比较常用的文献管理软件有NoteFirst、NoteExpress、知网研学、EndNote、RefWorks和Mendeley。NoteFirst、NoteExpress和知网研学是国内应用较多的文献管理软件；EndNote、RefWorks和Mendeley是国外主流的文献管理软件，在外文文献资料管理方面有其独特的优势。NoteFirst和Mendeley具有网络版和单机使用两种设计，用户能够在不同地点、不同电脑上随时同步更新个人数据库，亦能做到脱机使用，优于纯粹的网络版或单机版，而且两者都提供免费版本。

4.8.2 NoteFirst的使用方法

1. 软件下载、安装

登录NoteFirst的网站主页(http://www.NoteFirst.com)，即可免费下载和使用NoteFirst软件。目前，最新版本为NoteFirst 6.0(发布日期为2023年12月29日)。

在下载的软件安装包里，单击安装文件setup.exe进行安装。安装过程中会关闭所有的Word文件。在安装之前，最好主动关闭打开的Word文件。需要注意的是，如果计算机中安装了杀毒软件、防火墙等实时防护软件，那么在安装或登录时会进行提醒。此时请选择“允许”或“解除阻止”，否则NoteFirst将无法正常运行。

2. 注册登录

安装完成后，计算机桌面上会自动生成一个“NoteFirst 6.0”快捷方式，双击即可进入登录界面。使用之前需要先注册账号：在登录界面中直接单击“注册新账号”(如图4-63所示)，或者进入NoteFirst网站主页(http://www.NoteFirst.com)进行注册。

图4-63　NoteFirst的注册页面

注册账号后，需要到注册邮箱中激活账号。登录后，进入NoteFirst软件客户端的主页面，如图4-64所示。

图4-64　NoteFirst软件客户端的主页面

3. NoteFirst的Word插件

NoteFirst安装后，会在Word中自动生成一个Word插件，以实现参考文献的自动形成。Microsoft Office Word 2010插件的图标页面如图4-65所示。

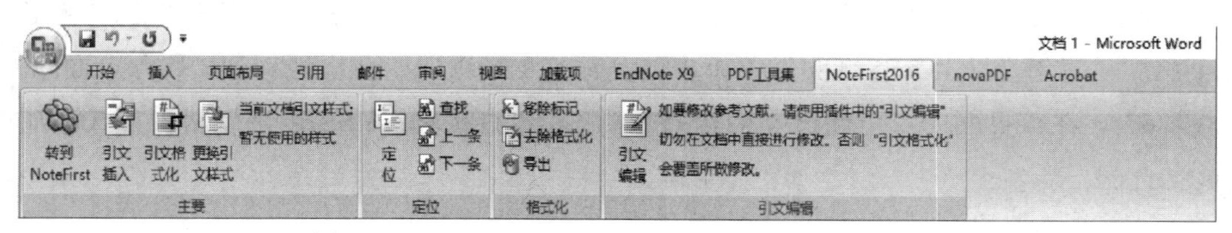

图4-65　Microsoft Office Word 2010插件的图标页面

4. NoteFirst浮动工具

NoteFirst运行后会在屏幕出现一个浮动工具，其功能如图4-66所示。

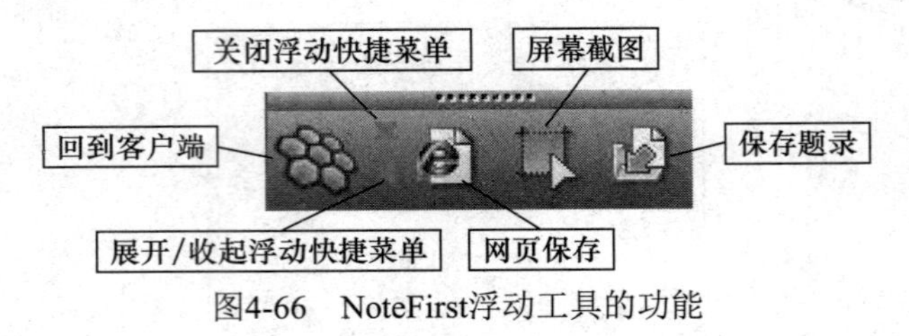

图4-66　NoteFirst浮动工具的功能

4.8.3　NoteFirst的主要功能

NoteFirst是第三代文献管理软件，是基于云计算构建的网络版文献管理工具和科研社区网站，具有文献管理软件共有的文献检索、参考文献管理、引文著录等基本功能，以及第三代产品的云服务、共享科研团队成果、具备科研社区等延伸功能。而且，由于NoteFirst推出时间较晚，得以博采众长，细节更趋完善。例如，全面支持中文文献格式，全面支持国标和自动形成双语参考文献，支持从数据库直接导入题录信息，支持对文献库进行聚类和按字段统计分析，文献查重与文献库全文检索更方便快捷。版本更新后，又扩展了从网页、PDF抓取题录信息的功能和共享协同管理功能，尤其是开发了特有的将网页、屏幕截图保存为知识卡片并可打包为电子书的知识卡片管理功能，逐渐从单纯的文献管理工具发展为个人知识管理与团队科研协作平台软件。NoteFirst的主要功能主要包括文献订阅、文献管理和引文插入。

1. 文献订阅

文献订阅包括RSS订阅和主题订阅，下面分别进行介绍。

1) RSS订阅

RSS订阅用于订阅用户所关注的期刊的最新一期文章以及优先出版的文章，还可订阅一些相关的资讯，如基金委动态、国内外要闻、相关企业的最新产品动态等。用户也可把RSS订阅中的有价值的文献直接导入“文献管理”模块，导入时系统可自动补充作者、标题、期刊名称、年卷期、页码等信息，以便作为参考文献进行引用。

在进行期刊订阅时，单击快捷工具栏中的“添加RSS”图标，或者在左边的树形菜单中，右键单击“RSS订阅”菜单中的“添加RSS源”，会出现新建RSS源页面(见图4-67)。在该页面中，可通过“检索RSS源”和“直接输入RSS源Url”两种方式添加RSS订阅。

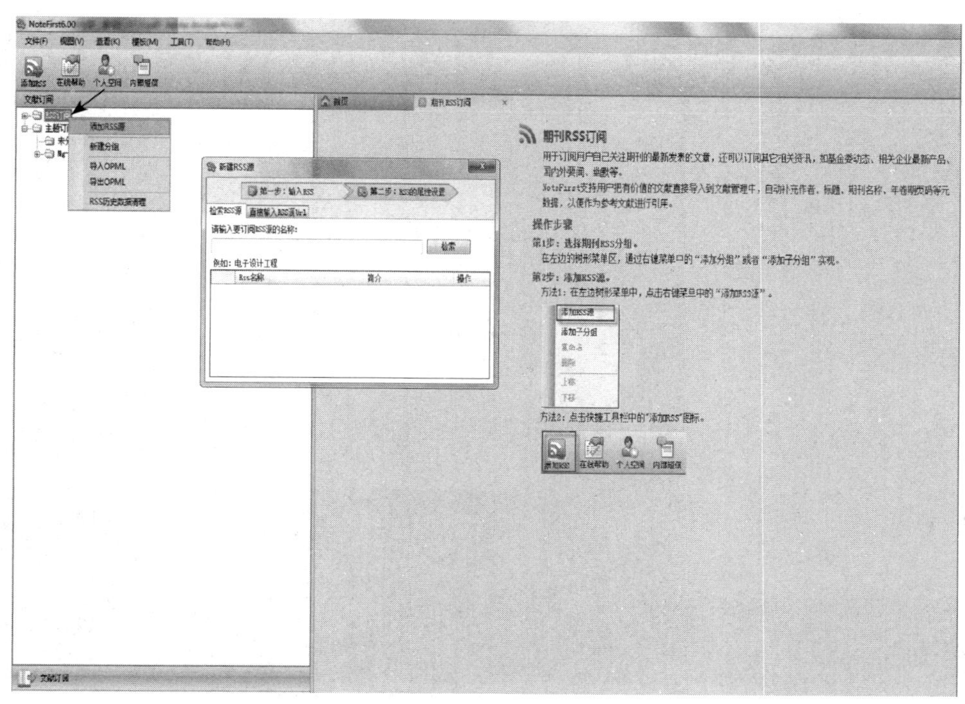

图4-67　NoteFirst新建RSS源页面

例如，在图4-68所示的“检索RSS源”选项卡页面中，输入“材料工程”进行检索，选中检索结果中的“材料工程”并单击“订阅”，即可弹出RSS属性设置页面(见图4-69)，单击“保存”按钮，即可得到“材料工程”期刊订阅结果页面(见图4-70)。

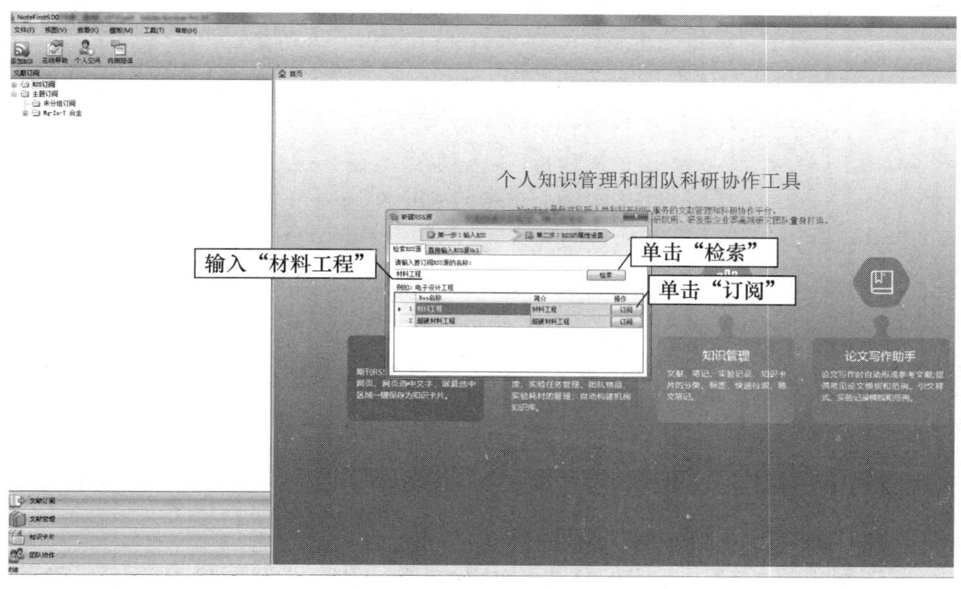

图4-68　“检索RSS源”选项卡页面

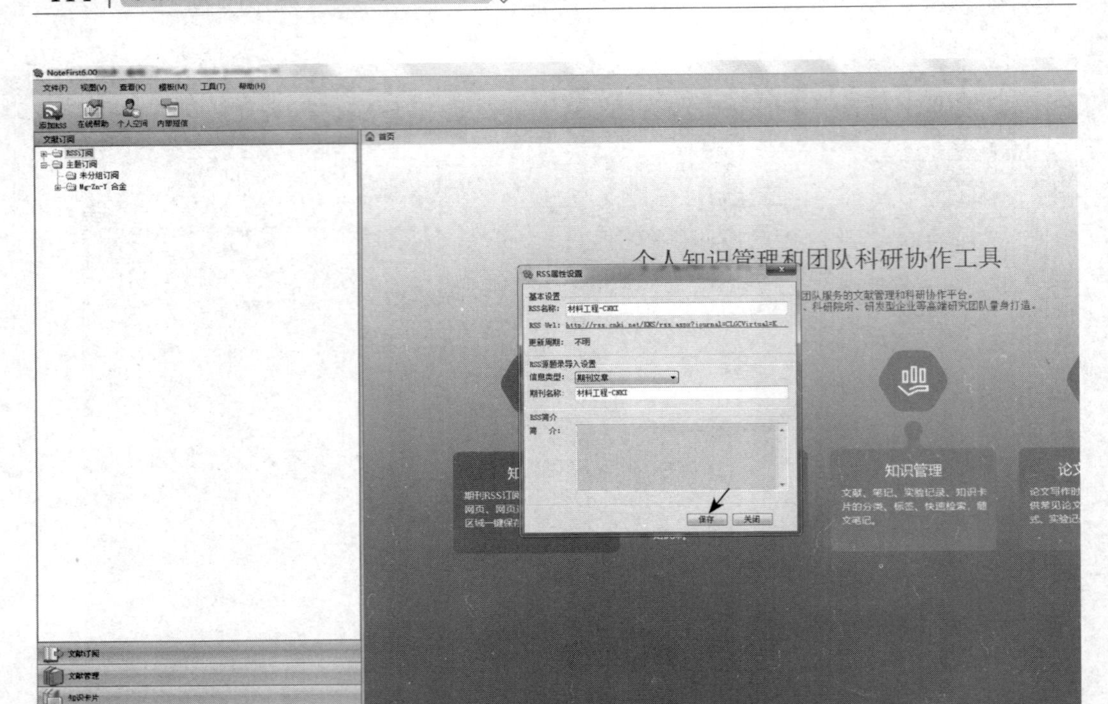

图4-69 “检索RSS源”选项卡RSS属性设置页面

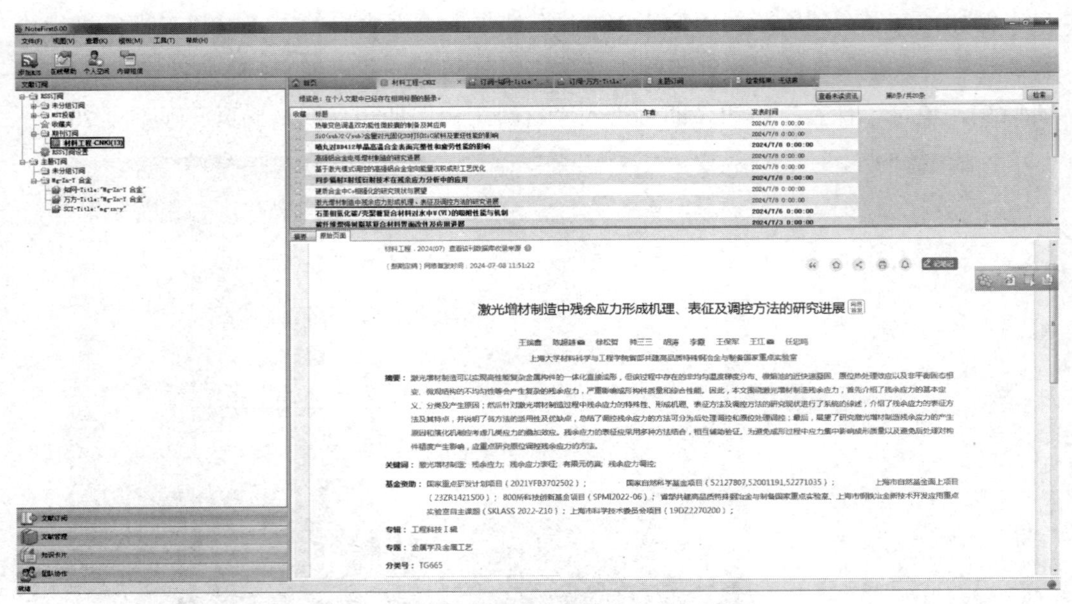

图4-70 “材料工程”期刊订阅结果页面

2) 主题订阅

主题订阅也称关键词订阅，是在数据库中通过某个关键词检索含该关键词的文献进行订阅，系统提供的在线数据库有中国知网、万方、IEEE、Pubmed、Springer

Nature、Wiley Online Library等。右键单击“主题订阅”菜单可“新建分组”，如“Mg-Zn-Y合金”，右键单击该分组菜单中的“新建订阅”选项，即可按照系统的指引逐步完成订阅。订阅万方数据知识服务平台中有关“Mg-Zn-Y合金”方面的文献的页面如图4-71所示。

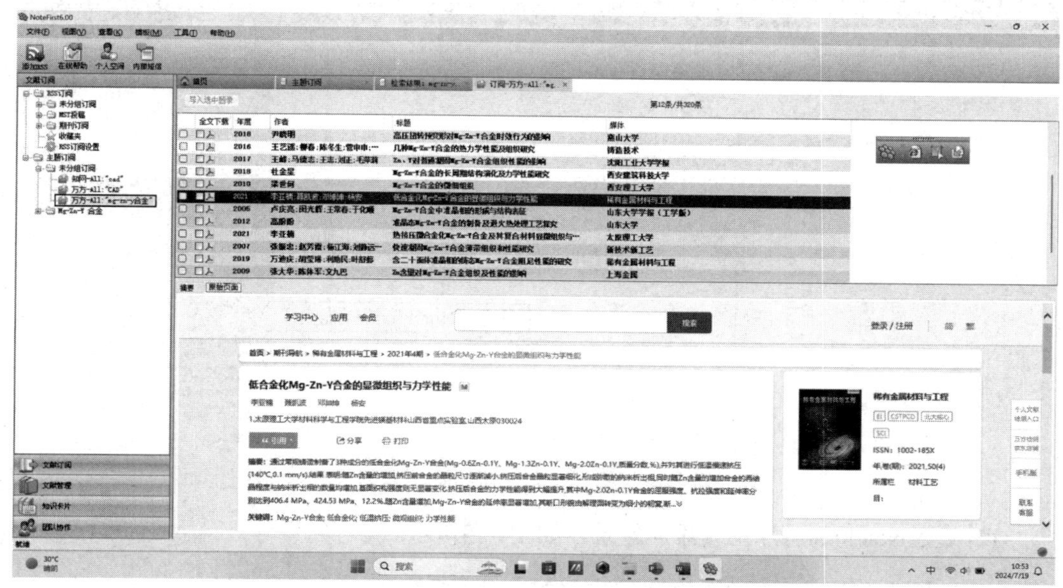

图4-71　万方数据知识服务平台“Mg-Zn-Y合金”主题订阅页面

2. 文献管理

文献管理也称参考文献管理，或者题录管理。它和普通的文件管理有着很大的区别，文献管理不仅包括文献全文管理，还包括作为参考文献引用所需的元数据管理，以及对应的笔记管理。

1) 添加题录

NoteFirst中包括了一个IE插件，当用户在浏览器中看到需要收藏的文献页面时，单击右键，会出现一个“NoteFirst保存题录”选项。单击该选项，即可把题录添加到用户的NoteFirst数据库中，同时还可以选择保存的文件夹。目前，NoteFirst已经设计了很多解析器，支持大多数文献数据库文献的直接导入，也可以通过NoteFirst悬浮工具添加题录。此外，还可以通过正在访问的文献数据库的“导出”功能，把选中的题录信息导入文件或者粘贴板，之后采用NoteFirst提供的“题录导入”功能，导入题录。例如，在万方数据知识服务平台上查找有关“Mg-Zn-Y合金”方面的文献，检索式为题名：“Mg-Zn-Y合金”，运行检索后得到134条记录，选取其中1条记录，可以通过以下几种方式添加题录到NoteFirst文献管理数据库中。

(1) 通过IE插件添加题录，如图4-72所示。

图4-72　通过IE插件添加题录页面

(2) 通过NoteFirst悬浮工具添加题录，如图4-73所示。

图4-73　通过NoteFirst悬浮工具添加题录页面

(3) 通过正在访问的文献数据库的“导出”功能添加题录，如图4-74所示。

图4-74　通过正在访问的文献数据库的“导出”功能添加题录页面

2) 参考文献自动形成

参考文献自动形成是NoteFirst的基本功能之一。用户安装NoteFirst后，系统会在Microsoft的Word软件中自动加载Word插件，以实现参考文献的自动形成功能。NoteFirst参考文献自动形成功能的主要特点如下。

(1) 支持中文参考文献样式。

(2) 支持双语参考文献格式。由于NoteFirst的主创人员有着多年的期刊工作经验，对参考文献的国家标准和现实情况有着比较深入的了解，不仅可以支持中文参考文献，还可以满足EI、SCI中文收录期刊的双语参考文献格式的要求。

(3) 生成编校报告。大家习惯认为，用参考文献管理软件形成的参考文献不应该有错误，其实不然。用户管理的文献的引用数据不一定齐全，而参考文献管理软件是无法自动补充缺失数据的，对于这部分文献，软件自动形成的参考文献仍然存在错误，而NoteFirst可以在引文元数据缺失时生成编校报告，给予自动警示。

3. 引文插入

NoteFirst向Word插入引文的方法有以下三种。

(1) 通过Word插件插入引文。具体做法为：首选选择需要插入的文献，把光标放在要插入的引文处，再在NoteFirst客户端选定要插入的引文，之后在Word中单击“引文插入”即可。

(2) 通过右键菜单选项插入引文。具体做法为：首先选择需要插入的文献，把光标放在要插入的引文处，再在NoteFirst客户端选定要插入的引文，右键单击选中的题录，单击“插入引文”即可。

(3) 通过快捷工具栏插入引文。具体做法为：首先选择需要插入的文献，然后把光标放在要插入的引文处，在NoteFirst客户端选定要插入的引文，最后单击快捷工具栏中的“插入引文”即可，如图4-75所示。

引文插入后，会在文中自动插入引文标记，并在文后形成参考文献列表。一次可以插入多篇引文，NoteFirst支持单选、连选、多选。为了不影响效率，在一个文档中插入引文后，如果文中的引文序号出现不连续的情况，单击Word插件中的“引文格式化”并且选择与客户端同步操作后，这些现象会自动消除。

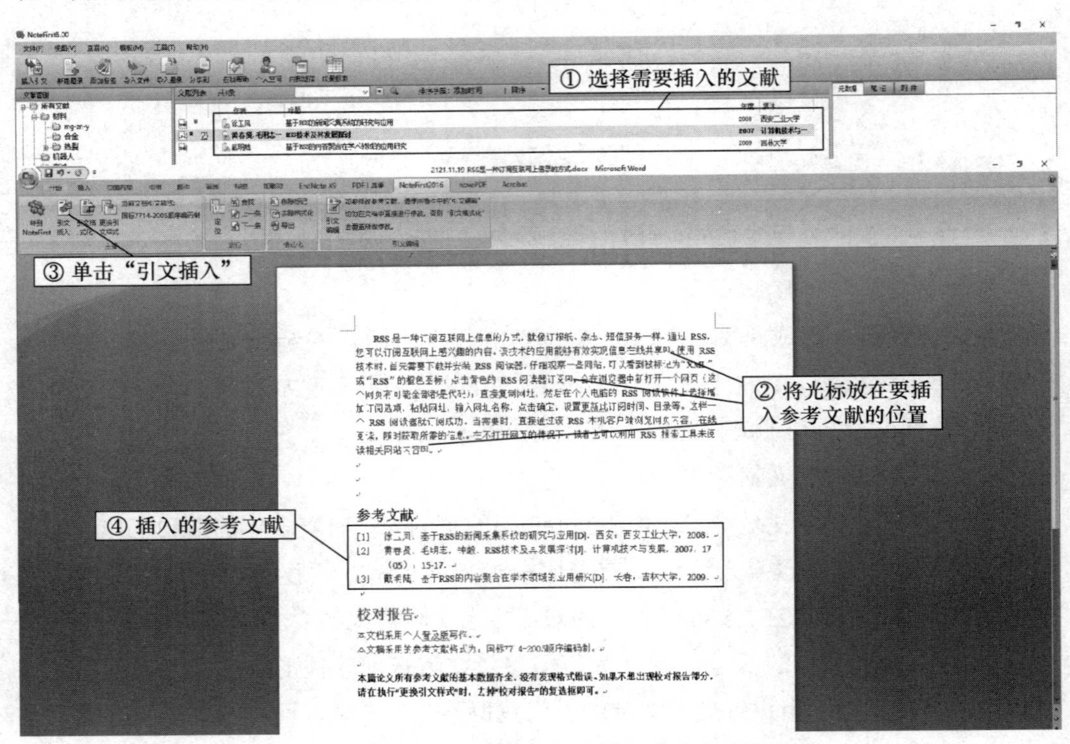

图4-75　利用NoteFirst在Word中插入参考文献的页面

思考题

(1) Ei Compendex数据库涵盖的学科内容有哪些？常用的检索方法有哪些？

(2) 简述利用Ei Compendex数据库精炼检索结果的方法。

(3) Web of Science™核心合集的特点有哪些？如何利用SCIE对检索结果进行精炼和分析？

(4) 简述利用SCIE引文链接获取文献线索的方法。

(5) 常用的学术搜索引擎有哪些？

(6) 简述百度学术高级检索的使用方法。

(7) 如何根据参考文献线索辨识文献的出版类型？

(8) 简述科研选题阶段应关注的重要信息内容。

(9) 简述NoteFirst文献管理软件的特点和使用方法。

扫码自测

第5章 全文文献检索与利用

用户借助信息检索往往只能获得相关文献的线索，只有少部分可以通过文献信息直接获得全文，这就涉及原始文献的获取问题。获取原文是进行文献检索、文献分析和利用文献的重要环节，也是文献检索的最终目的。即使在网络发展迅速的今天，获取原文仍然是困扰研究人员的一个问题。要查找到原文，一方面要从文献线索中弄清原文的出版类型，是图书、期刊、会议文献、专利，还是学位论文、科技报告等；另一方面要找出原文的确切名称及刊登该文的出版物名称、出版地、出版的年卷期等。解决这些问题之后，就可以根据具体条件选择不同的途径获取原文。

5.1 获取原始文献的途径

获取原始文献的原则是由近及远，具体包括以下途径。

1. 利用全文数据库

全文数据库是获取原始文献的首选。用户可直接利用文献线索，通过题名、作者、出处等信息直接找到原始文献的全文。例如，CNKI中外文文献统一发现平台、万方数据知识服务平台、超星数字图书馆、Springer Nature、EBSCOhost(ASP、BSP)、Wiley Online Library等。

2. 利用网上的免费资源

目前，网上的免费信息资源非常丰富，很多大学图书馆都将一些免费资源的网址整理出来，供用户使用。例如，中国科技论文在线、中国预印本服务系统、NSTL(国家科技图书文献中心)开放获取资源、中教图Socolar平台、中科院文献情报中心GoOA、DOAJ(Directory of Open Access Journals)、HighWire Press、Open J-Gate、OALib(Open Accsess Library)、Hans(汉斯)出版社开放资源、arXiv预印本等。

3. 利用馆藏纸质资源

利用图书馆的OPAC(Online Public Access Catalog，联机公共目录检索系统)，可以方便、快捷地查找馆藏纸质资源。根据文献线索，用户可以通过不同的检索途径(如出版物名称、责任者、出版单位等信息)查找馆藏地，并了解流通状态，然后利用系统给出的索书(取)号等馆藏标识到相关馆藏地点获取全文。

4. 利用文献传递服务

文献传递是依托国内外图书馆协作网为校内外读者提供本馆未收藏的文献全文的快速查询、获取和传递服务。目前文献传递服务已经是很多图书馆的常规业务之一。用户利用文献传递系统查到原文目次信息后，可提交获取文献的请求，系统将会通过文献传递网络平台为用户复制或借阅全文。当然，用户也可以和各种藏书机构取得联系，直接订阅文献。常用的文献传递系统有读秀学术搜索、国家科技图书文献中心(NSTL)、中国高等教育文献保障系统(China Academic Library & Information System，CALIS)、CALIS西文期刊目次数据库(CALIS Current Contents of Western Journals，简称CCC)、e得文献获取、中国高校人文社会科学文献中心(China Academic Humanities and Social Sciences Library，CASHL)、国家科学数字图书馆(Chinese Science Digital Library，CSDL)、OCLC (the OCLC Online Union Catalog)、WorldCat、昆廷网络资源共享服务系统(KES)等。用户可以根据实际需要选择不同的原文传递平台来获取全文。

5. 其他途径

除了上述获取原文的途径，还可以通过E-mail联系文献作者或通过访问作者主页等方式直接获取原文，也可以通过网络论坛等互助平台获取全文。

5.2 CNKI中外文文献统一发现平台

5.2.1 简介

中国知识基础设施工程(China National Knowledge Infrastructure，CNKI)，简称中国知网，是以实现全社会知识资源传播共享与增值利用为目标的信息化建设项目，由清华大学、清华同方共同发起，始建于1999年6月。CNKI目前已成为中国最大的学术电子资源集成商和出版发行商。 多年来，CNKI成功建设了《中国知识资源总库》和数字出版平台，深度整合了海量的中外文文献，包括 90% 以上的中国知识资源，如学术期刊、学位论文、会议、报纸、年鉴、专利、标准、成果、图书、学术辑刊、法律法规、政府文件、企业标准、科技报告、政府采购等资源类型。

CNKI 学术搜索已与80个国家和地区的900多家出版社进行了版权合作，整合出版了7万余种期刊(覆盖SCI的90%，Scopus的80%以上)、百万册图书，累计收录中外文文献量逾3亿篇。国际知名的出版社(如Elsevier、Springer、Taylor & Francis、ProQuest、Wiley、Pubmed、 Cambridge University Press等)都是其合作伙伴。收录的外文文献类型包括期刊、会议论文、学位论文、专利、标准、图书等。文献内容涵盖科学、生物医学、化学、药剂学、地球科学、医疗与公共卫生、计算机科学、地理学、建筑学、生命科学、数学、物理学、统计学、工程学、环境等学科领域。

中国知网于2020年8月推出了新版总库平台 KNS 8.0，正式命名为“CNKI 中外文文献统一发现平台”，也称全球学术快报2.0。平台的总体设计思想是，让用户在“世界知识大数据(GKBD)”中快速地、精准地、个性化地找到相关的优质文献。

CNKI中外文文献统一发现平台的主要数据库有以下几个。

(1) 学术期刊库。学术期刊库由中国学术期刊和CNKI Scholar 外文期刊构成，实现了中文和外文期刊的整合检索。其中，中文学术期刊8460余种，含北大核心期刊1 970余种，网络首发期刊3 150余种，最早回溯至1915年，共计6 290万余篇全文文献，产品分为基础科学、工程科技Ⅰ、工程科技Ⅱ、农业科技、医药卫生科技、哲学与人文科学、社会科学Ⅰ、社会科学Ⅱ、信息科技、经济与管理科学十大专辑，十大专辑下分为168个专题。外文学术期刊包括来自80个国家及地区900余家出版社的期刊7.5万余种，覆盖科睿唯安期刊引用报告(Journal Citation Reports，JCR)期刊的96%，Scopus期刊的 80%，其文献最早回溯至19世纪，共计8 850万余篇外文题录，可链接全文，期刊资源分为自然科学、工程技术、医学、农业科学、社会科学、人文学科、哲学七大专辑。读者可查阅每本期刊的概况(刊名、刊号、出版周期、创刊年/收录年限、出版社/合作商、学科主题、出版地、语种等)，并可进入文献页面获取题录摘要信息，部分文章提供参考文献引文信息。

(2) 学位论文库。学位论文库包括《中国博士学位论文全文数据库》和《中国优秀硕士学位论文全文数据库》，是目前国内资源完备、质量上乘、连续动态更新的中国博硕士学位论文全文数据库。该库出版530余家博士培养单位的博士学位论文57万余篇，800余家硕士培养单位的硕士学位论文600万余篇，其文献最早回溯至1984年，覆盖基础科学、工程技术、农业、医学、哲学、人文、社会科学等各个领域。产品分为基础科学、工程科技Ⅰ、工程科技Ⅱ、农业科技、医药卫生科技、哲学与人文科学、社会科学Ⅰ、社会科学Ⅱ、信息科技、经济与管理科学十大专辑。十大专辑下分为168个专题。

(3) 会议论文库。会议论文库重点收录1999年以来，中国科协系统及国家二级以上的学会、协会，高校、科研院所，政府机关举办的重要会议以及在国内召开的国际会议上发表的文献，部分重点会议文献回溯至1953年，目前已收录国内会议、国际会议论文集4万本，累计文献总量381万余篇。产品同样分为十大专辑，十大专辑下分为168个专题。

(4) 中国重要报纸全文数据库。中国重要报纸全文数据库是以学术性、资料性报纸文献为出版内容的连续动态更新的报纸全文数据库。报纸库年均收录并持续更新各级重要党报、行业报及综合类报纸逾500余种，累计出版2000年以来报纸全文文献2 070万余篇。产品同样分为十大专辑，十专辑下分为168个专题文献数据库和近3 600个子栏目。

(5) 中国年鉴网络出版总库。中国年鉴网络出版总库是目前国内较大的连续更新的动态年鉴资源全文数据库。内容覆盖基本国情、地理历史、政治军事外交、法律、经济、科学技术、教育、文化体育事业、医疗卫生、社会生活、人物、统计资料、文件标准与法律法规等各个领域。目前，总库的年鉴总计5 560余种，4万本，4 330万余篇。

(6) 专利库。专利库包括中国专利和境外专利。中国专利收录了1985年以来在中国大陆申请的发明专利、外观设计专利、实用新型专利，共5 520万余项，每年新增专利约250万项；境外专利包含美国、日本、英国、德国、法国、瑞士、世界知识产权组织、欧洲专利局、俄罗斯、韩国、加拿大、澳大利亚、中国香港及中国台湾等十国两组织两地区的专利，共计收录从1970年至今专利约1.1亿项，每年新增专利约200万项。

(7) 标准数据总库。标准数据总库包括国家标准全文、行业标准全文以及国内外标准题录数据库，共计60万余项。其中，国家标准全文数据库收录了由中国标准出版社出版的，国家标准化管理委员会发布的所有国家标准；行业标准全文数据库收录了现行、废止、被代替、即将实施的行业标准；国内外标准题录数据库收录了中国以及世界上先进国家、标准化组织制定与发布的标准题录数据，共计49万余项。

(8) 中国科技项目创新成果鉴定意见数据库(知网版)。中国科技项目创新成果鉴定意见数据库(知网版)收录正式登记的中国科技成果，并按行业、成果级别、学科领域分类。科技成果的基本信息包括成果概况、立项情况、评价情况、知识产权情况、成果应用情况、成果单位简介、成果完成人简介等；同时收录部分相应科技成果的鉴定证书，主要包括科技成果推广前景、专家组的鉴定意见、主要技术文件的目录及来源等重要信息。目前，该数据库共计收录112万余项成果，年更新约4.8万项，收录年度集中于1978年至今，部分回溯至1920年。

(9) 中国图书全文数据库(心可书馆)。中国图书全文数据库以中国知网海内外2亿专业读者为服务对象，集图书检索、专业化推荐、在线研学、在线订阅功能于一体，通过参考文献、引证文献等关联关系，实现了图书内容与其他各类文献的深度关联融合。目前，该数据库已收录精品专业图书2万余本，覆盖人文社科、自然科学、工程技术等各领域。

CNKI中外文文献统一发现平台有云租用、云托管、云机构馆托管、本地镜像等服务模式。云租用、云托管、云机构馆托管模式的更新频率为实时发布。镜像版模式的更新频率为每月10日。

5.2.2 使用方法

目前，任何用户均可通过中国知网主页(http://www.cnki.net)免费访问CNKI中外文文献统一发现平台中全文数据库的题录和文摘信息，但如需下载全文，则要按页付费或授权使用。该平台的主要服务模式是在机构用户内部网中建立镜像站点，通过机构主页上的相关栏目链接，用户无须注册登录(一般为授权IP范围内)即可直接检索并下载全文；也可通过网上包库或个人用户购买“检索阅读卡”，在知网主页上输入相应的账户名、密码进行登录后，方可检索并下载全文。

目前，多数高校图书馆采用包库或镜像站点方式，一般是从本校图书馆主页上的相关板块链接到CNKI包库或镜像站点。例如，从沈阳工业大学图书馆主页的中文数据库板块链接到CNKI中国知网(校内镜像、网络版)，如图5-1所示。可单击“校内镜像”或“网络版”链接，进入镜像版CNKI知识网络服务平台(简称KNS)或网络版CNKI中外文文献统一发现平台默认的检索页面。

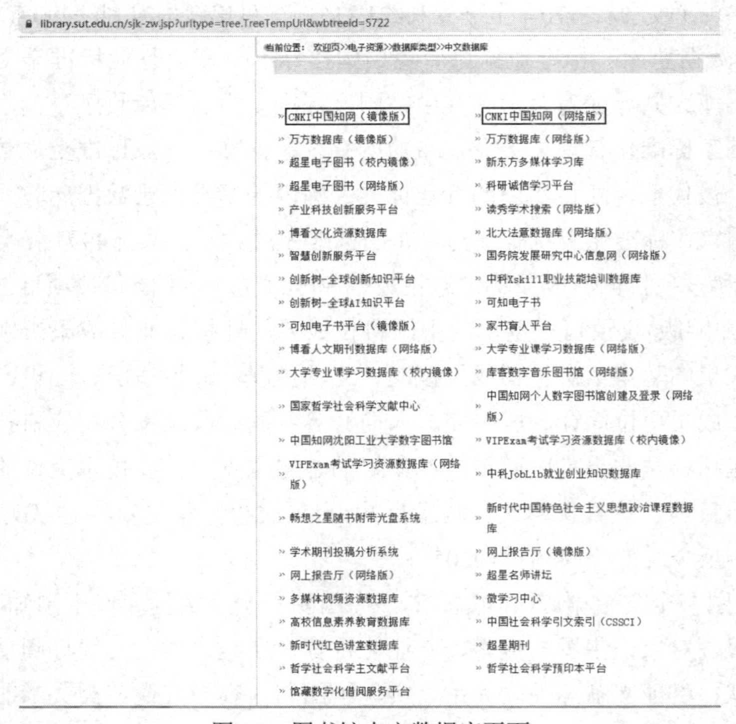

图5-1 图书馆中文数据库页面

镜像版CNKI首页如图5-2所示。页面上显示的数据库均为用户所在机构订购的资源，用户可选择不同的检索方式检索，也可以选择单库或跨库检索。

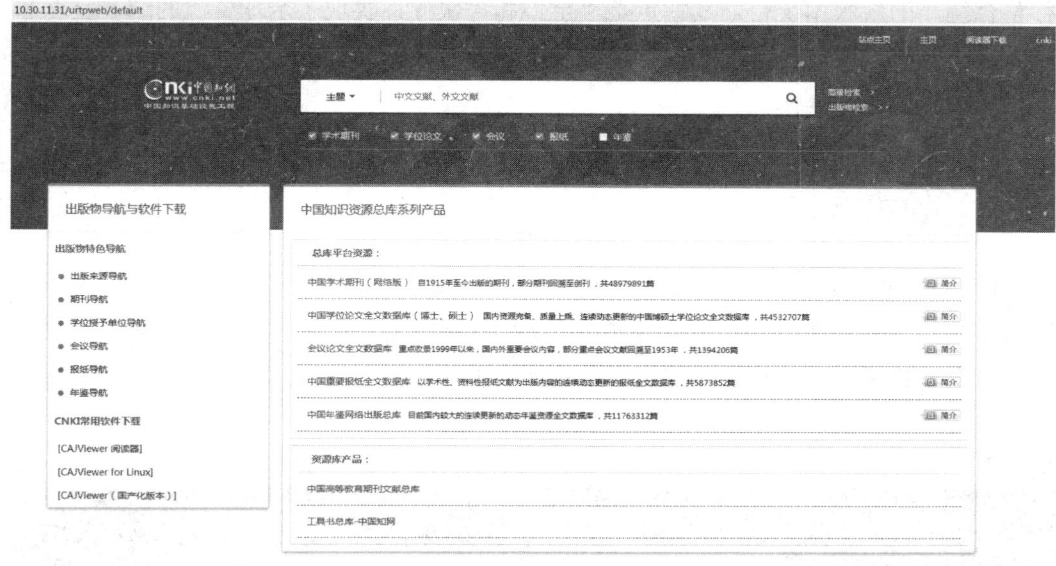

图5-2　镜像版CNKI首页

网络版CNKI首页如图5-3所示。用户可以免费检索学术期刊、学位论文、会议、报纸、专利等类型的文献，查看全文则需要购买相关内容的使用权限。

图5-3　网络版CNKI首页

这里主要介绍网络版CNKI的使用方法。与之前的镜像版CNKI相比，网络版CNKI中外文文献统一发现平台是将移动端全球学术快报与PC端知识网络系统KNS进行整合统一的新版本平台，其特点是“全”和“快”，实现了全球资源的统一整合和学术成果快报，并以多维度、规范化统一主题标引技术和智能检索为基础，为使用者提供高效便捷的检索体验。

5.2.3 检索方法

CNKI中外文文献统一发现平台包括很多内容，下面主要介绍资源平台中学术期刊、学位论文、会议和报纸的检索方法。CNKI中外文文献统一发现平台检索首页分为“一框式检索”“其他检索方式”“资源类型选项”“个性化服务”及“学习研究工具”等多个区域，如图5-4所示。

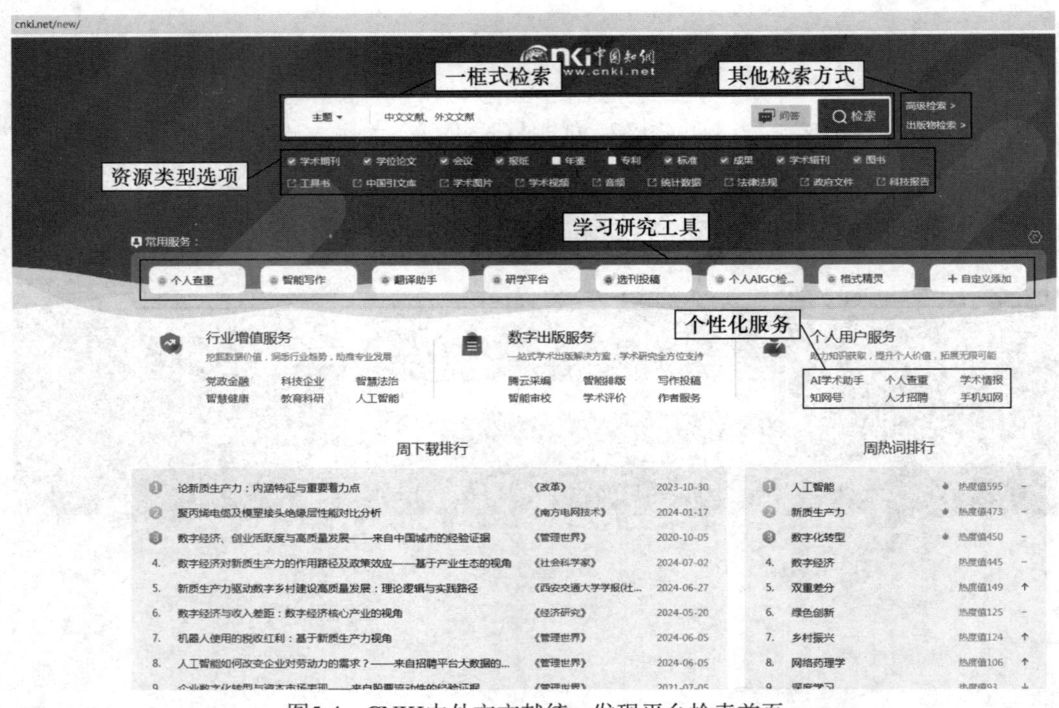

图5-4　CNKI中外文文献统一发现平台检索首页

CNKI中外文文献统一发现平台为用户提供“一框式检索”“高级检索”“专业检索”“作者发文检索”“句子检索”“出版来源导航”“引文检索”及“知识元检索”等检索方式，可全面满足不同用户的检索需求。这里主要介绍前6种检索方式。

1. 一框式检索

CNKI中外文文献统一发现平台提供了统一的检索页面，采取一框式的检索方式，用户在文本框中直接输入自然语言(或多个检索短语)即可检索，简单方便。一框式检索默认为检索“文献”。文献检索属于跨库检索，目前文献类资源类型包含学术期刊、学位论文、会议、报纸、年鉴、专利、标准、成果、图书和学术辑刊等。一框式检索的优点是简单易用，风格统一。用户选择资源类型(默认为学术期刊、学位论文、会议、报纸、标准、成果、图书和学术辑刊跨库检索)以及检索项，在检索框中直接输入检索词，单击检索按钮“🔍”即可进行检索。一框式检索页面如图5-5所示。

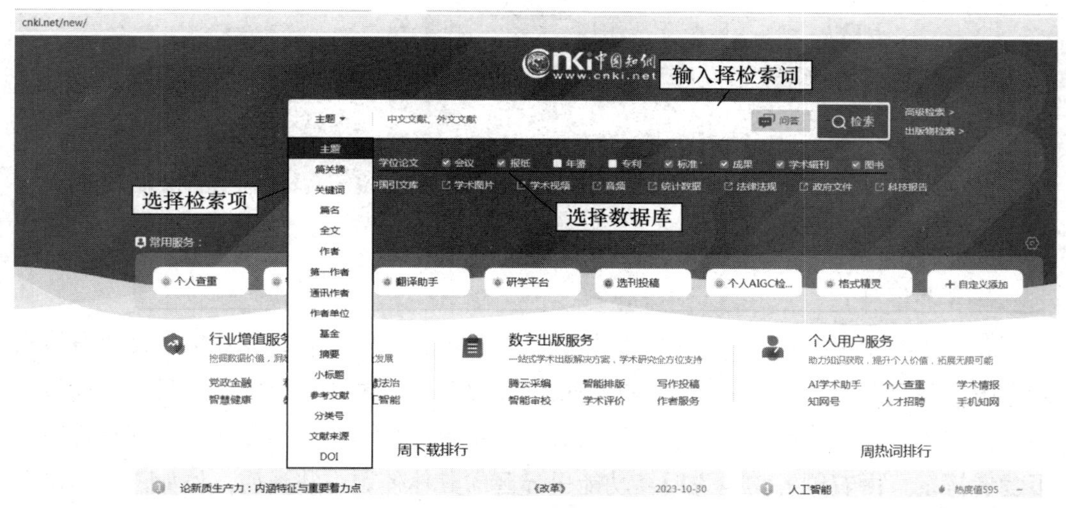

图5-5　一框式检索页面

2. 高级检索

在首页单击“高级检索”即可进入高级检索页面(见图5-6)，在一框式检索结果页面单击“高级检索”也可进入高级检索页面。高级检索页面默认显示主题、作者、文献来源三个检索框，可自由选择检索项、检索项之间的逻辑关系及检索词匹配方式等。单击检索框后的“+”和“−”按钮可添加或删除检索项，最多支持10个检索项的组合检索。多字段组合检索的运算优先级，按从上到下的顺序依次进行。单击高级检索页面标签的专业检索、作者发文检索、句子检索，可切换检索方式。

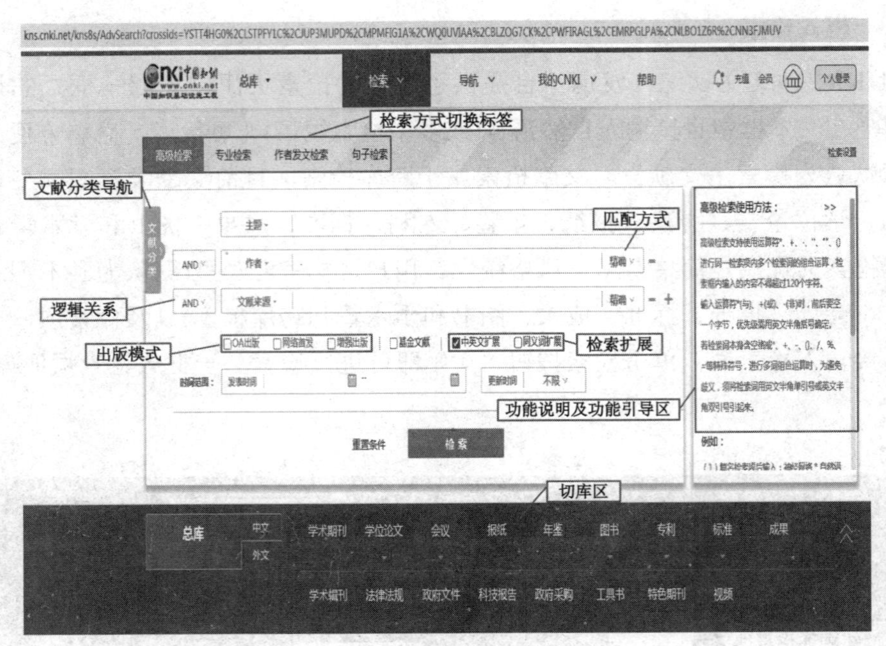

图5-6 高级检索页面

3. 专业检索

在高级检索页面单击“专业检索”标签，可进行专业检索。专业检索是所有检索方式中比较复杂的一种检索方法，需要用户自己输入检索式来检索，并且要确保所输入的检索式语法正确，这样才能检索到想要的结果。每个单库的专业检索都有说明，可参看检索页面右侧的功能说明及功能引导区的具体使用方法说明。例如，在学术期刊库中，用户首先要明确学术期刊库的可检索字段有哪些，分别用什么字母来表示。可检索字段及字母表示如下：主题=SU%，篇名=TI，关键词=KY，摘要=AB，篇关摘=TKA，小标题=CO，全文=FT，作者=AU，第一作者=FI，通讯作者=RP，作者单位=AF，期刊名称=LY，参考文献=RF，基金=FU，中图分类号=CLC，ISSN=SN，统一刊号=CN，DOI=DOI，栏目信息=QKLM，第一单位=FAF，被引频次=CF。

如果需要检索“经济发展”或“可持续发展”有关“转变”的信息，并且去除与“泡沫”有关的期刊论文，那么用户可在图5-7所示的检索框中输入“TI = ('经济发展' + '可持续发展') * '转变' - '泡沫”，即可查询相关文献。

4. 作者发文检索

在高级检索页面单击“作者发文检索”标签，可进行作者发文检索。作者发文检索通过输入作者姓名及其单位信息，检索某作者发表的文献，功能及操作与高级检索基本相同。单击检索框后的“+”和“-”按钮可添加或删除检索项，最多支持5个检索项的组合检索。作者发文检索页面如图5-8所示。

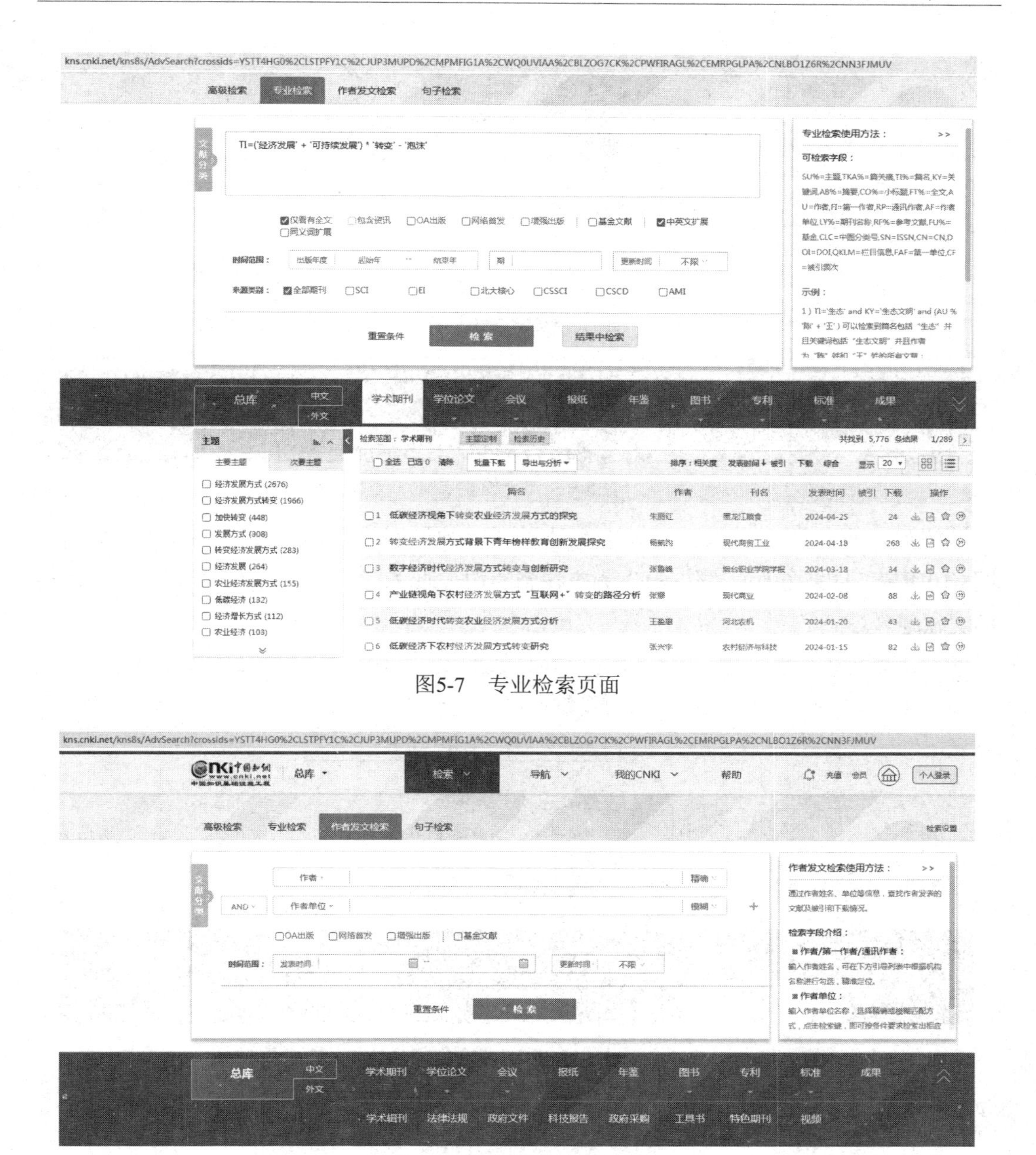

图5-7　专业检索页面

图5-8　作者发文检索页面

5. 句子检索

在高级检索页面单击“句子检索”标签，可进行句子检索。句子检索是通过输入的两个检索词，在全文范围内查找同时包含这两个词的句子，找到有关事实的问题答案。同一句是指包含1个断句标点(句号、问号、感叹号或省略号)。同一段是指20句之内。句子检索不支持空检，同句、同段检索时必须输入两个检索词。句子检索页面如图5-9所示。

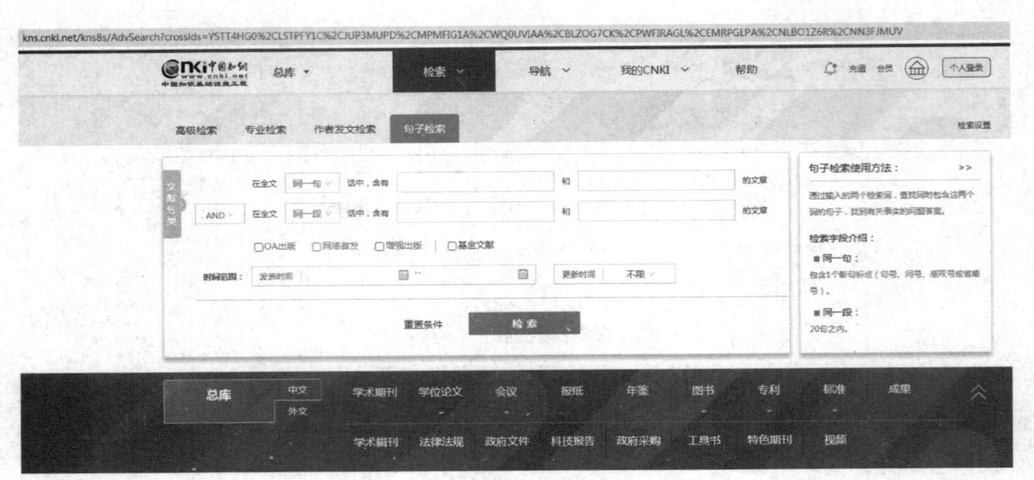

图5-9　句子检索页面

例如，查找同一句包含“人工智能”和“神经网络”的文献，检索结果页面如图5-10所示。图5-10中的“句子1”为查找到的句子原文，“句子来自”为这个句子出自的文献题名。

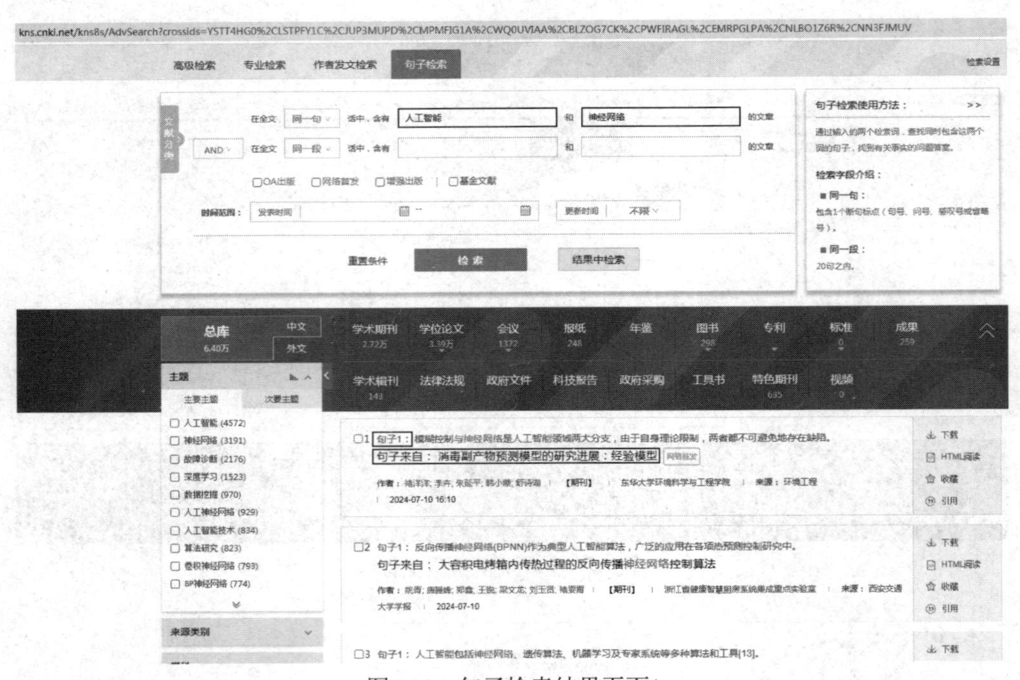

图5-10　句子检索结果页面1

句子检索支持同句或同段的组合检索，两组句子检索的条件独立，无法限定于同一个句子或段落。例如，在全文范围检索同一句中包含“数据”和“挖掘”，并且另一句中包含“计算机”和“网络”的文章，检索结果页面如图5-11所示。检索结果中有同一句同时包含“数据”和“挖掘”，并且另一句同时包含“计算机”和“网络”

的文章，也有在同一句中同时出现上述4个检索词的文章。

图5-11　句子检索结果页面2

6. 出版来源导航

出版来源导航提供文献来源出版物的检索、浏览等功能，以整刊或供稿单位为主要对象，帮助用户了解文献来源的出版物详情，或查找权威优质的出版物，以便用户按出版物浏览文献。

在CNKI中外文文献统一发现平台首页单击“出版物检索”，即可进入出版来源导航页面。出版来源导航入口如图5-12所示。出版来源导航首页如图5-13所示。导航首页的左侧显示学科导航体系，包括十大专辑和168个专题内容，用户可选择导航类别，浏览该类别下的所有出版来源。各单库根据知识体系及架构的不同，提供具有单库特色的导航。出版来源导航首页展示最近浏览的出版来源封面或图标，并推荐最近更新的期刊、学位论文、会议、报纸、年鉴及工具书产品中的近期更新的前两条数据。单击封面或图标，可进入出版来源详情页。

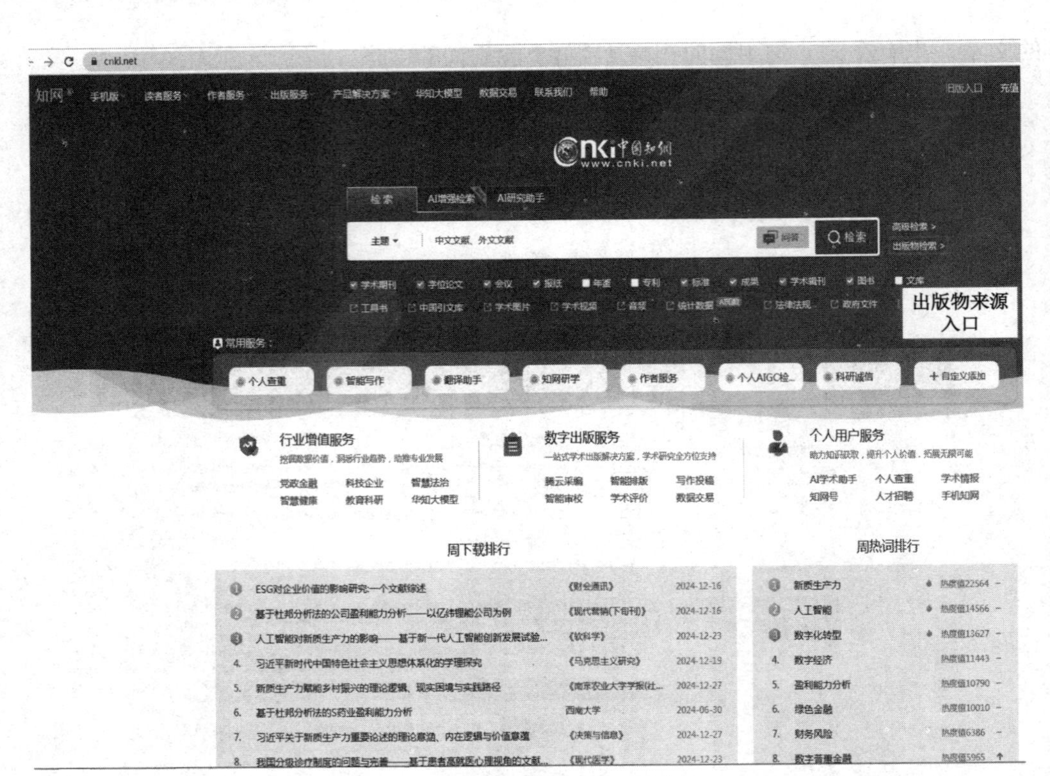

图5-12　出版来源导航入口页面

图5-13　出版来源导航首页

1) 出版来源检索

切换检索项，输入检索词可进行检索。单击“文献检索”，即可进入文献检索页面，实现导航检索与文献检索的切换。出版来源检索页面如图5-14所示。

图5-14 出版来源检索页面

以期刊来源导航为例，选择“刊名(曾用刊名)”为检索项，在检索框中输入检索词“材料”，单击“出版来源检索”，系统会根据检索条件显示检索结果，如图5-15所示。该页面显示出版来源名称中包含“材料”的全部结果，上方显示检索到的条数，主体部分展示出版来源的基本信息、封面图标、复合影响因子、综合影响因子等。单击出版来源名称或者封面图片，可进入该出版来源的详情页。

例如，单击“材料工程”，进入该出版物的详情页(见图5-16)。在期刊导航中，左侧展示该刊出版的年期信息，包括优先出版或网络首发的信息。单击年份，展开该年出版的期数；单击某期，右侧为该年期的文献目录，显示该期的栏目、文献篇名、作者、页码信息等；单击篇名，可进入相应知网节页面；鼠标悬停到某篇文献，单击按钮可下载(登录后)、阅读该篇文献；单击“原版目录浏览”，可以浏览该期纸刊的封面、目录。

图5-15 期刊来源导航刊名检索结果页面

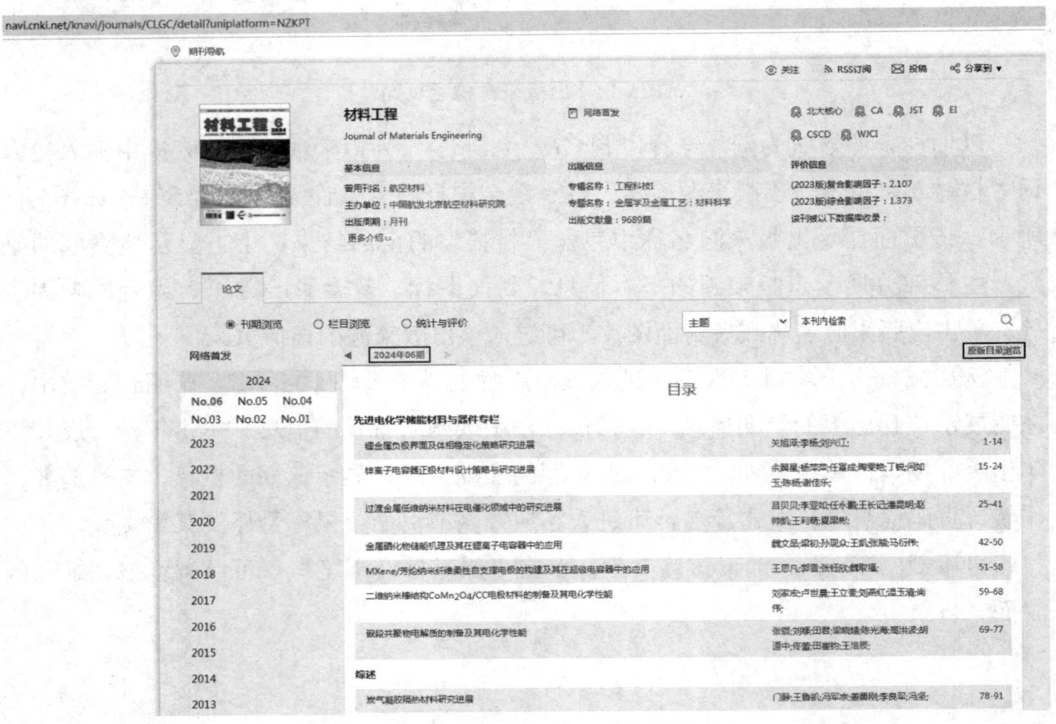

图5-16 “材料工程”详情页面

2) 各产品导航

出版来源导航主要包括期刊、学术辑刊、学位授予单位、会议、报纸、年鉴和工具书的导航，在下拉菜单中选择某产品导航，即可切换到该产品的导航首页。每个产品的导航体系根据各产品独有的特色设置不同的导航系统，各产品导航入口页面如图5-17所示。

图5-17　各产品导航入口页面

5.2.4　检索结果处理

CNKI中外文文献统一发现平台得到的检索结果以列表形式展示。用户可以选择按资源类型查看文献或按中文、外文筛选文献；也可以对检索结果进行分组分析和排序分析，反复、精确筛选得到最终的检索结果；用户还可以使用“检索历史”功能进行结果筛选，或返回到前次检索的结果。登录个人账号，单击“主题定制”，可定制当前的检索表达式至我的CNKI，以了解所关注领域的最新成果及进展。

1. 分组筛选功能

检索结果区的左侧为分组筛选区，平台提供多层面的筛选角度，并支持多个条件的组合筛选，以快速、精准地从检索结果中筛选出所需的优质文献。检索结果分组类型包括主题、来源类别、学科、研究层次、年度、文献类型、文献来源、作者、机构、基金、OA出版。平台默认展开主要主题分组项的10个词组，单击“展开”按钮，可查看检索设置中设定的分组最大显示条数的分组项。分组最大显示条数可以是20、50或100。主题分组细化为主要主题、次要主题，依据某主题词在文献中所占的分量划分。单击分组标签上的右侧箭头展开分组其余选项。勾选分组条件后，单击左侧“确定”按钮，执行筛选；单击左侧“清除”按钮，即可清除所有勾选。

来源类别指文献所属期刊的收录来源，通过此分组可筛选北大核心、CSSCI等来源期刊文献。研究层次依据知识服务对象划分，用户可以根据自己的研究领域筛选文献。主题分组细化为主要主题、次要主题，依据某主题词在文献中所占的份量划分。作者、机构分组细化为中国、国外，分别指中文文献的作者/机构和外文文献的作者/机构。以“3D打印”为检索词在总库“篇名”字段中进行检索，检索结果页面如图5-18所示。

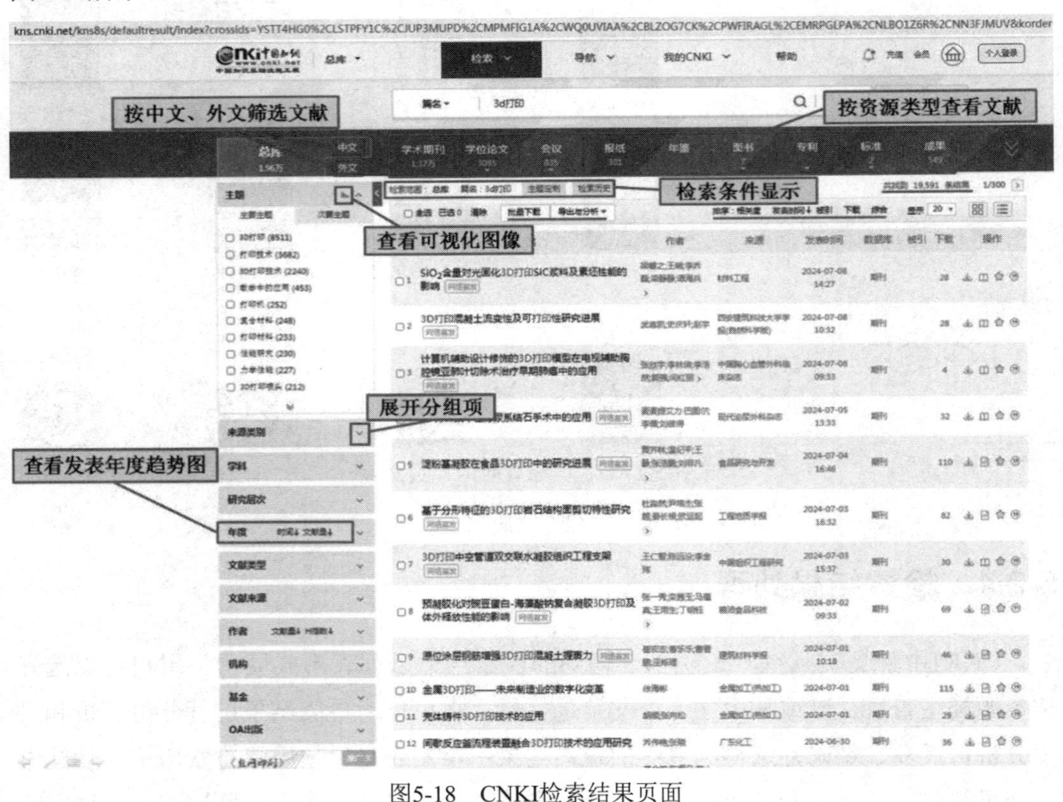

图5-18　CNKI检索结果页面

2. 检索结果排序功能

除了分组筛选，总库平台还可针对检索结果按相关度、发表时间、被引、下载、综合进行排序，用户可根据需要选择相应的排序方式。

检索结果默认按相关度排序，相关度排序是在兼顾发表时间的情况下降序排列。综合排序是根据相关度、重要性系数、时间系数等计算后得到的一个综合值进行排序。

3. 导出文献功能

经检索找到需要的文献记录后，用户可以选中该文献，使用“导出文献”功能，从检索结果页面进入导出题录页面，以各种文献导出格式保存到本地，并导入相应的文献管理软件中。

平台提供了常用的几种文献管理软件的文献保存格式，并且提供符合参考文献标准的引文格式保存功能，默认显示为GB/T 7714—2015格式引文。平台还为进行查新工作的专业人员提供查新格式的保存方式，方便各种专业人员保存各种用途的题录信息。

在保存到本地之前，用户可按照文献的发表时间和被引频次升序或降序排列显示，从而方便地预览以各种格式保存的内容及形式，导出文献页面如图5-19所示。

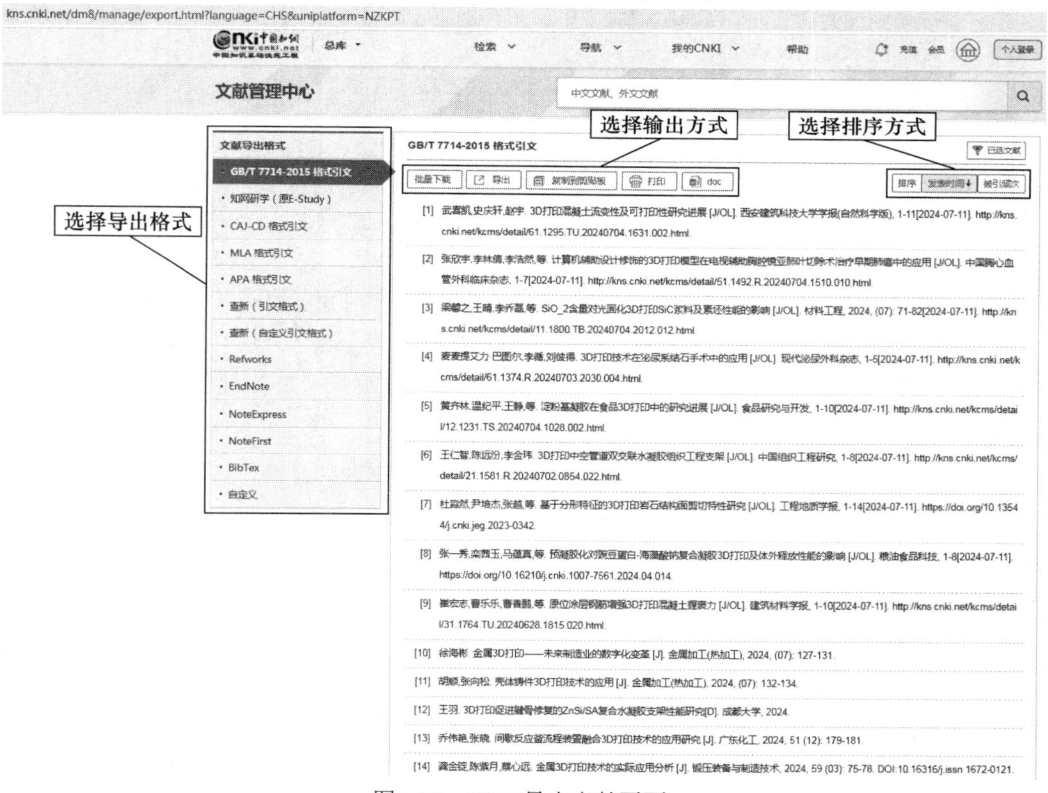

图5-19　CNKI导出文献页面

4. 配备文献知网节

知网节是知识网络节点的简称，主要包括文献知网节、作者知网节、机构知网节、学科知网节、基金知网节、关键词知网节和出版物知网节。凡是出现文献题名的地方，只要有文献题名的链接，单击文献题名即可进入文献知网节。CNKI总库文献知网节页面主要包括基本信息、主题网络、引文网络、相关文献推荐，如图5-20所示。

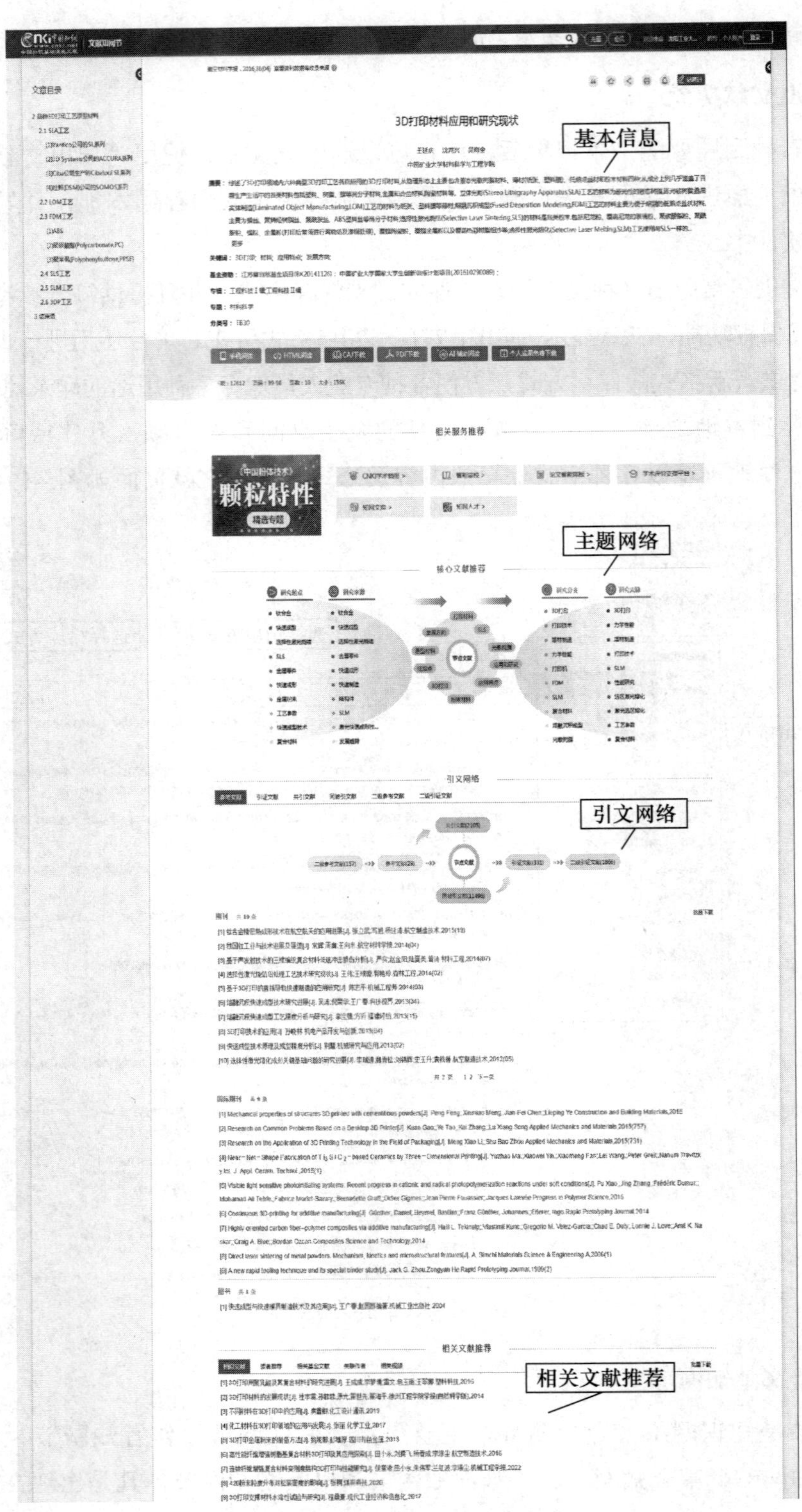

图5-20　CNKI总库文献知网节页面

5. 可查看全文

首次使用CNKI总库系列数据库时，需要下载CAJViewer浏览器，解压缩安装后方可正常阅读。CAJViewer浏览器是中国知网的专用全文格式阅读器，支持后缀名为CAJ、PDF、KDH、NH、CAA、TEB的文件类型。可配合网上原文的阅读，也可以阅读下载后的中国知网全文，并且它的打印效果与原版的效果一致，当然，用户必须具有浏览原文的权限。

CAJViewer 9.0是目前的最新版本，新版本具有很多优点。例如，增加了页面的旋转功能；增加了两种页面的显示方式；增强了打印方法，可以实现双面打印；增强了对Word的支持；增加了图像工具，可以快速保存文件中的原始图片，也可以进行打印、E-mail、文字识别、发送到Word等多种操作。用户可以在CNKI站点上直接下载安装CAJViewer浏览器，用CAJViewer 9.0浏览器打开期刊论文全文的页面如图5-21所示。

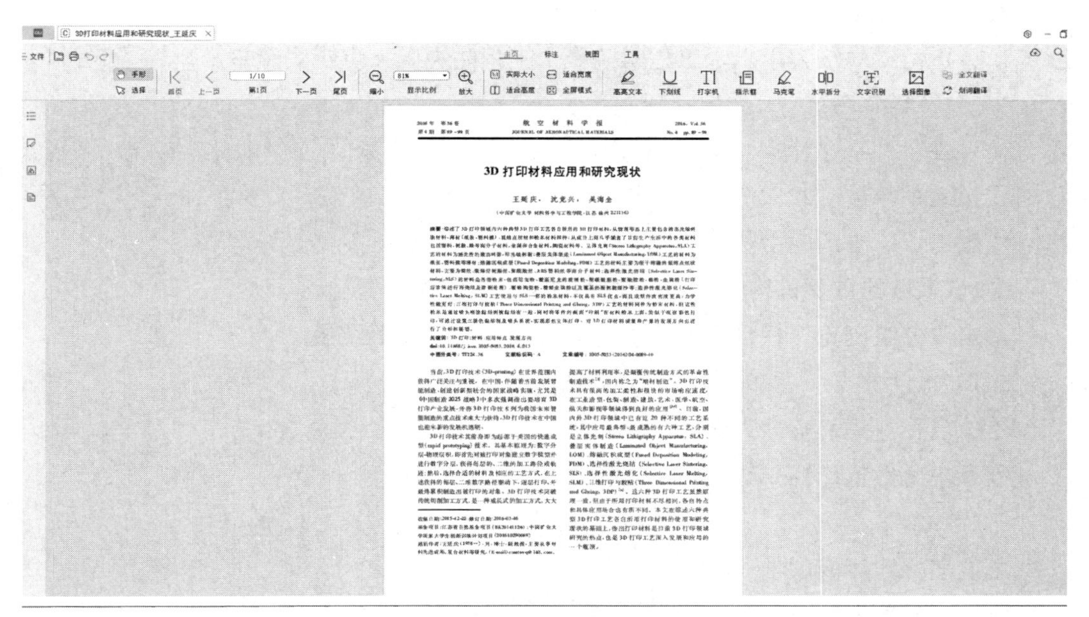

图5-21　用CAJViewer 9.0浏览器打开期刊论文全文的页面

CNKI中外文文献统一发现平台除了提供CAJ全文下载，还提供手机阅读、HTML阅读和 PDF下载。使用手机阅读的用户需首先扫描二维码，下载“全球学术快报”App，然后打开“全球学术快报”，单击首页左上角的扫描图标，扫描二维码后即可同步阅读本篇文献。使用机构账户阅读的用户需将个人账户与机构账户进行关联，关联成功后才能使用手机阅读全文。

5.2.5 检索举例

检索课题：利用CNKI中外文文献统一发现平台查找“风力发电”方面的国内重要专业人士、重要研究机构、重要文献、重要期刊等信息。操作步骤如下。

第1步，分析检索课题的内容，拟定检索策略(表达式)：利用一框式“文献检索”，选择平台首页默认的资源类型，在“篇名”字段中输入“风力发电”，检索后找到 8 209 条结果。

第2步，对检索结果进行精炼，得到以下内容。

(1) 该领域的重要作者(作者H指数排名前两位)。

单击“分组浏览”栏目中的“作者”选项，得到如下结果。

中文文献第1名：

作者姓名：李杰

收录文献数量：17

作者单位：同济大学土木工程学院土木工程防灾国家重点实验室

中文文献第2名：

作者姓名：李建林

收录文献数量：27

作者单位：中国电力科学研究院

(2) 该领域的重要机构(收录文献总数排名前两位)。

单击“分组浏览”栏目中的“机构”选项，得到如下结果。

第1名：

单位名称：华北电力大学

收录文献数量：383

第2名：

单位名称：湖南大学

收录文献数量：113

(3) 该领域的重要文献(文献被引频次排名前两位)。

单击“排序”栏目中的“被引”选项，得到如下结果。

第1名：

文献题目：变速恒频风力发电系统最大风能追踪控制

作者姓名：刘其辉；贺益康；赵仁德

文献来源：电力系统自动化，2003年20期

发表时间：2003-10-30

被引频次：962
作者单位名称：浙江大学电气工程学院
第2名：
文献题目：风力发电引起的电压波动和闪变
作者姓名：孙涛；王伟胜；戴慧珠；杨以涵
文献来源：电网技术，2003年12期
发表时间：2003-12-24
被引频次：735
作者单位名称：中国电力科学研究院；华北电力大学电力工程系

(4) 该领域的重要中文期刊(学术期刊影响力指数排名前两位)。

选择查看检索结果中的“中文”文献，单击检索结果页面上方横向的“学术期刊”，再单击左侧的“期刊”分组，得到如下结果。

第1名：
期刊名称：技术与市场
收录文献数量：16
第2名：
期刊名称：广东电力
收录文献数量：27

5.3 万方数据知识服务平台

5.3.1 简介

万方数据知识服务平台是万方数据股份有限公司旗下的学术资源检索与获取平台，收录了包括期刊、学位、会议、专利、科技报告、成果、标准、法规、地方志、视频、OA论文等 10 余种资源类型在内的3亿多篇中外文学术文献，全面覆盖各学科、各行业。在此基础之上，万方智搜通过深度知识加工及知识图谱技术，构建了2千万余条专家和机构数据、3亿多条文献引证数据、1万多本期刊数据等多种数据类型。基于海量高品质知识资源和知识发现技术，万方智搜为用户提供专业文献检索、多途径全文获取、云端文献管理及多维度学术分析等功能，实现多种资源类型、多种来源的一站式检索和发现，全面服务于用户的科研创新。

万方智搜包含的主要数据库资源如下。

(1) 期刊资源包括国内期刊和国外期刊，其中国内期刊共8 500余种，涵盖自然科学、工程技术、医药卫生、农业科学、哲学政法、社会科学、科教文艺等多个学科；国外期刊共包含40 000余种世界各国出版的重要学术期刊，主要来源于NSTL外文文献数据库和数十家著名学术出版机构，以及DOAJ、PubMed等知名开放获取平台。

(2) 学位论文资源主要包括中文学位论文，学位论文收录始于1980年，年增约42万篇，目前共收录600万余条，涵盖基础科学、理学、工业技术、人文科学、社会科学、医药卫生、农业科学、交通运输、航空航天、环境科学等各学科领域，文献来源于经批准可以授予学位的高等学校或科学研究机构。外文学位论文收录始于1983年，累计收藏60万余册。

(3) 会议资源包括中文会议和外文会议，中文会议收录始于1982年，年收集2 000多个重要学术会议，年增15万篇论文；外文会议主要来源于NSTL外文文献数据库，收录了1985年以来世界各主要学协会、出版机构出版的学术会议论文共计1 100万篇全文(部分文献有少量回溯)。

(4) 中外专利数据库(Wanfang Patent Database，WFPD)涵盖超过1.6亿条专利数据，范围覆盖十一国两组织及两地区专利，其中收录中国专利4 700万余条，收录时间始于1985年；收录外国专利1.1亿余条，最早可追溯到18世纪80年代。

(5) 科技报告资源包括中文科技报告和外文科技报告，中文科技报告收录始于1966年，源于中华人民共和国科学技术部，共计10万余份；外文科技报告收录始于1958年，源于美国政府四大科技报告(AD、DE、NASA、PB)，共计110万余份。

(6) 科技成果来源于中国科技成果数据库，收录了1978年以来国家和地方主要科技计划、科技奖励成果，以及企业、高等院校和科研院所等单位的科技成果信息，共计66万余项。

(7) 国内标准资源来源于中外标准数据库，涵盖中国标准、国际标准以及各国标准等在内的260万余条记录，综合了中国质检出版社等单位提供的标准数据。全文数据来源于中国质检出版社、机械工业出版社等标准出版单位。国际标准来源于科睿唯安国际标准数据库(Tech street)，涵盖国际及国外先进标准，包含超过55万件标准相关文档，覆盖各个行业。

(8) 法规资源主要由国家信息中心提供，信息来源权威、专业，涵盖国家法律、行政法规、部门规章、司法解释以及其他规范性文件。

(9) 地方志，简称“方志”，即按一定体例，全面记载某一时期某一地域的自然、社会、政治、经济、文化等方面情况或特定事项的书籍文献。地方志通常按年代分为新方志、旧方志，新方志收录始于1949年，共计5.5万册；旧方志收录年代为新中国成立之前，共计8 600余种，10万多卷。

(10) 万方视频是以科技、教育、文化为主要内容的学术视频知识服务系统，现已推出高校课程、会议报告、考试辅导、医学实践、管理讲座、科普视频、高清海外纪录片等适合各类人群使用的精品视频。截至目前，万方视频已收录视频3.5万余部，近100万分钟。

(11) OA论文包括DOAJ、arXiv、PubMed等系统的资源。

万方数据知识服务平台首页(https://www.wanfangdata.com.cn/index.html)如图5-22所示。

图5-22 万方数据知识服务平台首页

5.3.2 检索方法

万方数据知识服务平台的万方智搜在检索、获取、引导、资源揭示及交互等方面进行了优化，并新增了多个亮点功能。在检索方面，万方智搜优化了基础检索，增加了智能检索、个性化检索；在获取方面，新增了定制发现和原文传递功能，以满足用户多层次资源获取；在引导方面，新增了科学的评价指标、个性化推荐、优质资源推荐等功能；在资源揭示方面，优化了排序算法、资源导航、多维度分面，新增了可视化分析及知识间的关联展示；在交互方面，优化了分享、新增收藏、标签、标记等个性化服务，以增强用户黏度。

平台提供的检索方式主要有“一框式检索”“高级检索”“专业检索”“作者发文检索”和“资源导航”等，系统默认的是“一框式检索”，可通过单击“高级检索”按钮进入“高级检索”“专业检索”“作者发文检索”页面。

1. 一框式检索

万方数据知识服务平台的一框式检索页面如图5-23所示。平台首页的一框式检索区提供快速检索方式，系统默认在全部资源类型范围内进行检索，也可单击某个单一资源类型在与其相关的数据库中进行快速检索。

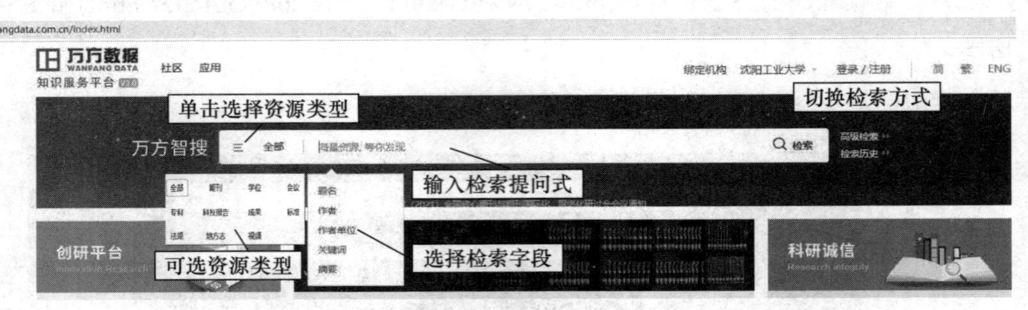

图5-23 万方数据知识服务平台的一框式检索页面

论文和所有文献资源都会被标记一些字段，如标题、作者、发表时间等，这些字段是机器识别论文和资源的“线索”，这些可用于检索的线索被称为检索字段。在特定检索字段里检索，会提高检索效果。在检索框内，用户可以选择想要限定的检索字段。目前，“全部”资源类型检索共有5个可检索字段，分别是题名、关键词、摘要、作者和作者单位。“一框式检索”可对用户输入的检索词进行实体识别，以便引导用户更快捷地获取知识以及学者、机构等科研实体的信息。

用户可以单击检索字段进行限定检索，也可以直接在检索框内输入检索式进行检索。例如，用户如果想检索题名包含“镁合金”的文献，则可以单击“题名”字段检索，检索式为“题名:镁合金”。除此之外，用户也可以自主输入检索式检索，如输入“标题:镁合金”“题目:镁合金”“题:镁合金”“篇名:镁合金”“t:镁合金(title:镁合金)”。

平台默认用户直接输入的检索词为模糊检索，用户可以通过引号(“”)来限定检索词为精确检索。例如，用户如果想要查找“合金热烈敏感性”方面的文献，那么在检索框中直接输入这几个字为模糊检索，输入带引号的这几个字则为精确检索。另外，用户可以在检索框内使用not、and、or对检索词进行逻辑匹配检索，其中and可以用空格代替。例如，用户想要查找“镁合金”和“热裂敏感性”方面的文献，检索式可以是“镁合金and热裂敏感性”，也可以是“镁合金　热裂敏感性”。

除了支持包含逻辑运算符的检索式，万方智搜还支持截词检索(，？或%表示截词符)。例如，输入“信息资源？索”，系统可检索出包括“信息资源检索”“信息资源搜索”“信息资源探索”等词语的文献。

知识服务平台首页、检索结果等页面的检索输入框默认接受的检索语言为Pair

Query，也就是PQ表达式。每个PQ表达式由多个空格分隔的部分组成，每个部分称为一个Pair，每个Pair由冒号分隔符(:)分隔为左右两部分，冒号左侧为限定的检索字段，右侧为要检索的词或短语。PQ表达式的基本用法为：检索字段:"检索词"。例如，作者:"刘正"。

检索框内可输入多个检索词，检索词之间用空格隔开，默认为“与”的关系。在进行字段限定时，可用多个字段名称标识，如“标题:”“作者:”，也可以表示为“标题=”“作者=”或“title:”“Author=”等。例如，在输入框中输入PQ表达式：作者="刘正"作者单位="沈阳工业大学"，检索结果页面如图5-24所示。

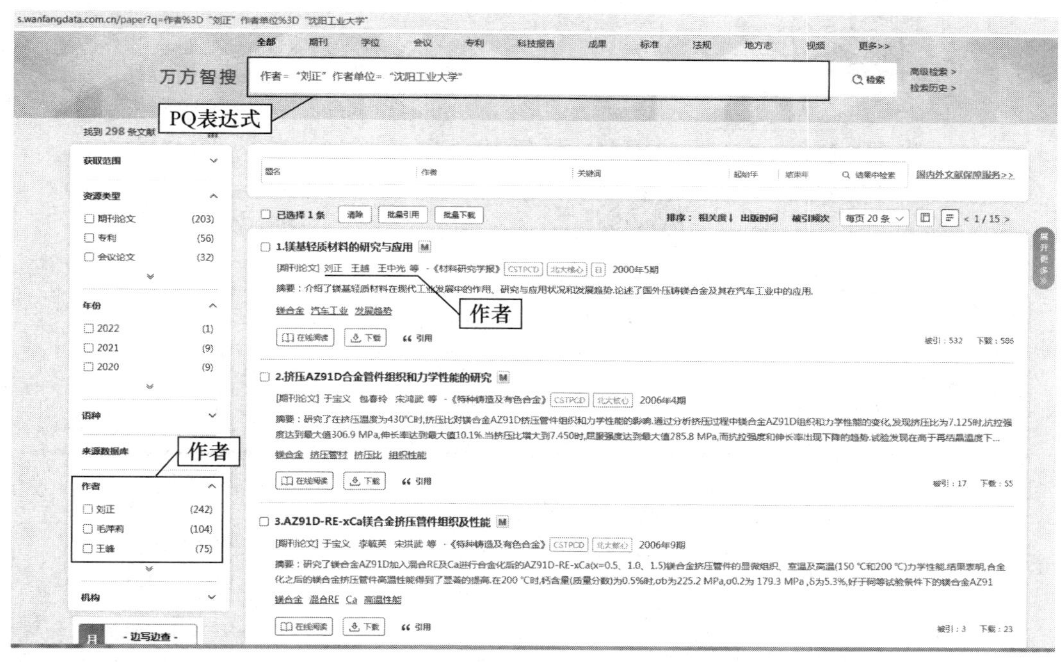

图5-24 万方数据知识服务平台的PQ表达式检索结果页面

2. 高级检索

单击一框式检索区检索框右侧的“高级检索”，即可进入高级检索页面，如图5-25所示。

高级检索支持多个资源类型、多个检索字段和条件之间的逻辑组配检索，以方便用户构建复杂检索表达式，实现精准检索，满足用户查准和查全的需求。实施检索时，用户可勾选所需要的资源类型，限定检索标识所属检索字段，通过“+”或者“-”按钮来添加或者减少检索条件，以满足更加复杂的要求。多个检索标识之间用布尔逻辑算符(“与”“或”“非”)进行限定，还可以限定检索标识的匹配方式(模糊或精确)和发表时间。这里的“主题”字段包含标题、关键词和摘要。期刊论文、学位论文、会议论文跨库检索的检索字段如图5-26所示。选择不同的资源类型，检索字段下拉菜单中呈现的检索字段会有所不同。

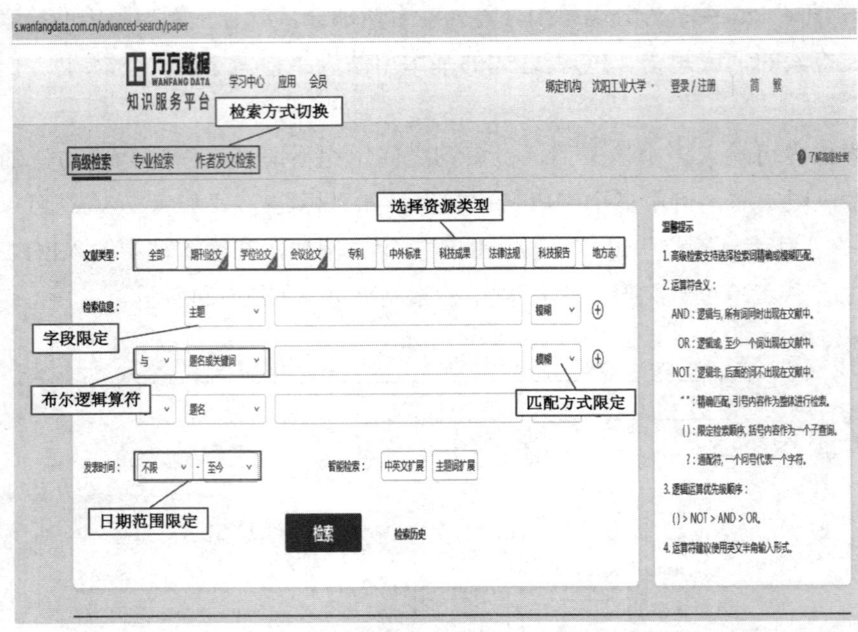

图5-25　万方数据知识服务平台的高级检索页面

图5-26　万方数据知识服务平台的跨库(高级检索)检索字段页面

3. 专业检索

万方数据知识服务平台的专业检索比高级检索的功能更强大，但需要检索人员根据系统的检索语法编制检索式进行检索，适用于熟练掌握检索语言的专业检索人员。专业检索所用的检索语言与一框式检索一致，均采用PQ检索语言。含有空格或其他特殊字符的单个检索词用双引号(“”)引起来，多个检索词之间根据逻辑关系使用“and”“or”或“not”连接。每个资源的专业检索字段都不一样，详细的字段在“可检字段列表”中进行选择。实施检索时，只要在“可检字段列表”中单击某一字段名称链接，该字段会自动进入检索式输入框并生成字段标识符，用户只需在括号中填入检索标识即可。“可检字段列表”的最后一行为逻辑算符，可供用户单击选择使用。万方数据知识服务平台的专业检索页面如图5-27所示。

图5-27　万方数据知识服务平台的专业检索页面

4. 资源导航

万方数据知识服务平台提供的资源导航分为资源类型导航和数据库导航。资源类型导航是根据万方及合作数据库所包含的文献类型对资源进行的导航；数据库导航是根据万方自有及合作资源数据库进行的数据库导航。

资源类型导航有期刊、学位论文、会议论文、专利、科技报告、科技成果、标准、法律法规、地方志、视频。不同类型的资源提供的导航浏览功能有所不同，较常用的是期刊导航浏览。在期刊导航页面中，可以通过页面左侧的学科导航选择学科，也可以在期刊列表筛选选项中通过刊首字母、核心收录、收录地区、出版周期和优先出版对期刊列表结果进行筛选，单击期刊名称即可进入期刊详情页面。在期刊列表中，通过设置每页显示的条数，可以控制列表文献的数量；通过影响因子、创刊时间和被引频次，可对期刊进行排序；通过刊名、ISSN、CN号，可在期刊列表中精确检索所需期刊。用户可通过上述多种浏览方式找到感兴趣的期刊，了解期刊的基本情况并进行期刊整本阅读。万方数据知识服务平台的期刊导航页面如图5-28所示。

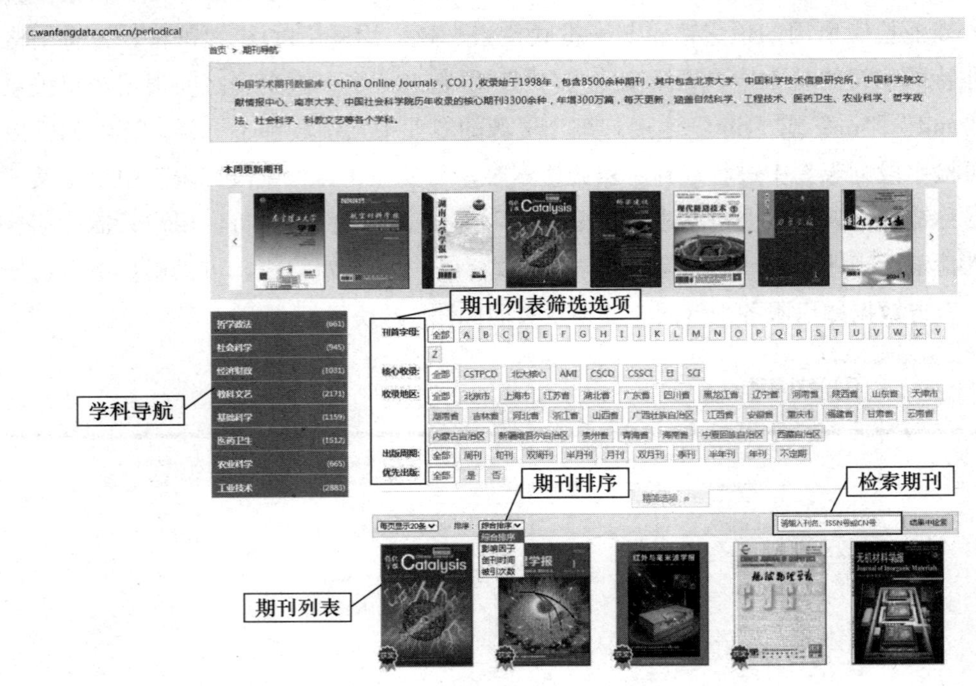

图5-28　万方数据知识服务平台的期刊导航页面

5.3.3　检索结果处理

万方数据知识服务平台的万方智搜按详情式或列表式两种展示方式展示检索结果。详情式展示文献的类型、标题、摘要、作者、关键词、来源、年/卷(期)等信息。列表式只展示文献的类型、标题、作者、来源、发表时间等简要信息。用户可根据需要设置检索结果页面中每页显示的条数，如20、30或50。

1. 筛选检索结果

1) 二次检索

运行某一检索表达式后，用户可以在检索结果页面对该检索结果进行二次检索。二次检索可以对检索字段进行限定检索。二次检索的检索字段根据不同的资源会有所不同，主要有标题、作者、关键词、起始年、结束年。用户还可以在检索结果页面上方的二次检索框内选取合适的检索字段并输入新的检索词，在首次检索的结果内进行二次检索。

2) 检索结果聚类

检索结果聚类是在显示检索结果后，通过资源类型、发表年份、学科分类、语种、来源数据库、作者、机构等限定条件进一步缩小检索结果范围。对于不同的资源检索范围和不同的文献类型，系统给出的聚类限定选项略有不同。例如，可通过发表年份、学科分类、核心收录、语种、来源数据库、刊名、出版状态、作者、作者单位等限定条件对期刊论文进行筛选；可通过学位授予时间、学科分类、授予学位类型、授予学位单位、语种、来源数据库、导师等限定条件对学位论文进行筛选；可通过发表年份、学科分类、会议级别、语种、来源数据库、会议名称、作者、作者机构、会议主办单位等限定条件对会议论文进行筛选。

例如，选择“全部”资源类型，输入检索表达式：主题="Mg-Zn-Y合金"，检索结果如图5-29所示。得到205条命中记录。为了进一步筛选文献，可利用二次检索对结果进行进一步限定，也可以利用检索结果聚类功能进一步筛选文献。

图5-29　万方数据知识服务平台的检索结果页面

3) 结果排序

万方智搜对检索结果提供了多维度的排序方式，主要包括相关度、出版时间、被引频次和下载量。针对不同的资源类型，平台提供了不同的排序指标。例如，针对学位论文资源，上述排序指标中的出版时间为学位授予时间；专利资源类型中的出版时间则为申请时间和公开时间。用户可根据需要对检索结果选择不同的排序方式，以满足个性化阅读的需求。

4) 获取范围限定

用户可通过“获取范围”的下拉菜单选项来对结果的显示范围进行限定，显示范围包括默认的显示全部资源、有全文的资源、免费全文的资源、原文传递的资源和国外出版物等。

2. 文献的导出

用户可在检索结果页面直接导出参考文献，也可将文献加入引用列表，导出页面所选文献的累积记录，即用户可在检索结果页面重复添加文献至导出页面，添加后导出页面自动刷新数据。选择所要导出的文献后，单击“批量引用”按钮，即可进入文献导出页面(见图5-30)。文献导出格式有参考文献、查新格式、NoteExpress、RefWorks、NoteFirst、EndNote、Bibtex、自定义格式等，用户可根据需要选择不同的文献导出格式，并可将文献复制到剪贴板或直接导出以文本格式保存。

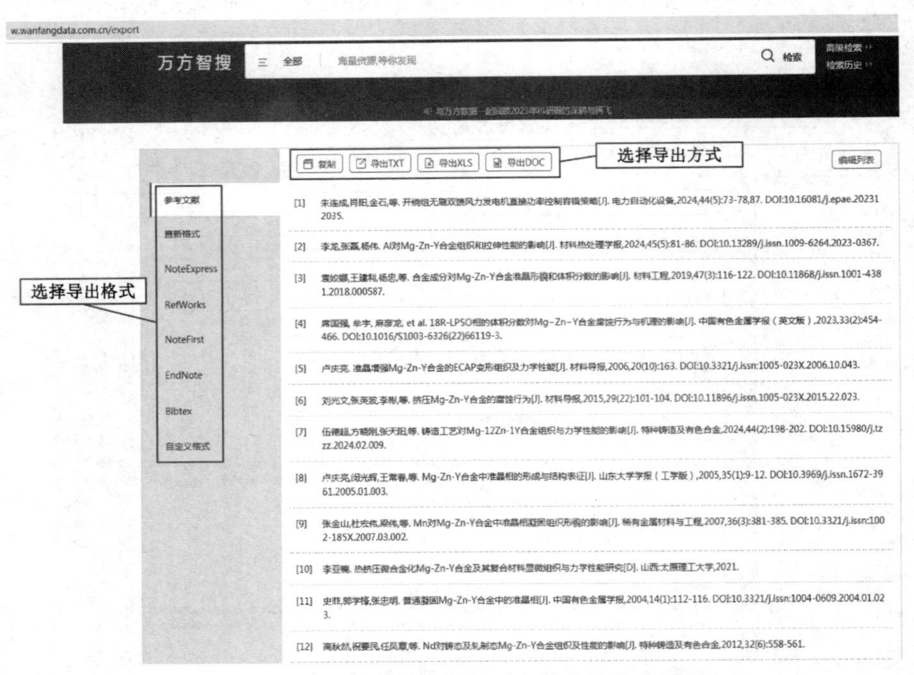

图5-30　万方数据知识服务平台的文献导出页面

3. 文献的查看与获取

1) 文献的查看

单击检索结果页面的文献题名，可进入文献详情页面查看文献的详细信息、引文链接、文献扩展链接。通过梳理分析文献之间、知识单元之间的关系，构成系统的知识网络，以有效发掘和利用资源，扩展知识层面，实现知识更新。同时，平台提供该文献的引文网络和相关文献推荐；并依据该文献提供相关学者、相关机构等信息推

荐。期刊文献浏览页面如图5-31所示。

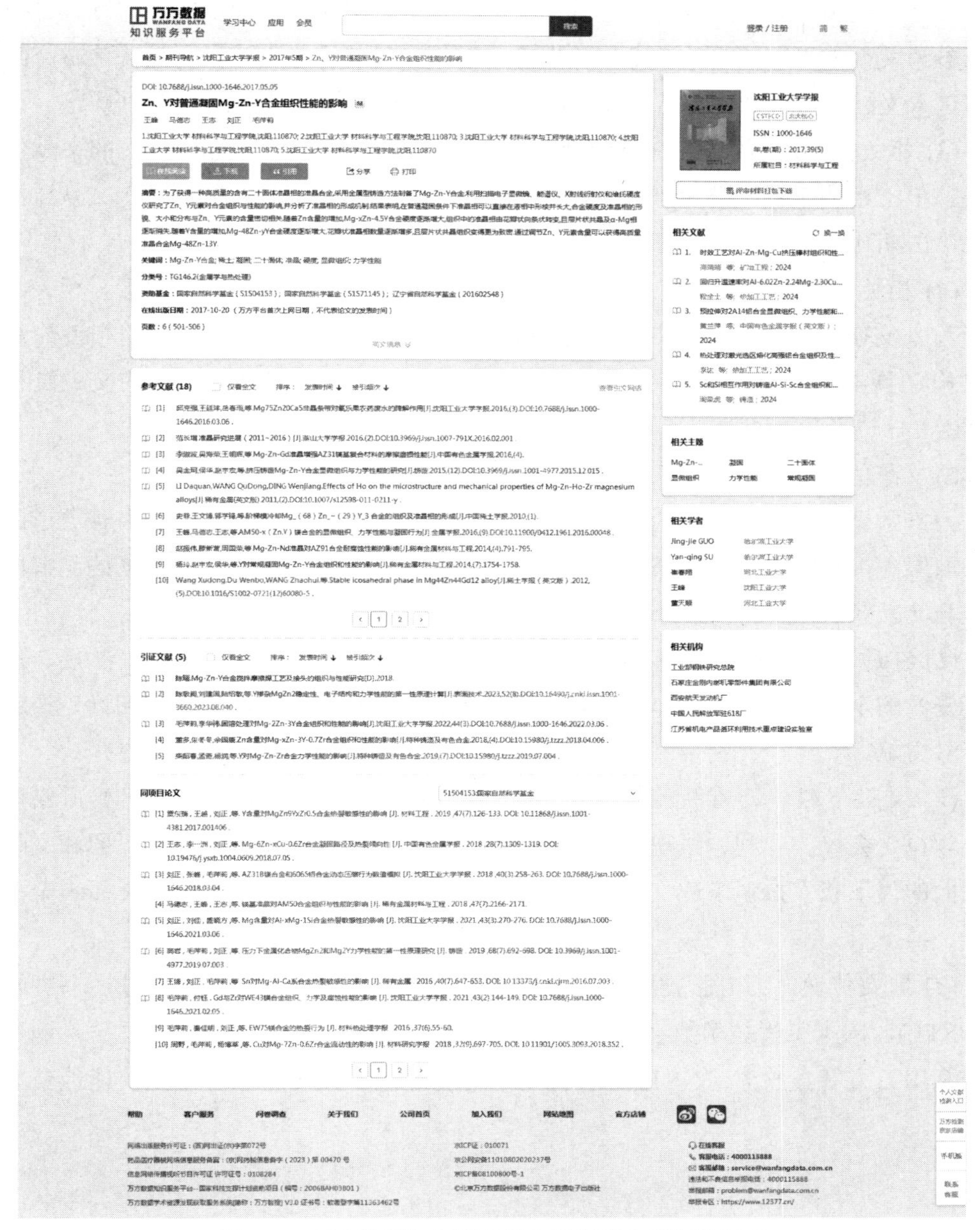

图5-31　万方数据知识服务平台的期刊文献浏览页面

(1) 文献详情查看。文献详情页面包括期刊、学位、会议、专利、科技报告、成果、标准、法规、地方志、视频等信息，不同资源类型的文献详情页面所包括的文献详细信息略有不同。期刊文献详情页面主要包括中英文标题、摘要、中英文关键词、作者、作者单位、刊名等信息。用户可以在文献详情页面对文献进行下载、在线阅读、引用、收藏和分享等操作。

(2) 引文网络查看。引文网络主要是该文献的参考文献和引证文献列表及图谱展示，参考文献和引证文献都可以查看相关参考或引证关系图，即以图表的方式可视化展示参考关系或引证关系。单击相关作者可进入作者名称检索结果页面；单击文献标题可进入文献详情页面；单击期刊等出版物名称可进入期刊(出版物)详情页面。

(3) 相关文献查看。相关文献是和本文研究主题相同或者相近的论文的文献信息列表。单击相关作者可进入作者名称检索结果页面；单击文献标题可进入文献详情页面；单击期刊等出版物名称可进入期刊(出版物)详情页面。

(4) 相关信息查看。文献详情页面提供了相关学者、相关机构等信息。相关学者是指与本文研究主题相近的高发文学者；相关机构是指与本文研究主题相近的高发文机构。单击学者或机构名称即可执行检索，引导用户拓展到同主题的文献及科研实体。

2) 文献的获取

万方数据知识服务平台的万方智搜在知识产权许可下，为用户提供多种渠道的资源获取服务，帮助用户便捷获取所需资源，实现快速、简便、易用、流畅的无缝检索体验与文献获取保障。

(1) 在线阅读。万方智搜支持期刊、学位、会议、专利、科技报告、法规、地方志等资源的全文在线阅读。单击检索结果页面和文献浏览页面的“在线阅读”按钮可以查看文献。

(2) 文献下载。万方智搜支持用户对已收录全文的资源进行全文下载，包括期刊、学位、会议、专利、法规、地方志等资源。用户可以单击检索结果页面和文献详情页面的“下载”按钮下载文献。若要阅读全文，则需先安装好Adobe Reader全文阅读器。

(3) 原文传递。万方智搜除了提供本平台收录的资源，还与国家科技图书文献中心(NSTL)、国家工程技术数字图书馆(ISTIC)合作，提供NSTL文献的原文传递服务。用户利用万方智搜检索到NSTL的资源后，可以通过原文传递服务便捷快速地获取所需资源。

5.4 超星数字图书馆

5.4.1 简介

超星数字图书馆是国家“863”计划中国数字图书馆示范工程项目。北京世纪超星信息技术发展有限责任公司于2000年创办了“超星数字图书馆”品牌，建立了全国最大的中文数字图书馆。超星数字图书馆收集了国内各公共图书馆和大学图书馆以超星PDG技术制作的电子图书，涵盖中图法22个大类类，包括文学、历史、法律、军事、经济、科学、医药、工程、建筑、交通、计算机、环保等领域。目前拥有电子图书约100万种，通过汇雅电子书服务平台提供线上服务，并全部实现了全文检索功能。目前可通过镜像站点(用户所在的机构内)和包库站点两种方式访问超星数字图书馆。下面以超星数字图书馆镜像站点为例介绍其使用方法。

5.4.2 检索方法

超星数字图书馆镜像站点提供3种检索方式，即分类检索、普通检索和高级检索。超星数字图书馆镜像站点首页如图5-32所示。

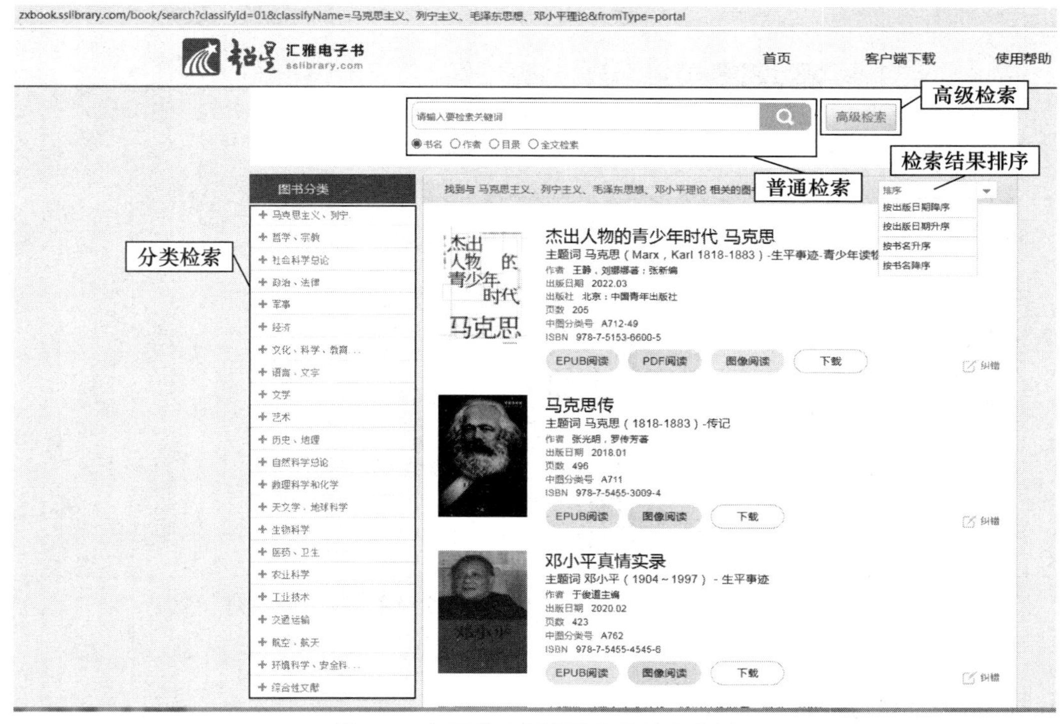

图5-32　超星数字图书馆镜像站点首页

1. 分类检索

超星数字图书馆镜像站点内的全部图书按《中国图书馆分类法》进行分类，主页左侧显示的是图书的一级类目，逐层单击，有二级类目、三级类目等，直到列出所需书目信息为止。单击书名超链接，可阅读图书的详细信息。

2. 普通检索

普通检索提供书名、作者、目录、全文4种检索途径，并可限定在一定类别内进行检索。

3. 高级检索

如果用户需要精确搜索某一本书，那么可以进行高级检索。单击主页上的“高级检索”按钮，即可进入高级检索页面。用户可以输入多个检索标识进行搜索，还可对图书的出版年代、所属类别进行限定，以达到精确检索的目的。超星数字图书馆的高级检索页面如图5-33所示。

图5-33 超星数字图书馆的高级检索页面

5.4.3 检索结果处理

1. 查看检索结果

输入检索提问式进行检索后，如在书名字段查找“CAD”，检索结果页面右侧就会显示相应图书的详细目次信息，如图5-34所示。在一次检索结果的基础上，还可以利用平台提供的二次检索功能进行二次检索。

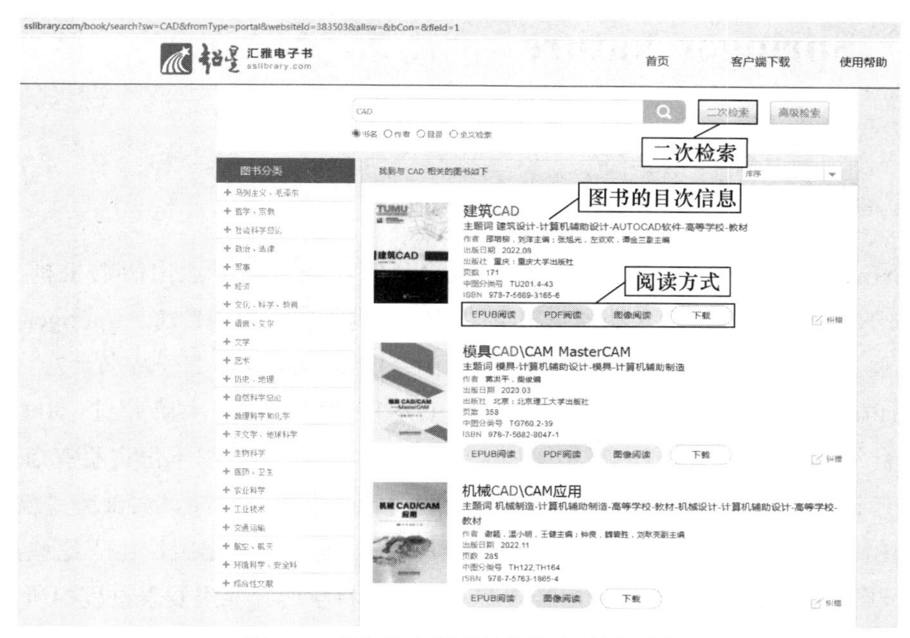

图5-34　超星数字图书馆的检索结果页面

2. 图书全文阅读与下载

用户可以在线阅读图书，也可以下载图书。单击图书书名链接，即可查看图书简介。超星数字图书馆提供EPUB阅读、PDF阅读、图像阅读和下载几种阅读方式，用户可根据需求自行选择。下载图书之前需要安装超星阅读器，汇雅电子书服务平台提供最新版本的超星阅读器下载。超星阅览器阅读图书全文的页面如图5-35所示。

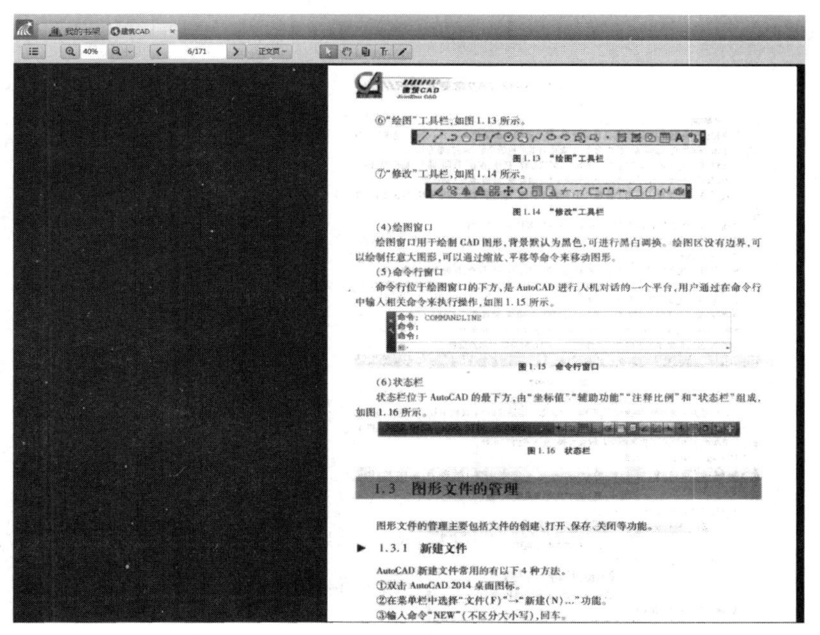
⑥"绘图"工具栏，如图1.13所示。

图1.13 "绘图"工具栏

⑦"修改"工具栏，如图1.14所示。

图1.14 "修改"工具栏

(4)绘图窗口

绘图窗口用于绘制CAD图形，背景默认为黑色，可进行黑白调换。绘图区没有边界，可以绘制任意大图形，可以通过缩放、平移等命令来移动图形。

(5)命令行窗口

命令行位于绘图窗口的下方，是AutoCAD进行人机对话的一个平台，用户通过在命令行中输入相关命令来执行操作，如图1.15所示。

图1.15 命令行窗口

(6)状态栏

状态栏位于AutoCAD的最下方，由"坐标值""辅助功能""注释比例"和"状态栏"组成，如图1.16所示。

图1.16 状态栏

1.3 图形文件的管理

图形文件的管理主要包括文件的创建、打开、保存、关闭等功能。

1.3.1 新建文件

AutoCAD新建文件常用的有以下4种方法。

①双击AutoCAD 2014桌面图标。

②在菜单栏中选择"文件(F)"→"新建(N)..."功能。

③输入命令"NEW"(不区分大小写)，回车。

图5-35　超星阅览器阅读图书全文的页面

5.5 Springer Nature

5.5.1 简介

Springer Nature是一家全球领先的从事科研、教育和专业出版的机构，通过Springer Nature平台提供学术期刊及电子图书的在线服务。截至目前，Springer Nature平台收录了4 000多种全文期刊，30万种电子图书，7 000多种电子丛书，7万份实验室指南(Protocols)，2 000多种在线参考工具书及3万种会议录，共计超过1 500万份文件。平台每天都会新增内容，每年增加大约1.2万本电子图书、3千份实验室指南以及超过30万篇期刊论文。Springer Nature收录的期刊学术价值较高，大部分是被SCI、SSCI和EI收录的核心期刊，而且大部分期刊优先以电子方式出版，由于这些期刊一般先于印刷版出版，大大提高了出版效率，缩短了科学研究成果发表过程中所需的时间。用户在平台上有权限查看的内容与用户所在的机构购买的资源权限有关。

Springer Nature Link平台收录文献的学科分布较广，涵盖科学、技术和医学以及人文和社会科学领域，具体类别如下。

- Biological Sciences(生物科学)
- Business and Management (商业和管理)
- Chemistry(化学)
- Computer Science(计算机科学)
- Earth and Environmental Sciences(地球和环境科学)
- Health Sciences(健康科学)
- Humanities and Social Sciences(人文和社会科学)
- Materials Science(材料科学)
- Mathematics(数学)
- Physics and Astronomy(物理学和天文学)
- Statistics(统计学)
- Technology and Engineering(技术和工程)

5.5.2 检索方法

Springer Nature平台提供按学科类别浏览、期刊检索与快速检索3种检索方式。Springer Nature主页(http://link.springer.com/)如图5-36所示。

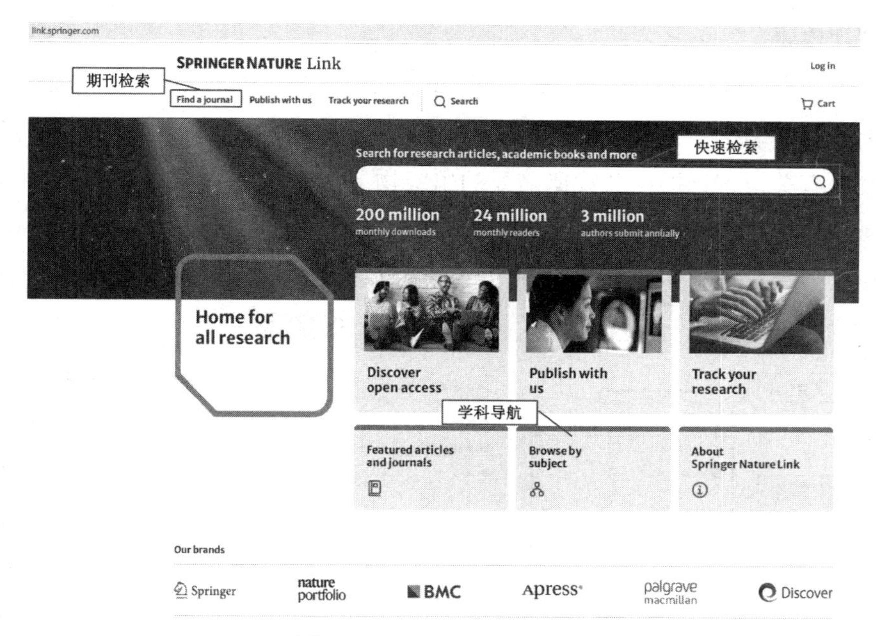

图5-36　Springer Nature主页

1. 按学科类别浏览

单击Springer Nature主页学科导航的某一学科名称链接，即可得到与该学科相关的所有文献，也可以在得到的某一学科类别的检索结果中进行二次检索，以得到更加专指的文献。例如，限定在“Materials Science”类别中二次检索包含“hot tearing”的文献，检索结果页面如图5-37所示。

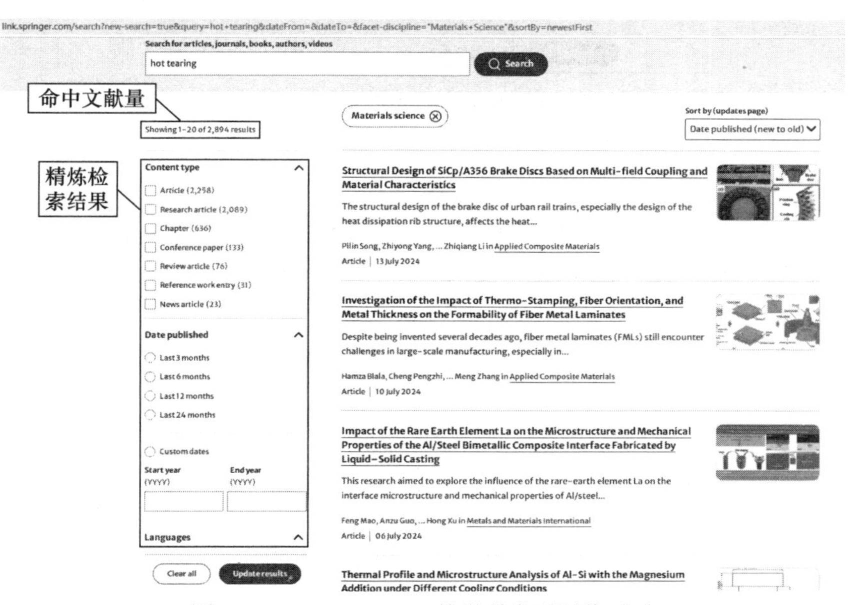

图5-37　Springer Nature按学科类别浏览页面

2. 期刊检索

单击Springer Nature主页上方的“Find a journal”，即可进入期刊检索页面。如果已经知道期刊的名称，想看其出版信息或者投稿，则可选用“期刊检索”，在期刊检索页面输入有关检索词即可查找所需要的出版物。例如，在“Journal”资源中查找包含“computer”的出版物，检索结果页面如图5-38所示。

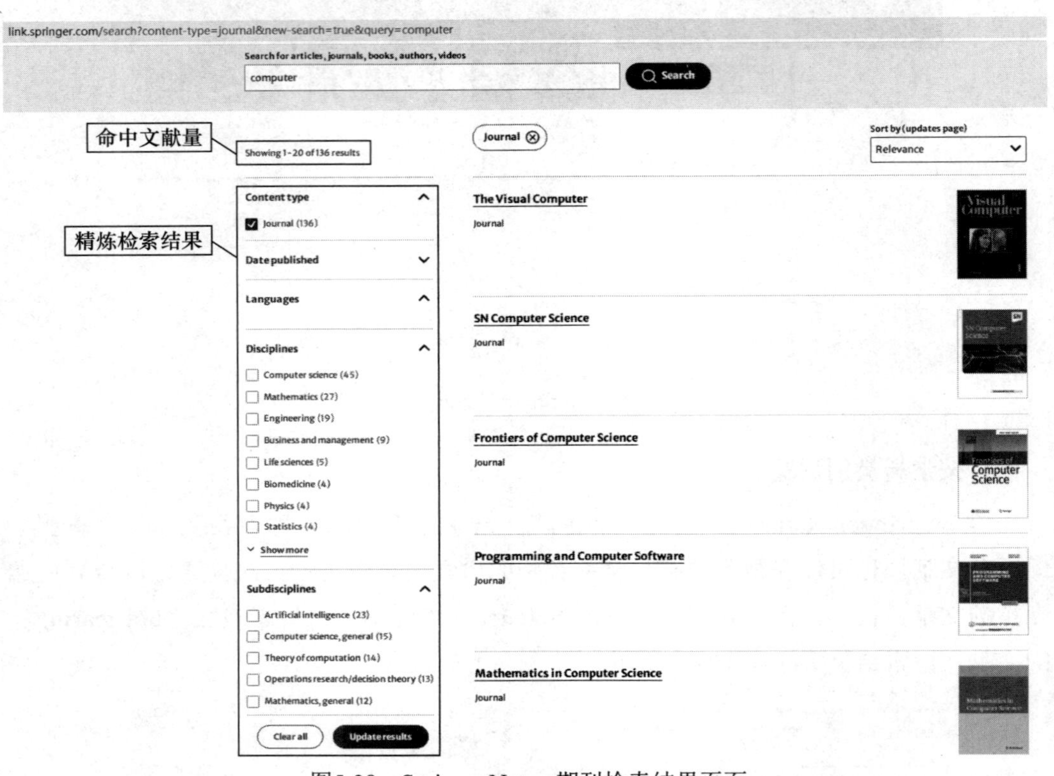

图5-38 Springer Nature期刊检索结果页面

3. 快速检索

在Springer Nature主页默认的检索框中输入检索词(词或词组皆可)，即可进行快速检索。系统默认多个检索词之间是布尔逻辑“与”的关系，检索词可以出现在命中文献的任何检索字段中。

5.5.3 检索结果处理

Springer Nature Link检索结果页面如图5-39所示。用户可以利用平台提供的聚类精炼功能，按照资源类型、出版时间、语种、学科分类等对检索结果进行进一步限定，以获得更加精确的检索结果；还可以勾选不同的排序方式选择文献。在检索结果页面右侧的检索结果列表中可以查看文献的基本信息。

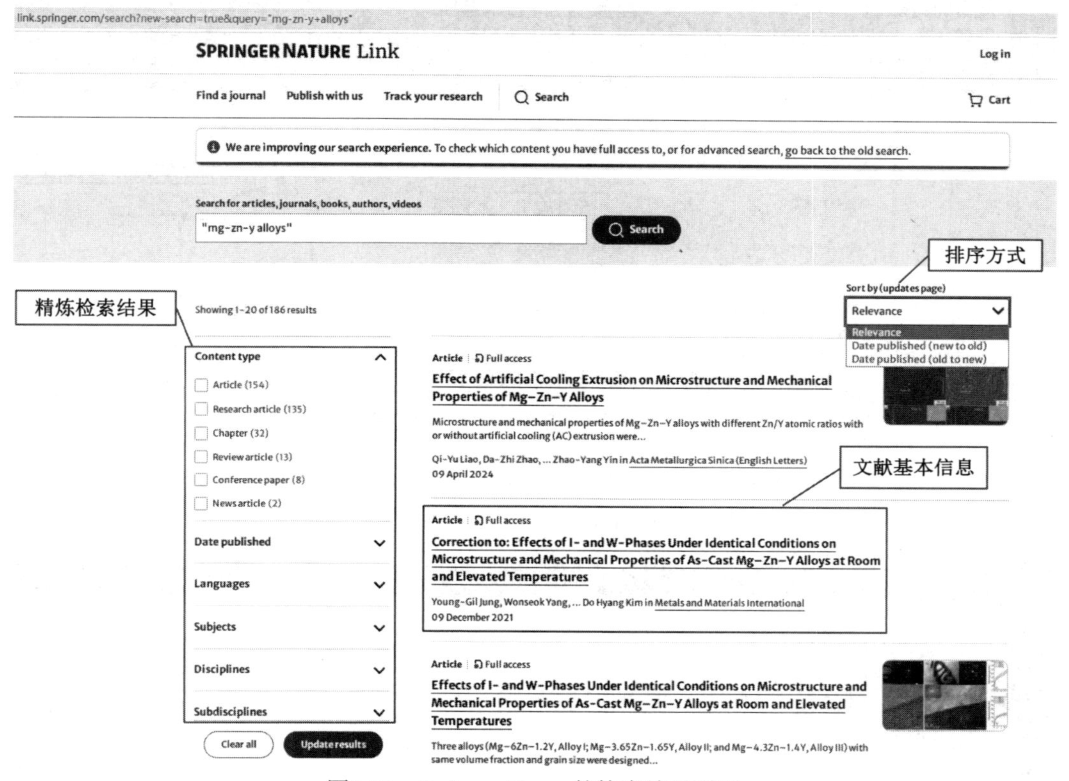

图5-39 Springer Nature的检索结果页面

单击某篇文献的题名进入该文献的详细信息页面(见图5-40)。在文献详细信息页面，可看到该文献的题名、出版时间、文献来源出版物名称、作者等信息，也可以单击全文链接按钮下载全文。检索结果页面还提供了与该文献相关的链接，如查看施引文献链接、查看参考文献链接，用以追溯更多的文献线索，扩大检索范围。如果需要输出某条文献的引用信息，则可单击“Cite this article”按钮链接至“Download citation”输出该条记录。Springer Nature Link的查看全文页面如图5-41所示。

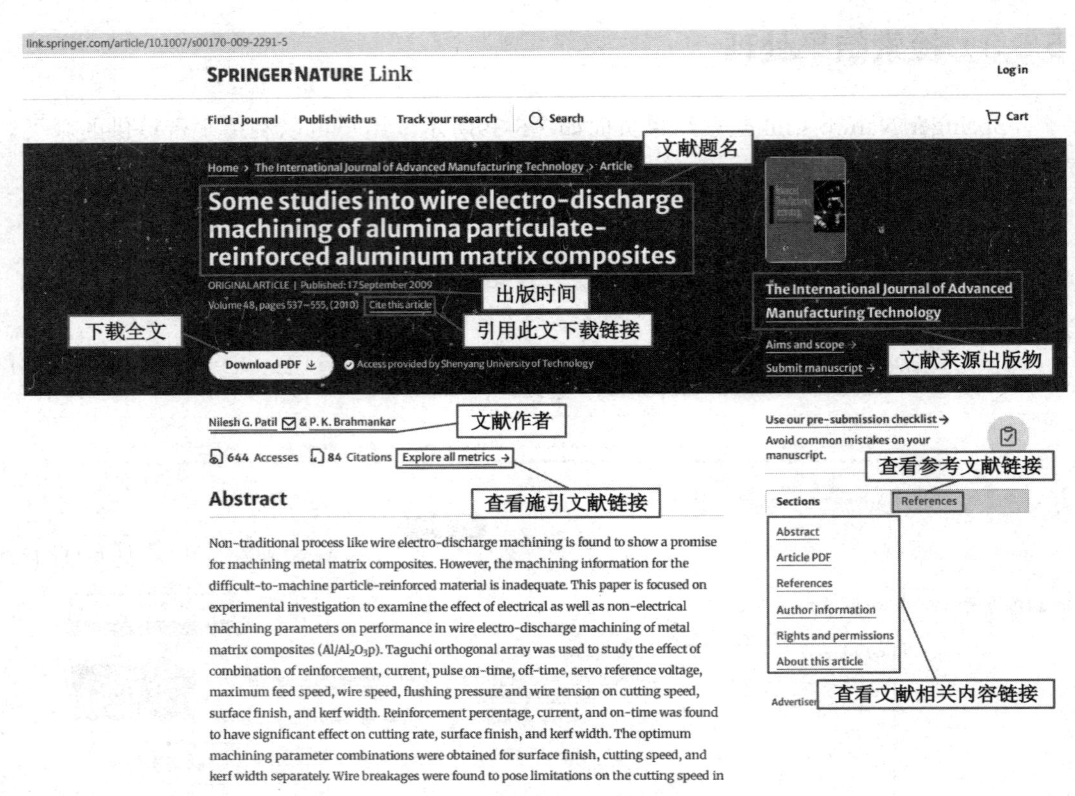

图5-40 Springer Nature的文献详细信息页面

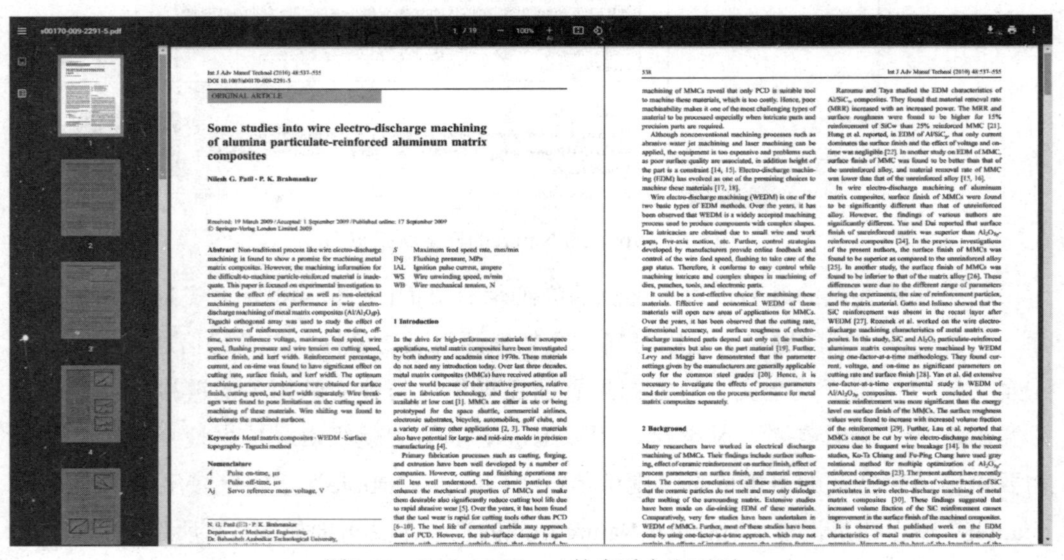

图5-41 Springer Nature的查看全文页面

5.6 EBSCOhost

5.6.1 简介

基于EBSCOhost平台的诸数据库是EBSCO公司早期进入中国市场的主打产品。EBSCO公司成立于1944年，是一家拥有70多年历史的全球最大的集成数据库出版商和期刊代理商。EBSCO公司开发出版了EBSCOhost检索平台，该平台提供近500个期刊数据库，提供的文献专业涉及理、工、农、医、天、地、生、经济等全部学科，EBSCOhost数据每日更新。EBSCO公司于1994年在全球最早推出全文在线数据库检索服务，并将二次文献与一次文献整合在一起，为用户提供文献检索一体化服务。下面主要介绍该公司旗下两个主要的数据库ASP(Academic Search Premier)和BSP(Business Source Premier)。EBSCOhost检索平台主页(http://search.ebscohost.com/)如图5-42所示。

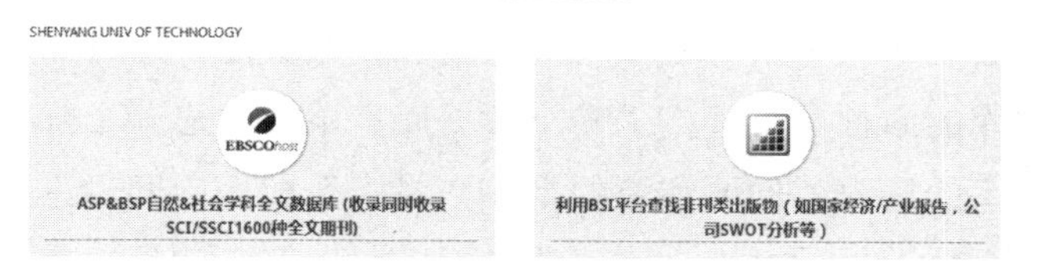

图5-42 EBSCOhost检索平台主页

1. ASP

ASP是当今世界较大的综合学科参考类全文数据库之一，收录年限为1887年至今。ASP几乎覆盖所有的学术研究领域，包括社会科学、教育、法律、医学、语言学、人文、工程技术、工商经济、信息科技、通讯传播、生物科学、教育、 公共管理、社会科学、历史学、计算机、科学、传播学、法律、军事、文化、健康卫生医疗、宗教与神学、生物科学、艺术、视觉传达、表演艺术、心理学、哲学、妇女研究、各国文学等学术研究领域。ASP收录19 315种刊物的索摘，提供4 649种全文期刊，其中3 875种为同行评审期刊，还包括381种非期刊类全文出版物(如书籍、报告及会议论文等)。特别的是，ASP有1 826种全文期刊同时收录在Web of Science™中，2 885种全文期刊同时收录在Scopus内。

2. BSP

BSP是行业中较常用的商管财经类全文数据库，收录年限为1886年至今。BSP涵盖商业相关领域，如金融、银行、国际贸易、商业管理、市场营销、投资报告、房地产、产业报导、经济评论、经济学、企业经营、财务金融、能源管理、信息管理、知识管理、工业工程管理、保险、法律、税收、电信通讯等。BSP收录7 479种期刊索摘，提供2 140种期刊全文(其中1 073种为同行评审期刊)，以及30 084种非刊全文出版物(如案例分析、专著、国家及产业报告等)，405种全文期刊收录在Web of Science™内。

5.6.2 检索方法

下面以ASP为例介绍其检索方法。EBSCOhost检索平台提供了多种检索方法，这里主要介绍基本检索(Basic Search)和高级检索(Advanced Search)的功能及使用方法。

1. 选择数据库

EBSCOhost平台上的数据库较多，在进行信息检索之前，要预先选择好数据库。单击“选择数据库”链接进入选择数据库页面(见图5-43)，选中要选用的数据库可以选择一个或多个数据库，单击“确定”按钮进入检索页面。此时检索输入框的上方会显示选定的数据库的名称。若选定了多个数据库，单击“显示全部”按钮，则可以查看当前所选数据库的情况。但要注意的是，当对多个数据库同时进行检索时会影响某些检索功能的正常使用，这是由于不同的数据库采用了不同的主题词表而无法同时调用主题词表所致。

2. 进行基本检索

“基本检索”为ASP默认的检索页面(见图5-44)，检索字段范围默认为所选数据库的所有可检字段。用户可以在检索框内输入单个或多个检索词，也可以使用布尔逻辑算符、通配符、位置算符及字段名称等检索规则对检索词进行组配，形成检索表达式。例如，要检索标题中含有“wind turbine”，并同时出现“control”的文献，用户可以构造这样的检索表达式：TI wind turbine and control。

图5-43　选择数据库页面

图5-44　ASP基本检索页面

在“检索选项”下，可轻松地设置“检索模式”“扩展条件”及“限制结果”。平台提供4种检索模式选项：“邻近性”要求命中检索词的间隔不超过5个单词，顺序不限，只有当所有搜索的单词都位于同一字段(如标题、主题或摘要)中时，才会返回记录；“查找全部检索词语”相当于布尔逻辑算符“and”；“查找任何检索词语”相当于布尔逻辑算符“or”；“智能文本搜索”可以尽可能多地将短语、句子、一段文字，甚至整页的内容输入检索框进行检索。扩展条件限定包括“运用相关词语”“同时在文章全文范围内搜索”等。此外，根据选定数据库的不同，“限制结果”选项的内容会有所不同。例如，在ASP中可对“全文”“有参考”“学术(同行评审)期刊”“出版日期”“出版物”“出版物类型”“页数”“图像快速查看”和“图像快速查看类型”等内容进行限定，选择更多的限定条件，有助于获得更加精准的内容。

3. 进行高级检索

ASP高级检索页面(见图5-45)提供多个检索框，每个检索框的右边都提供检索字段的下拉菜单，检索字段根据所选数据库的不同而有所区别。多个检索项之间可以进行布尔逻辑组配，以便完成较复杂的检索。“检索选项”除了基本检索包含的设置功能外，高级检索还增加了更多限制条件的选择，如文献类型、封面报导、语言、 PDF全文等。

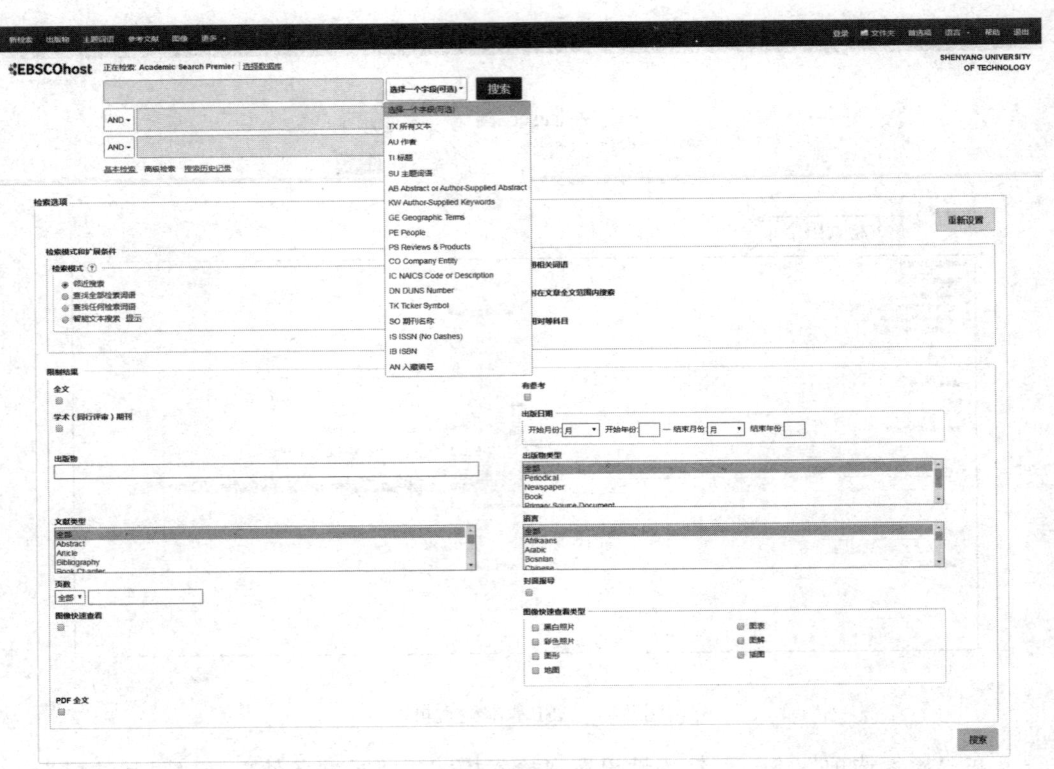

图5-45　ASP高级检索页面

4. 搜索历史记录

单击检索框下方的“搜索历史记录”选项卡，即可进入搜索历史记录页面(见图5-46)。该页面显示了用户本次进入平台后进行检索后的相关信息，如“检索ID#”“检索词语”等；并且对用户搜索的历史记录提供了3个链接，即“查看结果”“查看详细资料”(包括选择的数据库、检索方式等)和“编辑(检索式)”。

每实施一次检索，平台会提供1个“检索 ID#”，如S1，S2等，若需对“检索ID#”对应的检索式进行进一步的组合检索，则可勾选S1、S2等，利用平台提供的“AND检索”或“OR检索”选项进行进一步的检索，以获得更加专指的检索结果。

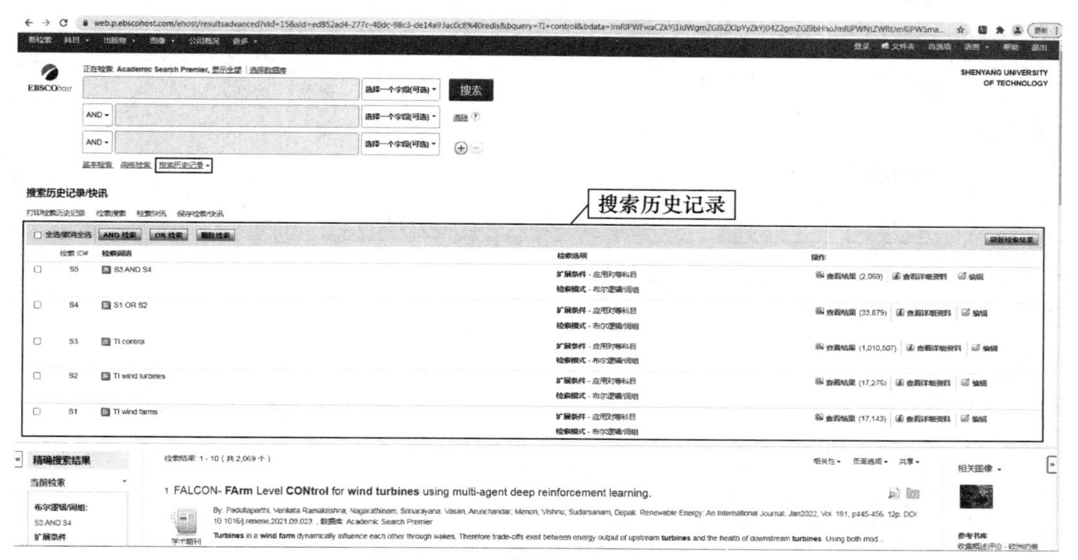

图5-46　ASP搜索历史记录页面

除了平台默认的关键词检索途径，系统还提供了几种辅助检索方式，用户可以通过ASP检索页面上方的“出版物”“主题词表”“参考文献”“图像”及“更多(索引)”等检索途径来进行有关内容的查找。用户可根据需要选择不同的检索方法和途径。

5.6.3　检索结果处理

1. 检索结果显示

运行某一检索提问式后，平台会进入检索结果页面(见图5-47)。页面左上方显示当前检索的检索提问式、扩展条件和限定条件内容；页面左下方显示检索结果按照不同内容聚类的分布情况，如“来源类型”“标题：辞典词语”“主题”“出版者”“出版物”“公司”“语言”及“出版地”等。页面中间显示命中记录的简要信息，单击记录中的题名可链接到记录详细信息页面，如有全文，则显示PDF格式全文链接；还可以预览文献详细信息及添加单篇记录到文件夹。页面右上方可以设定检索结果的排序方式和页面显示格式。

2. 检索结果精炼

用户可利用检索结果页面左侧的“精确搜索结果”功能对检索结果进行精炼，如可利用“限定条件”选项对当前检索结果重新设定限定条件，也可通过一组复选按钮对检索结果进行不同类别的限定，还可通过滑动条对检索结果进行年代的限定。

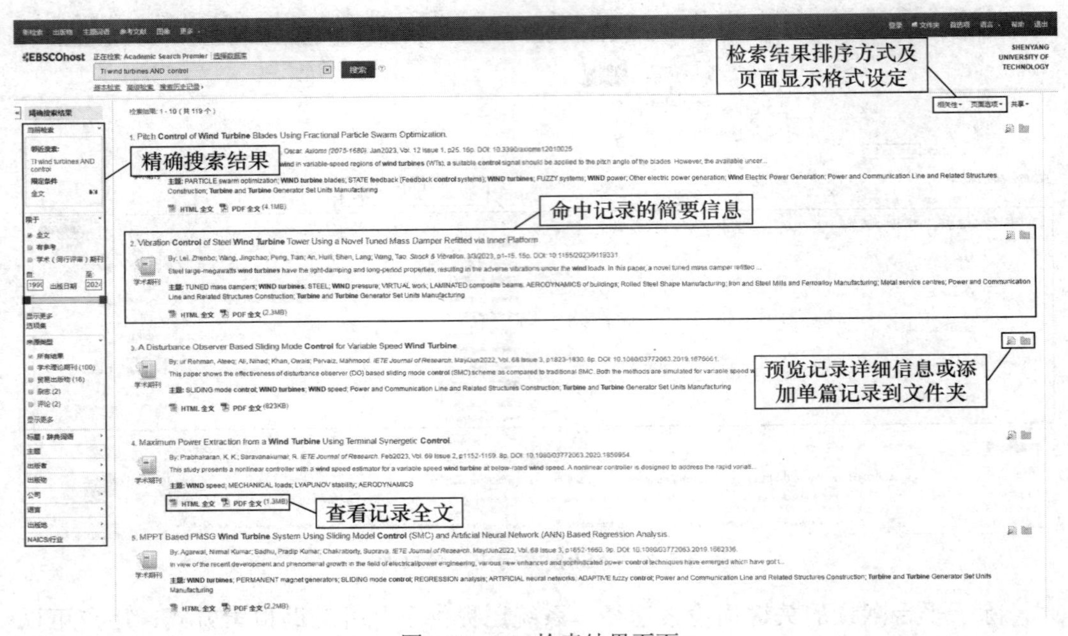

图5-47 ASP检索结果页面

3. 检索结果查看及输出

除了在线查看检索结果记录的简要信息、详细信息，有的文献还可以在线查看全文。每篇文献的下方一般都说明了该文章存在的形式，是文摘、全文还是简介，是HTML格式、PDF格式还是超链接(Hyperlink)。HTML格式是超文本格式；PDF格式保持了印刷版的原样，读起来更加直观，但必须要安装Adobe Reader；hyperlink则表明该库中没有全文，要链接到其他数据库或去网站索取。ASP查看命中记录全文页面如图5-48所示。

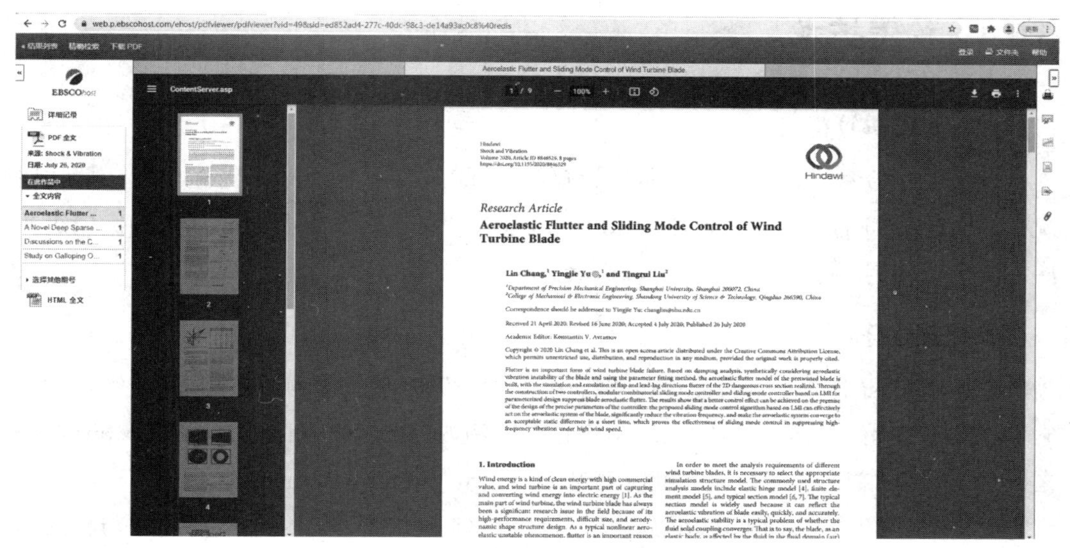

图5-48 ASP查看命中记录全文页面

ASP检索结果命中记录的输出页面如图5-49所示。检索结果命中记录的输出方式包括打印、通过E-mail发送到用户的邮箱、保存、引用及导出等。需要注意的是，平台提供9种引文输出格式，即ABNT(巴西国家标准)、AMA 第 11 版(American Medical Assoc.)、APA 第 7 版(American Psychological Assoc.)、Chicago 第 17 版(作者-日期)、哈佛：澳大利亚、哈佛、Chicago 第 17 版（注释与文献目录）、MLA 第 9 版(Modern Language Assoc.)和Vancouver/ICMJE，可将命中记录导入相应的文献管理软件中，如EndNote、ProCite、Reference Manager、RefWorks、BibTeX 等。

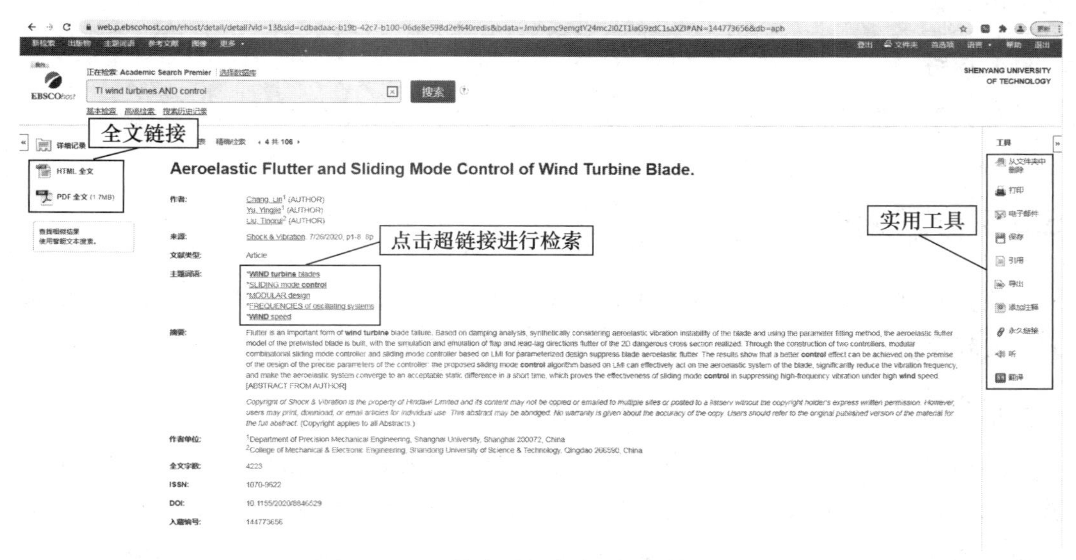

图5-49 ASP检索结果命中记录的输出页面

5.6.4 检索技术

1. 布尔逻辑算符

使用ASP检索时，可利用布尔逻辑算符“and”“or”“not”组配检索。默认情况下，逻辑算符的优先级次序是“not”“and”“or”。如果要改变默认的优先级次序，则需要使用“()”，且括号可以嵌套。

2. 位置算符

EBSCOhost平台使用的位置运算符中，“Nn”表示关键词最多相隔*n*个字符，而它们在文献中出现的顺序与输入的顺序无关。例如，tax N5 reform表示在tax和reform之间最多可以加入5个任意词，可检索出tax reform，reform of income tax等。

“Wn”表示关键词最多相隔*n*个字符，且它们在文献中出现的顺序必须与输入的顺序相同。例如，用户输入tax W8 reform可以检索出tax reform，但不能检索出reform of income tax。

3. 通配符和截词符

通配符包括“？”和“#”。使用“?”替代1个字符，如输入“ne?t”，系统会找到所有包含“neat”“nest”或“next”的记录。使用“#”代表不同拼写格式带来的字母数量的变化，如输入“colo#r”，系统会找到所有包含“color”或“colour”的记录。“*”为截词符，表示后截断，可替代任意多个字符。需要注意的是，该数据库不可使用前截断。

4. 词组

如果用户希望检索词作为词组出现，需要将该词组用半角双引号(" ")引起。

5.6.5 个性化定制

用户注册个性化账户，可以建立个人文件夹。在个人文件夹中，可以保存检索式、文献及搜索历史记录，还可以创建电子邮件快讯或进行RSS订阅。

1.“我的EBSCOhost”个性化定制文件夹

单击“注册”链接，可免费创建一个新的文件夹账户；已有注册账号的，可直接单击“登录”，完成“我的 EBSCOhost”登录。在“我的EBSCOhost”中，可以免费设置个性化文件夹账户，永久保存文献内容。单击图5-50中的“共享”按钮，可向个人文件夹中添加检索结果，在其下拉菜单中，可选择将1～10条检索结果批量添加到文件夹中，或者选择“将搜索添加到文件夹中”将当前检索的永久链接添加到文件夹中；也可以在该菜单上创建电子邮件快讯或RSS订阅；还可复制当前永久链接将检索结果分享给他人。单击图5-50中的“文件夹”图标或页面右上方导航部分的“文件夹”可查看文件夹内容(见图5-51)，还可对文件夹中的文献进行批量打印、发送电子邮件、另存为文件、导出等操作。

图5-50　ASP个人文件夹设置页面

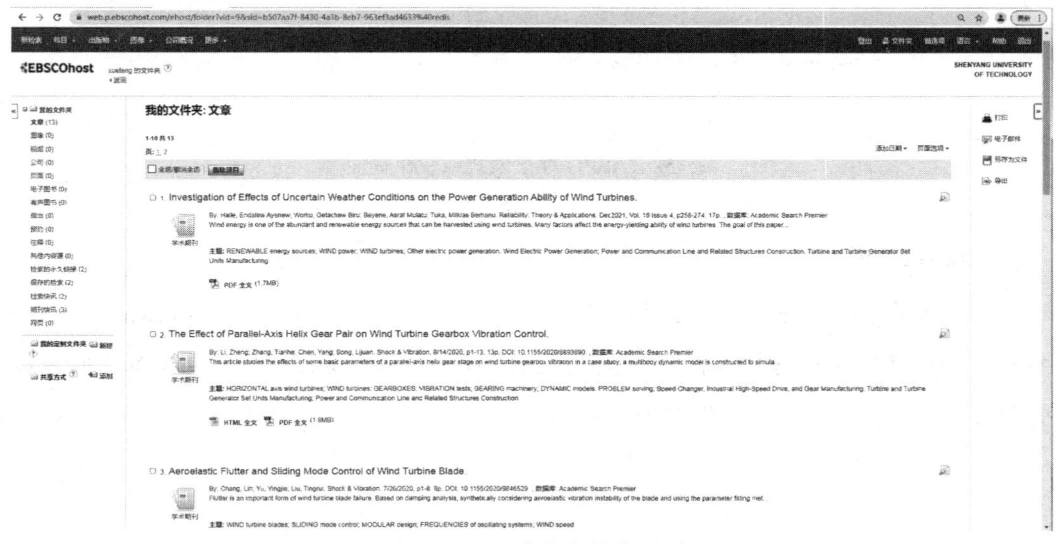

图5-51　ASP个人文件夹页面

2. 保存检索式或快讯

单击检索输入框下方的“搜索历史记录”，可查看“搜索历史记录/快讯”；勾选检索式前面的复选框，单击“保存检索/快讯”即可保存检索式或快讯(见图5-52)。

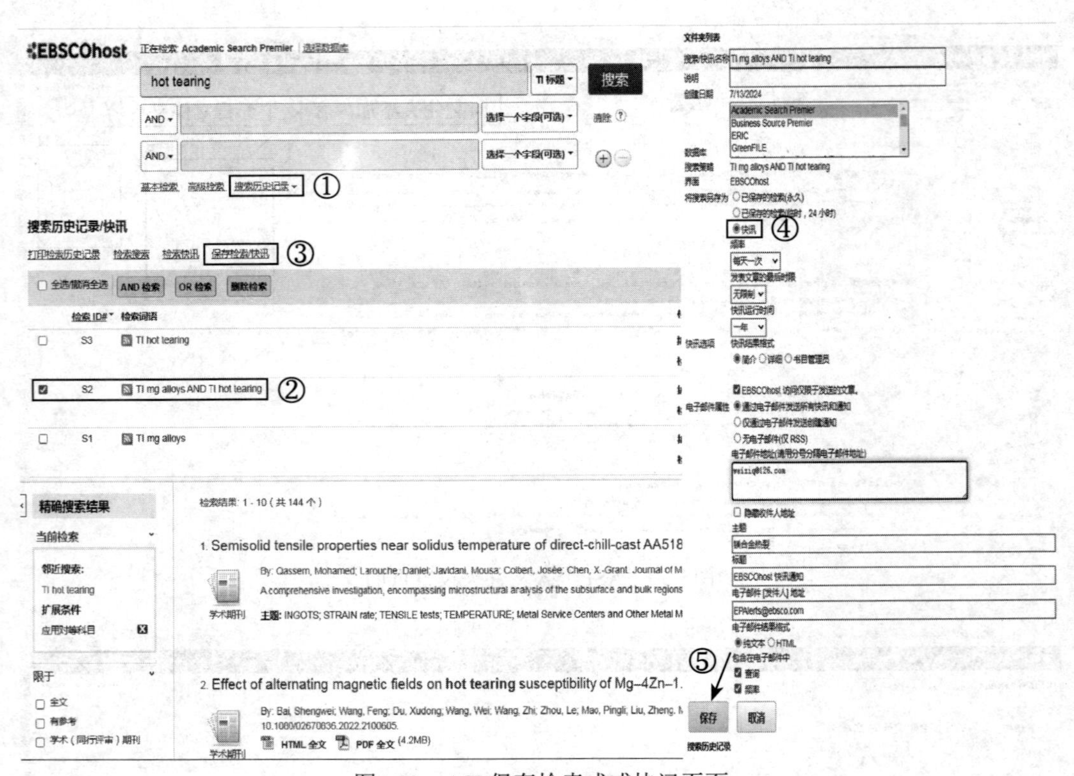

图5-52 ASP保存检索式或快讯页面

3. 设置期刊快讯

首先要在出版物列表中选定期刊；然后单击期刊名称左侧的“create Journal Alert”图标按钮，进行期刊快讯设置(见图5-53)。设置完成后，当该期刊有任何内容更新时，系统将会以电子邮件的形式通知。

图5-53　ASP设置期刊快讯页面

5.6.6　检索举例

检索课题：利用EBSCOhost查找“六氟化硫断路器(SF6 circuit breakers)”方面的论文。

操作步骤如下。

第1步，在浏览器地址栏中输入https://library.sut.edu.cn/进入沈阳工业大学图书馆主页。

第2步，单击图书馆主页的“外文数据库”，进入“EBSCOhost”平台，选择“Academic Source Premier”，进入ASP高级检索页面。

第3步，在高级检索栏中分别输入检索词“SF6”和“circuit breaker”，两个检索项之间的逻辑关系为“and”，字段名称选择“TI标题”，其余选项均为默认状态，单击“检索”按钮。

第4步，共检索到61条记录。

第5步，选择其中1篇文献，单击题名链接可查看文献的题名、刊名、出版社等详细信息，阅读后得知如下信息。

论文题目：Time-Resolved Analysis of SF6 Arc Plasmas in a Laboratory Model Chamber for Circuit Breaker。

作者：Park, Sungbin1；Kim, Donghee；Kim, Yoosung等。

第一作者单位：Department of Nuclear Engineering, Seoul National University, Seoul, South Korea。

出处：IEEE Transactions on Plasma Science，Nov 2020, Vol. 48，Issue 11, p3968-3974。

继续查看其他命中文献，将选中文献逐一添加到文件夹中，并导出所有文献记录。ASP导出文件夹记录页面如图5-54所示。

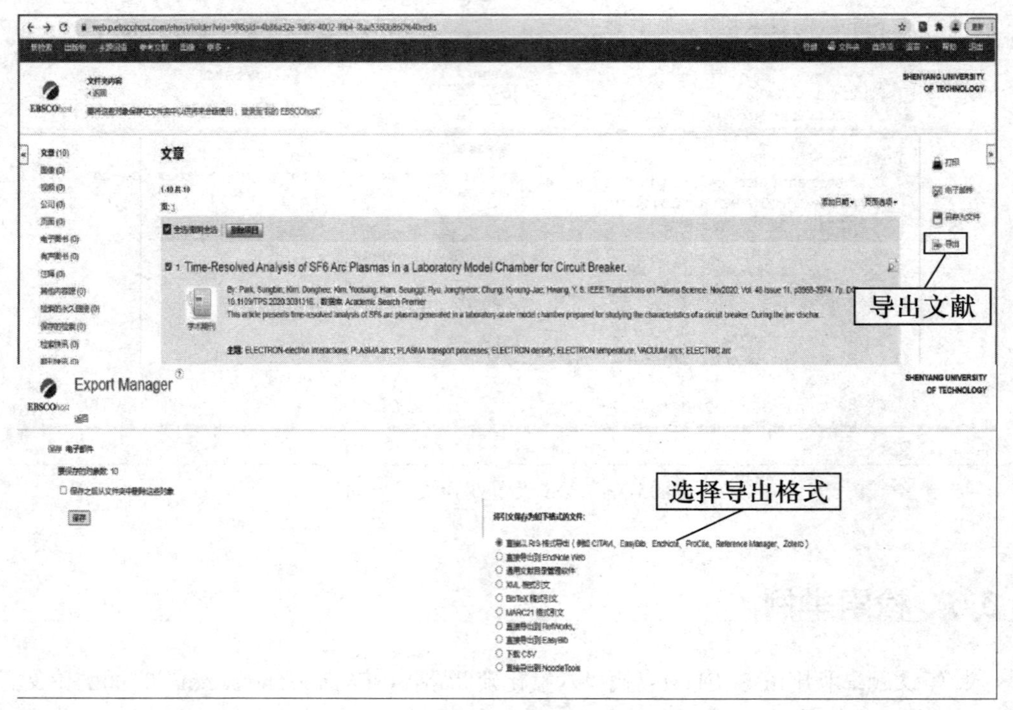

图5-54 ASP导出文件夹记录页面

5.7 Wiley Online Library

5.7.1 简介

Wiley Online Library是Wiley 2010年推出的在线平台。Wiley出版社于1807年创立于美国，是一个拥有超过200年历史的全球知名出版机构，面向专业人士、科研人员、教育工作者、学生、终身学习者提供必需的知识和服务，业务涵盖全球学术出版、高等教育出版、专业及大众图书出版三大领域，在化学、生命科学、医学以及工程技术等领域的学术文献出版方面颇具权威性。

Wiley Online Library(http://onlinelibrary.wiley.com/)是一个综合性的网络出版及服务平台，平台上主要提供高质量的学术期刊、图书、参考工具书、实验室指南、循证医学数据库等。平台拥有1 700余种同行评审的学术期刊、22 000种书籍，230余种参考工具书、19种实验室指南和13 种化学及循证医学数据库，涵盖的学科包括化学、物理、工程、农业、兽医学、食品科学、医学、护理、口腔、生命科学、心理、商业、经济、社会科学、艺术、人文，以及其他很多重要的跨学科领域。用户在该平台上能够使用的资源类型取决于该用户所在的机构购买的情况。Wiley Online Library主页如图5-55所示。

结合图5-55，Wiley Online Library主页各区域说明如下。

位置①可进行登录/注册。“登录/注册”(Login/Register)功能位于平台主页的右上角，已设置个人账号的用户直接单击“Login”登录，未注册的用户可以单击“Register”创建账户。注册完成后，用户可以通过“我的账户”(My Account)管理收藏的期刊/文章，亦可以保存检索条件并设置电子邮件提醒等。

位置②可进行一般检索及高级检索，检索出版物、文献和关键词等。

位置③按照研究人员、图书馆员、学协会及作者对常用资源进行了汇总。

位置④可按学科分类浏览出版物。平台按17个学科大类展示内容，每一学科大类中都包含相应的子学科，以帮助用户按照学科类别获取相关资源。

位置⑤可按字母顺序浏览所有出版物。

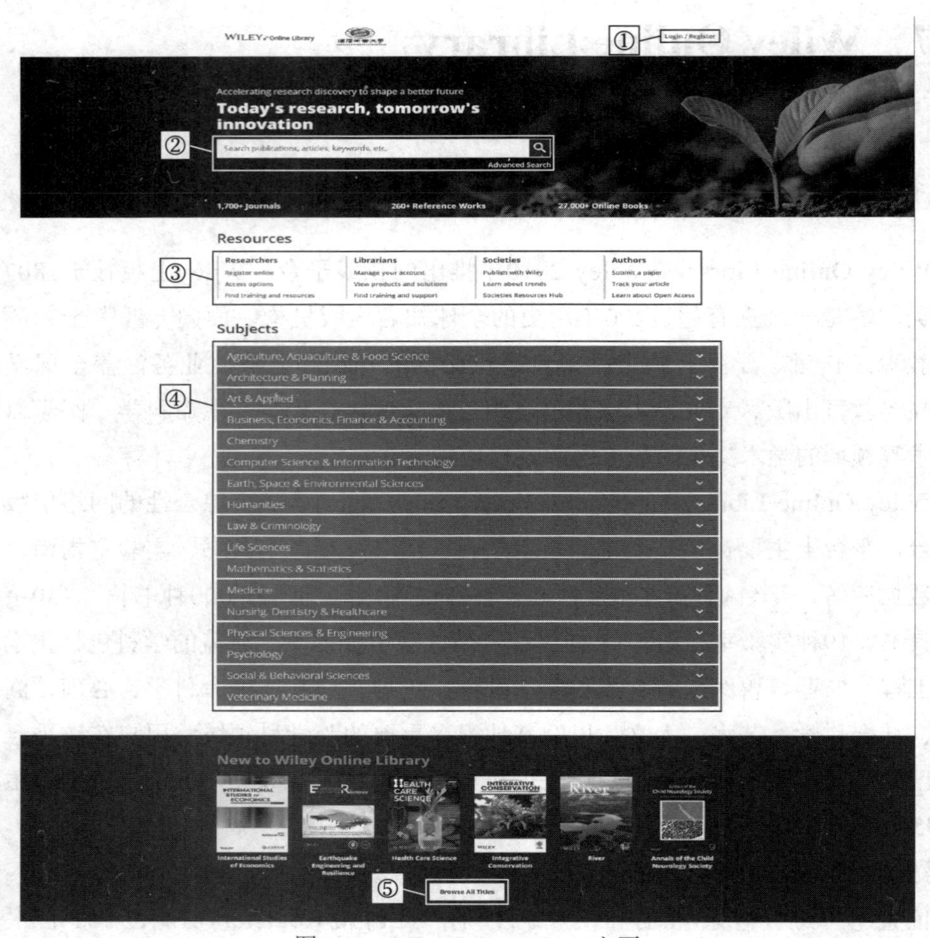

图5-55　Wiley Online Library主页

5.7.2　检索方法

Wiley Online Library提供了浏览、一般检索和高级检索三种检索方式。

1. 浏览

Wiley Online Library提供按学科浏览出版物和按字母顺序浏览出版物两种浏览方式，用户可以根据具体需求选择不同的浏览方式。

1) 按学科分类浏览出版物

Wiley Online Library按照学科类别对出版物进行分类，由大类到小类，逐级展开，供用户查找与某一学科相关的出版物。例如，用户需要查找“合金”方面的出版物，可单击“Physical Sciences & Engineering”链接，逐级进入下一级学科类别选项页面(见图5-56)；然后单击“Metals & Alloys”链接，可看到与该类学科相关的出版物信息(见图5-57)；在命中的207个出版物中进一步筛选，可筛选出4种期刊(见图5-58)。

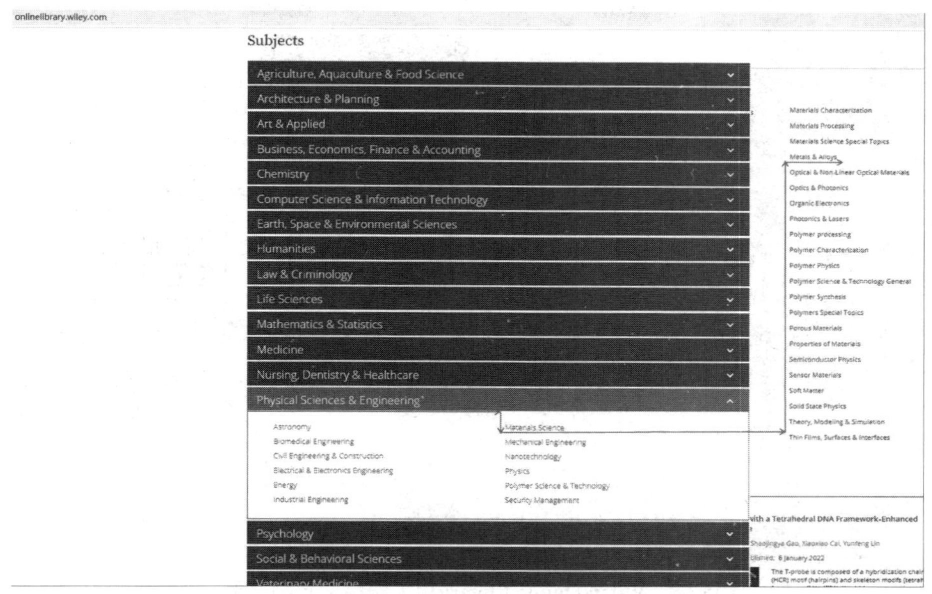

图5-56　Wiley Online Library按学科分类浏览出版物页面

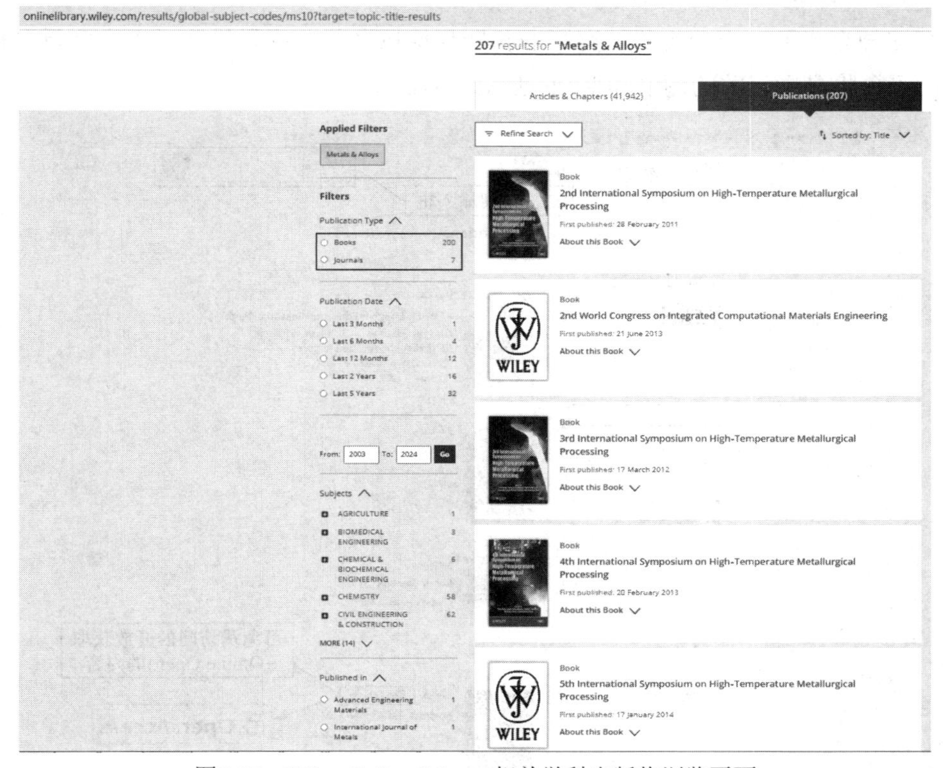

图5-57　Wiley Online Library相关学科出版物浏览页面

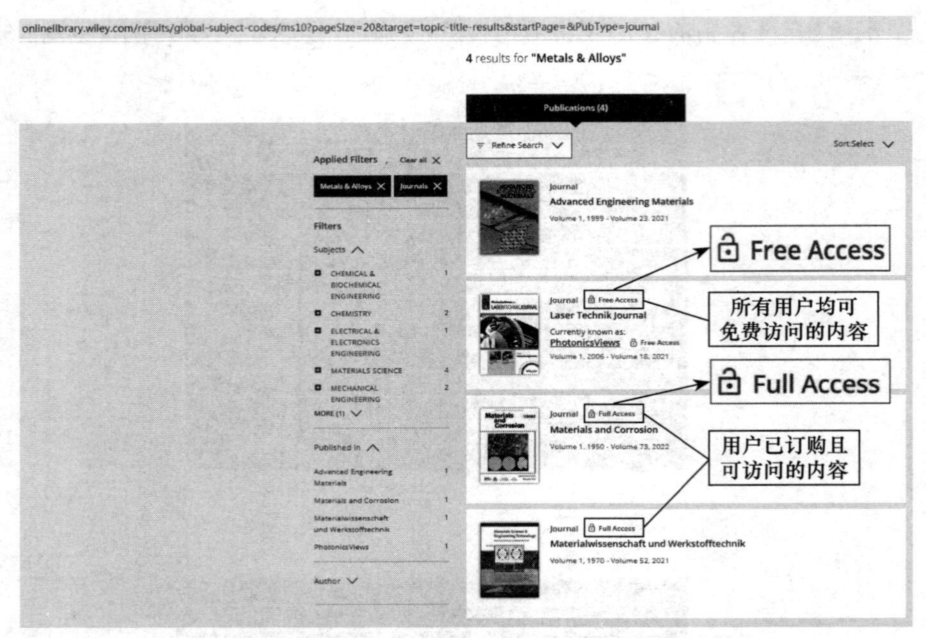

图5-58　Wiley Online Library相关学科期刊浏览页面

2) 按字母顺序浏览出版物

在这种方式下，平台内的所有图书和期刊均按名称首字母排序。单击字母名称链接后，平台将显示相关的图书和期刊(见图5-59)。

图5-59　Wiley Online Library按字母顺序浏览出版物页面

2. 一般检索

用户可在检索框中输入一个或多个检索词，多个检索词之间的默认关系为逻辑“与”(AND)。检索框支持预测补全功能，输入检索词或词组时，Wiley Online Library会在下拉菜单中显示相关的作者或出版物名称供用户选择。平台支持布尔逻辑(AND、OR、NOT)检索、双引号(" ")短语检索、通配符“*”(代表任何字符串)和通配符“？”(代表单个字符)检索。平台默认是在所有内容中检索，单击检索框右侧的“放大镜”图标按钮即可检索。

在检索结果页面，Wiley Online Library支持按照“出版物类型”(Publication Type)、“出版时间”(Publication Date)、“开放获取”(Open Access)、“学科”(Subjects)、“出版物名称”(Published in)、“作者”(Authors)等条件对检索结果进行筛选。该功能位于检索结果页面的左侧。

3. 高级检索

单击一般检索框下方的“ADVANCED SEARCH”可进入高级检索页面(见图5-60)。平台提供了3个检索框，检索框之间默认为布尔逻辑“与”(AND)的关系，单击第3个检索框右侧的“+”(图5-60中⑤的位置)可增加一个检索框。在高级检索页面，用户可以对检索词进行逻辑组合(AND、OR、NOT)，也可以选取检索词出现的位置，即可选择任意字段、论文题名、作者、关键词、摘要、作者单位、基金等字段进行检索，也可对文献出版日期进行限定。

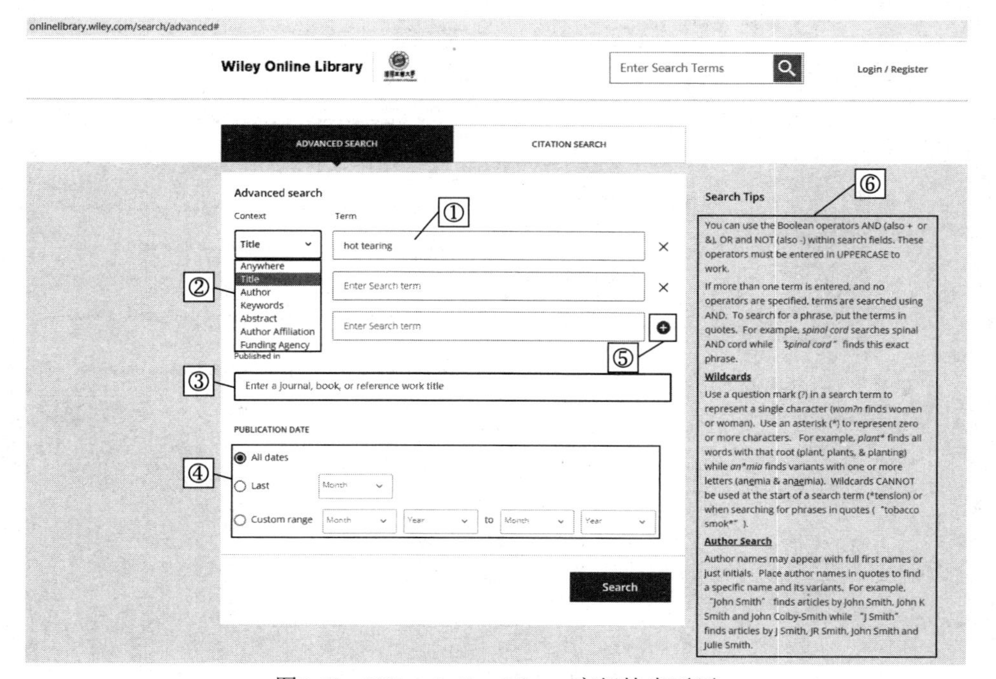

图5-60　Wiley Online Library高级检索页面

结合图5-60，Wiley Online Library高级检索页面各功能说明如下。

可在位置①输入检索词及“AND”“OR”“NOT”等运算符。

可在位置②限定检索字段。

可在位置③限定来源出版物名称。

可在位置④限定出版时间以缩小检索范围。

可在位置⑤增加检索框。

可在位置⑥查看检索技巧。

5.7.3 检索结果处理

Wiley Online Library检索结果页面如图5-61所示。

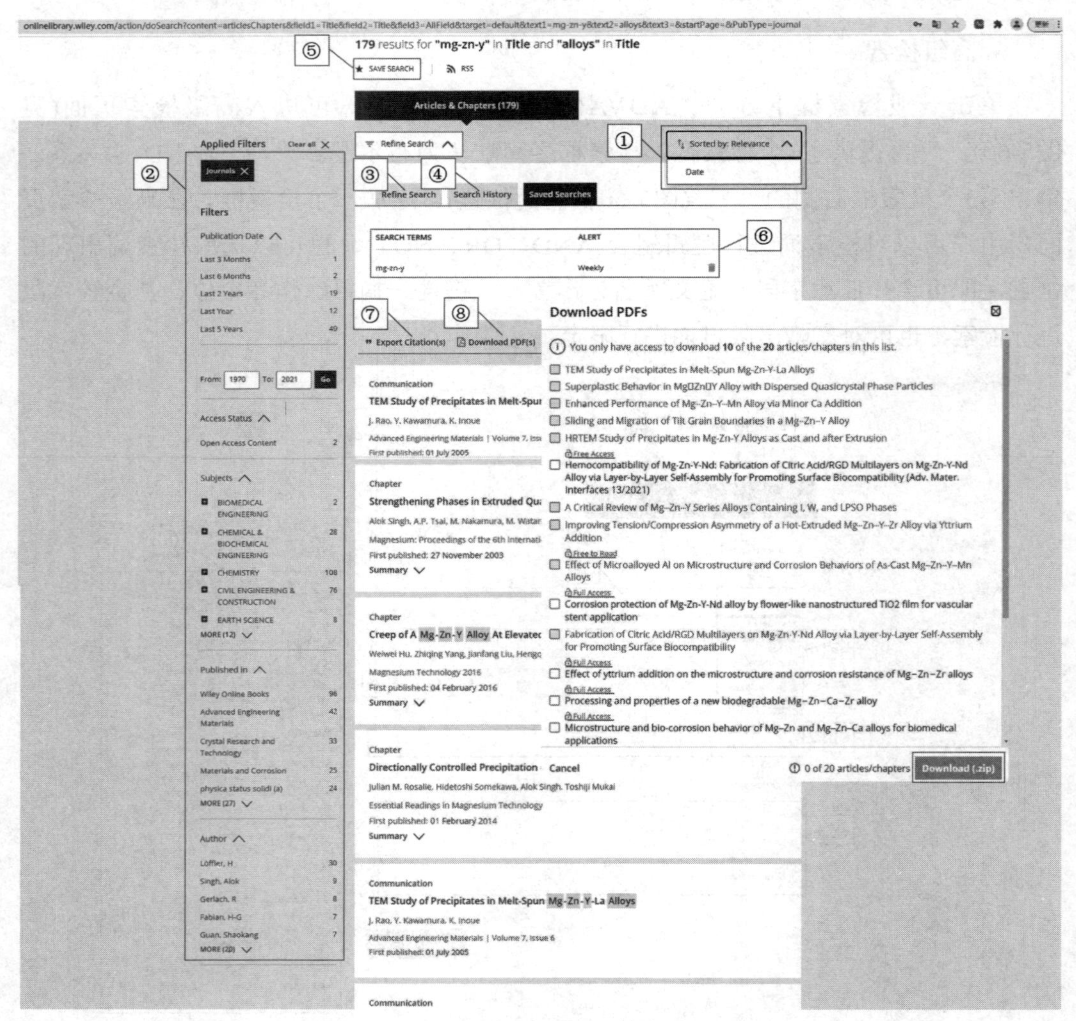

图5-61　Wiley Online Library检索结果页面

结合图5-61，Wiley Online Library检索结果页面各功能说明如下。

(1) 可在位置①的下拉菜单中选择结果排序方式。

(2) 可在位置②按照“出版物类型”(Publication Type)、“出版时间”(Publication Date)、“开放获取”(Open Access)、“学科”(Subjects)、“出版物名称”(Published in)、“作者”(Authors)等条件对检索结果进行筛选。

(3) 单击位置③的“优化检索”(Refine Search)按钮，可在“Refine Search”选项卡下对检索式进行优化。

(4) 单击位置④的“检索历史”(Search History)选项卡，可查看检索记录。

(5) 用户登录账户后，可在位置⑤将设置好的检索式进行保存，并设置提醒功能。具体做法是检索结束后，单击页面顶部“保存检索”(SAVE SEARCH)选项卡，弹出命名和提醒频率对话框后进行设定。

(6) 用户可在位置⑥中的“已保存的检索”(Saved Searches)选项卡下查看保存过的检索式。也可以选择登录页面上方的个人账户，单击账户名称下方“我的账户”(My Account)进入控制面板，选择“Saved Searches”进行查看或修改。

(7) 单击位置⑦的“Export Citation(s)”选项可导出引文信息，引文格式包括Plain Text、RIS (ProCite、Reference Manager)、EndNote、BibTex、Medlars和RefWorks。

(8) 单击位置⑧的“Download PDF(s)”选项，可在弹出的对话框中勾选需要下载的文章或章节，单击“下载压缩包”(Download(.zip))选项，一次可同时下载20篇文章或章节。可下载全文的内容上方通过“小锁”图标进行了标注。图标“🔓 Full Access”表示订阅用户可访问的内容，图标“🔓 Free Access”表示所有用户均可访问的内容，图标“🔓 Open Access”表示开放获取的内容。

平台可按相关性和出版日期对检索结果进行排序。每条记录包含题名、作者、刊名、卷、期、出版日期等，单击文献题名可进入文献详情页面。例如，期刊文章页面如图5-62所示。导出引文信息页面如图5-63所示。

如果用户在机构的IP范围内或使用机构账户访问Wiley Online Library，那么页面的顶部将会出现用户所在机构的标识或名称，单击期刊封面可以跳转到文章所属的卷期。文章摘要对所有人都是完全开放的，单击“章节”(SECTIONS)可以跳转到文章的特定部分。“章节”的右侧是PDF下载按钮、工具和分享功能栏。

onlinelibrary.wiley.com/doi/10.1002/mawe.201800099

Wiley Online Library  Search Shenyang

Materials Science & Engineering Technology
Materialwissenschaft und Werkstofftechnik

Volume 50, Issue 11
November 2019
Pages 1391-1398

Article | Full Access

Effect of yttrium addition on the microstructure and corrosion resistance of Mg−Zn−Zr alloys

Einfluss der Yttrium Zugabe auf das Gefüge und die Korrosionsbeständigkeit von Mg−Zn−Zr-Legierungen

Q.-g. Jia, S. Han, Y. Sun, W. Zhang, C. Xu, J. Zhang

First published: 14 November 2019 | https://doi.org/10.1002/mawe.201800099 | Citations: 1

SECTIONS

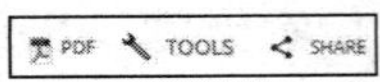

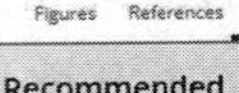

Abstract

Microstructure evolution and bio-corrosion behaviors of as-cast Mg-3Zn-0.4Zr-*x*Y (*x* = 0, 1, 2, 3 and 4 wt.%) alloys were studied by using optical microscope, x-ray diffractometer, transmission electron microscopy, scanning electron microscope, immersion test and electrochemical measurement. Results indicated that yttrium addition led to significant grain refinement and to the formation of I-phase (Mg_3YZn_6) and W-phase ($Mg_3Y_2Zn_3$). The volume fraction of I-phase is dramatically increased after 2 wt% yttrium addition, and the corrosion resistance is improved, while further addition reverses the effect, due to the rising W-phase, which increases the amount of cathodic sites and accelerates the galvanic corrosion process.

1 Introduction

Magnesium (Mg) alloys are promising candidates for implant biomaterials. Due to these attractive properties such as ease of machining, low density, high specific strength and materials modulus being similar to bone, and ability to degrade and safely be absorbed under physiological conditions, as compared with many other traditional metallic biomaterials. However, a difficult challenge for biomaterials is that magnesium alloys exhibit rapid corrosion rate [1–4]. Several approaches have been developed to enhance corrosion resistance, one of the effective methods is the use of alloying elements [5–7]. The addition of proper alloying elements in magnesium alloys can reduce grain size and modify the morphology and structure of precipitates, consequently influencing the corrosion resistance and mechanical properties of alloys [8]. Corrosion properties are related to the amount, composition and distribution of the precipitated phases [9]. Zinc (Zn) is recognized as one of the most abundant and nutritionally essential elements in the human body, it is safe for biomedical applications. In some past studies, we found Zn element no negative effect on viabilities of blood vessel related cells [10]. It is well known Zirconium (Zr) has a powerful grain refining influence on magnesium alloys, which improves the corrosion behavior of magnesium alloys [11]. Magnesium alloys, especially those containing rare earth elements seemed to be suitable for use as implant materials [3]. Element yttrium(Y) is able to stabilize the surface passive films formed on the magnesium alloy [7]. Recently, the research and development activities on Mg−Zn−Y alloys have significantly increased because of their superior mechanical properties, arising from the formation of different ternary phases, their medical applications have been widely confirmed [4, 12, 13]. Many studies have shown that yttrium and zinc element mole ratio affects phase formation in Mg−Zn−Y alloys, Mg_3Zn_6Y (I-phase) with icosahedral structure is believed to play a key role in the strength enhancement for Mg−RE−Zn alloys [12, 14, 15].

As a kind of novel magnesium alloys, Mg−Zn−Y alloys with icosahedral phase show good possibility to be a kind of high-strength magnesium alloys, the yield strength of Mg−Zn−Y−Zr alloys can vary from 150 MPa to 450 MPa at room temperature [15]. However, the corrosion resistance, corrosion behavior and mechanism of these alloys have not yet been widely reported, and the effect of yttrium and zinc element mole ratio on corrosion behavior is still unclear.In this study, via the yttrium micro-alloying. The influence of yttrium addition on the microstructures, corrosion performances and electrochemical behavior of as-cast biodegradable Mg−Zn−Zr alloy, will be clarified systematically.

2 Experimental procedure

Mg-3Zn-0.4Zr-*x*Y (*x* = 0, 1, 2, 3 and 4 wt%) alloys were prepared by high-purity Mg (99.9 %), Zn (99.9 %), Y (99.9 %), Mg-30 %Zr (wt %) master alloys melting in a low carbon steel crucible in an electrical resistance furnace under the atmosphere of CO_2 and SF_6 gas with the ratio of 99 : 1. After the yttrium element was added into the melt at 760 °C, the melt was mixed by mechanical stirring, then held at 740 °C for 20 min and was poured into a pre-heated mold at 200 °C. The chemical compositions of these alloys is analyzed and the result are listed, *Table* 1.

Recommended

图5-62 Wiley Online Library期刊文章页面

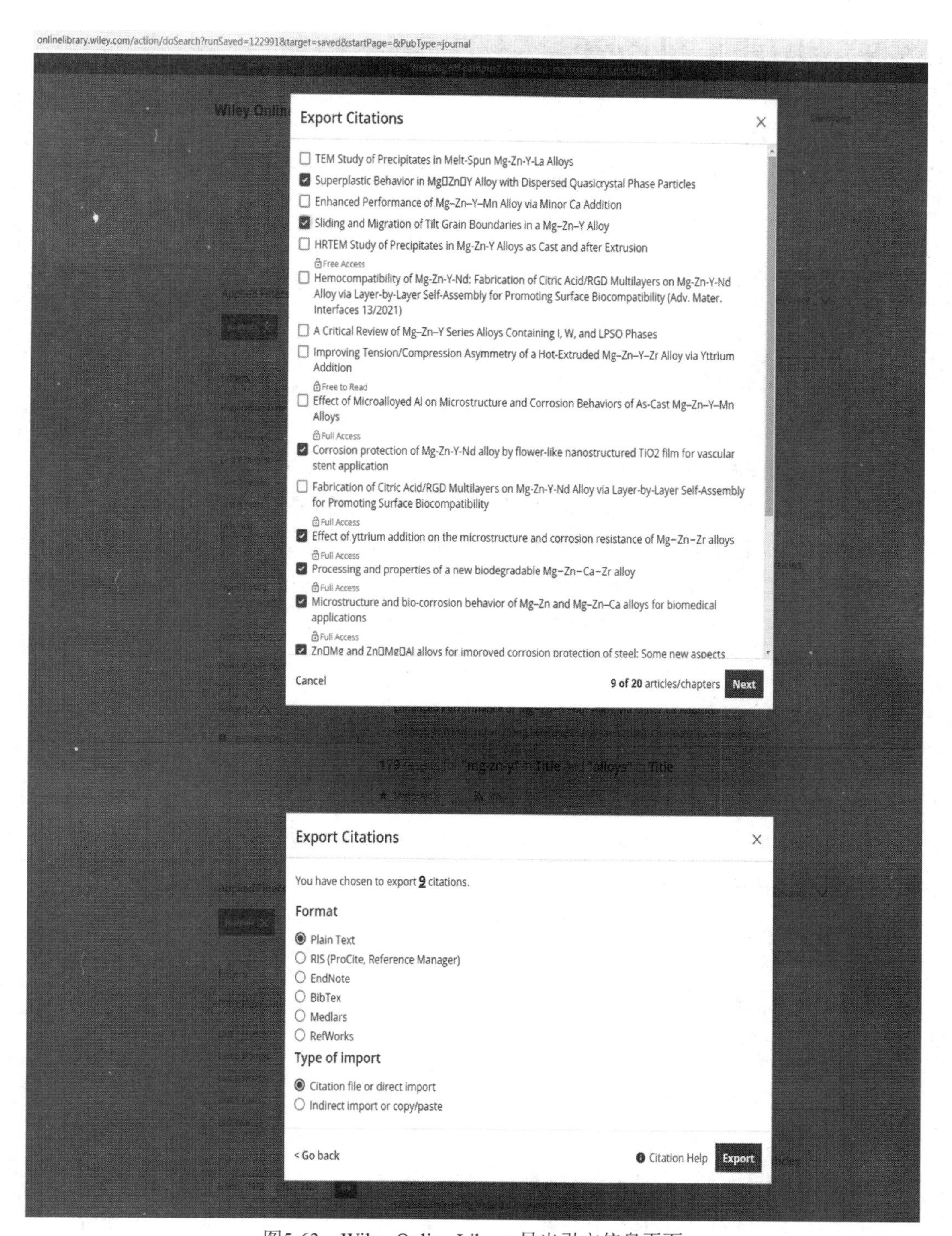

图5-63　Wiley Online Library导出引文信息页面

5.8 中国专利检索

随着互联网技术的发展，网上专利数据库已经成为最流行的专利文献传播途径。中国最早从1997年开始通过互联网向公众提供专利文献的检索和下载服务。

5.8.1 简介

通过互联网检索中国专利的途径主要有以下几种。

1. 中华人民共和国国家知识产权局

该平台收录了自1985年9月10日以来公布的全部中国专利信息，包括发明、实用新型和外观设计3种专利的著录项目及摘要，并可浏览各种说明书全文及外观设计图形。该平台提供免费专利检索服务，说明书为文本和图像格式。该平台内容的更新与中国专利公报的出版保持同步，即每周二、每周五各更新1次。截至2022年1月，该平台数据量达4 824万条。此外还收录了其他105个国家、地区和组织的专利数据，以及引文、同族、法律状态等数据信息，其中涵盖美国、日本、韩国、英国、法国、德国、瑞士、俄罗斯、欧洲专利局和世界知识产权组织等国家和组织。

2. 万方数据知识服务平台

该平台的中外专利数据库涵盖1.3亿余条国内外专利数据。其中，中国专利收录始于1985年，共收录4 700万余条专利全文，可本地下载专利说明书，数据与国家知识产权局保持同步，包含发明专利、外观设计和实用新型3种类型，准确地反映了中国最新的专利申请和授权状况，每月新增30万余条。除了中国专利，还收录了国外专利1亿余条，均提供欧洲专利局网站的专利说明书全文链接，收录范围涉及美国、日本、英国、德国、法国、瑞士、俄罗斯、韩国、加拿大、澳大利亚、世界知识产权组织、欧洲专利局等十一国两组织数据，每年新增300万余条。

3. 中国知网

中国知网的专利数据库包括中国专利和境外专利。中国专利收录了自1985年以来在中国大陆申请的发明专利、外观设计专利、实用新型专利，共5 520万余项，每年新增专利约250万项；境外专利包含美国、日本、英国、德国、法国、瑞士、世界知识产权组织、欧洲专利局、俄罗斯、韩国、加拿大、澳大利亚、中国香港及中国台湾等十国两组织两地区的专利，共计收录从1970年至今的专利约1.1亿项，每年新增专利约200万项。

下面我们以中华人民共和国国家知识产权局网站上的专利检索及分析系统(https://pss-system.cponline.cnipa.gov.cn)为例进行相关说明。

5.8.2　检索方法

中华人民共和国国家知识产权局网站收录了自1985年以来的所有中国专利的申请公开文本和授权文本，除了提供多种检索方式和分析方法，还提供一些热门工具、个性化服务及辅助功能。国家知识产权局网站首页“专利检索”入口如图5-64所示，用户单击“专利检索”链接即可进入专利检索及分析系统首页(见图5-65)，可根据检索需求使用相应的检索、分析及服务功能。

图5-64　国家知识产权局网站首页“专利检索”入口

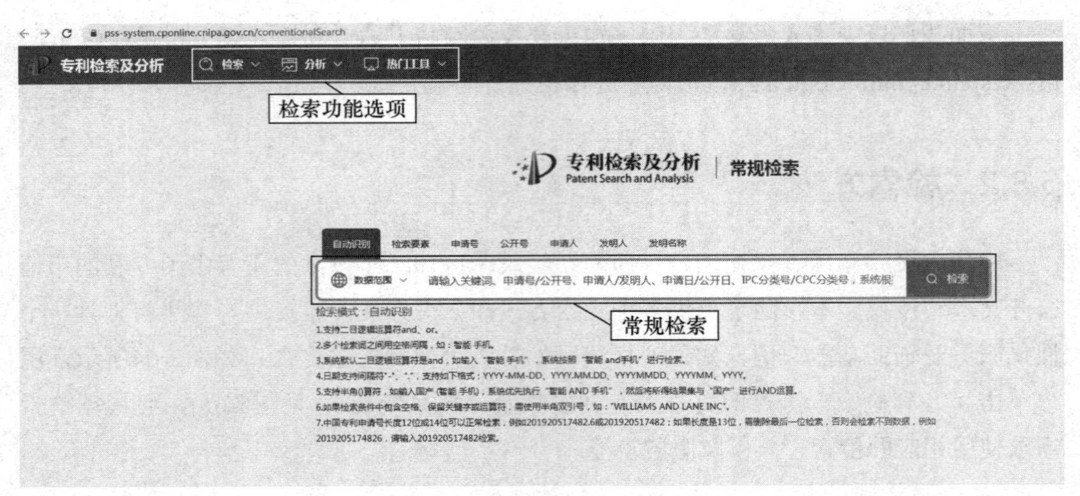

图5-65　专利检索及分析系统首页

1. 常规检索

“常规检索”是专利检索及分析系统默认的页面，如图5-66所示。常规检索是一种方便、快捷的检索模式，可以帮助用户快速定位检索对象(如一篇专利文献或一个专利申请人等)。如果用户的检索目的十分明确，或者初次接触专利检索，则可选择常规检索作为检索入口。

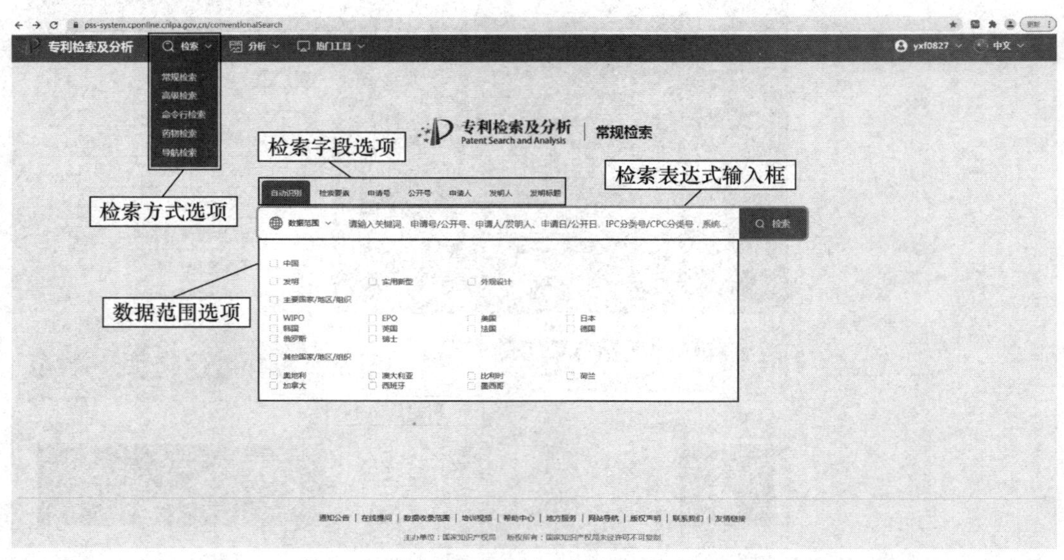

图5-66　专利检索及分析系统的常规检索页面

2. 高级检索

单击专利检索及分析系统首页上方菜单导航中的“检索”，选中下拉菜单中的“高级检索”选项，可进入高级检索页面(见图5-67)。高级检索页面主要包含3个区域：检索范围、检索项和检索式编辑区。

高级检索主要根据收录数据范围提供丰富的检索入口以及智能辅助的检索功能。用户可以根据自身的检索需求，在相应的检索表格项中输入相关的检索要素，并确定这些检索项目之间的逻辑运算，进而组成检索式进行检索。如果用户希望获取更加全面的专利信息，或者用户对技术关键词掌握得不够全面，那么可以利用系统提供的“智能扩展”功能辅助扩展检索要素信息。

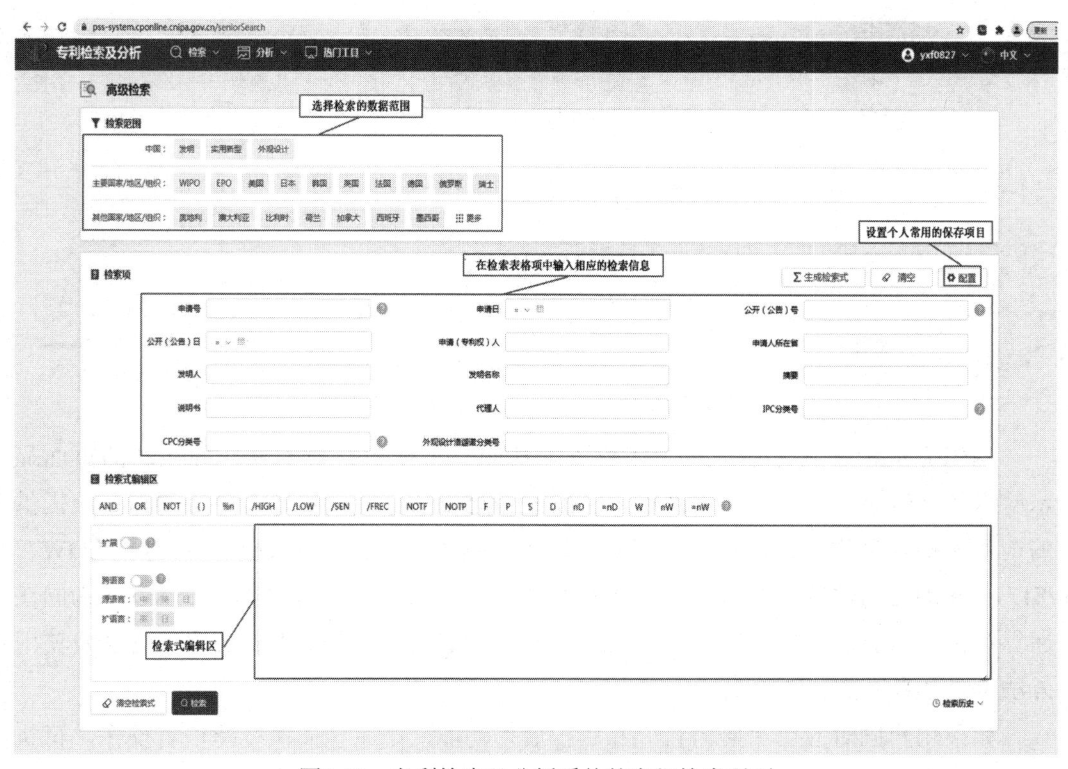

图5-67　专利检索及分析系统的高级检索页面

在高级检索页面中，用户可以通过将鼠标移至检索表格项区域查看检索字段的应用说明信息。其中，“申请号”“公开(公告号)”“IPC分类号”“CPC 分类号”这4项有操作助手按钮，单击“？”按钮，可以进行具体查询。

用户按照一定的逻辑将表格项中的检索条件拼接完成后，可以在检索式编辑区中生成检索式，也可以随时调整检索式的内容。例如，如果想了解华为公司在国内申请的手机方面的专利情况，可在“公开(公告)号”字段中输入“CN”；在“申请(专利权)人”字段中输入关键词“华为”；在“发明名称”字段中输入关键词“手机”。输入检索关键词之后，用户可以通过单击页面上的“生成检索式”按钮生成检索式，构建后的检索式显示在检索式编辑区中，如图5-68所示。

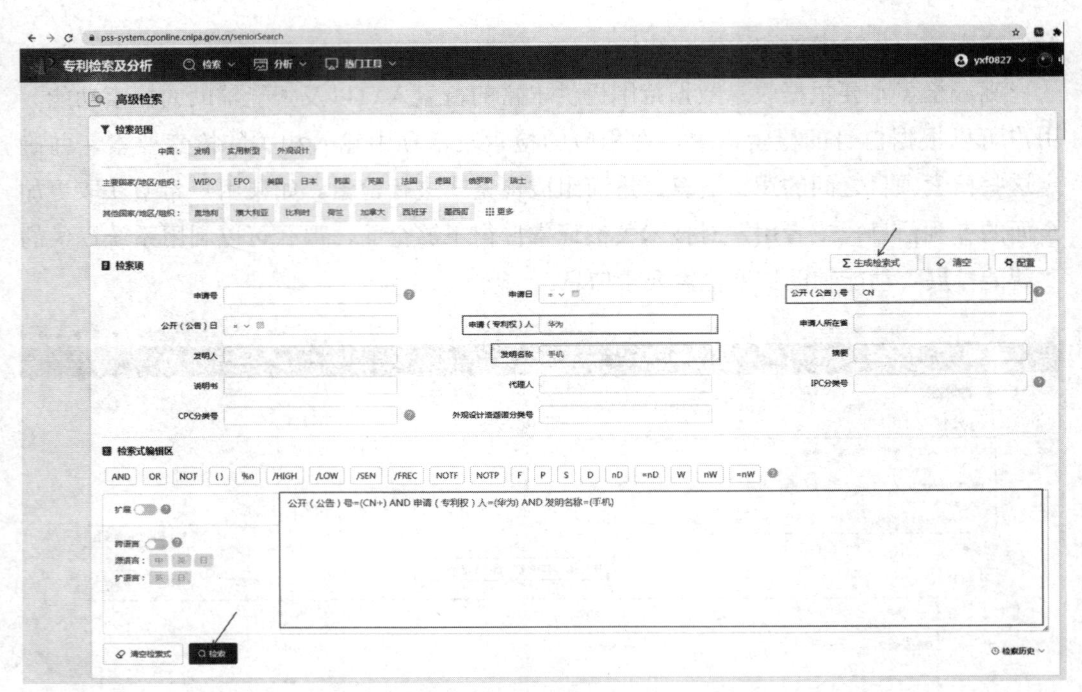

图5-68　专利检索及分析系统的高级检索生成检索式页面

编辑完成检索式之后，单击“检索”按钮，系统执行检索操作并在新的页面显示检索统计结果。如果用户手动输入检索式信息，那么检索字段名称必须与系统提供的检索表格项名称一致，且所有运算符均为半角符号。其中，%n、/HIGH、/LOW、/SEN、/FREC为位置运算符或频率运算符； F、P、S、NOTF、NOTP、NOTS为同在运算符；D、nD、=nD、W、nW、=nW为临近运算符，上述运算符的具体含义及使用方法可参考系统的使用手册。

如果用户同时应用“跨语言”和“扩展”功能，则系统先执行跨语言操作，再执行扩展操作。支持扩展检索的检索表格项包括申请号、公开(公告)号、发明名称、IPC分类号、申请(专利权)人、发明人、摘要、权利要求、说明书、关键词。支持跨语言检索的检索表格项包括发明名称、申请(专利权)人、发明人、摘要、权利要求、说明书、关键词。

3. 命令行检索

单击专利检索及分析系统首页上方菜单导航中的“检索”，选择下拉菜单中的“命令行检索”，即可进入命令行检索页面。命令行检索提供专业化的检索模式，该检索模式支持以命令的方式进行检索、浏览等操作。

检索时，可以通过编辑检索式来使用系统检索功能实现检索需求，用户可以根据检索需求选择检索字段及使用布尔逻辑等运算符编辑检索式(简称检索式)。例如，编辑检索式：发明名称=(发动机) AND 申请人所在国(省)=(辽宁)。

下面以检索“智能手机”为例，说明命令行检索的使用方法。单击页面中命令编辑区右侧的“展开检索字段”按钮，在展开的字段列表中单击“发明名称”，并在添加到命令编辑区内的“ TI”字段对应的括号中输入关键词“手机”，然后单击逻辑算符“AND”，系统自动将其加入到命令行编辑区，最后在字段列表中单击“摘要”，并在“ABS”字段对应的括号中输入关键词“智能”，如此便完成了基本检索式的构建。在完成检索式构建之后，用户可以直接单击“回车键”执行检索操作。检索后的命令编辑区如图5-69所示。

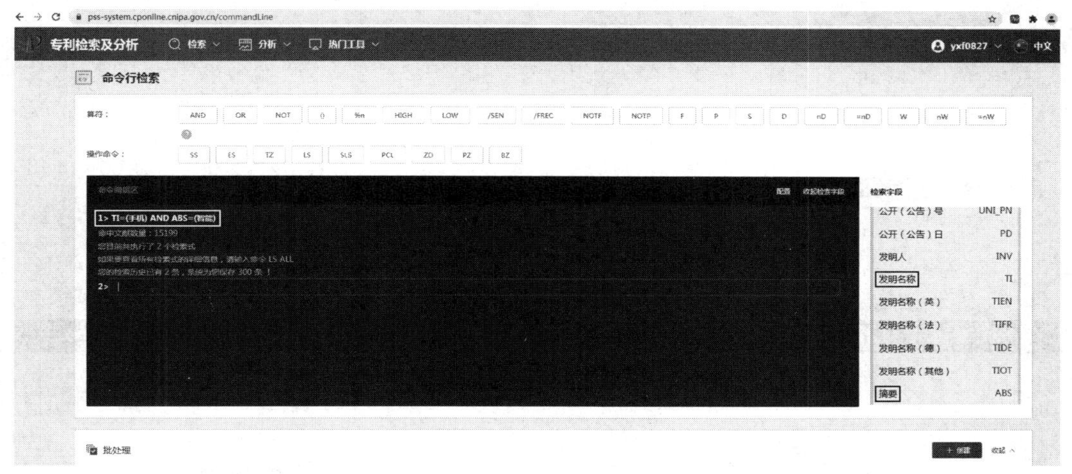

图5-69　专利检索及分析系统命令行检索后的命令编辑区页面

4. 药物检索

药物检索基于药物专题库的检索功能，为从事医药化学领域研究的用户提供检索服务。用户可以使用此功能检索出西药化合物和中药方剂等多种药物专利信息。

单击专利检索及分析系统首页上方菜单导航中的“检索”，选择下拉菜单中的“药物检索”，即可进入药物检索页面。系统提供高级检索、方剂检索和结构式检索3种检索模式，以便用户快速定位文献。

在药物检索专题页面，系统默认显示“高级检索”页面，在对应输入框输入查询内容，或者在检索式编辑区编辑检索式后，单击“检索”按钮执行检索操作即可显示检索结果，页面如图5-70所示。

5. 导航检索

单击专利检索及分析系统首页上方菜单导航中的“检索”，选择下拉菜单中的“导航检索”，即可进入导航检索页面。专利检索及分析系统提供IPC导航(见图5-71)、CPC 导航和国民经济分类导航3种方式。

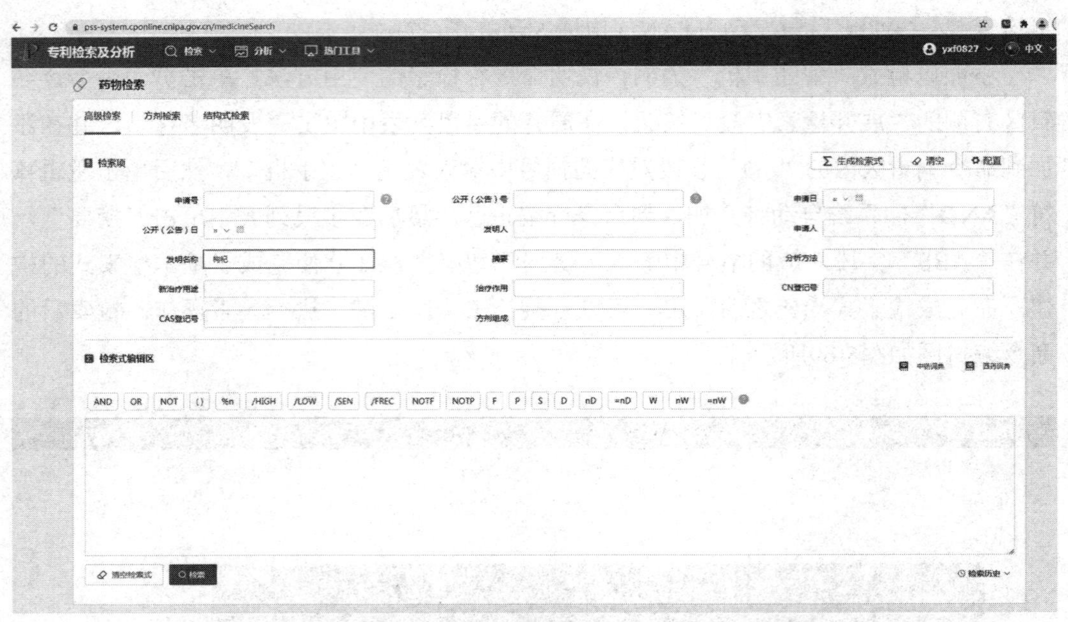

图5-70　专利检索及分析系统药物检索的高级检索页面

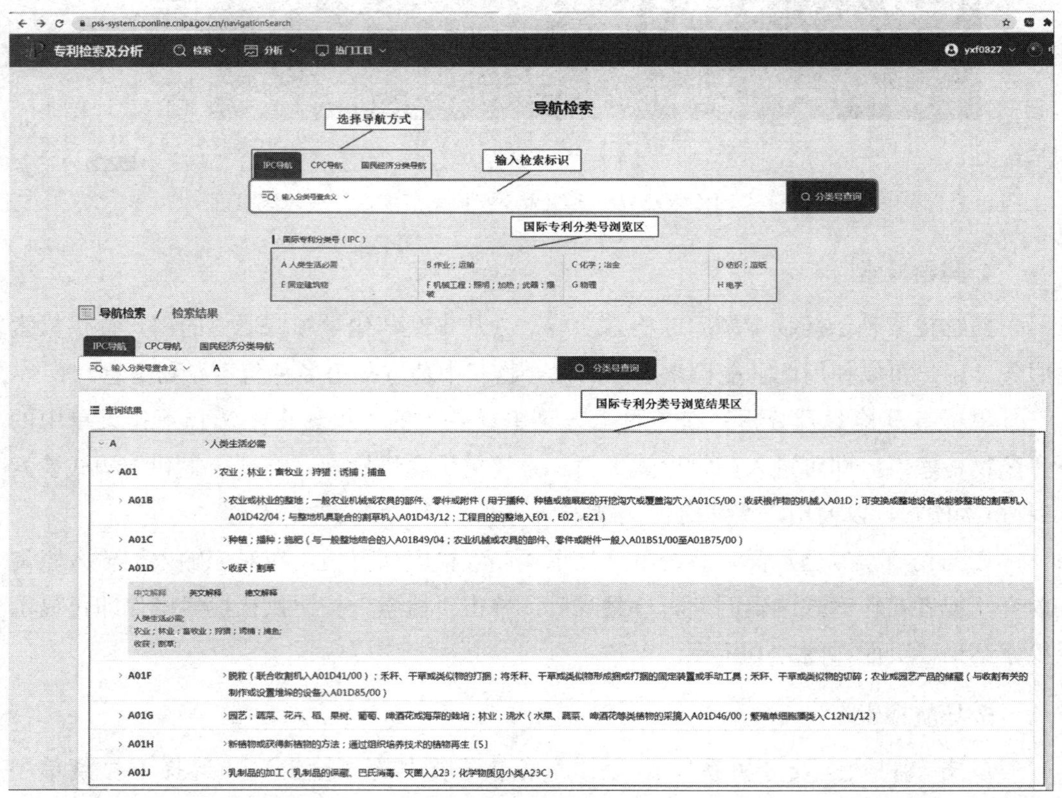

图5-71　专利检索及分析系统的“IPC导航”页面

IPC查询是一种快速查询分类号含义的工具。如果用户希望了解指定分类号的含义或者指定技术所属分类体系，则可以通过该工具获得最直接的帮助。

选择需要导航的方式，如“IPC导航”，在“输入分类号查含义”或“输入关键词查分类号”选项中输入分类号或关键词，单击“分类号查询”按钮，即可进行相关信息查询；也可选择在“国际专利分类号(IPC)”浏览区按照分类号逐级浏览，直至找到所需要的信息。

6. 检索历史

检索历史主要为注册用户提供了记录检索过程和基于检索过程应用策略的各类功能。检索是一项循序渐进的过程，而复杂的检索思路的实现更依赖于对整个检索过程的反复运用。因此，检索历史管理充分借鉴实际检索过程的业务场景，为用户提供了多个角度的功能服务。在检索历史管理中，用户不仅可以浏览执行过的检索式信息，还可基于历史检索式进行二次检索和限定检索的检索策略运用，也可基于检索式进行复杂的检索式运算。系统按照数据范围分类管理检索式信息，类别主要包括文摘库检索历史、药物专题检索历史和方剂检索历史。

注册并登录专利检索及分析系统后，在个人中心页面左侧，单击“检索历史”按钮，即可进入检索历史页面(见图5-72)，在该页面可对历史检索式进行删除、导出、加入分析库等操作，其中检索式最大储存数量为300条。在浏览检索历史的过程中，用户可以基于指定检索式的检索结果，并结合检索思路进行二次检索。如果用户的检索思路需要对已经执行过的检索式进行检索结果间的去重或者合并等复杂的运算操作，那么可以利用“检索式运算”功能来实现，在“检索式运算”右侧的输入框中输入检索式序号和运算符，可将检索历史之间进行检索式运算操作，单击“执行”按钮，系统执行检索操作并在新的页面显示检索统计结果。

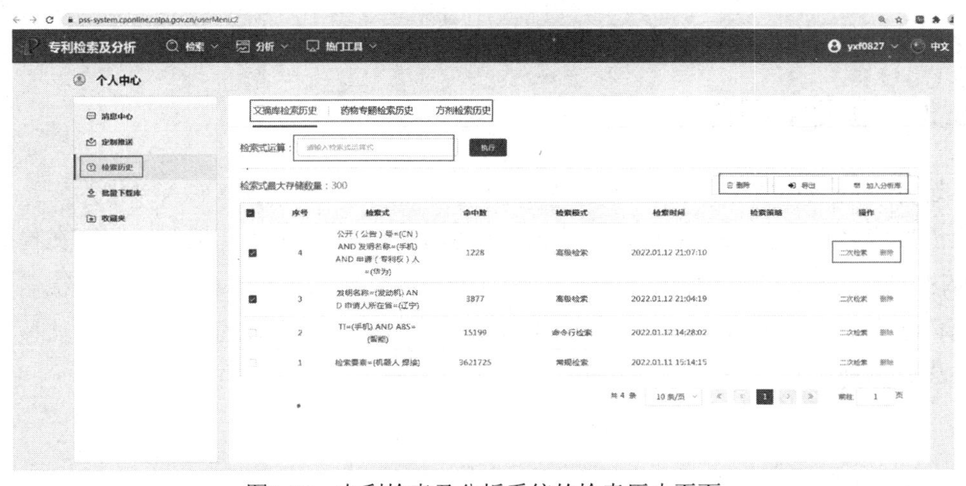

图5-72　专利检索及分析系统的检索历史页面

7. 法律状态查询

通过文献号可以查询出该文献的法律状态信息。同时，系统支持通过法律状态进行检索，还支持使用法律状态与其他著录项目进行联合检索。单击专利检索及分析系统首页上方“热门工具”下拉菜单中的“法律状态查询”选项，可进入“法律状态查询”页面。

基于法律状态查询提供的功能，接下来主要介绍申请号和公开号两种查询方式的应用。如果用户需要根据申请号查询法律状态，那么可以在“申请号输入框”中输入申请号，然后选择查询字段为“申请号”，单击“查询”按钮进行查询。如果用户需要根据公开号查询法律状态，那么可以在“公开号输入框”中输入公开号，然后选择查询字段为“公开号”，单击 “查询”按钮进行查询。例如，在“公开号输入框”中输入公开号“CN107607573A”，单击“查询”按钮，法律状态查询结果页面如图5-73所示。

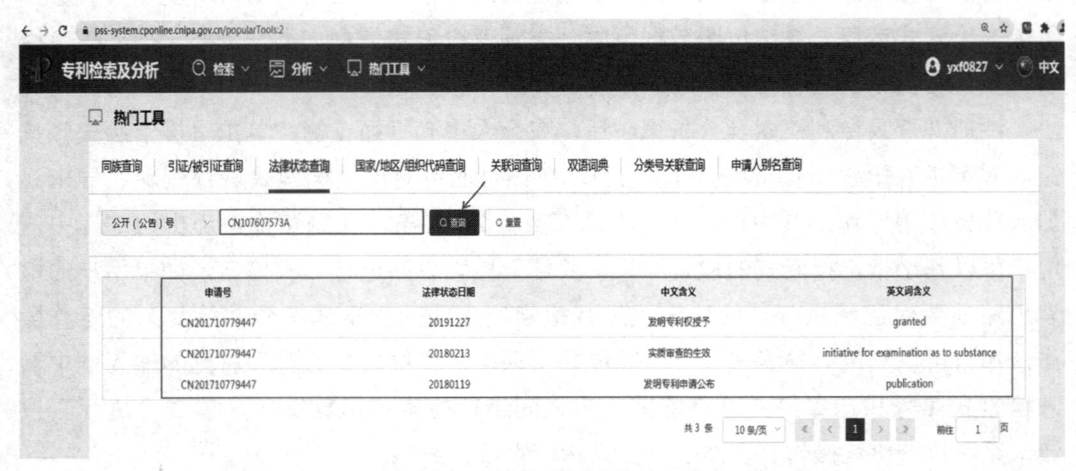

图5-73　专利检索及分析系统的法律状态查询结果页面

5.8.3 检索结果处理

选择“高级检索”，在检索项“申请(专利权)人”输入框中输入“华为”，在检索项“发明名称”输入框中输入“手机”，单击“生成检索式”按钮，即可在检索式编辑区生成检索式“申请(专利权)人=(华为) AND 发明名称=(手机)”，实施检索后，得到1 327条记录，检索结果页面如图5-74所示。检索结果列表的排序方式默认按照申请日降序排列。

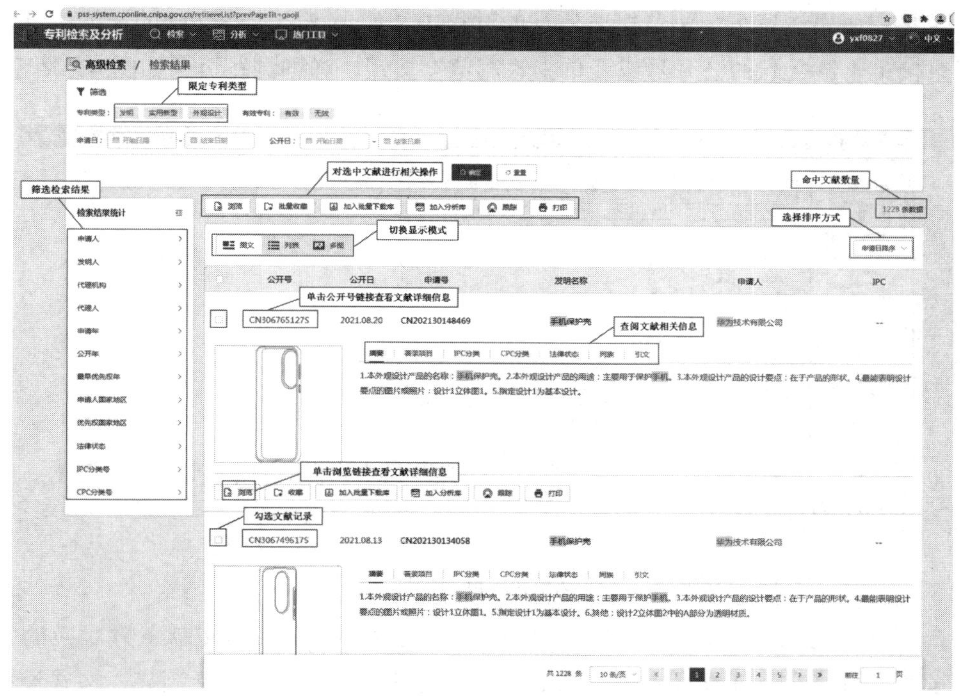

图5-74　专利检索及分析系统的检索结果页面

1. 概要浏览

概要浏览是常规检索与高级检索默认的检索结果展现方式。当用户通过某种检索方式检索之后，系统按照默认的配置以图文的方式展现检索结果信息。用户可通过概要浏览快速了解专利文献的基本信息，为了便于用户深入了解指定专利文献的信息，系统还提供了丰富多样的辅助工具。

在概要浏览页面中，可对检索结果进行发明类型、申请日、公开日等字段的限定；可通过按钮对显示模式“图文”“列表”“多图”进行切换；可对检索结果按照“申请日降序”“申请日升序”“公开日降序”“公开日升序”进行排列；可查看文献的摘要、著录项目、IPC分类、CPC分类、法律状态、同族、引文等信息；选中某篇文献，可实现对文献的浏览、批量收藏、加入批量下载库、加入分析库、跟踪、打印等功能。

2. 详细浏览

详细浏览是全面浏览专利文献信息的浏览模式。通过该种浏览模式，用户可以全面掌握专利文献的技术实现原理。用户在详细浏览中可以查看文献的著录项目、全文文本以及全文图像等信息。为了便于快速定位文献的核心价值，系统还提供了多种辅助浏览工具。

用户在概要浏览页面浏览概要信息的过程中，如果需要查看文献的详细信息，则可以直接单击该文献的公开号或者单击“浏览”按钮，详细浏览页面如图5-75所示。

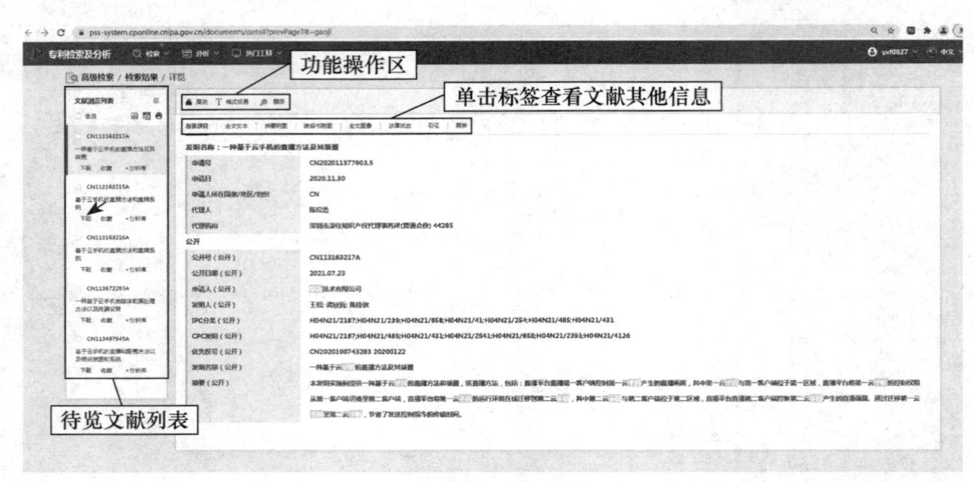

图5-75　专利检索及分析系统的详细浏览页面

在详细浏览页面中，页面左侧为待览文献列表，单击某篇文献下方对应的“下载”按钮，可将文献保存到本地。页面右上方为功能操作区，包括高亮、格式设置、翻译等功能，可以通过功能操作区提供的功能辅助浏览和管理文献信息，包括著录项目、全文文本、全文图像、摘要附图、说明书附图、法律状态、引证、同族等，还可以查看每个部分对象的详细信息。

为了便于离线查看专利文献信息，用户在详细浏览页面中可以通过“下载文献”功能将文件保存到本地。在图5-76所示的文献下载设置页面中，用户可以选择需要下载的内容(如著录项目、全文文本、全文图像等)，然后输入验证码，单击“确定”按钮，即可以压缩包的形式下载保存。打开下载文件，专利说明书全文页面如图5-77所示。

图5-76　专利检索及分析系统的文献下载设置页面

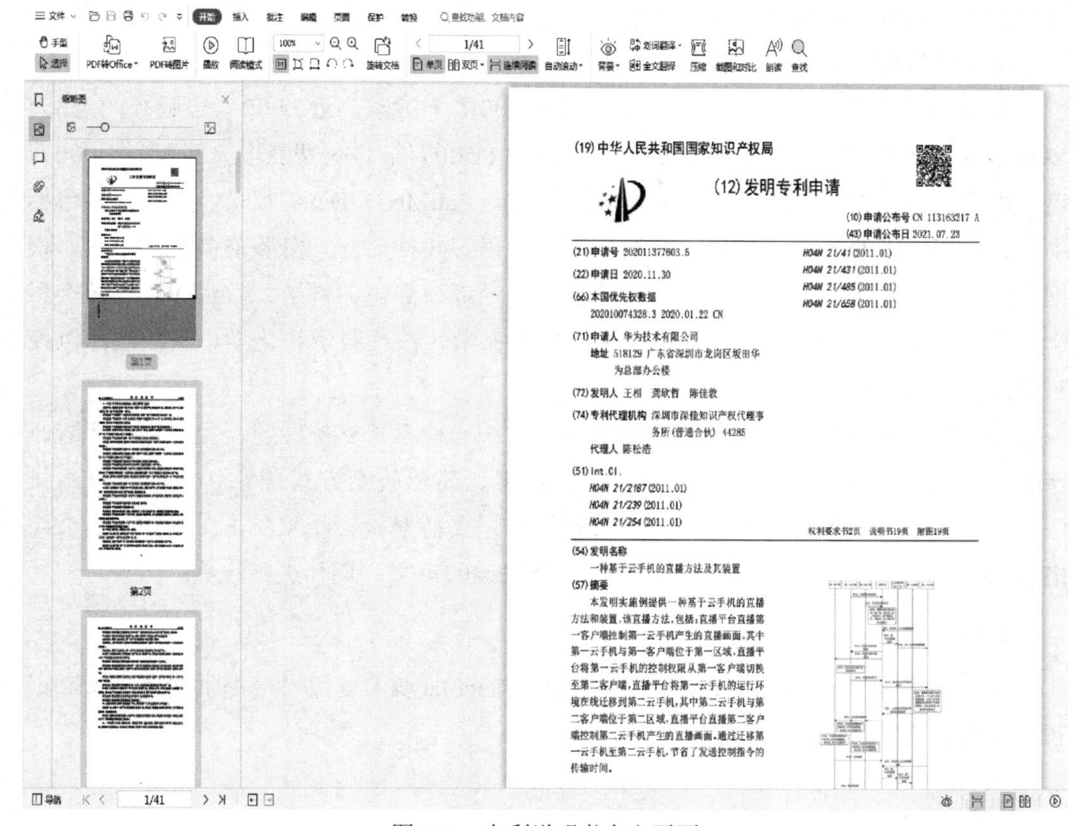

图5-77　专利说明书全文页面

5.9 开放存取资源

5.9.1 Socolar学术资源平台

1. 简介

随着网络技术的发展，Open Access(OA)资源得到了空前的发展。OA期刊和OA仓储为研究人员获取学术资源提供了一条新途径。Socolar平台(http://www.socolar.com/)是由中国教育图书进出口公司研发的OA资源一站式检索服务平台，基于10余年的运营经验，该公司对Socolar平台进行了全新改版升级。新版Socolar平台在数据支持、技术架构、功能服务等多方面进行了全新升级，在完善原有的开放获取学术资源服务的前提下，新增付费文献单篇的及时获取服务，从而提升对机构的服务能力；新增机构管理功能，实现机构管理员随时调配、实时监控资源使用情况等全新功能，真正实现了学术文献资源集成一站式服务。

Socolar学术资源平台内容涵盖来自全球100多个国家，近7 000家出版社的近3万多种学术期刊资源。其中，开放获取文章超过1 500万篇，付费获取文章超过5 000万篇，内容广泛被SCI、SSCI、SCIE、AHCI、EI、PubMed、DOAJ收录，文章语种包括中文、英语、西班牙语、德语、葡萄牙语、法语等40种语言。资源覆盖全部学科，根据中图分类法，其中医药、卫生、工业技术、经济、文化、科学、教育体育和社会科学几个大类总数占全部内容的60%以上。生物科学、数理科学和化学、政治法律以及哲学宗教期刊数量也非常可观。

Socolar学术资源平台的主要功能如下：①统一检索：支持标题、关键词、作者、摘要、DOI、出版社等多条件检索，高级检索、简单检索方式任意切换；②分组排序：对检索结果进行筛选和排序；③批量导出：支持对检索结果(BibTex、RIS、CSV格式)进行批量导出；④文献收藏：支持对感兴趣的论文、期刊进行收藏。

2. 检索方法

Socolar学术资源平台首页如图5-78所示。Socolar学术资源平台提供文章检索和期刊检索两种检索方法。

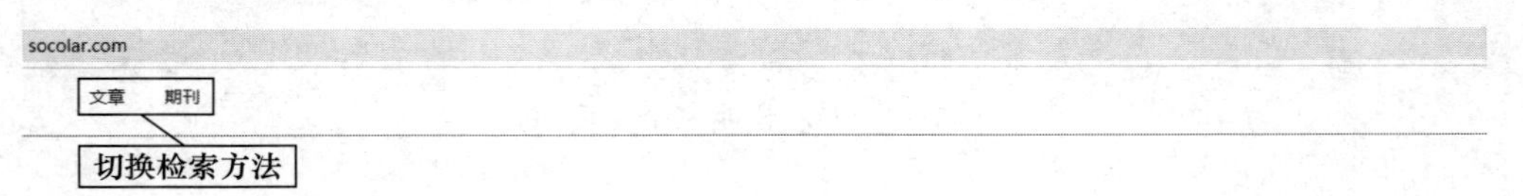

图5-78 Socolar学术资源平台首页

1) 文章检索

文章检索分为文章简单检索和文章高级检索两种。Socolar平台主页默认的是文章简单检索，单击首页上方导航栏中的“文章”按钮，即可进入文章高级检索页面(见图5-79)。简单检索提供的检索字段有标题、作者、作者单位、摘要、关键词、来源出版物、出版社名称、ISSN/ISBN、DOI和全部字段等。高级检索提供多字段组合检索，可检索的字段基本上与简单检索相同，但用户还可以对出版年代范围进行限定。

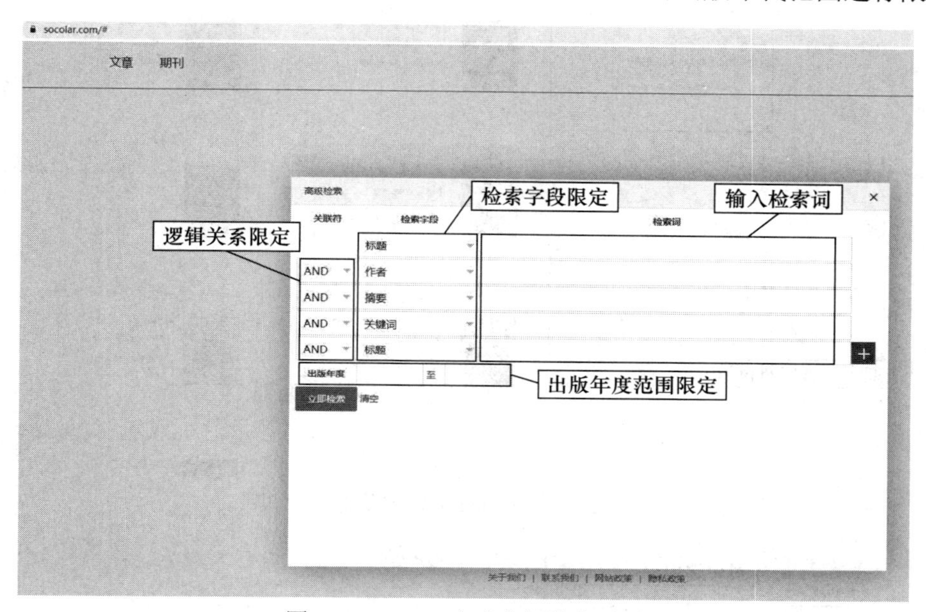

图5-79　Socolar文章高级检索页面

2) 期刊检索

在Socolar学术资源平台的任何一个栏目里，单击导航栏的“期刊”按钮即可进入期刊检索页面(见图5-80)。期刊检索可供检索的字段有ISSN、刊名、出版社。期刊检索平台同时还提供按出版社和按期刊名首字母顺序两种浏览方式，用户可根据需要选择不同的检索方式。

3. 检索结果处理

执行高级检索后，检索结果页面(见图5-81)会显示文献的基本信息，包括标题、作者、出版物名称及相应出版年份、卷(期)号等。勾选页面左侧全文选项中的“开放获取”，再单击“限定”按钮，即可查看或下载文章原文，而非开放获取文献需要购买后才能查看全文。如果用户想通过查看摘要进一步确认是否有必要获取原文，那么可单击文献标题进入文献详细信息页面查看该文摘要及关键词等信息，然后由详细信息页面全文链接获取原文。单击详细信息页面的论文来源出版物名称链接，可转到该期刊历史卷期列表页面，方便用户查阅更多的文献信息。

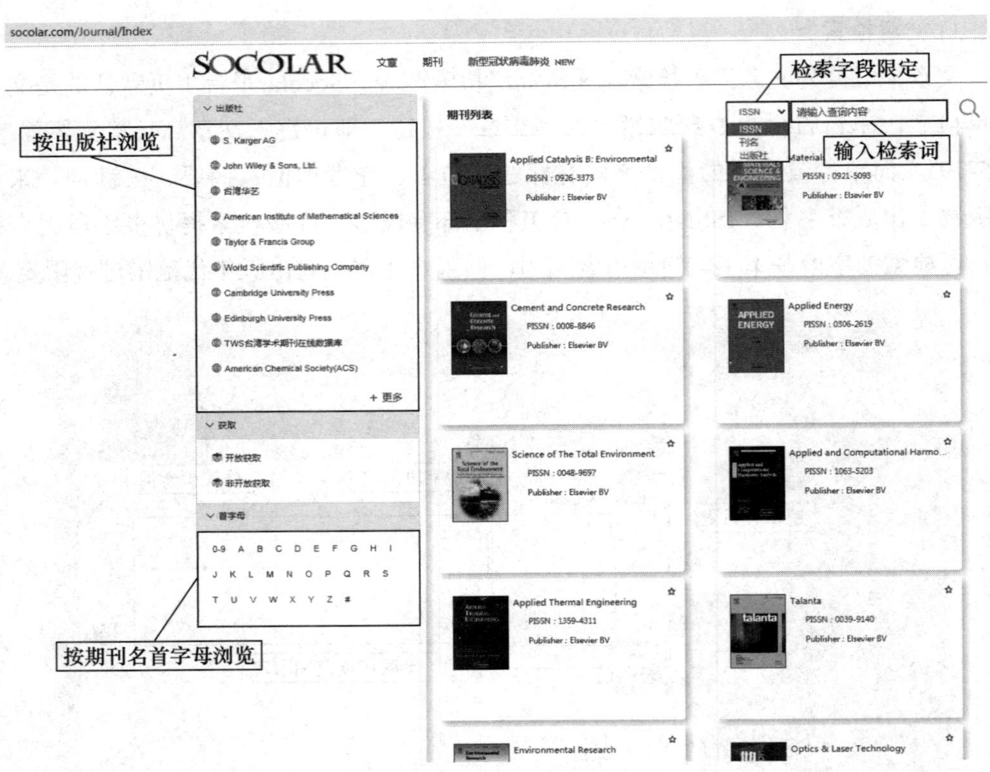

图5-80　Socolar期刊检索页面

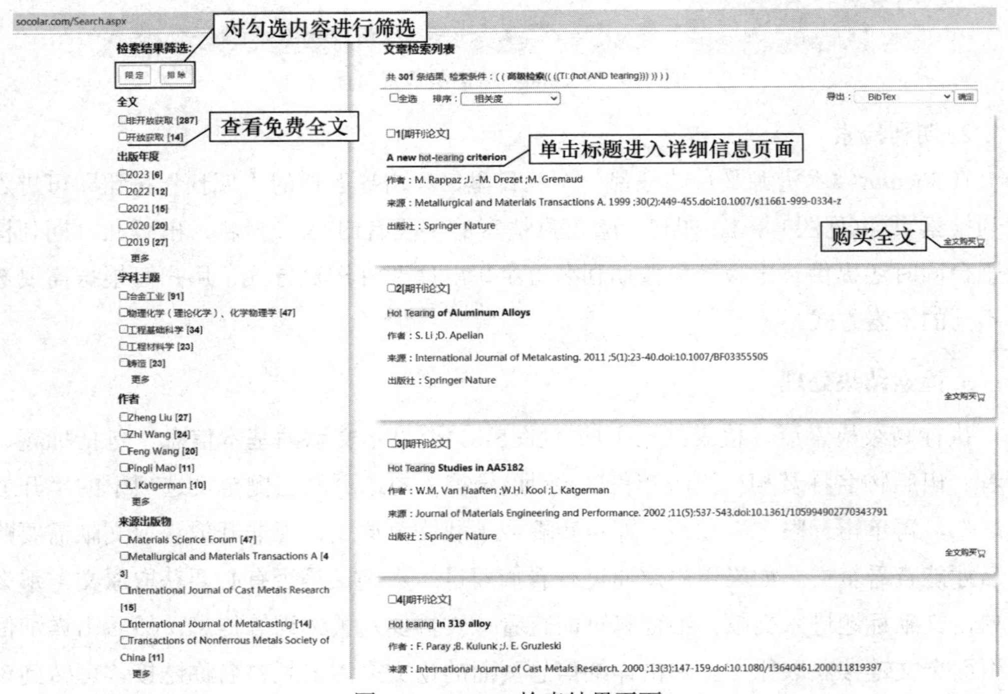

图5-81　Socolar检索结果页面

用户单击其中一篇“开放获取”文献的全文链接，可查看其全文内容，查看全文页面如图5-82所示。

图5-82 Socolar查看全文页面

5.9.2 DOAJ开放存取期刊目录

1. 简介

DOAJ(Directory of Open Access Journals)(http://www.doaj.org/)是瑞典隆德大学(Lund University)图书馆于2003年推出的开放存取期刊目录检索系统，收录的期刊均为学术性、研究性期刊。该系统收录期刊的文章都是经过同行评议或严格评审的，质量较高，其优势在于对收录的期刊有着严格的质量控制，包括很多SCI收录的期刊。截至2024年6月底，该系统已经收录2万余种开放获取期刊，1 000万余篇开放获取论文，涵盖科学、技术、医学、社会科学、艺术与人文科学等全部学科领域。

2. 检索方法

DOAJ首页如图5-83所示。DOAJ提供“Journals”和“Articles”两种检索方式。“Journals”检索能够检索到包含与检索主题相关的期刊，“Articles”检索可直接检索出对应主题的文献。“Journals”检索提供“In all fields”“Title”“ISSN”“Subject”“Publisher”5个检索字段；“Articles”检索提供“In all fields”“Title”“Abstract”“Subject”“Author”5个检索字段。

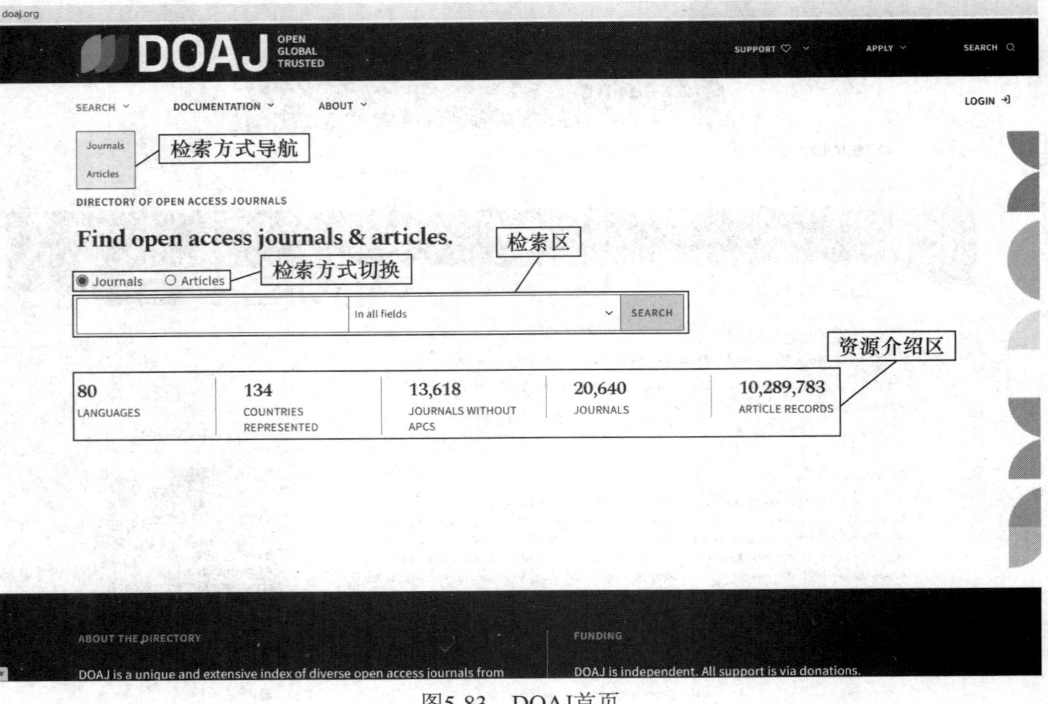

图5-83 DOAJ首页

用户可在检索区的检索输入框中输入检索词进行检索，也可以单击页面上方导航区的“Journals”或“Articles”按钮进入高级检索页面。

“Journals”高级检索页面如图5-84所示。“Journals”高级检索字段选项下拉菜单提供“All fields”“Title”“Keywords”“Subject”“ISSN”“Publisher”“Country of publisher”“Journal language”等多个选项。

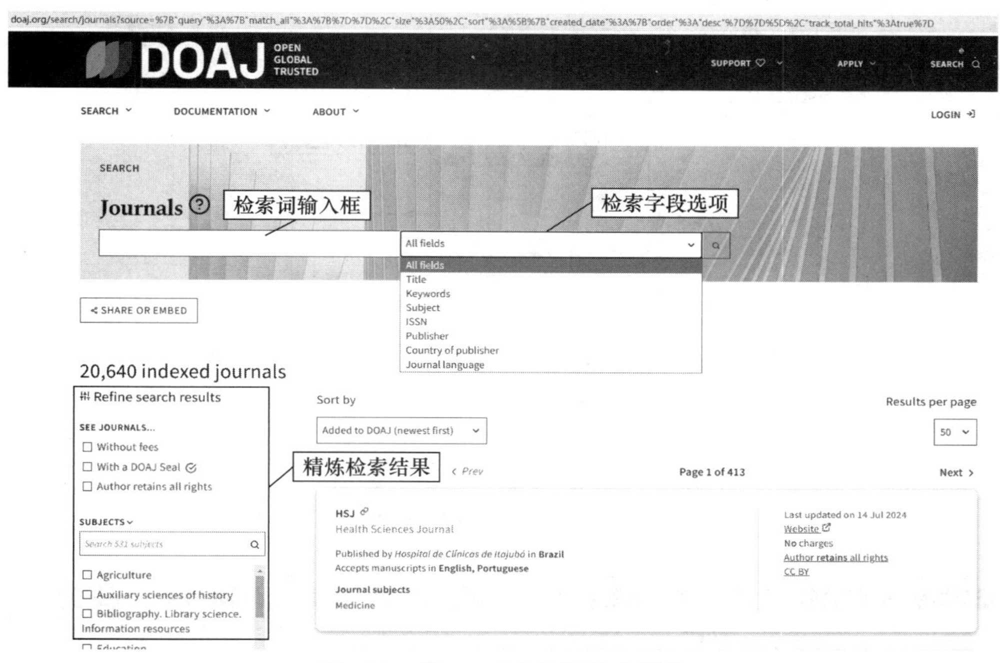

图5-84　“Journals”高级检索页面

“Articles”高级检索页面如图5-85所示。“Articles”高级检索字段选项下拉菜单提供“All fields”“Title”“Abstract”“Keywords”“Subject”“Author”“ORCID”“DOI”“Language”等多个选项。

3. 检索结果处理

“Articles”高级检索结果页面(见图5-86)显示文献的基本信息，如刊名、标题、作者、关键词、摘要等。单击刊名链接可转到该期刊介绍和历史卷期列表页面进一步查看有关信息；单击文献标题进入文献详细信息页面，可查看作者所在的机构、DOI、文献所属期刊卷(期)号及页码等信息。单击“Read online”按钮可查看全文，DOAJ提供的全文通常是HTML或PDF格式的，目前DOAJ只能直接提供命中文献的部分全文，多数全文需要链接到期刊出版商页面，方可进一步查看、下载全文。

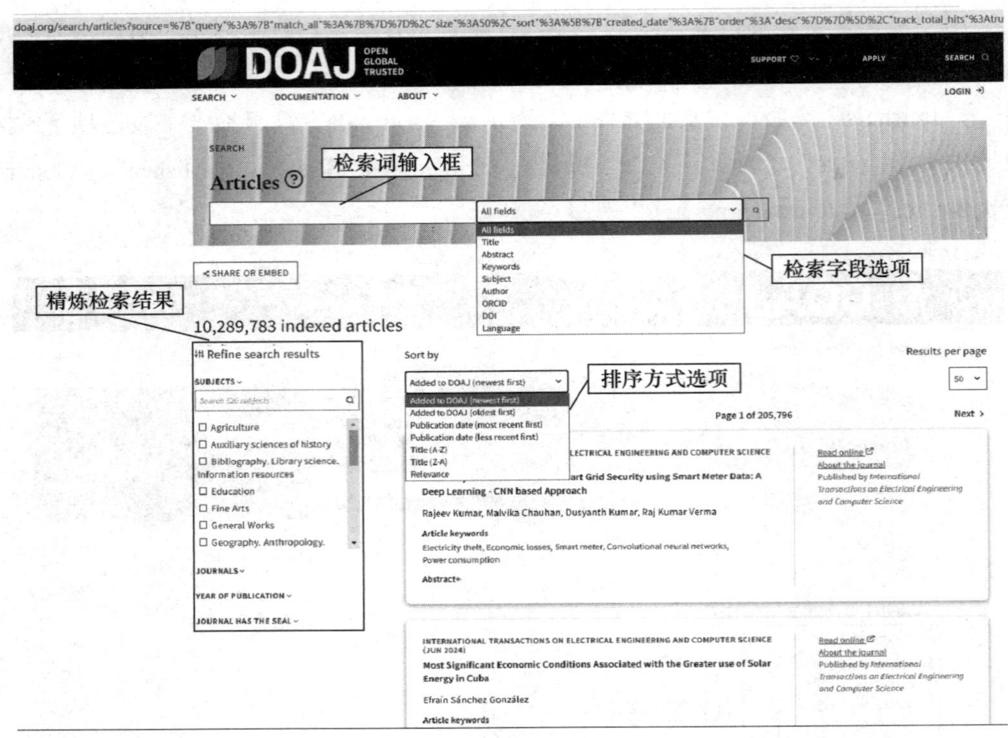

图5-85　“Articles”高级检索页面

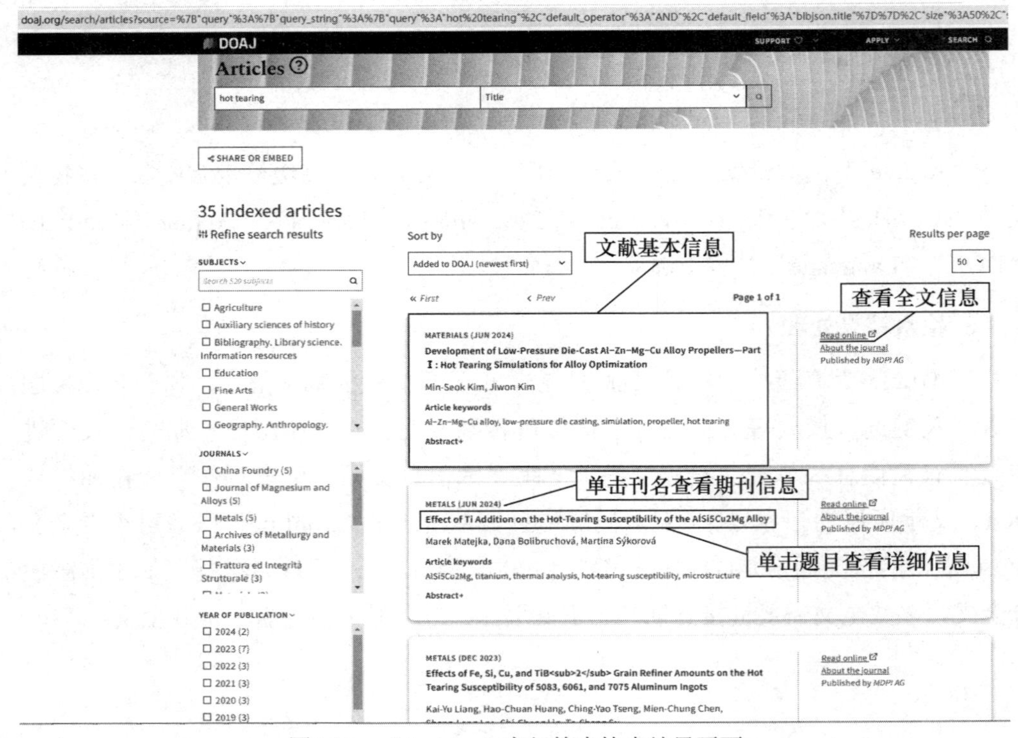

图5-86　“Articles”高级检索检索结果页面

5.10 利用文献传递获取全文文献

当用户通过查阅全文数字资源、馆藏纸本资源或其他免费网络资源都无法获得所需的全文文献时，可通过馆际互借与文献传递服务系统向文献服务机构发出文献申请，以获取所需文献全文。下面介绍几种常用的文献传递系统。

5.10.1 读秀学术搜索

1. 简介

读秀学术搜索(http://www.duxiu.com/)是由超星公司开发的一个面向全球的互联网文献资源检索系统。它是以700万种中文图书题录信息、349万种中文图书、10亿页全文资料为基础，集文献搜索、试读、传递为一体，为用户提供深入文献的章节和全文检索，并提供文献传递服务的平台。通过读秀学术搜索，读者能一站式搜索馆藏纸质图书、电子图书、随书光盘等学术资源。

2. 检索方法

读秀学术搜索提供读秀知识频道、图书频道、期刊频道，以及报纸、学位论文、会议论文、音视频、文档、课程、标准、专利、讲座、政府信息等频道。读秀学术搜索首页如图5-87所示。下面主要介绍知识搜索和图书搜索两种检索方法。

图5-87　读秀学术搜索首页

1) 知识搜索

读秀学术搜索首页默认的是知识频道的全文检索页面。知识搜索是在图书资料的章节、内容中搜索含有检索词内容的知识点，为用户提供突破原有的从一本本图书中翻找知识点的新的搜索体验，更有利于资料的收集和查找。检索时，在检索框中输入检索词，单击“中文搜索”即可。

2) 图书搜索

单击读秀学术搜索首页的“图书”按钮，即可进入图书频道首页，如图5-88所示。

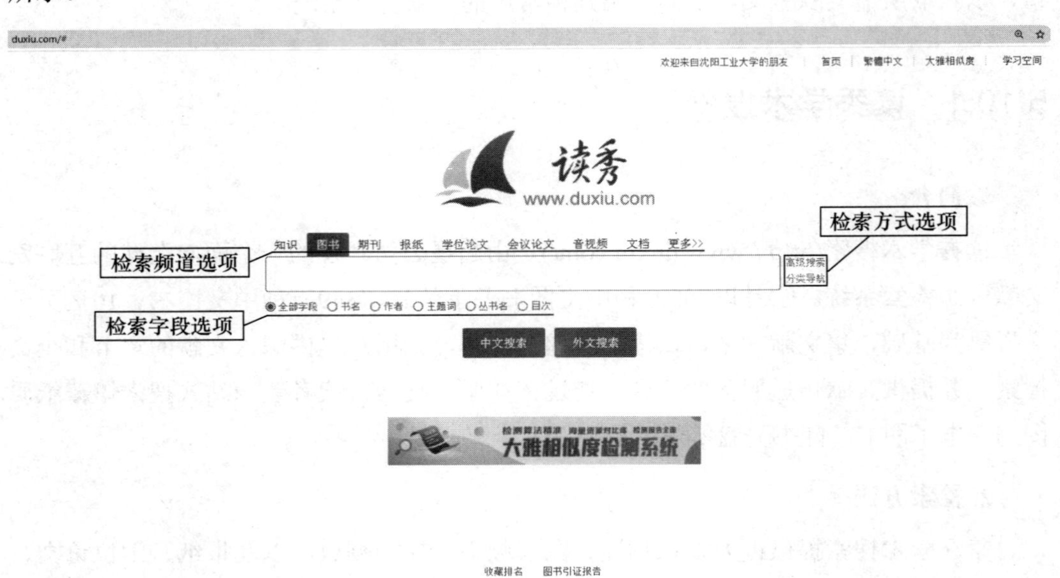

图5-88　读秀学术搜索图书频道首页

图书搜索分为简单检索、高级搜索、专业检索和分类导航4种方式。

(1) 简单检索。平台提供全部字段、书名、作者、主题词、丛书名及目次6个字段选项，用户可以根据需要选择检索字段，并在检索框内输入检索词，检索框右侧为检索方式的切换按钮。

(2) 高级搜索。单击图书频道首页检索框右侧的“高级搜索”链接，可进入图书频道高级搜索页面(见图5-89)。该页面提供书名、作者、主题词、出版社、ISBN、分类、年代等多个检索项，用户可根据需要完成一个或多个检索项的填写，字段之间是逻辑“与”的关系。用户单击“切换至专业搜索”按钮即可进入“专业检索”。

(3) 专业检索。用户进行专业检索时，需要针对检索需求，对检索词的字段、逻辑关系及运算顺序进行限定，构建检索提问式，以获得更精确的检索结果。图书频道专业检索页面如图5-90所示。

book.duxiu.com/advsearch.jsp

切换按钮

读秀 中文图书高级搜索 切换至专业搜索

书名：包含 要搜索的图书书名
作者： 要搜索的图书作者
主题词： 要搜索的图书主题词
出版社： 要搜索的图书出版社
ISBN： 要搜索的图书ISBN,最少匹配长度为10
分类：全部分类 要搜索的图书分类
中图分类号： 要搜索的图书的中图分类号
年代：请选择 至 请先选择开始年代 要搜索的图书出版年代
搜索结果显示条数：每页显示10条 选择搜索结果显示的条数
高级搜索

图5-89 图书频道高级搜索页面

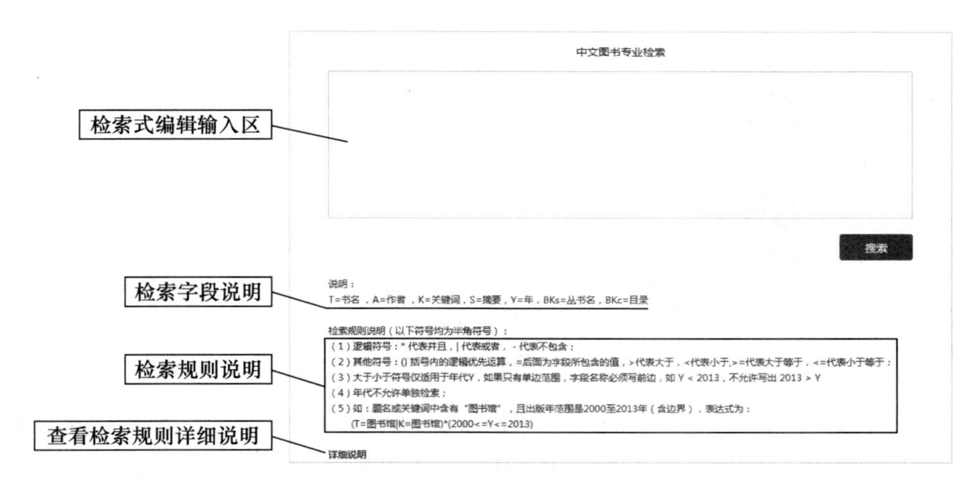

图5-90 图书频道专业检索页面

例如，用户需要查找题名或关键词中含有“3D打印”的图书，且出版年范围是2010至2024年(含边界)，则表达式为：(T=3D打印|K=3D打印)*(2010<=Y<=2024)，运行检索式后的检索结果如图5-91所示。

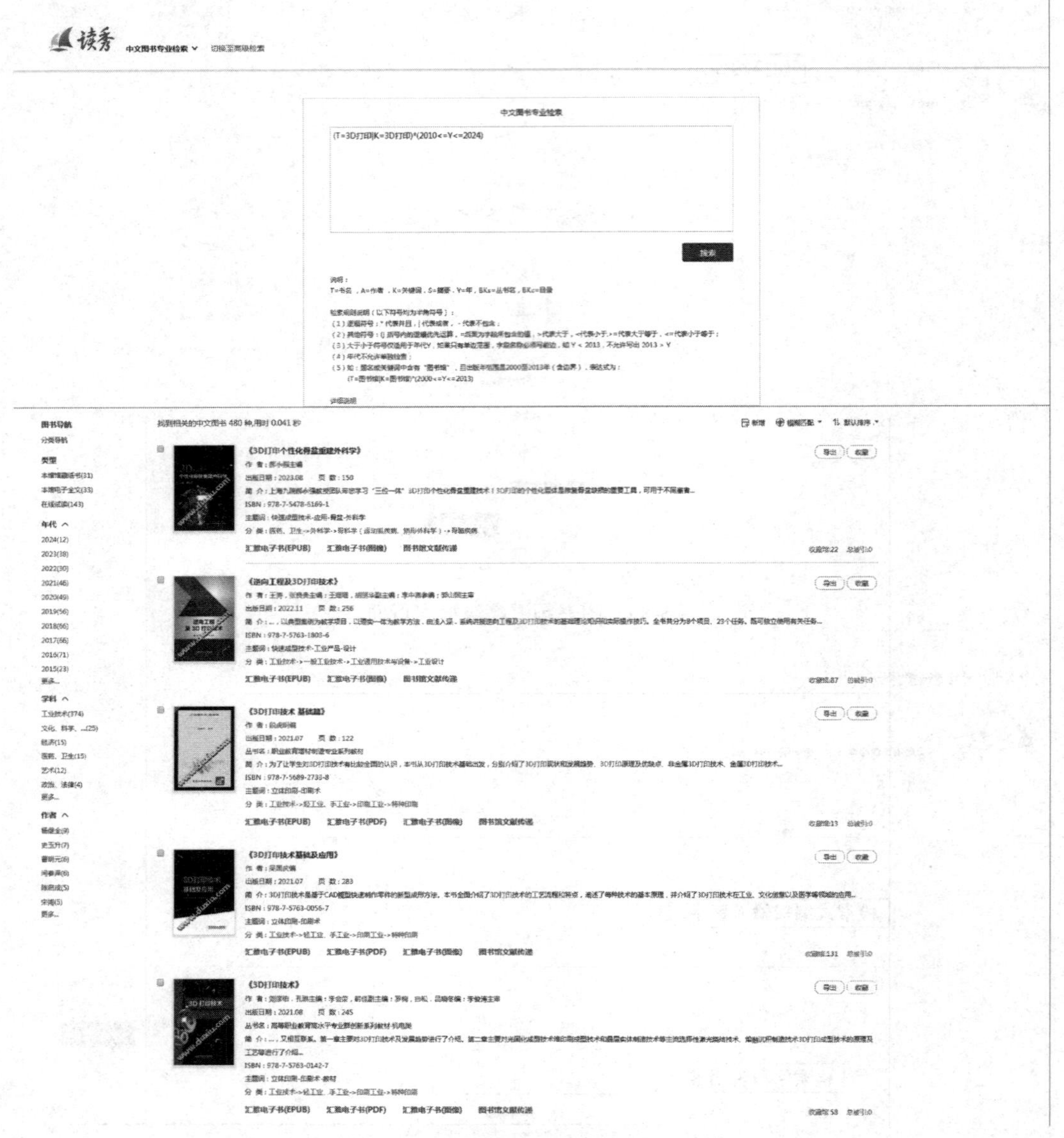

图5-91　图书频道专业检索结果页面

不同的检索频道，可用的检索字段会有所不同。在实际使用时，用户可查看图书频道专业检索页面“详细说明”链接所示的专业检索规则说明。

(4) 分类导航。分类导航将平台上收录的图书按照中图法进行分类，单击一级分类或二级分类的链接，可以看到属于相应类别的图书及其子分类的链接。图书分类导航页面如图5-92所示。

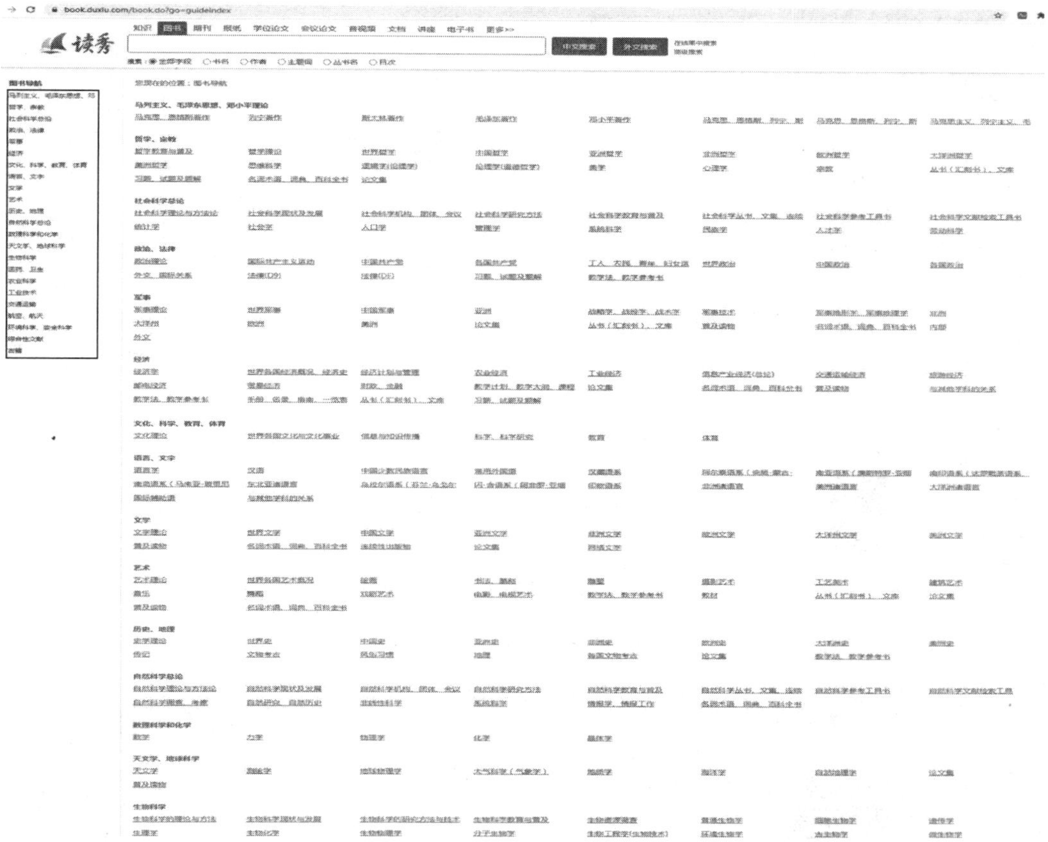

book.duxiu.com/book.do?go=guideindex

读秀

知识 图书 期刊 报纸 学位论文 会议论文 音视频 文档 讲座 电子书 更多>>

中文搜索 外文搜索 在结果中搜索 高级搜索

搜索：全部字段 书名 作者 主题词 丛书名 目次

图书导航

马列主义、毛泽东思想、邓 哲学、宗教 社会科学总论 政治、法律 军事 经济 文化、科学、教育、体育 语言、文字 文学 艺术 历史、地理 自然科学总论 数理科学和化学 天文学、地球科学 生物科学 医药、卫生 农业科学 工业技术 交通运输 航空、航天 环境科学、安全科学 综合性文献 古籍

您现在的位置：图书导航

马列主义、毛泽东思想、邓小平理论

马克思、恩格斯著作 列宁著作 斯大林著作 毛泽东著作 邓小平著作 马克思、恩格斯、列宁、斯 马克思、恩格斯、列宁、斯 马克思主义、列宁主义、毛

哲学、宗教

哲学教育与普及 哲学理论 世界哲学 中国哲学 亚洲哲学 非洲哲学 欧洲哲学 大洋洲哲学 美洲哲学 思维科学 逻辑学(论理学) 伦理学(道德哲学) 美学 心理学 宗教 丛书（汇刻书）、文库 习题、试题及题解 名词术语、词典、百科全书 论文集

社会科学总论

社会科学理论与方法论 社会科学现状及发展 社会科学机构、团体、会议 社会科学研究方法 社会科学教育与普及 社会科学丛书、文集、连续 社会科学参考工具书 社会科学文献检索工具书 统计学 社会学 人口学 管理学 系统科学 民族学 人才学 劳动科学

政治、法律

政治理论 国际共产主义运动 中国共产党 各国共产党 工人、农民、青年、妇女运 世界政治 中国政治 各国政治 外交、国际关系 法律(D9) 法律(DF) 习题、试题及题解 教学法、教学参考书

军事

军事理论 世界军事 中国军事 亚洲 战略学、战役学、战术学 军事技术 军事地形学、军事地理学 非洲 大洋洲 欧洲 美洲 论文集 丛书（汇刻书）、文库 普及读物 名词术语、词典、百科全书 内部 外文

经济

经济学 世界各国经济概况、经济史 经济计划与管理 农业经济 工业经济 信息产业经济(总论) 交通运输经济 旅游经济 邮电经济 贸易经济 财政、金融 教学计划、教学大纲、课程 论文集 名词术语、词典、百科全书 普及读物 与其他学科的关系 教学法、教学参考书 手册、名录、指南、一览表 丛书（汇刻书）、文库 习题、试题及题解

文化、科学、教育、体育

文化理论 世界各国文化和文化事业 信息与知识传播 科学、科学研究 教育 体育

语言、文字

语言学 汉语 中国少数民族语言 常用外国语 汉藏语系 阿尔泰语系（突厥-蒙古-通古斯语系） 南亚语系（澳斯特罗-亚细亚语系） 南印语系（达罗毗荼语系、德拉维达语系） 南岛语系（马来亚-玻里尼西亚语系） 东北亚诸语言 乌拉尔语系（芬兰-乌戈尔语系） 印欧语系 高加索语系（伊比利亚-高加索语系） 非洲诸语言 美洲诸语言 大洋洲诸语言 国际辅助语 与其他学科的关系

文学

文学理论 世界文学 中国文学 亚洲文学 非洲文学 欧洲文学 大洋洲文学 美洲文学 普及读物 名词术语、词典、百科全书 连续性出版物 论文集 网络文学

艺术

艺术理论 世界各国艺术概况 绘画 书法、篆刻 雕塑 摄影艺术 工艺美术 建筑艺术 音乐 舞蹈 戏剧艺术 电影、电视艺术 教学法、教学参考书 教材 丛书（汇刻书）、文库 论文集 普及读物 名词术语、词典、百科全书

历史、地理

史学理论 世界史 中国史 亚洲史 非洲史 欧洲史 大洋洲史 美洲史 传记 文物考古 风俗习惯 地理 各国文物考古 论文集 教学法、教学参考书

自然科学总论

自然科学理论与方法论 自然科学现状及发展 自然科学机构、团体、会议 自然科学研究方法 自然科学教育与普及 自然科学丛书、文集、连续 自然科学参考工具书 自然科学文献检索工具 自然科学调查、考察 自然研究、自然历史 非线性科学 系统科学 情报学、情报工作 名词术语、词典、百科全书

数理科学和化学

数学 力学 物理学 化学 晶体学

天文学、地球科学

天文学 测绘学 地球物理学 大气科学（气象学） 地质学 海洋学 自然地理学 论文集 普及读物

生物科学

生物科学的理论与方法 生物科学现状与发展 生物科学的研究方法与技术 生物科学教育与普及 生物资源调查 普通生物学 细胞生物学 遗传学 生理学 生物化学 生物物理学 分子生物学 生物工程学(生物技术) 环境生物学 古生物学 微生物学

图5-92　图书分类导航页面

3. 获取全文文献

现以获取图书为例，介绍获取全文文献的方法。用户进入图书检索结果页面(见图5-93)后，可以看到页面采用三栏式设计，中间一栏就是检索到的图书列表。用户可以在搜索输入框中再次输入检索词，然后单击“外文搜索”按钮右侧的“在结果中搜索”进行二次检索，也可以使用左侧的聚类按照图书类型、年代、学科、作者显示图书，还可以在右侧将图书按照时间降序、时间升序、访问量、个人收藏量、单位收藏量、引用量、电子馆藏和本馆馆藏排序。

单击图书封面或书名链接，可进入图书详细信息页面(见图5-94)。读秀平台提供“本馆馆藏纸书”“本馆电子全文”（见图5-93页面左侧）“图书馆文献传递”“相似文档”“网络书店”“本省市馆藏借阅”等多种获取图书的渠道。另外，对于用户所在机构没有收藏的图书，平台还提供推荐图书馆购买功能。在图书详细信息页面下方，平台为用户提供了引用该图书的图书列表。

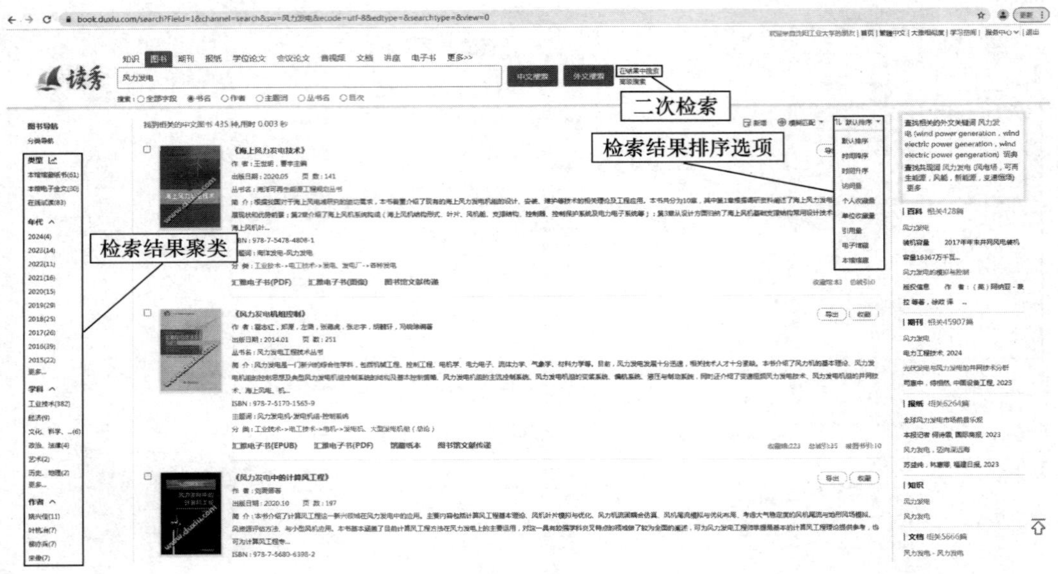

图5-93　图书检索结果页面

图5-94　图书详细信息页面

对于本馆没有收藏的图书，单击“图书馆文献传递”按钮，进入图书馆文献咨询服务中心。用户可在这里填写想要获取该书正文的页码范围，并正确填写邮箱地址和验证码，单击“确认提交”，然后在几分钟之后登录填写的邮箱，就可以看到读秀平台发送的图书信息。读秀平台文献传递页面如图5-95所示。

图5-95　读秀平台文献传递页面

用户在使用文献传递功能时，要遵守平台的服务规定，合理使用资源。

5.10.2　国家科技图书文献中心文献传递系统

1. 简介

国家科技图书文献中心(National Science and Technology Library，NSTL)是科技部联合财政部等六部门，经国务院领导批准，于2000年6月12日成立的一个基于网络环境的科技文献信息资源服务机构，由中国科学院文献情报中心、中国科学技术信息研究所、机械工业信息研究院、冶金工业信息标准研究院、中国化工信息中心、中国农业科学院农业信息研究所、中国医学科学院医学信息研究所、中国标准化研究院国家标准馆和中国计量科学研究院文献馆9个文献信息机构组成。

国家科技图书文献中心面向国家科技创新发展的需求，全面收藏和开发理、工、农、医四大领域的科技文献，已形成集中外文学术期刊、会议录、学位论文、科技报告、图书、专利、标准和计量规程等于一体，印本和网络资源互补的保障格局，是资源丰富、品种齐全的国家级科技文献信息资源保障基地。外文印本文献年度发订品种约2.4万种，其中外文期刊约1.5万种，外文会议录等文献约9 000种；面向全国开通网络版外文现刊400余种，回溯期刊3 589种，OA学术期刊14 000余种等。

2. 检索方法

NSTL平台(http://www.nstl.gov.cn/)提供普通检索、AI检索、高级检索、专业检索和资源导航5种检索方法。

1) 普通检索

NSTL平台首页即为普通检索页面(见图5-96)。普通检索的检索流程分为3步：第1步，选择文献类型，可选择单个文献类型进行单库检索，也可选择多个文献类型进行跨库检索；第2步，输入检索词，多个检索词之间默认为布尔逻辑“与”的关系；第3步，单击“检索”按钮进行检索。

图5-96 NSTL普通检索页面

2) AI检索

单击普通检索页面检索词输入框右侧的“AI检索”进入AI检索页面，可在“AI检索”输入框中输入关键词或一个研究问题进行检索。“AI检索”采用智能算法和模型技术，挖掘隐藏在数据背后真正有价值的知识和规律，通过一问一答的深入探索和互动，为科研工作者提供深刻的见解和有价值的答案。检索结果通过智能综述、结构化摘要、可视化文章脉络、智能翻译等内容，深入挖掘每篇论文中的宝藏知识，提炼核心内容与关键要点，描绘文献知识全貌，帮助提高研究过程的效率。NSTL“AI检索”结果页面如图5-97所示。

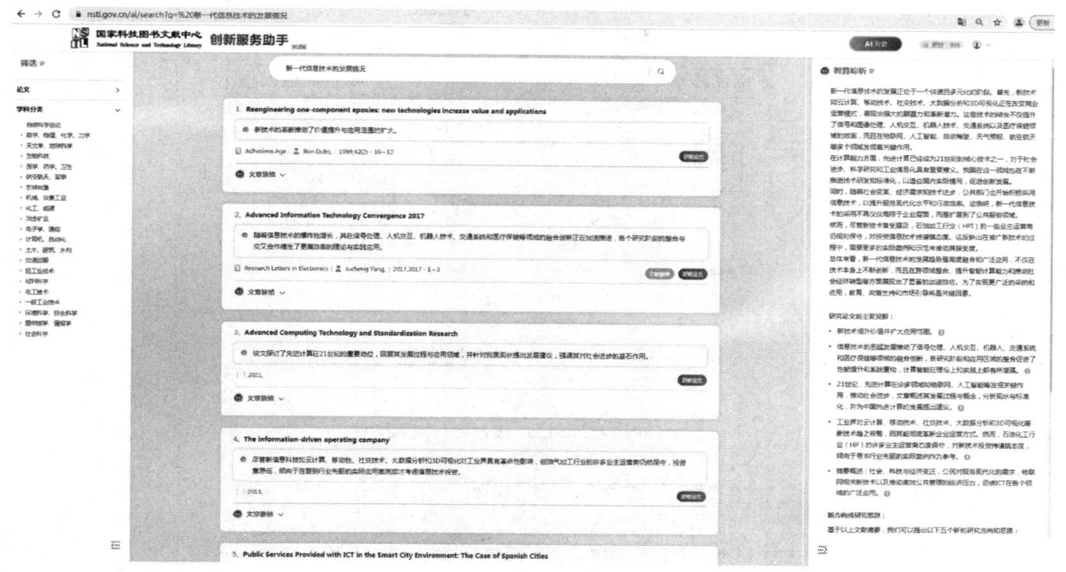

图5-97　NSTL“AI检索”结果页面

3) 高级检索

单击普通检索页面检索词输入框右侧的“高级检索”可进入高级检索页面(见图5-98)。高级检索的检索流程分为4步：第1步，选择文献类型，可选择单个文献类型进行单库检索，也可选择多个文献类型进行跨库检索；第2步，选择检索字段，输入检索词，多个检索字段之间可用布尔逻辑算符“AND”“OR”“NOT”进行组配，最多能增加到5个检索框；第3步，设置查询的限制条件，如语种、馆藏范围、时间范围、查询范围和获取方式等，推荐使用默认条件；第4步，单击“检索”按钮进行检索。

4) 专业检索

专业检索页面如图5-99所示。专业检索的检索流程分为3步：第1步，选择文献类型；第2步，单击“可检索字段”按钮，打开可检索字段列表，单击列表中的字段名称可将该字段自动添加到检索式编辑区，然后在相应字段中输入检索词，多个检索字段之间需添加上逻辑关系，如“题名:(hot tearing)AND题名:(mg)”；第3步，单击“检索”按钮进行检索。

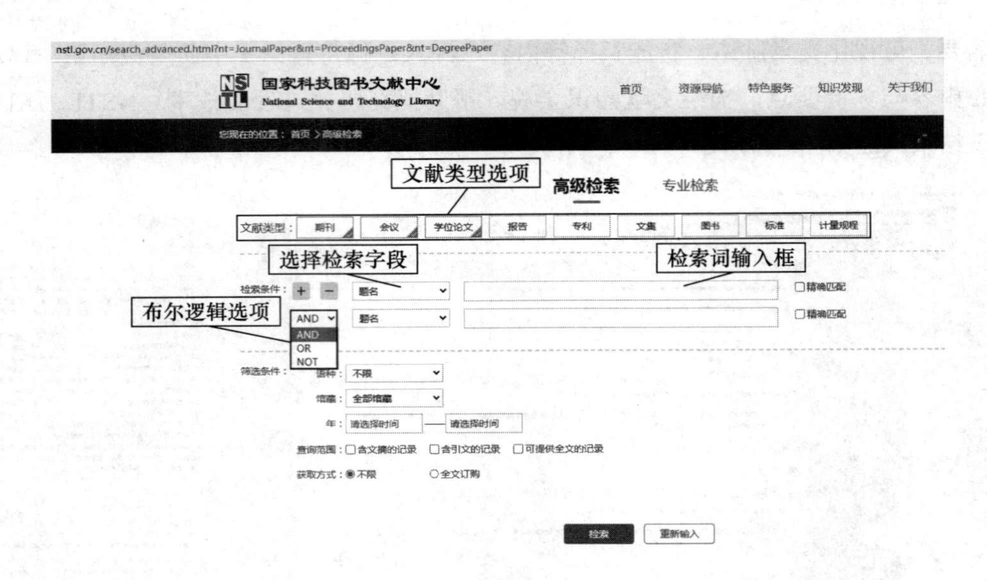

图5-98　NSTL高级检索页面

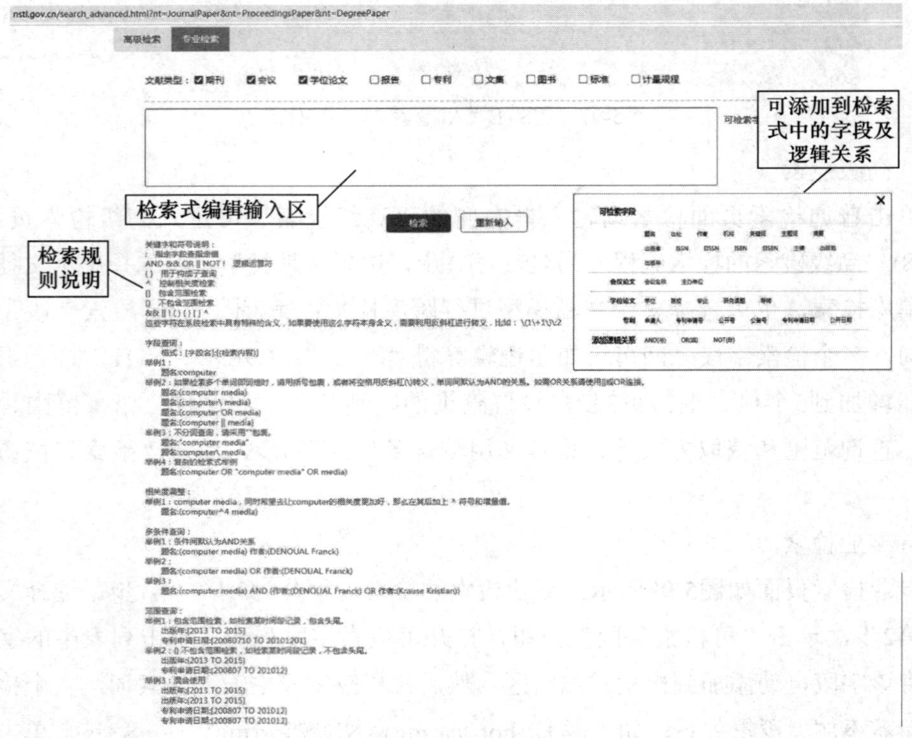

图5-99　NSTL专业检索页面

5) 资源导航

单击平台首页右上方的“资源导航”按钮即可进入资源导航页面，该页面提供“期刊”“会议录”“学位论文”“科技报告”“图书”“标准/计量”“专利”

等内容的导航，单击“期刊”按钮可进入期刊导航页面(见图5-100)。期刊导航提供“字顺浏览”“NSTL学科导航”“出版者”“语种”“国家/地区”“主编”“出版地”“关键词”“馆藏”等浏览方式。用户也可在选定的浏览结果中结合检索词进行查询，以进一步缩小检索范围。

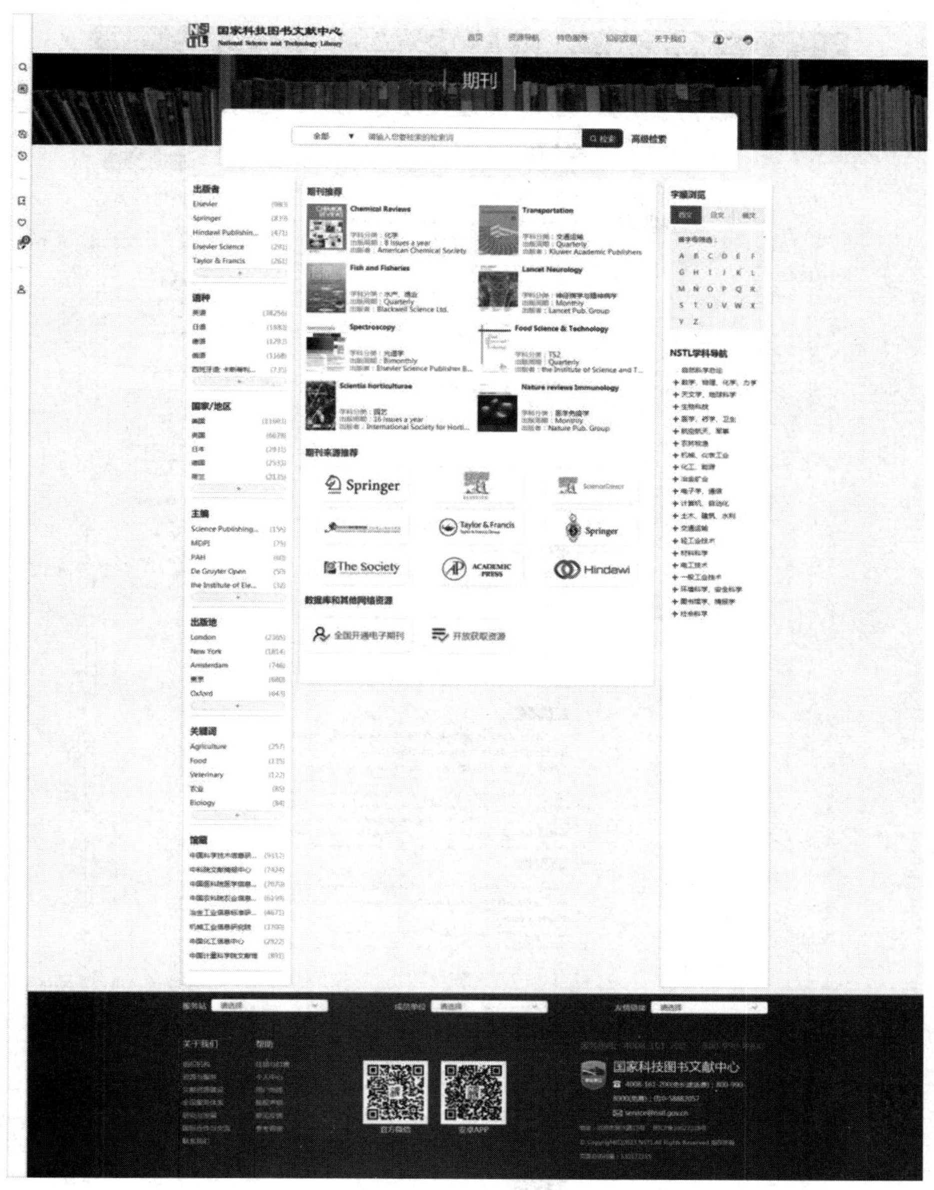

图5-100　NSTL期刊导航页面

3. 检索结果处理

执行检索命令后，即可进入检索结果页面(见图5-101)，页面上方设有检索框，可进行二次检索或重新检索。页面中间部分显示命中文献条数，下方显示命中文献的基本信息，即文献题名、作者、文献来源、摘要、关键词等信息。用户可以在此页面勾选文献进行收藏或文献传递，单击文献题名可进入文献详细信息页面(见图5-102)。

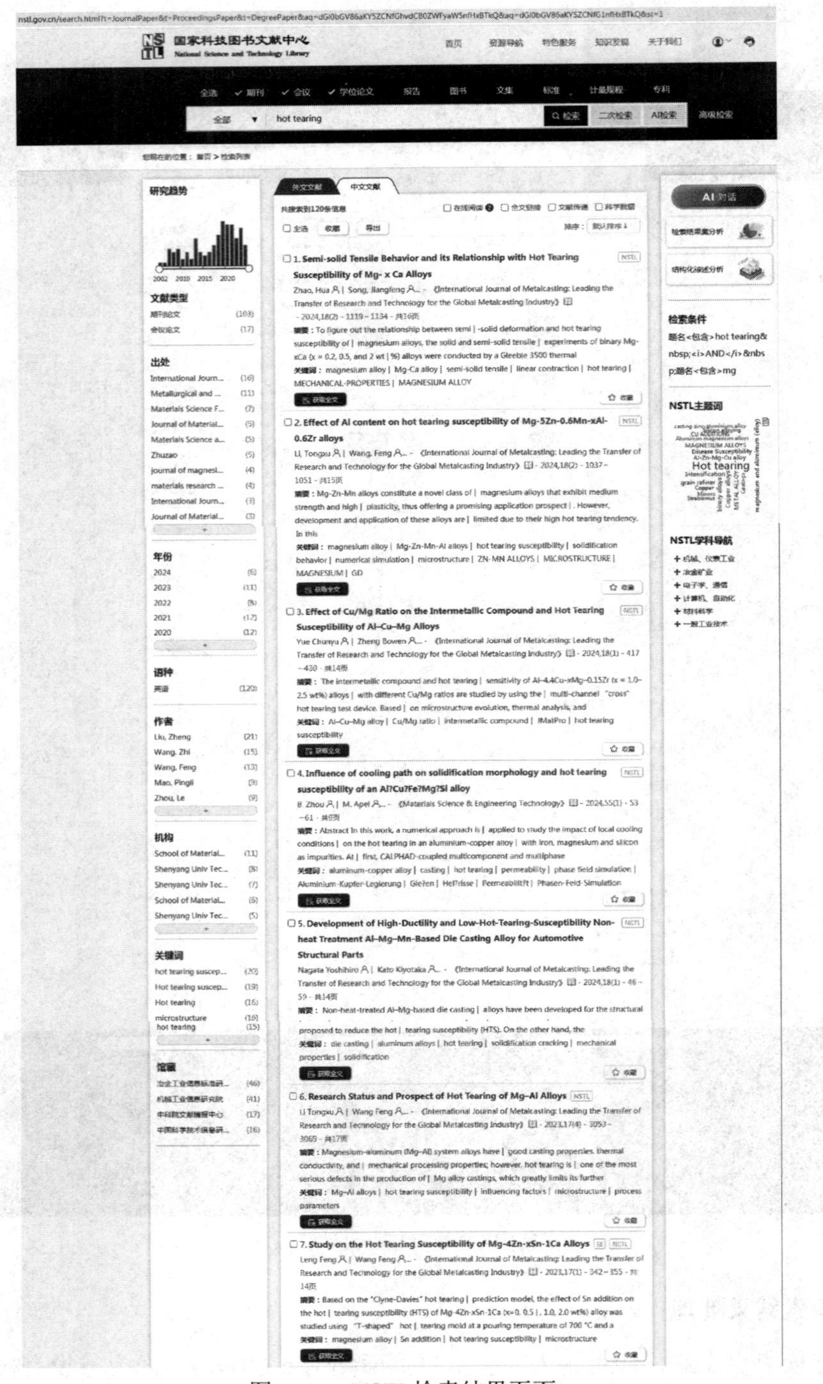

图5-101　NSTL检索结果页面

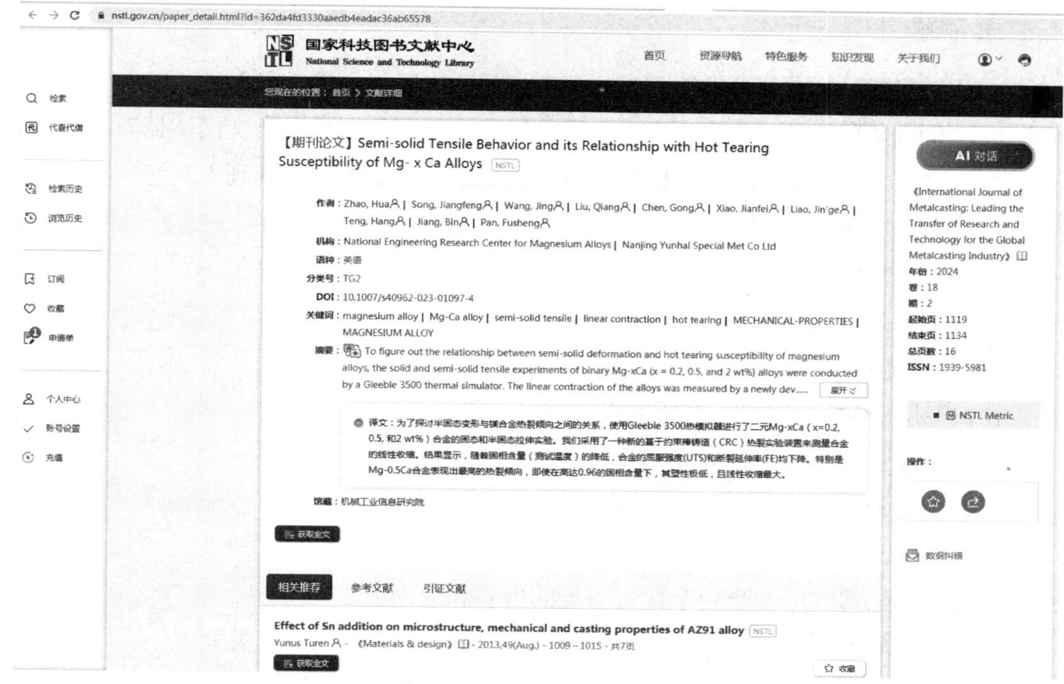

图5-102　NSTL文献详细信息页面

进入文献详细信息页面后，可进一步查看文献的总页数、原文语种、摘要、馆藏机构等信息，用户可在了解文献详细信息的基础上，决定是否需要获取全文。

如果需要获取全文，那么用户可以通过图5-103所示的流程获取全文。

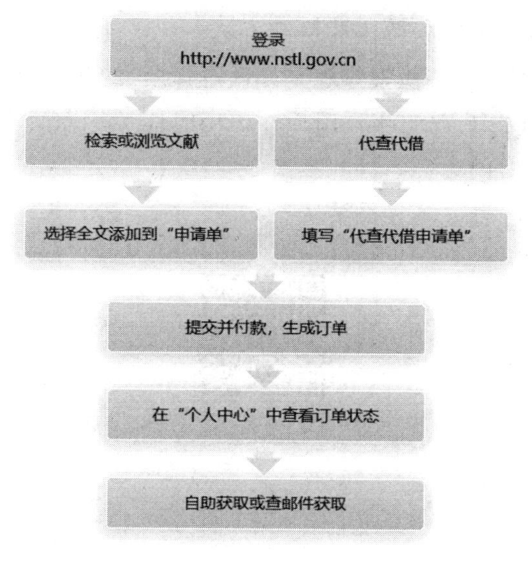

图5-103　NSTL全文获取流程

思考题

(1) 用户利用CNKI《学术期刊库》可查询哪些出版类型的文献？

(2) CNKI《学术期刊库》的全文格式有哪些？需要使用哪种全文阅读器？

(3) 用户如何利用CNKI《学术期刊库》查找某一领域的重要期刊？

(4) CNKI知网节包括哪些内容？如何利用知网节信息？

(5) 万方数据知识服务平台有哪些资源？

(6) 简述万方数据知识服务平台的检索方法。

(7) 利用超星数字图书馆查找图书的途径有哪些？

(8) 简述超星数字图书全文阅读器的使用方法。

(9) Springer Nature平台提供哪几种检索方式？

(10) 简述Springer Nature平台检索结果的筛选和导出方法。

(11) EBSCOhost平台主要有哪些数据库资源？

(12) 简述EBSCOhost平台个性化服务的内容和使用方法。

(13) 简述Wiley Online Library平台收录文献的学科范围和出版类型。

(14) Wiley Online Library平台提供哪几种检索方式？全文格式有几种类型？

(15) 查找中国专利的网站主要有哪些？

(16) 简述利用中国国家产权局网站检索专利的途径和方法。

(17) 如何利用IPC途径查找专利文献？

(18) 常用的开放存取资源有哪些？

(19) 简述DOAJ收录的学科范围和检索方法。

(20) 读秀学术搜索有哪些检索频道？如何进行全文文献的传递？

(21) NSTL的文献资源有哪些？用户在使用时应关注命时文献记录中的哪些关键性字段内容？

(22) 简述利用NSTL获取全文的流程。

扫码自测

第6章 科技论文的撰写格式

为了便于论文中科学技术研究成果的收集、储存、处理、加工、检索、利用、交流和传播，自1988年1月1日起实施的国家标准《科学技术报告、学位论文和学术论文的编写格式》(GB/T 7713—1987)对科技论文的撰写和编排格式作了统一规定。《学位论文编写规则》(GB/T 7713.1—2006)于2007年5月1日开始实施；《科技报告编写规则》(GB/T 7713.3—2009)于2010年2月1日起生效，2014年修订，《科技报告编写规则》(GB/T 7713.3—2014)于2014年11月1日起实施；《学术论文编写规则》(GB/T 7713.2—2022)于2023年7月1日起实施。GB/T 7713.1—2006、GB/T 7713.3—2014和GB/T 7713.2—2022共同取代了旧的标准GB 7713—1987。尽管每篇论文的内容千差万别，不同作者的写作风格也各有千秋，但格式完全可以统一。所谓格式，即一定的规格式样。科技论文的撰写和编排格式是指撰写和编排科技论文时应满足的规格和式样方面的统一要求。

有了科技论文编写格式这一国家标准，作者在撰写科技论文时，应先写什么、后写什么、各部分要写什么内容，以及表述中有什么要求、编排上应符合哪些规定，便都有章可循。但是，论文的主题如何确立，论据如何选取，论证如何进行，结构如何安排，节、段如何划分，层次标题如何拟定，具体材料如何到位等，则需要论文作者和刊物编者根据研究对象、研究目的、研究方法以及论文内容，结合实际情况进行处理。

一般来讲，科技论文的组成部分和排列次序为：题名、署名、摘要、关键词、引言、正文、结论和建议、致谢、参考文献和附录。

6.1 题名

6.1.1 题名的一般要求

题名又叫文题、题目、标题(或称“总标题”，以区别于“层次标题”)，是论文的总纲，是能反映论文最重要的特定内容的最恰当、最简明的词语逻辑组合。对题名的一般要求主要有以下几点。

1. 准确得体

题名应能准确地表达论文的中心内容，恰如其分地反映研究的范围和达到的深度，不能使用笼统的、泛指性很强的词语和华而不实的辞藻。

拟定题名时常见的问题有以下几个。

(1) 题名反映的范围广，而实际内容包括的范围窄。例如，《能源的利用研究》这个题名，如果文中只讨论沼气的利用问题，那么这样的题名就是不合适的。因为沼气只是“能源”的一种，而原题过于泛指和笼统，可将题名改为《沼气的利用研究》或《沼气的利用》。

(2) 标题一般化，不足以反映文章内容的特点。例如，《论自动化在我国工业现代化建设中的作用》这个题名不能引人注目，因为与其类似的题名已有很多，这些文章已经从不同的角度阐明了工业自动化的意义，而实际上该文有着明显的特点，即首次提出了对于这一论题的定量分析方法，通过建立数学模型和进行一系列计算，得出了比较有说服力的结论。因此，该文题名可改为《自动化在我国工业现代化建设中的作用的定量分析》，如此可以反映这篇论文的特定内容“定量分析”，从而区别于其他的一般性论述文章。

(3) 不注意分寸，有意或无意拔高。例如，有的课题研究深度并不大，却常常把诸如“……的机理”“……的规律”这类词语用在题名上。比较客观的做法是，除非确实弄清了“机理”、掌握了“规律”，否则，题名一般应为“……现象的(一种)解释”“……的一种机制”等，这样比较恰当，比较慎重，也比较有余地。

2. 简短精练

题名应简明，使读者印象鲜明，便于读者记忆和引用。《学术论文编写规则》(GB/T 7713.2—2022)规定，题名“一般不宜超过25字”。我们应把“25字”视为上限，在保证能准确反映“最主要的特定内容”的前提下，题名字数越少越好。

下面介绍几种减少题名字数的方法。

(1) 尽可能删去多余的词语。例如，《××港自引船增多对安全的影响及对策研究》这个题名可改为《××港自引船增多对安全的影响及其对策》。

(2) 避免将同义词或近义词连用。例如，在《叶轮式增氧机叶轮受力分析探讨》这个题名中，“分析”与“探讨”义近，保留其一即可，依据文章内容可以删去“探讨”。

(3) 题名不易简化时，可用加副题名的办法来减少主题名的字数。例如，《弧齿锥齿轮和准双曲面齿轮按大轮齿面上任一基准点配切小轮的原理》这个题名共30个字，从需要考虑，很难简缩，但可改为《弧齿锥齿轮和准双曲面齿轮切齿调整计算新方法——按大轮齿面上任一基准点配切小轮的原理》。

需要注意的是，采用副题名后，整个题名的字数未必会减少(此例总字数还增加了)，但不会使读者感到题名过长，而且编排页眉也很方便(按惯例，页眉可以不排副题名)。

采用副题名不仅仅是为了减少主题名的字数，下列场合也可以采用副题名：①题名语意未尽，用副题名补充说明论文的特定内容；②研究成果分几篇报道，或是分阶段的研究结果，各用不同的副题名区别其特定内容；③其他有必要用副题名作为引申或说明的情况。

3. 便于检索

题名所用词语必须有助于选定关键词，有助于编制题录、索引等二次文献，以便为检索提供特定的实用信息。

题名中一定要有反映文章内容的关键词，关键词多一些更好。只要避免了题名“笼统”和“空泛”，这一点就比较容易做到。

4. 容易认读

题名中应当避免使用非共知共用的缩略词、首字母缩写、字符、代号等。

6.1.2 题名的文字表达要求

除一般要求外，题名在文字表达上还有特殊要求，那就是题名在文字表达上比正文的行文要求更高，主要表现为以下几点。

1. 结构应合理

(1) 尽可能不用动宾结构。习惯上，题名不用动宾结构，而用以名词或名词性词组为中心的偏正词组。例如，《研究一种制取苯乙醛的新方法》这个题名是动宾结构(研究+新方法)，可改为偏正结构的题名《一种苯乙醛制取新方法的研究》，按题名精练原则，进而改为《一种制取苯乙醛的新方法》。

例外的是，若题名中中心动词带有状语，则仍可用动宾结构。例如，《用机械共振法测定引力常数G》这个题名的中心动词“测定”带有状语“用机械共振法”，无法将“测定”作为名词而改为以“测定”为中心词的偏正词组，因此仍可以用动宾结构(测定+引力常数G)。

还有一种例外，“(试)论……”“(浅)谈……”等形式的题名也可用动宾结构。例如，《试论物流系统的网络模式》这个题名就是动宾结构。

(2) 注意选用定语词组的类型。如果在撰写题名时不注意定语词组类型，那么题名可能会产生歧义。例如，《研究模糊关系数据库的几个基本理论问题》这个题名的中心语是“几个基本理论问题”，定语是“研究模糊关系数据库(的)”，但组合起来却可能使读者理解为“研究几个基本理论问题”。问题出在该定语采用了动宾词组(研究+模糊关系数据库)，解决的方法是，把动宾词组改为主谓词组(模糊关系数据库+研究)。修改后的题名为《模糊关系数据库研究的几个基本理论问题》，最好改为《模糊关系数据库研究中的几个基本理论问题》。

2. 选词应准确

题名用词应仔细选取，否则会导致语意不明或产生逻辑错误。以《煎炸油质量测试仪的研制》这个题名为例，在汉语中，“质量”一词有两种完全不同的含义：一种是物体中所含物质的量(英语为mass)，另一种是产品或工作的优劣程度(英语为quality)，两者毫无关系。从文章内容看，该测试仪是用来测量煎炸油的品质指标，而不是用来测量煎炸油的多少，因此，将题名中的“质量”改为“品质”，表意就会比较准确。

3. 详略应得当

(1) 避免“的”字的多用和漏用。语法规则要求，联合词组、偏正词组、主谓词组、动宾词组、介词词组做定语时，中心语之前需用“的”；而修辞规则要求，多项定语中的“的”字不宜多用。因此，题名中某处该不该用“的”，既要遵循语法规则，又要遵循修辞规则，需要“综合”检查：若用了“的”字的修辞效果不好，而不用“的”字也通顺，就不用“的”；若不用“的”字，语句便不通顺，那就应当用“的”。例如，《专家系统结构的分析》这个题名可改为《专家系统结构分析》，因为去掉“的”字，这个题名既通顺又简练。又如，《高层建筑变水量供水电气控制系统》这个题名可改为《高层建筑变水量供水的电气控制系统》，原题名未用“的”，使定语同中心语界限不清，不便于理解。

(2) 删去多余的词语。题名应简洁，存在多余词语是拟定题名的大忌。

(3) 不能随便省略词语。省去不该省的词语，称为苟简。题名中如果出现苟简，则同样会造成语法和逻辑错误。以《车辆维修器材计算机信息处理系统》这个题名为例，按文章内容，计算机处理的不是“器材”的信息，而是“器材管理”的信息，所以“管理”一词不能省略，原题名应改为《车辆维修器材管理的计算机信息处理系统》。

4. 语序应正确

如果题名的语序不对，那么可能会造成语意混乱，使人不知所云。例如，《计算机辅助机床几何精度测试》这个题名应改为《机床几何精度的计算机辅助测试》。可见，题名中结构助词“的”的位置不能忽视，否则表达可能不当。例如，从《拱坝的应力特点和分布规律的探讨》这个题名，我们得到的信息是该文主要研究“拱坝的应力特点”和“拱坝的分布规律”，而该文实际研究的是“拱坝应力的特点”和“拱坝应力的分布规律”。可见，题名中“的”字的位置至关重要。因此，该题名应改为《拱坝应力的特点和分布规律的探讨》。以下一些题目能够满足题名的文字表达要求：《混沌系统在网络保密通信中的应用》《带宽约束下网络化控制系统的量化研究》《基于DSP的电动汽车电机控制系统设计》《基于单片机的恒温控制系统的设计》《基于单片机的多功能温度检测系统的设计》《康复训练机器人智能跟踪控制器的设计》。

6.2 署名

6.2.1　署名的意义

1. 署名作为拥有著作权的声明

1990年9月7日第七届全国人民代表大会常务委员会第十五次会议通过，于1991年6月1日起施行的《中华人民共和国著作权法》规定：“著作权属于作者。”著作权包括署名权，即表明作者身份，在作品上署名的权利。可见，在发表的论文中署名，是国家赋予作者的一种权利，并受到国家法律的保护。其实，署名也是作者通过辛勤劳动所应得的一种荣誉，以此表明作者本身及其劳动成果得到了社会的承认和尊重。署名即表示作者对该作品拥有著作权，任何个人和单位不能侵犯。

2. 署名表示文责自负的承诺

文责自负是指论文一经发表，署名者即应对论文负法律责任，负政治上、科学上的责任。如果论文中存在剽窃、抄袭的内容，或者存在政治上、科学上或技术上的错误，那么署名者应完全负责。署名即表示作者愿意承担这些责任。

3. 署名便于读者同作者联系

署名也是为了建立作者与读者的联系。读者阅读文章后，若需要与作者商榷，或要询问、质疑、请教以及求取帮助，则可以直接与作者联系。署名即表示作者有与读者联系的意向，为读者与作者联系提供了可能。

6.2.2　署名的对象

署名者只限于那些参与选定研究课题和制定研究方案、直接参加全部或主要部分研究工作并作出主要贡献，以及参加论文撰写并能对内容负责，同时对论文具有答辩能力的人员；仅参加部分工作的合作者、按研究计划分工负责具体小项的工作者、某一项测试任务的承担者，以及接受委托进行分析检验和观察的辅助人员等，均不应署名，但署名者可以将他们作为参与工作的人员一一列入“致谢”部分，或注于篇首页脚注处。

个人的研究成果署名为个人；集体的研究成果署名为集体(一般应署作者姓名，不宜只署课题组名称)。集体署名时，按对研究工作贡献的大小排列名次。

6.2.3 署名的位置与格式

通常，学术性期刊中将署名置于题名下方，如图6-1和图6-2所示。

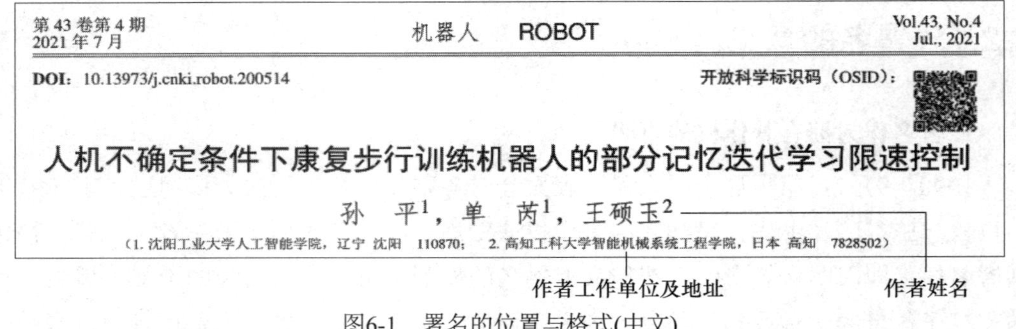

第 43 卷第 4 期 机器人 ROBOT Vol.43, No.4
2021 年 7 月 Jul., 2021

DOI：10.13973/j.cnki.robot.200514 开放科学标识码（OSID）：

人机不确定条件下康复步行训练机器人的部分记忆迭代学习限速控制

孙 平[1]，单 芮[1]，王硕玉[2]

（1. 沈阳工业大学人工智能学院，辽宁 沈阳 110870； 2. 高知工科大学智能机械系统工程学院，日本 高知 7828502）

图6-1 署名的位置与格式(中文)

Partial Memory Iterative Learning Control with Velocity Constraints for Rehabilitative Training Walker under Human-robot Uncertainty

SUN Ping[1]，SHAN Rui[1]，WANG Shuoyu[2]

(1. *School of Artificial Intelligence, Shenyang University of Technology, Shenyang* 110870, *China*;
2. *Department of Intelligent Mechanical Systems Engineering, Kochi University of Technology, Kochi* 7828502, *Japan*)

作者工作单位及地址
作者姓名

图6-2 署名的位置与格式(英文)

6.3 摘要

6.3.1 摘要的概念和作用

摘要是对论文的内容不加注释和评论的简短陈述，是一篇具有独立性和完整性的短文。从本质上看，摘要就是论文要点、精华的高度浓缩，应具有独立性和自含性，即不阅读论文的全文，就能获得必要的信息。摘要一般以第三人称语气说明研究工作的目的、方法、结果和结论等，其重点是结果和结论。一篇完整的论文必须要有随文摘要，摘要主要有以下两个作用。

(1) 让读者尽快了解论文的主要内容，以补充题名的不足。科技文献数量较多，读者不可能一拿到文章就通读，通常是看了题名和摘要后再决定是否需要通读全文。所以，摘要担负着吸引读者和介绍文章主要内容的重任。

(2) 为科技情报人员进行计算机检索提供方便。论文发表后，文摘杂志对摘要可以不修改或稍作修改而直接利用，从而可避免由他人编写摘要可能产生的误解、欠缺和错误，这就为科技文献的检索和利用提供了极大的方便。

6.3.2　摘要的分类

1. 报道性摘要

报道性摘要又称资料性摘要或情报性摘要。它用来反映作者的主要研究成果，向读者提供论文中的全部创新内容和尽可能多的定量或定性信息，尤其适用于试验研究和专题研究类论文，多为学术性期刊所采用。报道性摘要的篇幅以200～300字为宜。

2. 指示性摘要

指示性摘要又称概述性摘要或简介性摘要。它只简要地介绍论文的论题，或者概括地表述研究的目的，仅使读者对论文的主要内容有一个轮廓性的了解。指示性摘要的篇幅以50～100字为宜。

3. 报道-指示性摘要

报道-指示性摘要是以报道性摘要的形式表述论文中价值最高的那部分内容，其余部分则以指示性摘要的形式表述。报道-指示性摘要的篇幅以100～200字为宜。

以上3种摘要形式都可供作者选用。一般来说，向学术性期刊投稿，应选用报道性摘要形式，只有创新内容较少的论文，其摘要可写成报道-指示性摘要或指示性摘要。如果摘要形式选用的不合适，尤其是对价值较高的论文若采用指示性摘要形式，那么往往会给文献检索带来麻烦，可能会失去较多的读者，将直接妨碍研究成果的应用和推广。有人认为随文摘要可以写得“概括”或“简短”一些，理由是“全文就在后面”。但实际上，摘要的形式及其字数的多少不能完全随文而定，即使是随文摘要，也应根据论文价值的高低、刊发刊物的类型和论文中有用信息的多少来决定，否则摘要就可能失去应有的作用。

6.3.3 摘要段的内容

摘要中应写的内容一般包括研究工作的目的、方法、结果和结论，而重点是结果和结论，如图6-3和图6-4所示。

第39卷 第8期　　控　制　与　决　策　　Vol.39 No.8
2024年 8月　　*Control and Decision*　　Aug. 2024

康复机器人具有速度决策的每步限时学习控制方法

摘　要：为了提高康复步行训练器人的智能性和安全性,提出一种运动速度决策的康复训练机器人限时学习迭代控制方法,目的是抑制训练者位姿不确定性和人机速度不协调对系统安全性能的影响. 建立具有系统不确定偏移量的康复步行训练机器人动力学模型,通过比较康复训练机器人当前的运动速度和训练者的实际步行速度,提出机器人运动速度的决策方法,从而使康复者在主动训练模式下实现人机速度协调运动;进一步,利用机器人决策的运动速度和动力学模型建立跟踪误差系统,提出有限学习时间的迭代控制方法,并基于Lyapunov理论验证跟踪误差系统的有限时间稳定性. 仿真对比分析和实验结果表明,所提出的速度决策方法和跟踪控制方法能使人机系统协调地进行主动模式的康复训练.

关键词：康复步行训练机器人；每步限时学习；运动速度决策；迭代学习控制；人机速度协调；主动康复训练

中图分类号：TP13　　**文献标志码：**A

DOI：10.13195/j.kzyjc.2023.0417

图6-3　摘要示例(一)

第44卷 第4期　　沈　阳　工　业　大　学　学　报　　Vol. 44 No. 4
2022年7月　　Journal of Shenyang University of Technology　　Jul. 2022

控制工程　　doi:10.7688/j.issn.1000－1646.2022.04.13

有效点较少的动态场景下单目视觉SLAM算法

摘　要：为了解决有效点较少的动态复杂场景下视觉SLAM准确定位问题,提出了一种基于自适应RANSAC动态特征点剔除的单目视觉SLAM算法. 通过ARANSAC算法估计图像间的透视变换矩阵,并扭曲上一帧获得一个估计图像,使上一帧中的点转换到当前帧的坐标系下. 通过计算特征点在估计图像和当前帧的光流值,区分并剔除ORB-SLAM2中的动态特征点,从而消除动态物体对SLAM定位性能的影响. 利用TUM数据集的动态序列对本文算法进行仿真,并与ORB-SLAM2算法进行对比. 结果表明,视觉SLAM算法绝对轨迹误差的标准偏差降低84.00%～96.11%,平移和旋转漂移的标准偏差最佳效果分别降低94.00%和96.44%,明显减少了视觉SLAM算法位姿估计的误差. 本文算法能够在有效点较少的动态场景下,消除动态物体对视觉SLAM定位性能的影响,提高定位精度.

关　键　词：单目；视觉SLAM；动态场景；ARANSAC算法；光流；透视变换；动态特征点剔除

中图分类号：TP242.6　　**文献标志码：**A　　**文章编号：**1000－1646(2022)04－0431－07

图6-4　摘要示例(二)

上述示例都用较短的篇幅表述了研究工作的目的、方法、结果和结论。可见在行文方式上，无须机械地用“本文的目的是……”“所用的方法是……”和“结果是……”这样的语句表述。我们看到的许多摘要，也如示例那样，自然地就把“目的”“方法”“结论”等主要内容阐述清楚了。当然，在具体行文时，“目的”“方法”“结论”等哪项应详写、哪项可略写，还有“研究的背景”“成果的意义”等写不写、如何写，是因“文”而异的，不必千篇一律。下面以两篇摘要为例，来具体说明摘要段的内容要求。

题名 康复机器人具有速度决策的每步限时学习控制方法

摘要 为了提高康复步行训练器人的智能性和安全性，提出了一种运动速度决策的康复训练机器人限时学习迭代控制方法，目的是抑制训练者位姿不确定性和人机速度不协调对系统安全性能的影响。建立了具有系统不确定偏移量的康复步行训练机器人动力学模型，通过比较康复训练机器人当前的运动速度和训练者的实际步行速度，提出了机器人运动速度的决策方法，从而使康复者主动训练模式下实现人机速度协调运动；进一步，利用机器人决策的运动速度和动力学模型建立跟踪误差系统，提出了有限学习时间的迭代控制方法，并基于Lyapunov理论验证了跟踪误差系统的有限时间稳定性。通过仿真对比分析和实验研究，结果表明文中提出的速度决策方法和跟踪控制方法能使人机系统协调地进行主动模式的康复训练。

题名 有效点较少的动态场景下单目视觉SLAM算法

摘要 为了解决有效点较少的动态复杂场景下视觉SLAM准确定位问题，提出了一种基于自适应RANSAC动态特征点剔除的单目视觉SLAM算法。通过ARANSAC算法估计图像间的透视变换矩阵，并扭曲上一帧获得一个估计图像，使上一帧中的点转换到当前帧的坐标系下。通过计算特征点在估计图像和当前帧的光流值，区分并剔除ORB-SLAM2中的动态特征点，从而消除动态物体对SLAM定位性能的影响。利用TUM数据集的动态序列对本文算法进行仿真，并与ORB-SLAM2算法进行对比。结果表明，视觉SLAM算法绝对轨迹误差的标准偏差降低84.00%～96.11%，平移和旋转漂移的标准偏差最佳效果分别降低94.00%和96.44%，明显减少了视觉SLAM算法位姿估计的误差。本文算法能够在有效点较少的动态场景下，消除动态物体对视觉SLAM定位性能的影响，提高定位精度。

上述两篇摘要将目的、方法、结果和结论融入文字表达中，完成了摘要段的内容，并达到了摘要的一般写作要求。

6.3.4 摘要的写作要求

根据有关规定，可以把摘要的写作要求归纳为以下几点。

(1) 用第三人称。作为一种可供阅读和检索的独立使用的文体，摘要只能用第三人称而不用其他人称来写。

(2) 简短，精练，明确具体。简短指篇幅短，一般要求50～300字(依摘要类型而定)；精练指摘录原文的精华，无多余的表述；明确具体指表意明白，不含糊，无空泛、笼统的词语，应有较多而有用的定性和定量的信息。

(3) 格式要规范。尽可能使用规范术语，不用非共知共用的符号和术语；不得简单地重复题名中已有的信息，切忌罗列段落标题来代替摘要；除了实在无变通办法可用，一般不出现插图、表格以及参考文献序号，一般不用数学公式和化学结构式；不分段；摘要段一般置于作者及其工作单位之后，关键词之前。

(4) 文字表达上应符合“语言通顺，结构严谨，标点符号准确”的要求。摘要中的语言应当符合现代汉语的语法规则、修辞规则和逻辑规则，不能出现语病。

6.4 关键词

关键词是指为了满足文献标引或检索工作的需要而从论文中选取的词或词组。

关键词包括主题词和自由词两个部分。主题词是专门为文献的标引或检索而从自然语言的主要词汇中挑选出来并加以规范的词或词组；自由词则是未被规范化的未收入主题词表中的词或词组。

每篇论文中应专门列出3～8个反映论文主题内容的关键词。主题词应尽可能多一些，它们可以从综合性主题词表(如《汉语主题词表》)和专业性主题词表中选取。那些确实能反映论文的主题内容但现行的主题词表还未收入的词或词组可以作为自由词列出，以补充关键词个数的不足或更好地表达论文的主题内容。

关键词作为论文的一个组成部分，列于摘要段之后。

为了便于文章检索，在撰写中文文章时，要将题名、作者署名、摘要、关键词译成英文，如下面两篇文章所示。

不确定康复训练机器人速度与加速度同时约束的跟踪控制

孙平

(沈阳工业大学 人工智能学院，辽宁 沈阳，110870)

摘要 针对不同康复者质量及系统重心偏移产生的不确定性，影响康复步行训练机器人对医生指定训练轨迹的跟踪精度问题，设计了估计不确定性的滤波器，目的是提高控制系统的鲁棒性。同时，为了避免运动过程中速度和加速度发生突变，提出了一种抑制系统不确定性并同时约束运动速度与加速度的控制器设计新方法。通过Lyapunov稳定性构造速度和加速度的约束条件，证明了跟踪误差系统的渐近稳定性，并得到了控制器参数矩阵的求解方法。通过仿真结果对比分析和实验研究，表明了文中提出控制器设计方法的有效性和优越性，验证了所设计的控制器能同时约束康复步行训练机器人的运动速度和加速度。

关键词 康复步行训练机器人；速度约束；加速度约束；跟踪控制

中图分类号：TP13　　**文献标识码**：A

Tracking Control for Uncertain Rehabilitative Training Walker with Velocity and Acceleration Simultaneous Constraints

Sun Ping

(School of Artificial Intelligence, Shenyang University of Technology, Shenyang 110870, P.R.China)

Abstract: The uncertainty from different rehabilitee mass and center of gravity shift will affect rehabilitative training walker's precise trajectory tracking that doctors prescribe training programs. The uncertainty is estimated by designing filter, and the robust performance of control system is improved. The new design scheme of velocity and acceleration simultaneous constraints controller is proposed considering the safety and comfort of the rehabilitee due to their extensive motion velocity and acceleration during training. The constraint condition of velocity and acceleration is constructed in view of Lyapunov stability. The asymptotic stability of the system about tracking error is proved, and then the solution method about parameter matrices is obtained of velocity and acceleration simultaneous constraints controller. The comparative analysis of the simulation and experiment results shows the effectiveness and advantage. The motion velocity and acceleration of the rehabilitative training walker are constrained simultaneously.

Key word: rehabilitative training walker; velocity constraints; acceleration constraints; tracking control

康复训练机器人具有死区补偿的Backstepping有限时间控制

孙平，丁雨姗

(沈阳工业大学人工智能学院，110870，沈阳)

摘要 针对死区特性影响康复步行训练机器人的跟踪精度问题，提出了一种死区宽度自适应估计方法，目的是获得未知死区信息，从而抑制其对系统跟踪性能的影响；同时，为了提高系统暂态跟踪精度，避免初始阶段产生较大的跟踪误差影响康复者的安全，提出了一种Backstepping有限时间控制方法；基于Lyapunov理论，验证了跟踪误差系统的有限时间稳定性，并得到了具有死区补偿的有限时间控制器；通过仿真和实验研究，表明了文中提出死区补偿和有限时间控制方法的有效性和优越性，验证了所设计的控制器能提高康复训练机器人系统的跟踪性和安全性。

关键词 康复训练机器人；死区补偿；Backstepping有限时间控制；跟踪控制

中图分类号：TP13 **文献标识码**：A

Finite-Time Backstepping Control with Dead-zone Compensation for Rehabilitative Training Walker

Sun Ping, Ding Yushan

(School of Artificial Intelligence, Shenyang University of Technology, Shenyang 110870, China)

Abstract: The characteristics of dead zone will affect rehabilitation training walkers trajectory tracking accuracy. An adaptive estimation method of the width of dead zone is proposed to obtain the information of unknown dead zone in order to suppress the effect on the system's tracking performance. Meanwhile, to improve the transient tracking accuracy of the walker, a Backstepping finite-time controller with dead-time compensation is designed to avoid large tracking errors of initial motion and affect the rehabilitee's safety. On the basis of Lyapunov theory, the finite-time stability of tracking error system is verified and the controller with dead zone compensation is obtained. The simulation and experiment results show the effectiveness and advantage of the estimation of dead zone and the control method of finite-time. The tracking performance and system safety have been improved using the proposed controller with compensation .

Keywords: rehabilitative training walker; dead-zone compensation; Backstepping finite-time control; tracking control

上述两篇文章从题目到最后的关键词，再到格式基本达到了期刊发表的要求。在完成该部分内容之后，接下来就要考虑引言的撰写。

6.5 引言

6.5.1 引言的内容和写作技巧

论文的引言又称为绪论，它的作用是介绍研究课题的背景、意义和目的，引导读者对论文主题产生兴趣。对于读者而言，他们经常面对阅读哪些文章的选择，引言是将论文“推销”给他们的重要方式。

一篇精心撰写的引言能让读者参与到提出的研究问题中，并提供足够的信息帮助读者理解研究意义和领会研究方法。相比之下，一篇较差的引言可能因未能提供适当的背景和上下文信息，或者无法充分解释研究问题，最终使读者无法参与其中，更不可能使读者完全赞同论文的研究结果和意义。可以说引言是全文最难写的一部分，这是因为作者对有关学科领域是否熟悉、知识是否渊博，以及论文的研究意义何在、价值如何等问题，都要在引言的字里行间得以充分体现。

1. 引言的内容

完整的引言通常包含以下几方面内容。

(1) 介绍某研究领域的背景、意义、发展状况、目前的水平等。

(2) 对相关领域的文献进行回顾和综述，包括前人的研究成果和已经解决的问题，并适当加以评价或比较。

(3) 指出前人尚未解决的问题和留下的技术空白，也可以提出新问题以及解决这些新问题的新方法、新思路，从而引出自己研究课题的动机与意义。

(4) 说明研究课题的目的，提出一个清晰的待解决问题，向读者证明该研究工作填补了当前的知识空白。

(5) 概括论文的主要内容，或勾勒论文的大体轮廓。

2. 引言的写作技巧

如何合理安排以上内容，将它们有条有理地向读者描述清楚，并非容易之事。引言的每部分内容在语言上也有各自的特点，掌握这些特点，写作过程将会化难为易。引言的写作技巧如下。

(1) 如何写引言的开头。引言开头最主要的目的是告诉读者论文所涉及的研究领域及研究意义，阐述研究要解决什么问题、目前的状况或水平如何。

(2) 如何写文献综述。文献综述是论文的重要组成部分，是作者对他人在某研究领域所做的工作和研究成果的总结与评述，包括他人有代表性的观点或理论、发明发现、解决问题的方法等。

(3) 如何写研究动机与研究目的。介绍了他人在某领域的工作和成果之后，下一步便是介绍作者自己的研究动机、研究目的与研究内容。介绍研究动机可以从两个角度入手：一是指出前人尚未解决的问题或知识的空白；二是说明解决这一问题，或填补知识空白的重要意义。

(4) 如何写引言的结尾。引言的结尾可以简单介绍一下文章的结构及每一部分的主要内容，起到画龙点睛的作用，使读者了解文章的轮廓和脉络。

6.5.2　引言的写作要求

(1) 言简意赅，突出重点。引言中要求写的内容较多，但篇幅有限，这就需要根据研究课题的具体情况确定阐述重点。共知的、前人文献中已有的不必细写，主要写清楚研究的理由、目的、方法和预期结果，意思要明确，语言要简练。

(2) 开门见山，不绕圈子。一起笔就要切题，不能铺垫太多。

(3) 尊重科学，不落俗套。有的作者在论文的引言部分总爱对自己的研究工作或能力表示谦虚，会说几句客套话，如“限于时间和水平”“由于经费有限，时间仓促”“不足或错误之处在所难免，敬请读者批评指正”等，其实大可不必，主要原因有三点：第一，这本身是客套话，不符合科学论文严肃性的要求；第二，既然是论文，作者应有起码的责任感和自信心，这里的“责任感”表现在对自我要求不能出差错，“自信心”表现为在主要问题上不会有差错，否则就不要投稿，不要发表；第三，论文的水平高低和质量好坏，应让读者去评论。

如果确实需要做出说明或表示歉意，那么可以在文末写出，但要有分寸，做到实事求是；同时要写明具体原因，不能抽象和笼统。

当然，必要时可在引言中交代方法和结果等可以供哪些人、在什么时候作参考。

(4) 如实评述，切忌吹嘘自己和贬低别人。

下面介绍两篇文章的引言，供读者参考。

题名： 不确定康复训练机器人速度与加速度同时约束的跟踪控制

引言： 机器人系统具有强耦合和高度非线性动力学特性，对其高性能控制系统设计具有一定挑战性而吸引了大批研究者[1,2]。近年来，机器人跟踪问题采用自适应控制方法[3]、模糊控制方法[4]等取得了大量研究成果，但这些结果都没有考虑机器人运动速度和加速度约束。

康复机器人与以物为操作对象的工业机器人不同[5,6]，保证训练者的安全性和舒适性至关重要。康复机器人运动在室内未知环境下，由于不同康复者质量变化、系统重心偏移等不确定因素，使跟踪误差增大，康复机器人将以较大运动速度消除跟踪误差，加速度的迅速变化会使康复者感觉不舒适。因此，实际训练中需要抑制不确定性对康复步行机器人跟踪性能的影响，同时约束运动速度和加速度，确保使用者安全舒适地训练。文[7]通过幅值受限函数约束系统运动状态，控制器设计复杂，难以实时跟踪运动轨迹。文[8,9]利用受限的状态变量建立有界函数，通过Lyapunov稳定理论求解控制器，由于反馈信息测量误差等原因，当系统实际状态超出约束范围时，控制器没有主动限制系统状态的性能。(说明研究对象存在的问题，即前人研究的不足，亦说明了本研究的理由和背景)

本文针对一种全方向康复步行训练机器人(Omnidirectional Rehabilitative Training Walker, 简称ODW)[10]研究同时限制系统运动速度和加速度的控制方法，并抑制不确定性对系统跟踪性能的影响，提高机器人的跟踪精度。(本研究的成果及其意义)

题名：康复训练机器人具有死区补偿的Backstepping有限时间控制

引言：随着高龄人口增多，康复训练机器人得到了快速发展[1-3]。康复机器人通常需要跟踪医生指定的训练轨迹帮助患者步行训练，近年来研究者们提出了多种跟踪控制方法，如模糊自适应控制[4]、鲁棒控制[5]、阻抗控制[6]等。然而，上述方法均没有考虑死区特性对系统跟踪性能的影响。

实际上，由于驱动器或传感器等物理器件对某些小信号的不灵敏性，使机器人系统存在着死区特性，它是影响系统动态性能和稳态精度的重要因素，甚至可能使系统发生极限环振荡[7,8]。目前关于系统死区问题已经得到了一些研究成果，如文献[9]针对参数已知的死区，提出了一种自适应控制方法，补偿了死区对系统性能的影响。文献[10]利用死区模型，设计了状态反馈控制器，但当死区参数发生变化时，会使系统的伺服性能受到一定影响。文献[11]提出了Backstepping控制方法，抑制了参数对称的死区对系统性能的影响。然而，关于死区参数变化的情形，相关研究结果较少。

事实上，康复机器人不同于一般的机械系统，康复者在闭环系统中，保证患者的安全性至关重要。对康复机器人系统来讲，死区特性不仅劣化了跟踪精度，还会导致过大的跟踪误差使机器人碰撞周围的障碍物；而且发生的极限环振荡，会使人机运动不协调，严重威胁患者的安全。因此，解决康复机器人的死区特性问题具有重要意义。

另外，有关康复机器人控制的结果大多解决的是渐近跟踪问题，渐近稳定的系统状态会随时间增长趋向平衡点，这样可能导致机器人在暂态阶段产生较大的跟踪误差而碰撞周围的物体。因此，在有限时间内使系统收敛至平衡点对提高机器人的安全性也是必不可少的。与渐近稳定控制技术相比，有限时间稳定控制具有更快的响应速度、更高的跟踪精度，更好的干扰抑制能力[12]。近年来，利用有限时间控制不仅解决了高阶非线性系统的稳定问题，而且在实际应用中也得到了满意的有限时间跟踪性能[13]。如文献[14]设计了一种不确定机器人有限时间控制器，利用自适应神经网络近似系统的结构不确定并进行补偿，使闭环系统在有限时间内稳定到平衡点。文献[15]提出了机器人系统的鲁棒有限时间控制方法，通过引入辅助滤波变量获得参数估计误差，基于误差得到自适应率并利用滑模技术使系统实现有限时间内收敛。文献[16]针对具有执行器故障的不确定机器人，通过在线估计故障信息提出了一种鲁棒自适应有限时间容错控制方法，使系统实现了强鲁棒性和快速有限时间稳定性。然而，上述结果都忽视了不确定的死区特性对系统跟踪性能的影响。

鉴于以上分析，本文针对一种全方向康复步行训练机器人研究了具有死区补偿的Backstepping有限时间控制问题。完成的主要工作有以下几项：①针对系统未知死区，提出了死区宽度自适应估计方法，从而获得死区信息并抑制其对系统跟踪性能的影响；②提出了一种Backstepping有限时间控制方法，基于Lyapunov理论验证了跟踪误差系统的有限时间稳定性；③仿真和实验研究，验证了提出的具有死区补偿Backstepping有限时间控制方法的有效性和优越性。

这两篇文章的引言首先阐述了写作的意义，接下来给出所研究问题的已有结果并指出已有结果的局限性，最后阐明了文章的写作内容和主要贡献，问题阐述明确，内容条理清晰。

6.6 正文

正文即论证部分，是论文的核心部分。论文的论点、论据和论证都在正文阐述，因此它要占论文的主要篇幅。

由于研究工作涉及的学科、选题、研究对象、研究方法、工作进程、结果表达方式等差异很大，对正文内容不能作统一的规定。但是，总的思路和结构安排应当符合“提出论点，通过论据、事实或数据来对论点加以论证”这一共同的要求。

6.6.1 正文的立意与谋篇

立意与谋篇是一般写作也是科技论文写作的中心环节。正文是论文的核心部分，因此其立意与谋篇特别重要。

正文的立意是指把论文的主题思想在正文部分确立起来；正文的谋篇是指安排好正文的结构，选择好正文的材料，以便充分且有效地表达论文的主题。

1. 对主题的要求

主题即作者总的意图或基本观点的体现，对论文的价值起主导和决定作用。对科技论文主题的基本要求是新颖、深刻、集中、鲜明。

(1) 主题新颖，即要研究、解决、创立和提出前人没有研究和解决的问题。要使主题新颖，选题时必须广泛查阅文献资料，了解与本课题有关的前人的工作；研究时应从新的角度去探索；写作时应认真分析研究实验、观察、测试、计算及调查、统计的结果，得出新的见解和观点。

(2) 主题深刻，即要抓住问题的本质，揭示事物的主要矛盾，总结出事物存在、运动、变化和发展的客观规律。要使主题深刻，就不能停留在简单地描述现象、堆砌材料、和盘托出统计数据的阶段上，而应透过现象抓住事物的本质，在分析材料、整理实验或观察结果的基础上提出能反映客观规律的见解，将实践知识上升为理论，得出有价值的结论。

(3) 主题集中，即一篇论文只有一个中心。要使主题集中，就不能面面俱到，凡与本文主题无关或关系不大的内容不应涉及，更不能过多阐述，否则会使问题繁杂、脉络不清、主题淡化。

(4) 主题鲜明，即突出论文的中心思想地位，除了在论文的题名、摘要、引言、结论部分要明确地点出主题，在正文部分更要注意突出主题。

2. 对材料的要求

所谓材料，是指为了表现主题而收集到的各种事实、数据和观点等。按来源，材料可分三种：第一种是直接材料，即作者亲自通过调查或科学实验得到的材料；第二种是间接材料，即作者从文献资料中得到的或由他人提供的材料；第三种是发展材料，即作者对直接材料和间接材料加以整理、分析、研究而形成的材料。

选择材料时，应遵循以下几项原则。

(1) 必要而充分。必要即必不可少，缺此不能表现主题。写作时，应紧紧抓住这类材料，而与主题无关的材料，不论来得多么不容易也不要采用或在修改时删掉。充分即量要足够，必要的材料若没有一定的数量，有时难以将问题论证清楚，即所谓的“证据不足”。有了足够的量，才能把问题论证清楚。

(2) 真实而准确。真实即材料不虚假，或来自客观实际，或来自社会调查、生产实践和科学实验，而不是虚拟或编造的。准确即完全符合实际。科技论文十分强调科学性，任何一点不真实、不准确的材料，都会使观点失去可信度和可靠性，从而使论文的价值降低甚至完全丧失。因此，研究方法、调查方式和实验方案的选取要合理，实验操作和数据的采集、记录及处理要正确，才能获得真实而准确的材料。写作时，要尽量用直接材料；对间接材料要进行分析和核对，引用时要在全面理解的基础上合理取舍，避免断章取义，更不能歪曲原意；形成发展材料时，要保持原有材料的客观性，力求避免由主观因素可能造成的失真。

(3) 典型而新颖。典型即材料能反映事物的本质特征。这样的材料能使道理具体化，描述形象化，有极强的说服力。要获得典型的材料，调查和研究工作必须深入，否则难以捕获事物的本质，应善于从众多、繁杂的材料中获取具有代表性的材料。新颖即新鲜，不陈旧。要使材料新颖，关键是要做好开拓性工作，不断获得创新性成果；同时，收集文献资料面要广、量要大，并多作分析、比较，从中选取能反映新进展、新成果的新材料，摒弃陈旧材料。

3. 对结构的要求

正文以至整篇论文的结构是指节、段的层次及其划分。不同内容的正文，有其各自合理的结构，但总的要求是：层次清楚，节、段安排符合逻辑顺序，服从读者的认识和思维规律。

对于不同的科学技术问题，阐明或论证的方法可能不同，应根据具体情况，灵活处理，采取合适的结构顺序和结构层次，组织好段落，安排好材料。说明、描写、记叙和论证时应注意，一节、一个段落、一个自然段，甚至一个句组、一个句子只能有一个中心，并应互相连贯、前后衔接；完稿后修改时可以采取增删、调整、分合等办法解决文稿中存在的重复、脱节和交叉混杂的问题，以使全文主题明确、重点突出、脉络清晰、层次分明、过渡自然，达到结构严谨的要求。

4. 对论证的要求

论证是指用论据证明论点的推理过程，其作用是说服读者相信作者论题的正确性，即“以理服人”。论证是科技论文的主要表达方式，当然也是在正文部分所要采用的基本写作手段。论证是由论点、论据和论证方式3个环节组成的。关于论点和论据前面已经讨论过，这里仅归纳常用的论证方式，读者可以根据不同的论证对象合理选用。常用的论证方式有以下几种。

- 举例，即“摆事实”，用具体事实(包括数据)来证明论点，其思维形式是归纳推理。
- 事理引申，即以人们已知的道理为论据来证明作者的观点，其思维形式是演绎推理。
- 反证，即从反面来证明论点，如数学上的反证法，其思维形式也是演绎推理。
- 类比，即将甲类事物与乙类事物作对比，以乙类事物的正确与否来证明甲类事物的正确与否，其思维形式是类比推理。
- 对比，即将截然相反的两种情况进行比较，形成鲜明的对照，从而证实其中一种情况的存在或正确，其思维形式也是类比推理。
- 因果互证，即通过事理分析，揭示论点与论据之间的因果关系，以此证明论点的正确性，其思维形式是归纳推理。
- 归谬法，即先假定某一论点是正确的，然后以此为前提，导出一个显然是荒谬的结论，从而证明假定正确的那一论点是错误的。这种方法只适用于驳论，其思维形式是演绎反驳推理。

要使论证具有论证性，必须遵守以下规则。

(1) 论题应当清楚、确切，不应含糊其词，不应有歧义。做不到这一点，就会犯

“论题不清”的错误。论题是整个论证的靶子，只有论题清楚、确切，论证才可能有的放矢。因此，在进行论证时，作者必须先弄清楚自己的论题是什么，并且尽量用明确的语言把它表述出来。为了避免歧义，在表述论题时，应尽量选用意义明确的词语，必要时还应解说论题中的关键性概念。总之，应让读者清楚、明白论题究竟是什么，这是使论证有论证性的基础。

(2) 论题应当保持同一 。在一个论证中，论题只能有一个，并且在整个论证过程中保持不变，即要遵守“同一律”这一逻辑规则。如果在同一个论证过程中任意变换论题，便无法达到论证的目的。做不到这一点，就会犯“偷换论题”的错误。常见的“偷换论题”错误是“证明过多”和“证明过少”。“证明过多”指的是在论证中不去论证论题，而去论证某个比论题断定较多的判断。例如，本来应当论证“因数与系数是不同的”，但实际上所论证的是“因数和系数都是比例乘数”。这就是一种“证明过多”的错误论证，因为“因数和系数都是比例乘数”比“因数与系数是不同的”断定要多，它们虽然都是比例乘数，但概念上可能相同，也可能不同，还可能存在其他关系，即前一个判断包含后一个判断，而后一个判断却不包含前一个判断。“证明过少”指的是在论证中不去论证论题，而去论证某个比论题断定要少的判断。例如，与上例相反，本来应当论证“因数和系数都是比例乘数”，但实际上论证的是“因数与系数是不同的”。这就是一种“证明过少”的错误论证，因为“因数与系数是不同的”比“因数和系数都是比例乘数”断定要少。

(3) 论据应当是真实的判断。在论证中，论据是论题的根据，只有真实的论据才能推出真实的论题。做不到这一点，就会犯“虚假论据”的错误。要使一个论证有论证性，论据必须是真实的。当然，论据虚假并不意味着论题也必然虚假，只是说明论题缺乏论证性，不具有说服力。应当注意，不仅以完全虚假的判断作为论据是错误的，以真实性未被证实的判断(如捕风捉影的话)作为论据也是错误的。

(4) 论据的真实性不应依赖论题的真实性来论证。在论证中，论题的真实性是从论据的真实性中推出的，是依赖于论据来论证的。所以，如果论据的真实性反过来又依赖论题的真实性来论证，那就等于什么也没有论证。做不到这一点，就会犯“循环论证”的错误。

(5) 通过论据应能推出论题。所谓通过论据能推出论题，也就是说，论据是论题的充足理由，由论据的真实性可以推出论题的真实性。做不到这一点，就会犯“推不出”的错误。为了杜绝这种错误，在论证中必须避免“论据与论题不相干”和“论据不足”的情况出现，同时必须遵守有关的推理规则或要求。

总之，正文写作中应恰当地使用这些论证方式，并遵守论证的逻辑，在组织好真实而充分的材料(即论据)的基础上，通过符合逻辑的推理和论证，使论文的主要论点

(即作者的主要观点)被读者所接受。当然，严密论证的结果，也可能否定了原来的某些论点。但这并不可怕，反而是好事，因为它保证了论文的科学性，同时表明了作者具有“坚持真理，修正错误”的科学态度。

6.6.2 正文的内容

一般来讲，正文可分为几个段落来写，每个段落列示什么样的标题是没有固定格式的，但大体上可分为以下几个部分(以试验研究报告类论文为例)。

1. 理论分析

理论分析也称基本原理分析，包括对论证的理论依据的分析、对所作假设及其合理性的阐述，以及对分析方法的说明。内容包括假说、前提条件、分析对象、适用理论、分析方法、计算过程等。

写作时应注意区别哪些内容是已知的(前人已有的)，哪些内容是作者首次提出来的，哪些内容是经过作者改进的。

2. 实验材料和方法

实验材料部分主要指对材料的来源、性质和数量，以及材料的选取和处理等事项的阐述；实验方法部分主要指对实验的仪器、设备，以及实验条件和测试方法等事项的阐述。

这部分的写作内容主要包括实验对象，实验材料的名称、来源、性质、数量、选取方法和处理方法，实验目的，使用的仪器、设备(包括型号、名称、量测范围和精度等)，实验及测定的方法和过程，出现的问题和采取的措施等。

材料和方法的阐述必须具体、真实。如果是采用前人的，那么只需注明出处；如果是改进前人的，则要交代改进之处；如果是自己提出的，则应详细说明，必要时可用示意图、方框图或照片图等配合表述。

由于科学技术研究成果必须接受检验，介绍清楚这些内容的目的在于使别人能够重复操作。

3. 实验结果及其分析

这部分是论文的关键部分，可以体现论文的价值。它包括给出结果，并对结果进行定量或定性的分析。

这部分的写作要点为：以绘图或列表等手段整理实验结果，通过数理统计和误差分析说明结果的可靠性、再现性和普遍性，进行实验结果与理论计算结果的比较，说明结果的适用对象和范围，分析不符合预见的现象和数据，检验理论分析的正确性等。

在给出实验结果时，应尽量避免把所有数据和盘托出，而要对数据进行整理，并采用合适的形式(如插图或表格)来表达。在整理数据时，不能只选取符合自己预料的，而随意舍去与自己料想不符或相反的数据。有些结果异常，尽管无法解释，也不要轻易舍去，可以加以说明，只有找到确凿证据足以说明它们确属错误之后才能将其剔除。

在进行结果分析时，必须从辩证唯物主义的认识论出发，以理论为基础，以事实为依据，认真、仔细地推敲结果，既要肯定结果的可信度和再现性，又要进行误差分析，并与理论结果作比较(相反，如果论题产生的是理论结果，则应由试验结果来验证)，说明存在的问题。分析问题要切中要害，不能空泛议论。要压缩或删除那些众所周知的一般性道理的叙述，省略那些不必要的中间步骤或推导过程，突出精华部分。此外，对实验过程中发现的实验设计、实验方案或执行方法方面的某些不足或错误也应说明，以供读者借鉴。

4. 结果讨论

对结果进行讨论的目的在于阐述结果的意义，说明与前人所得结果不同的原因，根据研究结果继续阐述作者自己的观点。

这部分的写作要点为：解释所取得的研究成果，说明成果的意义，指出自己的成果与前人研究成果或观点的异同，讨论尚未定论之处和相反的结果，提出研究的方向和问题；最主要的是突出新发现、新发明，说明研究结果的必然性或偶然性。

6.6.3 正文的写作要求及注意事项

对正文部分写作的总要求是明晰、准确、完备、简洁，具体要求如下。

(1) 论点明确，论据充分，论证合理。

(2) 事实准确，数据准确，计算准确，表述准确。

(3) 内容丰富，文字简练，应避免重复、烦琐。

(4) 条理清楚，逻辑性强，表达形式要与内容相适应。

(5) 不泄密，对需保密的资料应做技术处理。

在进行正文写作时，应主要注意以下两点。

第一，抓住基本观点。正文部分乃至整篇论文总是以作者的基本观点为轴线，要用材料(事实或数据)说明观点，形成材料与观点的统一。观点不是作者头脑里固有的或主观臆造的，而是来自客观实际，来自对反映客观事物(比如研究对象)特征的材料(比如实验结果)的归纳、概括和总结。在基本观点上，对新发现的问题要详尽分析和阐述，也要严密论证，否则得不出深入的、正确的、有价值的结论，缺乏说服力，不会被读者接受。而对一般性的问题只需做简明扼要的叙述，对与基本观点不相干的问题则完全不要费笔墨，哪怕只有一句一字。

第二，注重准确性，即科学性。科学技术论文特别重视科学性，科学性要贯穿论文的始终，正文部分对科学性的要求则更加突出。在写作时，要坚持实事求是的原则，绝不能弄虚作假，也不能粗心大意。数据的采集、记录、整理、表达等都不应出现技术性错误。在叙述事实，介绍情况，分析、论证和讨论问题时，要准确地遣词造句，力求避免含糊不清、模棱两可、词不达意。给出的式子、数据、图表以及文字、符号等都要准确无误，不能出现任何细小的疏漏。

6.7 结论和建议

结论又称结束语、结语，它是在理论分析和实验验证的基础上，通过严密的逻辑推理而得出的富有创造性、指导性、经验性的结果描述。它又以自身的条理性、明确性、客观性反映了论文或研究成果的价值。结论应与引言相呼应，其作用与摘要一样，便于读者阅读和为二次文献作者提供依据。

6.7.1 结论段的内容与格式

结论不是研究结果的简单重复，而是对研究结果更深入一步的认识，是从正文部分的全部内容出发，并涉及引言的部分内容，经过判断、归纳、推理等过程，将研究结果升华成新的总观点。结论的内容要点如下。

(1) 本研究结果说明了什么问题，得出了哪些规律性的东西，解决了什么理论或实际问题。

(2) 对前人有关本问题的看法做了哪些检验，哪些与本研究结果一致，哪些不一致，作者做了哪些修正、补充、发展或否定。

(3) 本研究的不足之处或遗留的问题。

对于一篇论文的结论部分来说，上述要点(1)是必需的，而要点(2)和要点(3)是否需要，则要视论文的具体内容来定，可以有，也可以没有。如果不可能得出结论，那么也可以没有结论，但要进行必要的讨论。

对于结论段的格式安排，可做如下考虑：如果结论段的内容较多，则可以分条来写，并给予编号，如(1)(2)(3)等，每条自成一段；如果结论段的内容较少，则可以不分条写，整个结论部分为一段。

结论段的内容主要通过文字来表达，也可加入必要的数据，但一般不再用插图和表格。

6.7.2　结论和建议的撰写要求

结论的撰写应符合以下几点要求。

(1) 概括准确，措辞严谨。结论是论文最终的、总体的总结，对论文创新内容的概括应当准确、完整，不要漏掉任何一条有价值的结论，但也不能凭空杜撰。措辞要严谨，语句要像法律条文一样规范，语意清楚，不能模棱两可，含糊其辞。语句的肯定和否定要明确，一般不用“大概”“也许”“可能”之类的词语，以免使读者有似是而非的感觉，怀疑论文的真正价值。

(2) 明确具体，简短精练。结论段要有相对的独立性，专业读者和非专业人员可以只看摘要或结论就能大致了解该论文反映的成果及其价值，所以结论段应提供明确、具体的定性和定量的信息。结论段要对要点进行具体阐述，不能抽象和笼统地表述。结论段可读性要强，如一般不使用量符号，宜使用量名称。例如，“T与P成正比关系”不如“××温度与××压力成正比关系”易读。行文要简短，不再展开论述，不对论文中各段的小结做简单重复。语言要简练，对于可有可无的词语应删除，如“通过理论分析和实验验证，可得出下列结论”这样的行文一般都没有实际意义。

(3) 不做自我评价。研究成果或论文的真正价值是通过具体“结论”来体现的，所以不宜用如“本研究具有国际先进水平”“本研究结果属国内首创”“本研究结果填补了国内空白”一类的语句来做自我评价。成果到底属何种水平，是不是首创，是否填补了空白，读者自会评说，不必由论文作者把它写在结论里。

“建议”部分可以单独用一个标题，也可以包括在结论段内，还可作为结论的最末一条。如果没有建议，那么也不要勉强杜撰。

下面给出一个结论的例子。

结论　本文研究了速度和加速度同时约束的全方向康复步行训练机器人系统的跟踪控制问题。文中提出了速度和加速度同时约束的控制器设计新方法，并设计滤波器估计不同康复者质量及重心偏移不确定性，提高了系统的鲁棒性；仿真研究表明了文中提出控制器设计方法的有效性和优越性，实验结果验证了所设计的控制器能保证康复者在安全速度下舒适地进行康复训练。文中提出的速度和加速度同时约束的控制器设计方法，除了康复步行训练机器人以外，对于需要进行速度和加速度限制的轮式移动机器人均具有适用性。

6.8 致谢

现代科学技术研究往往不是一个人能单独完成的，而需要他人的协作与帮助，因此，当研究成果以论文形式发表时，作者应当对他人的付出给予充分肯定，并对他们表示感谢。

致谢的对象包括对本研究直接提供过资金、设备、人力以及文献资料等支持和帮助的团体和个人。

“致谢”段可以列出标题并冠以序号，如“6. 致谢”放在“5. 结论”段之后，也可不列标题，空1行置于“结论”段之后。

6.9 参考文献

所谓参考文献，是指对一个信息资源或其中一部分进行准确和详细著录的数据，位于文末或文中的信息源。

按规定，在科技论文中，凡是引用前人，包括作者自己过去已发表的文献中的观点、数据和材料等，都要对它们在文中出现的地方予以标明，并在文末，致谢段之后，列出参考文献表，这项工作叫作参考文献著录。

中华人民共和国国家标准《信息与文献 参考文献著录规则》(GB/T 7714—2015)分别规定了专著、专著中的析出文献、连续出版物、连续出版物中的析出文献、专利文献以及电子资源的著录格式。专著(monograph)是指以单行本或多卷册(在限定的期限内出齐)形式出版的印刷型或非印刷型出版物，包括普通图书、古籍、学位论文、会议文集、汇编、标准、报告、丛书等。连续出版物(serial)是指载有卷期号或年月日顺序号，并计划无限期连续出版发行的印刷或非印刷形式的出版物。析出文献(contribution)是指从整个信息资源中析出的具有独立篇名的文献。电子资源(electronic resource)是指以数字方式将图、文、声、像等信息存储在磁、光、电介质上，通过计算机、网络或相关设备使用的记录有知识内容或艺术内容的信息资源，包括电子公告、电子图书、电子期刊、数据库等。

6.9.1 参考文献著录的作用

对于一篇完整的论文来说，参考文献著录是不可缺少的。参考文献著录的作用主要体现在以下5个方面。

(1) 著录参考文献可以反映论文作者的科学态度，使论文具有真实、广泛的科学依据，也可以反映该论文的起点和深度。

(2) 著录参考文献方便把论文作者的成果与前人的成果区别开来。论文报道的研究成果虽然是论文作者自己的，但在阐述和论证的过程中免不了要引用前人的成果，包括观点、方法、数据和其他资料，若对引用部分加以标注，不仅可以表明论文作者对他人劳动的尊重，也免除了抄袭、剽窃他人成果的嫌疑。

(3) 著录参考文献能起到索引作用。读者通过著录的参考文献，可方便地检索和查找有关图书资料，从而对该论文中的引文有更详尽的了解。

(4) 著录参考文献有利于节省论文篇幅。论文中需要表述的某些内容，如果已有文献记载，就不必详述，只需在相应之处注明见何文献即可。这样不仅精练了语言，节省了篇幅，还避免了一般性表述和资料堆积，使论文容易达到以较少文字表达更多内容的要求。

(5) 著录参考文献有助于科技情报人员进行情报研究和文献计量学研究。

6.9.2　参考文献著录的方法和要求

著录参考文献时，一般只著录最必要、最新的文献；只著录公开发表的文献；另外还要采用标准化的著录格式。

论文中参考文献的著录方法，按照我国国家标准《信息与文献 参考文献著录规则》(GB/T 7714—2015)中的规定，通常采用“顺序编码制”和“著者-出版年制”这两种。顺序编码制是一种文后参考文献的标注体系，即引文采用序号标注，参考文献表按引文的序号排序；著者-出版年制是一种文后参考文献的标注体系，即引文采用著者-出版年标注，参考文献表按著者字顺和出版年排序。下面以顺序编码制为例进行具体介绍。

1. 文内标注格式

采用顺序编码制时，要在引文处按参考文献出现的先后用阿拉伯数字连续编码，并将序码置于方括号内，视具体情况把序码作为上角标，或者作为语句的组成部分。示例如下。

(引言开始)国内外关于网络拥塞控制研究方面的成果很多，从已经发表的相关文献来看，研究主要集中在链路算法和源算法的提出和改进上。文献[1-4]基于队列长度和传输速率提出了一些改进算法。随着控制理论的发展，控制策略在网络拥塞控制中得到了广泛的研究，Misra[5]首先建立了AQM作用下TCP非线性动态流体流模型，在此模型基础上设计了具有变结构的鲁棒主动队列控制器[6]，基于优化的二阶网络系统模型设计了鲁棒比例主动队列管理控制器[7]。

示例中，[5]～[7]作为注释，用了上角标形式表示，而[1-4]是语句的组成部分，就未写成上角标。

2. 文后参考文献表的编写格式

采用顺序编码制时，在文后参考文献表中，各条文献按在论文中的文献序号顺序依次排列，项目应完整，内容应准确，各个项目的次序和著录符号应符合规定。参考文献表中各著录项之间的符号是“著录符号”，而不是书面汉语或其他语言的“标点符号”，所以不能用标点符号的概念去理解。

GB/T 7714—2015对各种标识符号的使用方法规定如下。

(1) “.”用于题名项、析出文献题名项、其他责任者、析出文献其他责任者、连续出版物的“年卷期或其他标识”项、版本项、出版项、连续出版物中析出文献的出处项、获取和访问路径、数字对象唯一标识符前，以及每一条参考文献的结尾。

例1：用于题名项前

孙平. 鲁棒$H\infty$控制理论与应用[M]

例2：用于版本项前

孙平. 鲁棒$H\infty$控制理论与应用[M]. 2版

例3：用于出版项前

孙平. 鲁棒$H\infty$控制理论与应用[M]. 北京：清华大学出版社，2012

例4：用于出处项前

孙平，曾繁华，李树江. 基于TCP动态网络系统模型的鲁棒$H\infty$控制[J]. 沈阳工业大学学报，2010，32(1)：105-109.

例5：用于获取和访问路径前

中国互联网络信息中心. 中国互联网络发展状况统计报告：2003/[EB/OL]. [2006-06-19]. http：//www.cnnic.net.cn/download/2003/10/10/170932.pdf.

(2) “：”用于其他提名信息、出版者、引文页码、析出文献的页码、专利号前。

例1：用于其他提名信息前

沈阳工业大学学报：自然科学版

例2：用于出版者或引文页码前

孙平，曾繁华，李树江. 基于TCP动态网络系统模型的鲁棒$H\infty$控制[J]. 沈阳工业大学学报，2010，32(1)：105-109.

例3：用于专利号前

孙平. 基于SCN系统偏移量辨识的坐垫机器人限时学习控制方法：202011363081.3 [P].

(3) “，”用于同一著作方式的责任者、“等”“译”字样、出版年、期刊年卷期标识中的年和卷号前。

例1：用于同一著作方式的责任者和“等”字前

孙平，单芮，王殿辉，等

例2：用于出版年前

北京：清华大学出版社，2012

例3：用于期刊年卷期标识中的年和卷号前

沈阳工业大学学报，2010，32(1)：105-109

(4) “；”用于同一责任者的合订题名以及期刊后续的年卷期标识与页码前。

例：2010，32(1)：105-109；2010，32(2)：107-112

(5) “//” 用于专著中析出文献的出处项前，表示专著中析出文献与源文献的关系。

例：Robust H_∞ Filtering with Error Variance Constraints on GPS/INS Integrated Navigation Systems[C]// The 2009 Chinese Control and Decision Conference (2009 CCDC)，3852-3856.

(6) “( )”用于标明期刊年卷期标识中的期号、报纸的版次、电子资源的更新或修改日期以及非公元纪年的出版年。

例：2010，32(1)：105-109

(7) “[ ]”用于标明文献序号、文献类型标识、电子资源的引用日期以及自拟的信息。

例：孙平，单芮，王硕玉. 人机不确定条件下康复步行训练机器人的部分记忆迭代学习限速控制[J]

(8) “/”用于合期的期号间以及电子文献载体标识前。

例1：2010(7/8)：23-32

例2：单片机的应用与开发[M/OL]

(9) “-” 用于起讫和起始页码间。

例1：用于起讫序号间

……文献[1-4]基于队列长度和传输速率提出了一些改进算法……

例2：用于起讫页码间

2010，32(1)：105-109

需要注意的是，论文中的参考文献表应置于“致谢”段之后，“附录”段之前。

3. 各类文献著录的通用格式

(1) 专著。

主要责任者. 题名：其他题名信息[文献类型标识/文献载体标识]. 其他责任者.版本项. 出版地：出版者，出版年：引用页码[引用日期]. 获取和访问路径，数字对象唯一标识符.

例：

[1] 中国造纸学会. 中国造纸年鉴：2003[M/OL]. 北京：中国轻工业出版社，2003[2014-04-25]. http://www.cadal.zju.edu.cn/book/view/25010080.

[2] 孙平. 鲁棒控制理论与应用[M]. 北京：清华大学出版社，2012.

(2) 专著的析出文献。

析出文献主要责任者. 析出文献题名[文献类型标识/文献载体标识]. 析出文献其他责任者//专著主要责任者. 专著题名：其他题目信息，版本项. 出版地：出版者，出版年：析出文献的页码[引用日期]. 获取和访问路径，数字对象唯一标识符.

例：

[3] 贾东琴，柯平. 面向数字素养的高校图书馆数字服务体系研究[C]//中国图书馆学会. 中国图书馆学会年会论文集：2011年卷. 北京：国家图书馆出版社，2011：45-52.

(3) 连续出版物。

主要责任者. 题名：其他题名信息[文献类型标识/文献载体标识]. 年，卷(期)-年，卷(期). 出版地：出版者，出版年[引用日期]. 获取和访问路径，数字对象唯一标识符.

例：

[4] 中国图书馆学会. 图书馆学通讯[J]. 1957(1)-1990(4). 北京：北京图书馆，1957-1990.

(4) 连续出版物的析出文献。

析出文献主要责任者. 析出文献[文献类型标识/文献载体标识]. 连续出版物题名：其他题名信息，年，卷(期)：页码[引用日期]. 获取和访问路径，数字对象唯一标识符.

例：

[5] 孙平，单芮，王硕玉. 人机不确定条件下康复步行训练机器人的部分记忆迭代学习限速控制[J]. 机器人，2021，43(4)：502-512.

(5) 专利文献。

专利申请者或所有者. 专利题名：专利号[文献类型标识/文献载体标识]. 公告日期或公开日期[引用日期]. 获取和访问路径，数字对象唯一标识符.

例：

[6] 孙平，常黎明，王殿辉，等. 基于SCN内干扰力估计的坐垫机器人安全触发控制方法：202011357002.8[P]. 2022-05-13.

(6) 电子资源。

凡属电子专著、电子专著中的析出文献、电子连续出版物、电子连续出版物中的析出文献以及电子专利的著录格式，分别按前述的专著、专著的析出文献、连续出版物、连续出版物的析出文献、专利文献中的有关规则处理。除上述以外的电子资源根据以下规则著录。

主要责任者. 题名：其他题名信息[文献类型标识/文献载体标识]. 出版地：出版者，出版年：引文页码(更新或修改日期)[引用日期]. 获取和访问路径，数字对象唯一标识符.

例：

[7] 中国互联网络信息中心. 第29次中国互联网络发展现状统计报告[R/OL]. (2012-01-16)[2013-03-26]. http://www.cnnic.net.cn/hlwfzj/hlwxzbg/201201/P020120709345264469680.pdf.

在一篇文章中，参考文献通常置于“结论”段或“致谢”段之后，并且用不同的标记字母来区别文献的类型，具体的著录格式如下。

参考文献 (References)

[1] Floyd S，Jacobson V. Random early detection gateways for congestion avoidance [J]. IEEE/ACM Transactions on Networking，1993，1(4)：397-413.

[2] Zhang W，Tan L S，Peng G D. Queue level control of TCP/RED systems in AQM routers [J]. Computers and Electrical Engineering，2009，35(1)：59-70.

[3] Chen C K，Hung Y C，Liao T L，et al. Design of robust active queue management controllers for a class of TCP communication networks [J]. Information Sciences，2007，177(19)：4059-4071.

[4] 孙平，曾繁华，李树江. 基于TCP动态网络系统模型的鲁棒H_∞控制[J]. 沈阳工业大学学报，2010，32 (1)：105-109.

[5] 叶成萌，井元伟. 基于RBF的TCP网络自适应滑模控制[J]. 东北大学学报：自然科学版，2011，32(6): 765-768.

[6] Chen H，Gao X Q，Wang H，et al. On disturbance attenuation of nonlinear moving horizon control [J]. Lecture Notes in Control and Information Sciences，2007，358(1)：283-294.

[7] Chen C K，Liao T L，Yan J J. Active queue management controller design for TCP communication networks：variable structure control approach [J]. Chaos，Solitions & Fractals，2009，40(1)：277-285.

[8] Hung M L, Huang C F, Liao T L, et al. Design of active queue management algorithms for TCP networks: nonlinear output feedback approach [C]// 2010 International Symposium on Computer, Communication, Control and Automation, Tainan, 2010: 282-285.

[9] Xiong N，Yang L.T，Yang Y，et al. A novel numerical algorithm based on self-tuning controller to support TCP flows [J]. Mathematics and Computers in Simulation，2008，79(4)：1178-1188.

[10] 刘锋，梅生伟，卢强. ASVG的非线性L_2增益干扰控制器[J]. 电力系统自动化，2000，1(20)：11-15.

[11] 孙平. 鲁棒H_∞控制理论与应用[M]. 北京：清华大学出版社，2012.

[12] 孙平. 不确定系统的鲁棒H_∞控制及鲁棒H_∞滤波方法研究[D]. 沈阳：东北大学，2006.

[13] 孙平，孙桐，李树江，等. 康复步行训练机器人的轨迹跟踪误差约束安全控制方法：201610239765.8[P]. 2018-11-13.

6.10 附录

附录是论文主体的补充项目，并非每一篇科技论文必须具备的部分。

在撰写论文时，有些内容可以体现整篇论文在材料上的完整性，但写入正文又可能有损行文的条理性、逻辑性和精练性，那么可以将这类材料写入附录部分。

附录部分大致包括以下一些材料。

(1) 比正文更为详尽的理论根据、研究方法和技术要点的叙述，建议可以阅读的参考文献题录，对了解正文内容有用的补充信息等。

(2) 由于篇幅过长或取材于复制品而不宜写入正文的资料。

(3) 不便写入正文的罕见珍贵资料。

(4) 一般读者并非必要阅读，但对本专业同行很有参考价值的资料。

(5) 某些重要的原始数据、数学推导、计算程序、框图、结构图、统计表、计算机打印输出件等。

附录部分应置于参考文献表之后，依次用大写正体A、B、C等编号，如以“附录A”“附录B”做标题前导词。

附录中的插图、表格、公式、参考文献等的序号应与正文分开，另行编制，如编为“图A1”“图B2”；“表B1”“表C3”；“式(A1)”“式(C2)”；“文献[A1]”“文献[B2]”等。

6.11 注释

解释题名项、作者及论文中的某些内容，均可使用注释。能在行文时用括号直接注释的，尽量不单独列出。

不随文列出的注释叫作脚注，可用圈码①②③作为标注符号，置于需要注释的词、词组或句子的右上角。每页均从数码①开始，当页只有1个脚注时，也用数码①标注。注释内容应置于该页的页脚，并在页面的左边用一短细水平线与正文分开，细线的长度为版面宽度的1/4。

思考题

(1) 通过检索科技论文文献，简述科技论文的撰写格式。

(2) 题名的一般要求和文字表达要求分别是什么？

(3) 简述署名的意义和格式。

(4) 简述摘要的写作内容和写作要求。

(5) 简述引言的写作内容。

(6) 简述正文的写作要求。

(7) 简述结论的写作内容。

(8) 简述参考文献著录的方法和要求。

扫码自测

第7章 科技论文的规范表达

科技论文规范表达的要求来自科学技术期刊编排的标准化和规范化。在这里，首先应明确标准化和规范化的概念。什么是标准？标准就是衡量事物的准则。在科学技术和生产领域中，国家机关或社会团体为了适应科学技术发展和合理组织生产的需要，在产品质量、品种规格、零部件通用等方面规定了统一的若干技术要求，这些技术要求就是标准。我国现在通行的标准有国家标准、地方标准、行业标准和企业标准，同时还有国际标准化组织发布的国际标准。什么是规范？标准在某一范围内的具体化，或者把约定俗成的技术要求整理出来，在一定的范围内实施的明文规定就是规范。由此可知，标准与规范的区别在于，标准是明文规定的准则，在我国，国家标准是由国家质量技术监督局批准并发布的一种国家法规，具有权威性、标准性和严肃性；规范虽然也是明文规定的一种“标准”，但它不是国家法规，而是某些部门或团体根据约定俗成和从导向的意愿出发所提出的某种规定或建议，具有指导性、规范性和导向性。当然，规范如果趋于成熟，若有必要，则可通过一定形式的批准和发布而上升为标准。

什么是标准化和规范化？按标准、规范的要求去做，达到了标准、规范的要求，就是标准化和规范化。

7.1 科技论文规范表达的意义

科技期刊是社会产品，当然也有标准化、规范化的问题。科技学术期刊是科学技术重要文献的载体，是科学技术的信息源。随着科学技术的高速发展，科技信息量猛增，长期以来人们习惯用的手工收集、整理、储存、传播信息的方式已远远不能满足要求，而电子计算机的普遍应用，则为科技信息的加工、传播、储存、检索、利用提供了极大方便。信息从“人”识别进入“机”识别，必然要求科技期刊的编排实现标准化和规范化。

科技期刊的主体是科技论文。作为科技新信息源的科技论文，其表达的规范化是实现信息处理与传播的前提。科技论文只有实现编写格式的标准化和各个细节表达的规范化，才能真正体现科学的内涵，准确表达科学的内容，从而有利于信息的传播、储存、检索和利用。

另外，科技论文的规范表达，不仅能提高论文本身的水平，而且可以反映作者严谨的治学态度和良好的写作能力，这为论文被期刊编辑部门选中发表提供了极为有利的条件。诚然，一篇论文能否被期刊采用，主要取决于论文报道的研究成果是否有发表价值，但是，表达的规范与否也是不能忽视的因素。尤其是对于稿源丰富的期刊，当在两篇都有发表价值的论文中只能选用一篇时，被选中的肯定是表达比较规范的那一篇，因为它的编辑加工量小，或者不需要经过作者再修改，从而可以保证出版质量，缩短发表周期。因此，为了使确有发表价值的论文能得到及时发表，避免因表达不规范被退稿或推迟发表，作者应努力提高论文的写作质量，使之达到规范表达的要求，这是很有实际意义的。

科技论文的规范表达涉及以下主要内容：①编写格式的标准化；②文字细节和技术细节表达的标准化或规范化，主要包括名词名称、数字、量和单位、数学式、化学式等的规范表达，以及插图和表格的合理设计；③科技语言和标点符号的规范运用。

7.2 层次标题的规范表达

各层次标题一律用阿拉伯数字连续编码，不同层次的两个数字之间用下圆点(.)分隔开，末位数字后面不加点号；各层次的第一个序码均左顶格书写，最后一字序码之后空1个字距接写标题。各层次标题的规范表达如下面两个案例所示。

题名：全方向移动小车的轨迹跟踪PID控制器设计

第1章　绪论

1.1　背景及意义

1.2　轨迹跟踪控制发展现状

1.3　课题主要研究内容

第2章　全方向移动小车的模型建立

2.1　运动学模型建立

2.2　动力学模型建立

2.3　本章小结

第 3 章　全方向移动小车跟踪控制器设计
3.1　全方向移动小车的PI控制器
3.1.1　PI控制器原理
3.1.2　PI控制器设计
3.2　全方向移动小车的PD控制器
3.2.1　PD控制器原理
3.2.2　PD控制器设计
3.3　全方向移动小车的PID控制器
3.3.1　PID控制器原理
3.3.2　PID控制器设计
3.4　本章小结
第 4 章　系统仿真
4.1　控制仿真图
4.2　仿真实例
4.2.1　直线轨迹跟踪
4.2.2　心形线轨迹跟踪
4.3　本章小结
第 5 章　结论与展望
5.1　结论
5.2　展望
参考文献
致谢

题名：基于A*算法的移动机器人路径规划
第1章　绪论
1.1　研究背景及意义
1.2　移动机器人路径规划的研究现状
1.3　研究内容与结构安排
第2章　静态地图的路径规划
2.1　静态地图建模与机器人移动规则
2.1.1　静态地图的建模
2.1.2　机器人的移动特点
2.2　Dijkstra算法
2.2.1　Dijkstra算法的介绍

2.2.2 Dijkstra算法启发函数

2.2.3 Dijkstra算法流程

2.2.4 反向寻径

2.3 贪婪算法

2.4 A*算法

2.4.1 A*算法介绍

2.4.2 A*算法的启发式函数

2.4.3 A*算法流程

2.5 本章小结

第3章 动态地图的路径规划

3.1 动态路径规划地图设置

3.2 操作流程

3.3 实例演示

3.4 本章小结

第4章 移动机器人的路径规划实验

4.1 树莓派

4.1.1 简介

4.1.2 树莓派的产品参数

4.1.3 树莓派接口

4.2 其他配件

4.3 机器人静态地图移动

4.3.1 地图设置

4.3.2 机器人的移动方式

4.3.3 机器人移动实验

4.4 机器人动态地图移动

4.4.1 红外传感器

4.4.2 动态路径规划流程图

4.4.3 机器人动态地图移动实验

4.5 本章小结

第5章 结论与展望

5.1 总结

5.2 展望

参考文献

致 谢

如果需要，则可有四级标题，如2.2.1.1。

此外，对于“要点”序码，全文甚至全刊也应统一，比如第1层用“1.”“2.”“3.”等，第2层用“(1)”“(2)”“(3)”等，第3层(一般可能不用)用“①”“②”“③”等。

7.3 量名称和量符号的规范表达

7.3.1 量名称

(1) 通用的量名称，应按我国国家标准《量和单位》(GB/T 3100—1993、GB/T 3101—1993、GB/T 3102.1～3102.13—1993)的规定选用，切勿使用已废弃的量名称。

(2) 学科或专业的量名称，应使用全国科学技术名词审定委员会审定公布的量名称。目前，全国名词委已公布出版了40多个学科的名词术语，写作时注意选用。

7.3.2 量符号

在我国强制性国家标准《量和单位》中，针对每个基本物理量都给出了一个或一个以上的符号，这些符号就是标准化的量符号，如l(长度)、d(直径)、A或S(面积)、V(体积)、t(时间)、v(速度)、λ(波长)、m(质量)、F(力)、M(力矩)、p(压力、压强)、E(能量)、P(功率)、T或Θ(热力学温度)、t或θ(摄氏温度)、Q(热量)、w(质量分数)、φ(体积分数)等。

国家标准规定，非普及性科学书刊，尤其是在数理公式中，必须使用量符号。使用量符号时应注意以下几点。

(1) 应尽量采用标准规定的量符号。若作者要用到的量符号在国家标准中没有出现，则可以参照标准自己拟定量符号。自拟时要注意，量符号一般是由单个拉丁字母或希腊字母表示的，但25个特征数符号例外，它们由两个字母构成，如雷诺数(Re)、普朗特数(Pr)等，另一个例外是pH值，不能用多个字母作量符号，如把“临界高温”的量符号写作CHT(critical high temperature)是错误的，正确表达应为Tc,h。当然，类似CHT这样的英文缩写词如用在文字叙述中而不是作为量符号用在公式或图表中是允许的。

(2) 作者的文稿若是打印件，量符号必须使用斜体字母，pH值除外。

(3) 量符号的大小写也需符合规定，不能随意。例如，T是热力学温度，t是摄氏温度；V是体积，v是速度；P是功率，p是压力等。

(4) 某一个字母在全文中代表的量应是唯一确定的。例如，“t”不能在这里表示“时间”，在那里又表示“摄氏温度”；在这里表示“初始温度”，在那里又表示“终了温度”。解决办法是，如果t已经定为表示“时间”，就用θ表示“摄氏温度”；用t_i[i为initial(初始的)首字母]表示“初始温度”，用t_e表示“终了温度”。以此类推，用p_A表示A点的压力，用p_B表示B点的压力，用p_C表示C点的压力等。总之，为了表示量的特定状态、位置、条件或测量方法等，可以在量符号上附加上下角标，如星号(*)、外文字母、阿拉伯数字及其他符号，个别情况下允许加汉字角标(如$h_{小麦}$表示“小麦株高”)。

(5) 不能把化学元素符号作为量符号使用。把化学元素符号当作量符号来用的现象比较普遍，包括过去的很多教科书都存在这种情况。例如，“$H_2:O_2=2:1$”的表达就很不规范，含义也不清楚。正确的表达方式如下。

若指质量比，则应为$m(H_2):m(O_2)=2:1$；

若指体积比，则应为$V(H_2):V(O_2)=2:1$；

若指物质的量的比，则应为$n(H_2):n(O_2)=2:1$。

7.4 计量单位的规范使用

按规定，撰写科技论文时一律采用《中华人民共和国法定计量单位》。我国法定计量单位是以国际单位制(SI)单位为基础，再根据我国实际情况加选的一些非SI单位构成的。

1. 使用法定单位的原则

(1) 全文只能使用法定单位，不能使用非法定单位，如市制单位、公制单位、英制单位，以及其他旧杂制单位。尤其要注意，土地面积不能用“亩”，大面积用hm^2(读作“公顷”)，很大面积用km^2(读作“平方千米”)，小面积(如宅基地、小试验地等)用m^2(读作“平方米”)。

(2) 全文只能采用单位的国际通用符号(简称国际符号)，而不采用单位的中文符号。国际符号是指用拉丁字母或希腊字母表示的单位或其词头，如μm(读作“微米”)、kg(读作“千克”)、N(读作“牛顿”)、kPa(读作“千帕”)、W(读作“瓦特”)、J(读作“焦耳”)等。

2. 使用法定单位的要点

(1) 论文文稿若是打印件，则单位符号(指单位的国际符号，下同)毫无例外地用正体字母。

(2) 要注意区分单位符号和词头符号的大小写：一般单位符号为小写体，如m(米)、t(吨)、g(克)等；来自人名的单位，其符号的首字母大写，如A(安培)、Pa(帕斯卡)、J(焦耳)等，例外的是，L(升)虽不是来自人名，但也要大写。词头符号中表示的因次为10^6及以上的，用大写，如M(10^6，兆)等；表示的因次为10^3及以下的，用小写，如k(10^3，千)、h(10^2，百)、d(10^{-1}，分)、c(10^{-2}，厘)、m(10^{-3}，毫)、μ(10^{-6}，微)、n(10^{-9}，纳)等。

(3) 应遵守组合单位符号的构成规则，具体如下。

- 相乘组合单位符号有两种形式，即加点乘号和不加点乘号，如力矩单位N·m，也可写为Nm。
- 相除组合单位有3种形式，如热容的单位为J/K、$J \cdot K^{-1}$或$\frac{J}{K}$，最末一种形式一般只用于数理公式中。
- 相除组合单位符号中的斜分数线(/)不能多于一条，当分母有两个以上单位时，分母就应加圆括号，如传热系数的单位$W/(m^2 \cdot K)$，不能写成$W/m^2/K$，也不能写成$W/m^2 \cdot K$。
- 组合单位中不能夹有单位的中文符号。例如，把流量单位写成m^3/秒，把用药量单位写成mg/(kg·天)，都是错误的，应分别写成m^3/s和mg/(kg·d)。但是，组合单位中允许有计数单位(如元、只、人、把、个、株、粒、颗等)和一般常用时间单位(如月、周或星期等)，如价格单位“元/t”，人均住房面积单位“m^2/人”，劳动生产率单位“kg/(月·人)”等。

顺便提及，“万”和“亿”是我国特有的数词(但它们不是单位的“词头”)，可以与法定单位符号连用，如可写为20亿t，35 000km^2等。

(4) 不应把一些不是单位符号的“符号”作为单位符号使用，具体如下。

- 单位英文名称的缩写不是单位符号，如m(分)、sec(秒)、day(天)、hr(小时)、y或yr(年)、wk(星期)、mo(月)等，它们的单位符号分别应为min、s、d、h、a(年)、周、月等。
- 长期以来用作单位符号的ppm、ppb等，只是表示数量份额的英文缩写，意义也不确切，而且其中有的在不同国家代表不同的数值，因此不能再用。遇到这种情况应视具体情况而定，如可将200ppm改为200×10^{-6}，或者改为200mg/kg。

(5) 绝不能对单位符号进行修饰。常见的修饰方式有以下两种。

- 加下角标。例如，把试验用种子的质量错误表示成m=50g$_{种}$，正确表示为m_s=50g，其中s为seed(种子)的缩写，也可写成$m_{种子}$=50g。
- 插入化学元素符号等说明性记号。例如，0.15mg(Pb)/L，正确表示为ρ(Pb)=0.15mg/L；又如，1g生药/mL，正确表示为ρ(生药)=1g/mL。

(6) 单位前的数值，一般应控制在0.1～1000，既不能太小，也不能太大，尤其在图表中，否则应当改换词头。例如，0.001m应改为1mm；1200g应改为1.2kg；32 000kg应改为32t。

7.5 数字的规范表达

7.5.1 汉字数字与阿拉伯数字

什么情况使用汉字数字，什么情况使用阿拉伯数字，国家标准都有规定。总的原则是，凡是可以使用阿拉伯数字而且又很得体的地方，均应使用阿拉伯数字。

1. 使用阿拉伯数字的场合

(1) 公元世纪、年代、年、月、日、时刻。例如，20世纪90年代；1999年1月15日；12时5分18秒。需要注意的是，年份不能简写，如1999年在任何地方都不能写为99年。

“时刻”可用标准化格式表示，如“12时5分18秒”可写为“12：05：18”。

日期与时间组合的表示方法是：年-月-日T时：分：秒。T为时间标识符。“时”“分”“秒”之间的分隔符是冒号(：)，而不是比号(∶)。例如，“1999年1月15日12时5分18秒”可表示为“1999-01-15T12：05：18”。这种方式更多地用在图表中。

(2) 计量单位和计数单位前的数字。例如，食盐200g，木料5m^3；猪15头，羊2只，鱼1条；3个特点，2条意见，200多人。

(3) 纯数字，包括整数、小数、分数、百分数、比例以及一部分概数。例如，4，-0.3，4/5，56%，3∶2，10多，300余。

(4) 产品型号、样品编号，以及各种代号或序号。

(5) 文后参考文献著录中的数字。

2. 使用汉字数字的场合

(1) 定型的词、词组、成语、惯用语、缩略语，以及具有修辞色彩的词语中作为语素的数字，必须使用汉字数字。例如，第一，二倍体，三氧化二铝，十二指肠，星期五，“十五”计划，第一作者，一分为二，三届四次理事会，他一天忙到黑。

(2) 相邻两个数字连用表示的概数，必须使用汉字数字。例如，一两千米，二三十公顷，四百五六十万元[注意：其间不用顿号(、)]。

(3) 带有“几”字的数字表示的概数，必须使用汉字数字。例如，十几，几百，三千几百万，几万分之一。

(4) 各国、各民族的非公历纪年及日期。

(5) 含有日期简称表示事件、节日和其他特定含义的词组中的数字。例如，“一二·九”运动，五四运动，“一·一七”批示。

7.5.2 数字的书写规则

(1) 书写和排印4位和4位以上的数字要采用三位分节法，即从小数点算起，向左和向右每3位数之间留出1/4个汉字大小的空隙。例如，3 245，3.141 592 6。

(2) 小数点前用来定位的“0”不能省略。例如，0.85不能写为“.85”。

(3) 阿拉伯数字不能与除“万”“亿”以外的汉字数词连用。例如，“十二亿一千五百万”可写为“121 500万”或“12.15亿”，但不能写为“12 亿1千5百万”。

(4) 数值的有效位数必须全部写出。例如，一组有3位有效数字的电流值“0.250，0.500，0.750A”，不能写为“0.25，0.5，0.75A”。

(5) 表示数值范围和公差时应注意以下几点。

- 表示数值范围采用浪纹号(～)。例如，120～130kg，70～80头(羊)。顺便提及，不表示数值范围就不要用浪纹号。例如，“1995～2000年”“做2～3次试验”，这样表示都不妥。前者表示2个年份(不是数值)，其间的“～”应改为“—”(一字线)；后者的“2次”与“3次”之间不可能有其他数值，应改为“两三次”，但“做2～4次试验”的表述是正确的。
- 表示百分数范围时，前一个百分号不能省略。例如，“52%～55%”不能写为“52～55%”。
- 用“万”或“亿”表示的数值范围，每个数值中的“万”或“亿”不能省略。例如，“20万～30万”不能写为“20～30万”。
- 单位不完全相同的量值范围，每个量值的单位应全部写出，如“3h～4h20 min”不能写为“3～4 h 20 min”；但单位相同的量值范围，前一个量值的单位可以省略，如“100g～150g”可以写为“100～150g”。
- 量值与其公差的单位相同、上下公差也相等时，单位可以只写1次，如“12.5 mm ± 0.5mm”可写为“(12.5 ± 0.5)mm”，但不能写为“12.5 ± 0.5mm”。

- 量值的上下公差不相同时，公差应分别写在量值的右上角和右下角，如“$20^{+0.3}_{-0.5}$ cm”；量值与公差的单位不相同时，单位应分别写出，如“$20\text{cm}^{+0.3\text{mm}}_{-0.5\text{mm}}$”。
- 表示带百分数公差的中心值时，百分号(%)只需写1次，同时“%”前的中心值与公差应当用括号括起，如“(50 ± 5)%”任何时候都不得写为“50 ± 5%”，也不得写为“50% ± 5%”。

(6) 用量值相乘表示面积或体积时，每个数值的单位都应写出。例如，“60m×40m”不能写为“60×40m”，也不能写为“60×40m^2”；“50cm×40cm×20cm”不能写为“50×40×20cm”，也不能写为“50×40×20cm^3”。

(7) 一组量值的单位相同时，可以只在最末一个量值后写出单位，其余量值的单位可以省略。例如，“50mm，45mm，42mm，37mm”可以写为“50，45，42，37 mm”。各量值后的点号可以用“，”，也可以用“、”，但全文应统一。

7.6 图表的规范表达

插图和表格是论文的重要组成部分，对于它们的设计和制作，再强调以下几点。

(1) 图表应精简。一般能用文字表达清楚的内容就不必用图表；用大量文字还说不明白而用图表就能方便说明的内容才用图表；只用1个图或表就能说明的内容，就不要用两个或更多的图或表。

(2) 每个图表都应有图序或表序。图序的格式为“图1”“图2”“图3”等，表序的格式为“表1”“表2”“表3”等。

(3) 每个图表都应有图题或表题。图题或表题应是最准确、最简练的并能反映图或表的特定内容的词语的逻辑组合，一般是词组，很少用句子，而且绝大多数是以名词或名词性词组为中心语的偏正词组，很少用动宾词组，要求语言准确得体，简短精练，容易认读。

(4) 图表中的标目，采用量与单位比值的形式，即“量名称或量符号/单位”，如“*p*/MPa”“压力/MPa”“压力*p*/MPa”；而不用传统的、不科学并容易引起歧义的表示方法，如“*p*，MPa”“压力，MPa”“压力*p*，MPa”“*p*(MPa)”“压力(MPa)”“压力*p*(MPa)”。

百分号(%)虽然不是单位，但在这里也可按单位处理，如“相对压力/%”或“η*p*/%”，传统的表示方法是“相对压力，%”或“η*p*，%”，或者“相对压力(%)”或“η*p*(%)”。

思考题

(1) 简述科技论文规范表达的意义。

(2) 简述层次标题的规范表达。

(3) 简述图表的规范表达。

扫码自测

第8章 毕业论文的撰写

何谓毕业论文？毕业论文的特点是什么？在讲述毕业论文的写作方法之前，最好先明确这些问题，这样才能比较准确地理解和掌握毕业论文写作的基本要求。

8.1 毕业论文概述

8.1.1 毕业论文的基本概念

所谓毕业论文，通常是指大学本科生在毕业之前必须完成的论文或毕业设计等的总称。关于毕业论文的概念，可以简单地做如下解释。

根据《中华人民共和国学位条例》和《中华人民共和国学位条例暂行实施办法》的规定，高等学校本科毕业生在完成教学计划所规定的各项要求后，其课程学习和毕业论文，包括毕业设计和其他毕业实践环节的成绩表明毕业生确实已经比较好地掌握了本专业的基础理论或专门知识和基本技能，并且有从事科学研究工作和负责专门技术工作的初步能力，经审核准予毕业，授予学士学位。各高等院校根据不同专业的培养目标，在学生按规定掌握必需的基础知识和基本理论的同时，也要对学生进行各种技能训练的培养。为了更好地了解和检查学生的水平和能力，从大学一年级到三年级，学生除了在学校学习基础知识和基础理论，还要接受学年论文和毕业论文的训练，为将来能够更好地深造、更好地研究打下坚实的基础。因此，毕业论文是考查学生的专业知识和基本技能的一个综合性的作业。并且在学生完成毕业论文的过程中，可以培养他们从事科学研究工作和负责技术工作的初步能力。当基础课程和毕业论文都完成后，学校才可授予毕业生学位。

毕业设计是指工科类专业的毕业班学生，结合工程实际的课题需要所进行的方案论证。论证时应进行技术经济分析，其内容通常包括三个部分：技术可行性分析，经济合理性分析，综合评价与比较、择优。通常，毕业设计包括的工程图纸应严格贯彻执行国家标准《技术制图与机械制图》；工程设计类的工程绘图应折合成A0号图纸并不少于3张；鼓励并逐步要求毕业生学会应用计算机进行设计、计算与绘图；工程类专业的软件类毕业设计内容除毕业设计说明书外，软件文档还应包括以下文件：有效程序软盘和源程序清单、软件设计说明书、软件使用说明书、软件测试分析报告和项目开发总结等；对计算机程序的运行结果要进行测试验证。最后，由答辩委员会根据设计方案、计算结果、演示情况和答辩水平给出成绩。

毕业实践环节能够帮助学生巩固和综合运用所学的基本理论和专业知识；训练和提高学生进行调查研究、收集和整理资料、分析论证和完成论文或毕业设计的能力；提高学生运用所学知识进行设计、计算和解决实际问题的综合能力。

进一步说，毕业论文就是高等院校应届毕业生独立完成的一篇总结性的学术论文。毕业论文的主要特征是由应届毕业生承担和完成的。毕业论文的完成需要应用各种基础知识，所以学校可通过毕业论文来检查学生几年来学习的基础知识、基本理论和技能处在一个怎样的水平上。因此，从这个意义上来说，毕业论文具有总结性。毕业论文与平时完成的其他作业的不同之处还在于其有一定的学术性。所谓学术性，是指论文中要有作者提出的观点和立论，这些观点和立论需要理论和实践依据来加以证实，以使自己的立论不仅能够成立，还能对社会或该学科有一定的贡献。

8.1.2 毕业论文的基本要求

关于学校对毕业论文的基本要求，可以简单地概括为以下几点。

1. 完成论文的独立性

毕业论文必须由高等院校应届毕业生独立完成，因此，每个学生必须自行完成论文的撰写。具体地说，毕业论文(设计)原则上要求一人一题，当同一指导教师指导两名或两名以上学生的毕业论文(设计)时，不同学生的论文要各有侧重，论文题目不能相同或雷同，要突出各自研究的主题。

毕业论文(设计)通常规定应在教师的指导下由毕业生完成，但教师起的是指导作用，学生不应该有依赖心理，不能等待教师为自己出题、命题，或制定写作方案。

2. 论文论述的学术性

由于毕业论文是学生在完成学校规定的全部专业课程的基础上，由学校统一组织，在教师的具体指导下由学生独立完成的实践性环节，因此，学生必须在领悟专业理论和相关知识的基础上，根据本专业的培养目标，坚持理论联系实际的原则，独立收集文献资料，研究问题，综合运用所学的知识和技能，巩固和扩展专业知识水平，从而完成论文的写作任务。毕业论文可以提高和评价学生的理论水平、专业知识、实践能力、思维能力和表达能力，可为其今后在专业岗位上发挥自己的作用做准备。在撰写毕业论文的过程中，学生应虚心聆听学校导师和实习调研单位导师的指导，提高论文论述的学术性。

毕业论文的内容力求有新意，即论文论述的问题要有所创新，要比文献论述的内容有所突破和提高，或能提出积极的建议、思路和对策等，以体现论文的学术性。

3. 表达形式的规范性

毕业论文的写作还应该符合论文在表述形式上的要求，即注重论文表述形式方面的规范性。在前面几章中，已经阐述了科技论文在表述形式上的规范性，毕业论文的写作可以参照这些要求进行。同时，毕业论文的写作还要求文字流畅，层次清晰，辞藻不必华丽、生动，但力求准确、不过分夸张。此外，毕业论文或毕业设计说明书还需要按照学校规定的格式使用统一封面，并且全部用计算机打印等。由于毕业论文、毕业设计说明书及设计图纸在通过论文答辩后通常要交由各有关单位的资料室保管，本科毕业生的毕业论文还有装订成册的要求。

8.2 毕业论文的选题

毕业论文的选题是至关重要的，因此绝不能随便选一个题目应付了事。选题的过程是一个复杂而又十分有意义的过程，是对自己以往学习的反思。写作者要认真回顾近年来自己对哪些内容有心得、印象深刻、更有兴趣，选择哪些领域的内容有可能写得比较好、有可能会更好地发挥自己的优势、有可能对自己毕业后就业更有帮助等。至于论文题目的大小难易并不是最重要的，关键在于怎么写，明确怎么写永远比明确写些什么更重要，任何一点突破都是有价值的，因为和别人的差异本身就是价值。

通常，除有少数学生希望自主选题之外，有经验的指导教师都会提供一定数量的、适合本科毕业论文(设计)的课题供学生选择，也可以由学生根据自己的兴趣、特长提出选题。教师在确定课题时，应以中、小型课题为主，以保证学生在一定的时间范围内，经过努力基本完成课题任务。允许几个学生共同选做同一个课题，但每个学生必须各自完成自己任务范围内的选题。

万事开头难，撰写毕业论文如何选题是学生最为烦恼的，但又是不能回避的关键问题。一般来说，毕业论文的选题可以按照以下几种方法进行。

1. 由学生自主选题，然后征求指导教师的意见确定论文题目

学生自主选题时需遵循以下几项原则。

(1) 结合学生的学习专长自选题目。有些学生在大学学习期间，在某一方面学有心得，并努力钻研或有所专长，希望有机会自行选题并立题研究，在征得指导教师的同意后，可以立题研究。

(2) 依据学生的家庭或社会背景选题。有些学生希望结合家庭或社会背景的特殊情况自行选题并立题研究，在征得指导教师的同意后，可以立题研究。

(3) 结合就业方向自选题目。有些学生在论文研究开始前就已找好毕业后的工作单位，而工作单位又要求学生做某方面的项目研究或已交给学生某方面的课题，如果指导教师认为学生可以写出合格的毕业论文，就可让学生做这方面的题目。在这种情况下，学生的积极性高，责任心也较强，能学以致用，论文的质量通常也比较好。

2. 学生在教师的指导帮助下选择课题

许多有科研项目的老师通常愿意从项目中选取本科生能完成的模块或将项目分割成小的子课题，交给学生来研究，然后写成论文。由于老师熟悉项目，且该项目又有实用背景，一般而言，多数学生经过努力都能完成。但有些科研项目或涉及保密内容，或本科生不容易完成，在这种情况下，教师可能会让已确定保送为研究生或确定留校的学生做这类题目。

3. 教师根据社会需求选择题目

有的老师会根据院系教学、科研工作的需求，指导学生分别来做有社会需求的题目或其子课题，这类题目有可能在初期阶段还不成熟，但经过一段时间，则可能成为有效的论文选题。有的题目甚至还要经过下一届本科生毕业实践的改进，才可以成为选题。有一些适合某个学生的、有用户成果支持的，以及可能将这类题目进一步发展为新成果、新产品的选题，特别容易受到学生和社会的欢迎。

在帮助学生确定论文课题时，教师必须要求学生树立正确的学习态度，要求学生对毕业论文高度重视，认真对待，树立信心，积极投入。毕业论文不是学生的额外负担，而是提高和评价学生的理论水平、专业知识、实践能力、思维能力和表达能力的有效方法，也是学生今后在专业岗位上肩负重担的一种准备。

另外还应该注意，在论文题目确定以后，学生要对毕业论文及设计实践环节做出合理的安排。在教师的指导下，学生要独立安排调查研究、拟定提纲、起草定稿等各个环节的进程，做到环环相扣、密切相连。在选题的过程中，不要轻率和懈怠，宁先毋后，宁紧毋松，以保证在定稿、审稿时有一定的回旋余地。

在撰写毕业论文的过程中，学生是主体，但也离不开学校导师及实习调研单位导师的指导。学生应树立求新观念，去接受新知识、新事物，力求使毕业论文成为反映时代要求的研究项目和应用项目。

8.3 毕业论文的文献综述

文献综述是本科毕业论文的一个重要组成部分。当毕业论文的题目确定后，在开始写作之前，学生需要做好一些基础性工作：一是要了解别人关于这一课题研究的基本情况。因为研究工作最根本的特点就是要有创造性，而不是重复别人走过的路。只有熟悉别人对本课题的研究情况，才可以避免重复研究等无效劳动，从而在前人的基础上，从事更高层次、更有价值的研究。二是要掌握与课题相关的基础理论知识。只有理论基础扎实，研究工作才能有一个坚实的基础，否则不可能深入地研究下去，更谈不上创新。上述两项基础性工作，都可以在文献综述中得到充分的体现。好的文献综述，不但能为下一步的毕业论文写作奠定坚实的理论基础，而且能表明写本综述的作者对既有研究文献的归纳分析和梳理整合的综合能力。因此，写好文献综述是写好本科毕业论文的一项必要的前期工作。

8.3.1 毕业论文文献综述的含义及意义

1. 文献综述的含义

文献综述是文献综合评述的简称，是指在全面收集有关文献资料的基础上，经过归纳整理、分析鉴别，对一定时期内某个学科或专题的研究成果和进展情况进行系统全面的叙述和评论。毕业论文文献综述就是针对自己的论文选题，全面收集与所选题目相关的文献资料，对与该课题有关的研究成果和进展情况进行系统全面的叙述和评论，以及阐述对本人研究课题的启发。简而言之，就是自己选择的课题哪些人已经做过哪些研究，研究的进展程度及结果如何等。

2. 文献综述的意义

(1) 通过收集文献资料的过程，学生不仅能够进一步掌握专业文献的查找方法和积累资料的方法，也能在查找的过程中扩大知识面，弥补以前所学知识的不足。

(2) 写好文献综述是撰写毕业论文开题报告的前提，也是为毕业论文的写作打基础的过程。

(3) 通过文献综述的写作，学生能提高归纳分析的综合能力，也可以提高其科研能力和写作水平。

8.3.2 毕业论文文献综述的写作

1. 写作步骤

(1) 收集和阅读资料。论文题目确定后，就要围绕题目收集有关的文献资料。收集文献资料的途径主要有两种：一是通过互联网。在网络资源的各种数据库中查找文献资料，如中国知网、超星电子图书、万方数据等。二是到图书馆的阅览室和专业资料室，借阅或翻阅今年或近几年出版的学术刊物，从中找出与自己选题相关的文献，并将其复印下来进行阅读。在阅读文献时要写好读书笔记，用自己的语言写下阅读时得到的启示、体会和想法。这样做的好处是不仅能为撰写文献综述提供有用的资料，还能提高自己的思维能力、表达能力和阅读水平。当阅读了大量的文献资料后，便可着手写作文献综述。

(2) 草拟文献综述的提纲。对于查找和收集到的大量文献资料，首先要进行分析、归纳、整理和取舍，然后草拟一个提纲，以便对文献综述的全文进行整体构思和结构安排。好的文献综述提纲可以完善写作者的逻辑思维，既有利于成文，又便于修改文章，使文章层次清晰，前后照应。文献综述的提纲不同于论文提纲，可以写得简略一点。

(3) 撰写。在大量阅读文献资料的基础上，根据所选题目进行综合论述，并撰写成文。文献综述完成后要认真进行修改，直到满意为止，必要时也可请指导教师或同学阅读，让他们提出修改意见，从而不断完善文献综述。

2. 写作要求

(1) 收集的文献应尽量全面。掌握全面的文献资料是写好综述的前提，随便收集一点资料就动手撰写是不可能写出好的综述的，甚至所写内容根本不能称为综述。

(2) 注意引用文献的代表性、可靠性和科学性。收集到的文献有的可能观点雷同，有的可能在可靠性及科学性方面存在差异，因此在引用文献时应注意选用代表性、可靠性和科学性较好的文献。

(3) 引用文献要忠实文献内容。由于文献综述有作者自己的评论分析，在撰写时应分清作者的观点和文献的内容，不能篡改文献的内容。文献综述要条理清晰，文字通顺简练。

3. 写作要点

文献看了一大堆，怎么梳理？从何处落笔？如何展开论述？在撰写文献综述的过程中经常会遇到这些问题。具体来说，文献综述应包括选题所在领域的研究历程、研究现状(主要学术观点、前人研究成果、研究水平、研究焦点、存在的问题及可能的原因)、新水平、新动态、新技术、发展前景和展望等，并提出作者的思考、评论和研究思路。在撰写文献综述时要做到以下两点。

(1) 大量阅读文献。在撰写综述前一定要全面收集资料，如果不能系统全面地把握研究现状，而是片面理解他人研究结果，盲目地认为某问题或领域尚未被研究，就会使自己的研究变成一种重复性劳动；如果脑洞大开，就会使得论文可行性不高。

(2) 综合分析文献。综述不能仅仅将前人的观点罗列出来而不进行系统分类、归纳和提炼。如果只是“综”而不“述”，那么即便总结的内容有一定的系统性，充其量也只是陈述了他人的观点，达不到通过分析、评说而发现和确立论文选题的目的。

8.4 毕业论文的写作

8.4.1 毕业论文的写作准备、写作方法、修改和定稿

1. 毕业论文的写作准备

在开始撰写毕业论文之前，通常要完成材料准备、研究准备和撰写准备。

所谓材料准备，主要是指材料的收集和处理。收集材料其实是一种思考的过程，要带着问题进行，要有明确的针对性。收集材料的过程也是完成毕业论文的重要过程，一般来说，在阅读文献的基础上，要求写成文献综述，其内容主要是介绍与自己论题相关的成果有哪些重要的观点，并总结概括前人的观点，这是论文的有机组成部分，通常放在论文的第一部分来写。

所谓研究准备，是指在文献检索和调研的基础上，在完成文献综述前后，大致可以形成自己的观点，确定研究内容、研究思路和所采取的研究方法，并在教师的指导下进行课题的研究工作。这时应注意观察课题研究中的每个细节、现象和相关数据，及时做出完整的记录，并运用自己已学到的理论知识，透过现象看本质，得出合理的研究结论，作为论文写作的第一手素材。

所谓撰写准备，是指在初步完成研究工作的同时，开始拟订论文写作的提纲。拟

订提纲是进一步完善论文构思的过程。提纲是论文写作的蓝图，是全篇论文的框架结构。编写提纲的过程，就是理清思路、形成粗线条的论文逻辑体系、构建论文框架的过程。按照编写好的提纲来展开文章结构，是组织文章的一种有效方法。提纲一般应包括论文的各个章节的标题、各个章节中的基本论点、主要论据、论证的方法、参考文献等，要反映论文的体系结构。论文内容与提纲之间要存在逻辑关系，这些关系的把握与论文写作的质量有着直接关系。在把收集到的材料和通过研究工作得到的第一手素材整理成文时，力求论文的见解和观点是客观、公允的。

2. 毕业论文的写作方法

研究工作初步完成之后，要尽早、尽快地开始撰写初稿，初稿的写作宜趁热打铁、一气呵成。撰写初稿就是依据提纲将研究获得的结果、形成的结论，按照书面语言和毕业论文的写作要求规范表达出来。

初稿的撰写方法主要有顺序撰写法、分段撰写法和重点撰写法。顺序撰写法是严格依据提纲各个章节的先后顺序逐一论述的方法，是撰写论文较常用的一种方法。分段撰写法是指根据作者对论文内容考虑成熟的程度，从最先考虑成熟的内容开始动笔，先完成此段内容的写作，其余内容在考虑成熟或进一步研究后再进行写作。这种撰写方法可以节省论文撰写的时间，但易出现撰写风格各异、层次衔接不够自然的问题。重点撰写法是指从论文的核心章节开始撰写。若作者对论文的主要论点及论据已经明确，但按顺序撰写的条件还不十分成熟，则可以考虑重点撰写法。

3. 毕业论文的修改

完成初稿后可以先停下来，过几天再修改。论文修改是在撰写过程中对论文进行反复审阅、不断完善，以确保论文质量的环节。对学位论文进行修改，是为了能够更准确、清楚地表述研究成果。

1) 修改的范围

毕业论文修改的范围包括论文的观点、结构、资料以及文字等。

(1) 修改观点。论文的观点可以体现论文的价值。修改论文时首先应注意论文的观点，可关注以下三个方面：一是论文所表述的观点是否带有片面性；二是论文所阐述的内容是否能准确地说明自己的观点；三是检查自己的论点是否有新意。如果论文在观点方面存在问题，则一定要加以修改。写作者既要从新角度提炼自己的论文观点，形成自己的见解，又要注意准确无误地将观点阐述清楚。

(2) 修改结构。结构是论文表现形式的重要因素。论文结构的优劣直接关系到论文整体和内容的表现效果。因此，修改论文时要注意检查论文结构的合理性，要审查论文的论题与论文的结构是否有逻辑上的一致性。初稿完成后，论文结构如出现小问题可微调一下。如果整篇论文的结构出了问题，那么只能重写。事实上，论文总体结构的合理性是拟订论文提纲时应首要考虑的问题，即要注意章与章之间、段与段之间的逻辑关系。大纲要是拟得好，论文的总体结构一般不会出现大问题。

(3) 修改资料。修改资料时，一方面要检查论据是否真实可靠，另一方面要检查资料的使用是否得当。任何调研资料都是为阐述论文的论点服务的。有的人写论文不加任何分析，只是罗列调研资料；有的人在章节标题之下不阐述任何问题，开门见山，直接列出调研数据一览表。这种写法令人阅后有“丈二和尚摸不着头脑”的感觉，不知写作者用这些调研资料要说明什么问题。这样运用调研资料，就会出现论据与所阐述的论点脱节的现象。

(4) 修改文字。论文的行文，概念要清晰，语句要通顺。

2) 修改的方法

由于每个人的思维方式、写作习惯不同，修改论文的方法就会有所不同。一般来讲，有效的论文修改方法可归纳为以下几种。

(1) 整体着眼，通篇考虑。修改论文时，要反复阅读初稿，不要被枝节上的毛病纠缠住，而是从论文的基本观点、主要论据、全文的布局、论点的明确性、论证的严谨性以及结论的合理性等角度修改论文，以使全文各个部分形成一个有机整体。

(2) 暂时搁置，日后再改。这是一种修改论文的有效方法。作者写完初稿后，思想还沉浸在原有的论文内容之中，此时修改，往往不易发现主要问题，即便发现问题，也舍不得将这部分内容删改。因此，不妨对论文初稿采用冷处理的办法，即先将论文初稿搁置起来，让紧张的头脑暂时放松一下，利用这段时间查阅一些新文献，然后再修改“冷却”后的论文初稿。这样做，可以使自己的头脑更为灵活，发现问题的眼光更为敏锐，分析问题、解决问题的思路更为开阔。

(3) 虚心求教，请人帮助。初稿完成后，在作者的头脑里或多或少地形成了一些条条框框，持续不断地修改论文会使作者难以摆脱原有条条框框的束缚，更难发现文字错误，甚至很难割舍煞费苦心写出来的文字。为了保证论文的质量，应虚心向他人求教，请同行或导师审阅论文，虚心听取他人的意见，认真分析他人所提的意见，再对论文进行修改。实践表明，这种方法可以避免较大的失误。

(4) 逐句推敲，精雕细琢。论文几经修改后，在即将定稿之时，可逐字、逐句、逐段通读全文，推敲文字，精雕细琢。一般来讲，这种修改方法要注意使用的时机，最好用在润色定稿阶段。对于尚未定型的论文，不宜盲目使用逐句推敲、精雕细琢的方法，否则会收效甚微，甚至适得其反。

4. 毕业论文的定稿

论文正文定稿后，还要继续撰写附加成分。根据学位论文的撰写要求，不仅需要提供英文题目、撰写中英文摘要、标引关键词、撰写致谢词、编制论文内容目次，而且要根据GB/T 7714—2015，修改引文参考文献和参考文献的著录格式。除此之外，还应根据写作者所在学校要求的论文封面模板制作封面。在论文定稿时，要放慢速度，要仔细斟酌、推敲，不要心急，避免仓促成稿。前人的经验和教训告诫我们，急于成稿往往写不出好文章，必须引以为戒。

8.4.2 某大学毕业论文撰写规范举例

1. 毕业设计(论文)内容规范

1) 理工类

理工类毕业设计(论文)分为工程设计、理论研究、实验研究、计算机软件、综合设计几大类。各类设计(论文)的具体要求如下。

(1) 工程设计类论文。工程设计类论文具体包括以下两类题目。

① 机械设计类题目。做此类题目的学生至少要独立完成A0图纸3张(不包括零件图和示意图)和一份8 000字以上的包含设计与计算说明的论文。图纸尽可能用计算机绘制，用绘图仪出图。

② 电类题目。做此类题目的学生要独立完成工程或科研项目中的全部或独立的局部设计、安装、调试工作；要有完整的系统电路原理图或电气控制图。论文字数要在15 000字以上。如果毕业设计(论文)中涉及有关电路方面的内容，则答辩前必须完成调试实验，要有完整的测试结果并给出参数指标，由答辩委员会验收。电路图要求用计算机绘制，打印机出图。

(2) 理论研究类论文。原则上不提倡工科学生写此类型的论文，对该类型题目各学院要严格把关。此类论文的选题必须要有一定的实际意义，论文字数在15 000字以上。有创新性质的论文，字数可以适当减少。

(3) 实验研究类论文。撰写实验研究类论文时，学生要独立完成一个完整的实验，要取得足够的实验数据，要开展具有探索性的实验，而不是简单重复已有的工作，并要完成10 000字以上的论文。

(4) 计算机软件类论文。撰写计算机软件类论文时，学生要独立完成一个必须与专业相关的计算机应用软件或较大软件中的一个模块，要有足够的工作量，答辩前要进行软件运行演示，要完成8 000字以上的论文或软件使用说明书。

(5) 综合设计类论文。综合设计题目至少包括前4类论文中的两类内容，当有工程设计内容时，图纸工作量应酌情减少，并要完成10 000字以上的论文。

2) 文、管、经、法类

文、管、经、法类专业毕业论文可以是理论性论文、应用软件设计或调查报告等。该类论文中的论点要正确，要有足够的论证依据；论点与论据要协调一致，论据要充分支持论点，要有必要的数据资料及相应的分析；理论、观点、概念表达要清晰；论文应是一个有内在联系的统一体，不能是一些文献资料的简单、机械地堆砌；论文要有一定的新意；论文字数在10 000字以上(外语论文应不少于8 000词)，有创新性质的论文，字数可适当减少。

3) 艺术类

工业设计、艺术设计、建筑学、广告学等艺术类及相似专业毕业设计(论文)应符合专业要求，设计的内容要体现现代设计的特点，要富有创造性，体现实用性和功能性，设计与分析要合理、科学。设计作品的尺寸和形式要与专业的毕业设计(论文)要求相一致，论文字数不少于8 000字。

2. 毕业设计(论文)格式规范

1) 各部分顺序及其格式

(1) 封面。封面采用全校统一格式。

(2) 内封面。内封面的格式规范包括以下几方面。

① 题目。题目应能概括整篇论文最重要的内容，具体、切题，不能太笼统，但要引人注目；题名力求简短，应严格控制在25字以内。

② 专业及班级。专业及班级以国务院学位委员会批准的专业目录中的专业为准，一般为二级学科。

③ 学号。学号按学校统一编制的学号填写。

④ 导师。一般只写一名指导教师，如有副导师的，可在指导教师下一行对齐注明。

⑤ 密级。在封面右上角处注明论文密级为公开、内部、秘密或机密。

(3) 毕业设计(论文)指导教师审阅意见。

(4) 毕业设计(论文)评阅教师审阅意见。

(5) 毕业设计(论文)答辩成绩评定。

(6) 中文摘要。中文摘要字数为500～800字(限1页)。内容应包括工作目的、意义、研究的主要内容、研究方法、成果和结论。中文摘要要突出本论文的新见解，语言力求精练。为了便于文献检索，应在中文摘要结尾隔一行注明论文的关键词(3～5个)。

(7) 外文摘要。中文摘要后为外文摘要，内容应与中文摘要一致。

(8) 目录。目录是论文的提纲，也是论文组成部分的小标题，目录显示到三级标题。目录在文档编辑完成后自动生成，格式采用“正式”，页码右侧对齐即可。

(9) 主要符号表(不需要可不加)。如果论文中使用了大量的物理量符号、标志、缩略词、专门计量单位、自定义名词和术语等，那么应编写注释说明汇集表。若上述符号和缩略词的使用数量不多，则可以不设专门的汇集表，在论文中首次出现时加以说明即可。

(10) 绪论。绪论也称为引言，目的是引出论题，其内容包括以下几项：论文选题的缘由；论文的研究工作在国民经济中的实用价值与理论意义；关于本课题国内外研究情况的文献综述；该论文的研究思路及预期要达到的目标等。绪论要言简意赅，不能写得太长。

(11) 正文。正文即毕业论文的主体。正文内容可因研究课题性质的不同而有所不同，一般可包括以下几项：理论分析和论述，设计与计算方法，建模与仿真计算，实验装置和测试方法，对经过整理加工的实验结果的分析讨论，与理论计算结果的比较，本研究方法与已有研究方法的比较等。

毕业论文是专门供专家审阅以及供同行参考的学术文献，必须写得简练、重点突出，不要叙述那些专业人员已熟知的常识性内容，同时应注意使论文各章之间密切联系，使论文形成一个整体。

(12) 结论。结论又叫结束语，是作者对毕业论文全文的论点所做的总结性说明。结论一般包括总结正文部分的内容，回答绪论部分提出的问题，强调自己的论点，提出论文研究的不足以及展望进一步研究的方向等。

论文的结论要明确、精练、完整、准确，并要严格区分本科生的成果与导师科研工作的界限。

(13) 参考文献。只列作者直接阅读过、在正文中被引用过、正式发表的文献资料，每篇论文至少要附上不少于15篇的参考资料，个别专业论文的参考文献数量可根据专业特点适当进行调整，外文资料不少于总资料数的1/4。论文中引用的论述、观点、结论等，必须在段后文字右上角处用“[文献号]”注明。对于参考文献的写法，国际上有通用的习惯，我国也有国家标准规定，应该遵循相关规定，且全文参考文献格式应统一，不能混用。参考文献一律放在论文结论后。

(14) 致谢。论文的致谢约200字。致谢对象限于在学术方面对论文的完成有较重大帮助的团体和个人。

(15) 附录。附录可包括以下内容：正文内不便列出的冗长的公式推导过程、必要的设计图、以备他人阅读所需的辅助性数学工具或表格、重复性数据图表、计算程序及说明等。

2) 论文的书写要求

(1) 层次和标题。层次要清楚，标题要重点突出、简明扼要。

层次代号的格式如下。

某大学本科生毕业设计(论文题目)

第1章 ××××(居中书写)

1.1 ××××

1.1.1 ××××

(2) 篇眉和页码。篇眉从第一章开始，采用宋体五号字居中书写。页码从引言开始按阿拉伯数字连续编排，前置部分用罗马数字单独编排。页码位于页面底端，居中书写。

(3) 有关图、表、公式等的要求。

① 图。图要精选，要具有自明性(即只看图、图题和图例，就可理解图意)。图例要清楚，但坐标比例不要过分放大，同一图上不同曲线的点要分别用不同形状标出；图中的术语、符号、单位等应同文字表述一致；必须注明图序及图名，图序及图名居中置于图的下方；工程图、坐标图、框图和电气线路图不能徒手勾画或复印，要符合相应的国标；照片图要用原版照片，金相组织图片必须注明放大比例。

② 表。表中参数应标明量和单位的符号。表序及表名居中置于表的上方。表格要求使用三线表(个别专业除外)，三线表样表如表8-1所示。

表8-1 三线表样表

m/g	1	2	3	平均/s
11.16	18.499	18.338	18.538	18.466
21.16	23.309	23.217	23.218	23.257
41.16	30.325	30.291	30.316	30.308

③ 公式。公式的编号用圆括号括起写在右边行末，其间不加虚线。

另外还需注意的是，图、表、公式等与正文之间要上下各有一行的间距。

文中的图、表、附注、公式一律采用阿拉伯数字分章(或连续)编号。例如，图用“图2-5”，表格用“表3-2”，公式用“(5-1)”等。

若图或表中有附注，应采用英文小写字母顺序编号，附注写在图名或表的下方。若图或表是从参考文献中摘选的，则必须在图注或表注中用“[文献号]”注明，尽量引用近5年内的文献。

(4) 有关参考文献的书写要求。参考文献表应根据大学学报编排规范来书写，并按文中引用顺序编码。作者姓名写到第三位，余者写“，等”或“，et al.”。

几种主要参考文献的编排规范如下。

专著：[序号]作者. 书名[M]. 出版地：出版者，出版年.

期刊文章：[序号]作者. 题名[J]. 刊名，出版年，卷(期)：起止页码.

论文集中的析出文献：[序号]作者. 文题[A]. 论文集主编. 论文集题名[C]. 出版地：出版者，出版年. 起止页码.

学位论文：[序号]作者. 学位论文名称[D]. 出版地：保存单位，年份.

专利：[序号]专利所有者. 专利题名[P]. 专利国别：专利号，出版日期.

国际、国家标准：[序号]标准编号，标准名称[S].

电子文献：[序号]作者. 电子文献题名[电子文献及载体类型标志：数据库(DB)，计算机程序(CP)，电子公告(EB)]. 电子文献的出处或可获得地址. 发表或更新日期/引用日期.

报纸文章：[序号]作者. 文献题名[N]. 报纸名，出版日期(版次).

报告：[序号]作者. 报告名称[R]. 出版地：单位，年份.

各种未定义类型的文献：[序号]作者. 其他类型文献题名[Z]. 出版地：出版者，出版年.

3) 论文的印制规范

(1) 封面。封面应采用全校统一格式。

(2) 内封面。内封面的印制规范包括以下几方面。

① 中文题目：一号黑体字，题目一行排不下时可排两行，行间距为1.2lines。

② 英文题目：二号“Times New Roman”字体加粗。

③ 学院、专业、班级、学生姓名、指导教师：三号仿宋体，行间距为1.5lines。

④ 密级：四号宋体。

(3) 论文字体、字形及字号要求如表8-2所示。

表8-2 论文字体、字形及字号要求

论文各部分	示例	字体字号
大标题	第1章	黑体小三号
一级节标题	4.1　实验装置和实验方法	黑体四号
二级节标题	4.2.2 实验装置	黑体小四号
正文	PFOODR实验取得正确预期效果	宋体小四号
表题与图题	表2-13 飞行时间质谱实验装置	宋体小四号
参考文献及篇眉	Herzberg G，Sprinks J W T.	宋体五号

(4) 段落及行间距要求。正文段落和标题一律取“固定行间距20pt”。按照标题的不同，分别采用不同的段后间距(见表8-3)。

表8-3　论文标题间距

标题级别	段前间距	段后间距
大标题	20～22pt	14～18pt
一级节标题	12～16pt	8～10pt
二级节标题	8～12pt	4～8pt

参考文献题目的段后间距为30～36pt。参考文献正文取固定行距17pt，段前加间距3pt。注意不要在一篇参考文献段落的中间换页。

(5) 用纸及打印规格如表8-4所示。

表8-4　科技论文用纸及打印规格

纸张规格、尺寸/mm	每页印刷版面尺寸/mm		每行打印字数	每页打印行数	印刷方式
	含篇眉，页码	不含篇眉，页码			
A4(210×297)	146×240	146×220	32～34字	29～31行	单面印刷

8.5 毕业论文的评价

毕业论文是有特定要求和明确审定标准的论文，对论文的选题、论点、论证方法、论述依据、论文的框架结构、语言表述等都有明确的规定。毕业论文也被称为毕业生在毕业之前和专家进行的学术对话。因此，不要平铺直叙地介绍论文的内容，而应该着重介绍自己为什么要写这篇论文、自己的创新点以及论文的局限性和不足等。因为撰写毕业论文的时间有限，加上种种客观条件的限制，毕业生撰写的毕业论文不可能尽善尽美，所以对于不同的毕业生完成的毕业论文，应该有一个恰如其分的评价。

1. 毕业论文的评价标准

一般来说，各个高校都制定了评价毕业论文水平的量化标准，通常按照论文的水平将其分为优秀、良好、中等、及格和不及格5个等级。不同等级的具体要求标准大致如下。

1) 优秀

(1) 论文选题具有重大理论意义，有重要使用价值。

(2) 能按时、独立完成毕业论文(设计)任务书所规定的全部内容，具有较强的综合分析问题和解决问题的能力，并表现出某些独到的见解或具有创造性。

(3) 毕业论文、毕业设计说明书和设计图完备，内容正确、新颖、完整，并有一定深度，概念清楚，数据可靠，文字通顺，图表齐全、整洁、标准。

(4) 学生能在规定的答辩时间内简明扼要地做出报告，并能正确回答问题，表述清晰、准确。

2) 良好

(1) 学生能按时、独立完成毕业论文(设计)任务书所规定的全部内容，具有较强的综合分析问题和解决问题的能力。

(2) 毕业论文、毕业设计说明书和设计图完备，内容正确、新颖、完整，并有一定深度，概念清楚，数据可靠，文字通顺，图表齐全、整洁、标准。

(3) 学生能在规定的答辩时间内能简明扼要地做出报告，并能正确回答问题。

3) 及格

(1) 基本达到毕业论文(设计)任务书所规定的要求，但在非主要问题上出现了一些错误。

(2) 毕业论文(设计)说明书内容基本完备，内容基本正确，图表齐备并符合标准。

(3) 学生能讲述清楚毕业论文(设计)的内容，经启发后能正确回答问题。

4) 不及格

(1) 未能达到毕业论文(设计)任务书所规定的基本要求，毕业论文(设计)中有原则性错误。

(2) 毕业论文(设计)说明书和设计图纸概念不清，图表不全，不符合标准。

(3) 对毕业论文(设计)内容讲述不清，经启发后仍不能正确回答问题。

2. 撰写毕业论文时应注意的问题

为了在实践环节和论文写作时达到要求，毕业生应特别明确并注意以下几个问题。

(1) 毕业论文(设计)的论点必须明确，同时，只有论文(设计)的论点新颖，论文才可能达到优秀水平。

(2) 毕业论文(设计)的主题必须突出，无论分几个方面说明，都要围绕中心主题来进行。

(3) 毕业论文(设计)的叙述中必须论据充分、完整。所列举的材料要贴切，前人的评论、争论，以前和现在针对这些论题的研究结果均可以作为论据。

(4) 毕业论文(设计)的论述必须思路清楚，论文(设计)的文章结构要合理。

(5) 毕业论文(设计)的文字不必华丽，但表述要清楚明了。少用修辞手法，文章风格要质朴、简洁。

(6) 毕业论文(设计)的写作要规范。论点的提出要有依据，注释、引文要严格按照论文写作规范和标准加注。

思考题

(1) 如何进行毕业论文选题？

(2) 毕业论文文献综述的含义是什么？

(3) 简述毕业论文文献综述的写作步骤。

(4) 简述毕业论文写作准备的基本内容。

(5) 简述毕业论文的写作要求。

扫码自测

第9章 科技论文的投稿

如果论文作者准备向论文期刊投稿，则应反复修改撰写完毕的论文；再把修改后的打印稿分别送交参与研究与写作的合作者、本领域中赞同该研究工作且能提出建议的同行评阅，并请他们多提批评性意见；然后结合这些反馈意见反复检查和修改原稿，直至满意为止。如果是向英文期刊投稿，那么投稿前最好请以英语为母语的同行或合作者做最后审阅，这对于提高论文的质量以及增加稿件的录用机会是非常有帮助的。

9.1 科技论文的投稿准备

9.1.1 科技论文的高效发表

想要高效的发表科技论文，就得明确和解决5个基本问题：论文发表的理由、论文的目标阅读群体、论文适合刊发期刊的选择、论文的写作标准和论文的最佳写作时间。也就是要解决以下问题：①研究成果是否有充足的理由需要被发表；②论文是写给谁看的；③论文提交到哪里最合适；④如何写好论文；⑤何时写论文。

1. 研究成果是否有充足的理由需要被发表

研究成果有充足的理由需要被发表，是写作与发表科技论文的先决条件，也是所有科技期刊评审论文是否适合发表的首要标准。与图书、文学期刊、生活期刊和报刊不同，科技期刊定位于传播与交流专门学科领域的科学技术新知识、新成果和新方法，刊发相应领域科技人员撰写的关于最新研究成果、研究方法和新应用技术的论文，提供给相关领域的科技工作者和应用者阅读，以此达到提高本领域科技水平、推进科技进步的目的。因此，被刊发论文的内容要有价值，即论文所展现的成果与方法要有创新，这是所有科学研究工作的前提与科技论文的灵魂，是阅读者的兴趣所在，也是科技论文创作者的崇高职责所在。

科技论文是科技人员对自己某项科学研究新成果的总结，其创新表现为论文提出的思想、理论、原理、解决问题的方法和效果相比于已有原理或技术要有明显的进步，否则论文就没有被发表的价值和意义。一篇论文创新程度的高低可以通过一些标准来评判。国内外任何一种科技期刊的编辑和审稿人都是按照一定的标准来对稿件的创新性进行评价的。一旦作者忽视了这些标准，就可能导致稿件难以被刊用。这些标准通常以问题的形式来体现，具体如下。

- 成果是否已经发表在其他地方？如果是，那就不需要再发表。不管是同一个作者，还是不同的作者，只要稿件的主要内容相同或相似，都不需要再次发表，否则就属于学术不端行为。
- 新成果是否在之前成果的基础上进行了很大的扩展？是否有足够的科学价值？有些成果尽管还没有被发表过，看上去是新的，但是其结果过于明显或显而易见。也就是说，只要是有一定专业常识和经验的人就能简单地得到该结论，这种成果应归属于基本常识性的结果，没有足够的科学价值，也就没有发表的意义。
- 新成果是否仅仅是解决问题的一个简单方法？如果是这样，若论文中没有阐述运用此方法的充足理由，那么这篇论文就不会引发读者的兴趣，也就没有必要发表。
- 新成果是否运用另一种方法解决了一个已经被解决的问题？如果是这样，若要被发表，论文就必须提炼出这种方法的明显价值，且相比于现有的方法，新方法具有使读者感兴趣的显著优越性，否则这种方法就没有任何价值。
- 成果是否仅仅将一个领域的技术简单地应用到另一个领域？虽然将一个领域的成果扩展应用到另一个领域是科技进步的一种有效方式，但若仅仅是将技术从一个领域简单地应用到另一个领域，并没有真正地发展科学技术，只是扩展了已有成果的应用范围，那么这类成果就没有多大价值，不能保证被发表。若要使此类成果获得关注，则可以通过其他方式，如时事通讯或者会议发表。

还有一类稿件就是评论性文章，主旨是指出或修正某篇已发表论文存在的错误。这类稿件若要被发表，则必须具备下述特征：一是能充分证明该错误会导致成果的不正确使用，影响进一步的研究；二是已经完成了扩展研究，且研究成果有价值。在满足这两个特征的基础上，扩展研究成果还应该满足上述的5条评价标准，否则就不具备充足的发表理由。

2. 论文是写给谁看的

“论文是写给谁看的”是创作者首先要解决的问题，因为写论文的目的是要给别人看，即要有读者，通过阅读实现交流，使自己的成果得到社会的认可。科技论文的读者可能是科研人员、应用工程师或在校研究生，他们会根据自己的工作需要与知识层次，在自己从事的专业领域和相关学科领域选择感兴趣的内容阅读，这种选择性阅读需求使读者具有层次性，同一个层次和相近需求的读者构成读者群。科技期刊为了充分发挥促进科学技术进步的作用，也是按照读者层次与需求定位的，表现为每一种期刊都有自己服务的专业领域和对象。因此，论文作者需要明确为什么样的读者群写作，才能选择适合论文发表的期刊。

3. 论文提交到哪里最合适

科技期刊的最高宗旨是发表领域内重要的、有用的成果，因此，期刊编辑需要确定作者提交的论文是否符合要求，作者也必须认真选择合适的期刊来发表，否则，论文可能会立刻被拒绝发表，或者面临长时间的必然失败的审核过程。

作者将论文提交到最合适的期刊，也就是使自己的成果性质与期刊要求相符，属于一个技术性行为，需要完成以下判断与决策工作。

- 确定成果属性。一是确定学科与方向属性，任何一项研究成果都可以分属于一个学科领域或多个学科的交叉领域，并属于所在领域的一个研究方向；二是确定功能属性，即科研成果是理论研究成果还是应用技术成果。根据成果的功能属性，科技论文分为学术性论文和应用技术性论文。一般来说，学术性论文对理论研究的科学性、严谨性和前瞻性要求较高，对某一领域的科学发展有价值；应用技术性论文对使用理论解决实际问题的方法、手段和效果要求较高，对理论应用、技术推广和科学技术的生产力转化有价值。正是上述特点，使得学术性论文与应用技术性论文的写作方式与要求不尽相同。
- 确定读者属性。读者也是有属性的，其所从事的专业领域与专业方向表现为学科与方向属性；其工作重点是以理论研究为主还是以应用技术研究为主表现为功能属性。根据功能属性，可将读者划分为不同的层次。不同层次的读者对不同属性新成果的学习与阅读兴趣不尽相同。一般来说，以理论研究为主的读者对学术性论文感兴趣，可能兼顾应用技术性论文；而以应用技术研究为主的读者可能对应用技术性论文更感兴趣。

  因此，作者首先要确定自己的成果属性，再选择最可能感兴趣的读者群，从而使成果得到有效的传播与交流。

符合规定领域和属性的成果是期刊发表的主要内容，因此，与成果的领域和属性相同的期刊不失为论文提交的最佳选择。有些成果并不只属于单一学科领域，而是多学科的共性成果或交叉成果，但是论文不可能在每个学科领域的有关期刊上都发表，因此，寻找论文提交的最适合期刊至关重要。这时，不要追求最广泛的读者，而是要考虑那些最可能从自己的工作成果中获益的读者。以这个标准选择期刊，才最能体现自己工作的价值，获得最大的影响力和最好的交流效果。

总之，作者在写作之前就应该考虑上述问题，为那些最能从自己工作成果中获益的读者和期刊写文章。

4. 如何写好论文

一篇科技论文能够及时地在相关期刊上发表，既要具备充足的发表理由和研究内容，还要写得好，这是高效发表科技论文的重要条件。作者不能仅仅在论文中报告研究成果，更不能期望读者通过自己的详细分析来确定文章的价值所在，而是要写出一篇清晰、正确、简明、完整、有说服力和逻辑性强，且能充分展现价值的文章。“清晰、正确、简明、完整、有说服力和逻辑性强”也是高水平科技论文的基本写作标准。

5. 何时写论文

“何时写论文”这个问题看似简单，但这个时机并不好把握。因为知识产权和期刊发表论文都有第一时间，即首发的规定，如果作者把握不好写论文的时机，那么将错过成果发表的第一时间。所以，一旦研究取得了有价值的阶段性成果，就应当着手整理、提炼，写成论文，及时向最合适的期刊投稿，争取首发权。

9.1.2 论文投稿的前期准备

由于期刊日益专业化，并且期刊有可能根据实际需要变更其刊载的论文范围，作者必须要十分了解自己研究领域的重要期刊，力求所选择期刊的出版内容与稿件的主题确实密切相关。

1. 选择拟投稿期刊

选择拟投稿期刊时需要综合考虑以下几个因素。

(1) 稿件的主题是否适合于拟投稿期刊所规定的范围。想要确认哪些期刊能够发表自己的论文，作者首先应根据自己的阅历进行初步判断，必要时可征询一下同行的意见；其次，要认真阅读准备投稿期刊的“作者须知”或“征稿简则”，尤其要注意有关刊载论文范围的说明；此外，还应仔细研读最近几期拟投稿期刊的目录和相关论文，以确认其是否与自己的稿件内容相适应。

(2) 期刊的读者群和显示度如何。作者若想通过自己的研究成果与同行进行最有效的交流，使论文达到被“目标”读者关注的目的，就需要考虑将论文发表在最合适的期刊上。最简单的途径是将论文投寄作者本人经常阅读和引用的期刊，因为这些期刊通常也可能最适合发表作者本人的论文。

确定读者群后，还应确定读者能否较容易地获取这份期刊，简单而有效的判断方法是检索一下期刊的网上信息是否丰富、期刊是否被主要检索系统收录等。在其他条件近似的情况下，应尽可能将稿件投向显示度相对较高的期刊。

(3) 期刊的学术质量和影响力。作者可根据自己的科学交流经历来判断期刊的学术质量和影响力。例如，作者本人所在研究领域的重要论文有哪些是在该期刊上发表的，该期刊的总被引频次、影响因子和分区如何。期刊的总被引频次、影响因子和分区越高，则表明期刊被读者阅读和使用的可能性越大。

(4) 期刊的编辑技术和印刷质量。在选择期刊时，作者还需要适当地考虑稿件自被接受至发表的时滞。通常可通过查询最新出版的拟投稿期刊中论文的收稿日期(submitted date)、接受日期(accepted date)和期刊的出版日期来推算。如果论文的首发时间与同行存在竞争关系，就更需要认真考虑出版时滞问题。

此外，期刊中的图件和照片的印刷质量也十分重要，尤其是当稿件中有精细的线条图或彩色图片时，就更需要考虑拟投稿的期刊能否保证其印刷质量。

有些期刊还收取版面费或彩版制作费，甚至需要作者支付一定的审稿费或抽印本制作费。如果作者想在征收出版费的期刊上发表论文，但不想支付这些费用，那么可以给编辑部发E-mail或写信询问能否减免。

(5) 期刊对不同国家或地区的来稿是否有区别对待的现象。尽管期刊单位大都不承认在稿件录用时对某些作者群存在倾向性，但实际上某些国际性期刊对不同国家或地区来稿的录用率存在数倍甚至数十倍的差别，尤其是少数欧、美期刊对于欠发达国家或非英语国家的来稿可能有一定程度的低估倾向或歧视，对这些国家或地区来稿的录用率尤其低。因此，在不能确定拟投稿期刊在稿件录用中是否具有倾向性时，最好查询并简略统计一下该期刊中的论文作者的所属国家或地区。如果该期刊在近一年来所发表的论文中基本没有非英语国家或中国作者的稿件，就最好不要尝试向该期刊投稿。

2. 阅读作者须知

几乎所有的期刊都有自己的“作者须知”(instructions to authors)或“投稿指南”(notes to contributors)，有些期刊每一期都会刊登简明的“作者须知”，有些只登在每卷的第一期上。不同期刊的“作者须知”的细节可能不尽相同，但目的都是向读者提供准备稿件的指南，从而使得稿件更容易、快捷和正确地发表。

作者可阅读一些具有广泛代表性的投稿要求来了解期刊投稿须知。例如，被生物医学类期刊广泛采用的“生物医学期刊投稿的统一要求”(http://www.icmje.org)包括以下内容：投稿前应考虑的因素(重复发表问题、对病人权利和隐私的保护等)；稿件的准备(基本的投稿要求、标题页、作者、摘要和关键词、引言、方法、结果、讨论、致谢、参考文献、图、表等)；量和单位；缩写与符号；利益冲突；保密；同行评议；等等。

即使拟投稿的期刊是作者经常阅读的，并且作者也熟知该期刊所包括的研究领域和论文类型，但还是必须在投稿前阅读该期刊的“作者须知”。因为编辑方针和具体措施是逐步形成的，所以必须查阅最新版本的“作者须知”。尽管有些期刊的“作者须知”的某些部分可能过于详细，不能逐一细读，但还是应浏览一遍。

通过“作者须知”，我们可以了解以下几方面信息。

(1) 刊物的宗旨和范围，不同栏目论文的长度，主要章节的顺序安排等。

(2) 投稿要求，如是否必须在线投稿，采取何种体例格式(论文的结构要求、文献标注与引用方式等)，采用何种录排软件，图表如何准备和投寄等。

(3) 如何履行同行评议。如果期刊采用的是双盲形式的同行评议(作者姓名和审稿人姓名互不公开)，应如何避免在稿件中出现可识别作者身份的信息等。

(4) 如果稿件中涉及对人或动物所做的实验，则需要清楚拟投稿期刊在伦理方面有哪些具体要求。有关人和其他动物研究的基本伦理要求原则上是一致的，尽管作者的实验可能与本国的习惯做法相符，但是不同国家对于某些细节方面的规定不尽相同，如果把描述这些实验的文章投向具有不同规定的国家的期刊，就有可能被拒绝。

(5) 采用国际计量单位制(SI)。如果某些特殊单位(如货币单位)或某些非SI的单位(如英制单位)对某些读者的理解有帮助，那么也可在圆括号里附注用相关单位所表示的数值。例如，Since 1999，the National Science Foundation of China(NSFC) has been allocated each year ¥3 million(about £ 220 000) to support scientific journals.

(6) 其他。例如，对于语言的要求(是采用英国英语拼写方式，还是采用美国英语拼写方式)，所推荐的词典或文体指南，有关缩写和术语方面的规定等。

上述内容中大部分是作者在稿件准备和投寄时必须要了解的，否则稿件有可能以“不符合本刊的要求”的理由被直接退回。下面介绍某期刊给出的“投稿须知”。

某期刊投稿须知

(1) 来稿一律登录本刊网站主页进行提交，初次投稿请先进行“作者注册”，投稿人必须为通讯作者(即知识产权人)。

(2) 投稿前，请务必认真阅读本刊的“征稿简则”和“版权转让书”。所有稿件均需通过严格的审稿过程方可录用，作者可以通过本刊网站的“作者中心”栏目随时查阅稿件审理状态。审稿时间大约为4个月。

(3) 本刊投稿要求：

① 稿件为原始稿件，未在国内外公开出版物上发表过，非一稿多投。

② 稿件属作者本人的创造性劳动成果，凡引用或参考他人的论述、数据、结果，请将文献信息查全并在文中明确标引。

③ 稿件所属课题应由投稿者单位审核无保密要求，可以公开发表。

④ 稿件要求论点明确、论据可靠、论证合理、结构完整、层次分明、可读性强。

⑤ 本刊自2011年开始实行双盲审稿制，作者投递初稿时务必按照本刊网站下载区中的初稿模板进行投稿，即去掉作者姓名、工作单位及作者简介，否则将退回重投。

⑥ 初次投稿的稿件可以为Word格式或者PDF格式。通过外审专家评审的稿件，作者必须自行应用本刊模板进行LaTeX排版，并根据专家的修改意见对稿件进行修改，论文模板和相关软件可以从本刊网站上下载。

(4) 本刊编排要求：

① 文稿中题目、作者、单位、摘要、关键词、参考文献等应齐全。要求立论正确、论证严谨、论据充分、数据准确、语言通顺、文字流畅、标点符号正确，而且应具有学术性、创新性和前沿性。

② 摘要应体现目的、方法、结果和结论四要素，中文摘要以150～200字为宜，一般不用第一人称。

③ 关键词应能反映文章的主要内容，以3~6个为宜。中文关键词一般不用英文(人名等除外)。

④ 综述、论文、短文等文章按中国图书馆图书分类法进行分类。

⑤ 英文作者单位后须加联系人(仅一位作者时略)及E-mail地址。联系人可以是第一作者，也可以是导师。

⑥ 英文摘要内容应与中文摘要一致。可用第一人称，时态和语态不做统一要求。对于首次出现的英文缩写，不常用的应给出原文，常用的可以不给，如PID，LMI，GA，T-S，MIMO等。

⑦ 基金项目应写明项目的确切名称和项目编号。

⑧ 作者简介包括姓名、出生年、性别、职称、学位、研究方向。其中，职称和研究方向一般只写两项。多位作者只写第一作者及其导师的简介，其他人略。

⑨ 文中引言部分一般介绍研究背景及现状，但要简明扼要，尽量不要出现大量

公式及定理性内容。

⑩ 正文中凡表示人名、地名、专有名词、计量单位、专用符号等的外文，一律用正体，如Goodwin，New York，GA，kW，$\mathrm{H_2O}$，sin，lim，max，sup，diag，时间单位s，长度单位m，微分d，指数e，求和∑，圆周率π，增量Δ(或δ)，转置符号T(或τ)，虚数i(或j)等。凡表示变量或一般函数的外文字母，一律用斜体，如$y(k)=C(k)+E(k)$。

⑪ 插图要做到布局合理，尺寸适当，图形美观，线条清晰，文字符号简约。坐标图内容齐全，标注线应在图内，横竖坐标应标明量和单位(或函数)，一般以外文字母表示。例如，“速度/(米/秒)”应表示为“v/(m/s)”。照相图应提供原版照片，要求图像清晰，反差适中。

⑫ 表格结构应简洁、明确，尽量采用三线表，必要时可加辅线，术语、符号、单位等，但应与正文一致。

⑬ 文中引用的参考文献应是正式出版的图书、期刊、会议论文集等。参考文献按在正文中出现的先后次序排列，并在正文引用处标明序号。所有非英文书写的参考文献均须译成英文，附于各原文献下。文献编排项目与格式如下所述。

期刊：[序号] 作者. 文章题名[J]. 刊名，年，卷(期)：起止页码.

著作：[序号] 作者. 书名[M]. 出版地：出版社，出版年：起止页码.

论文集：[序号] 作者. 文献题名[C]. 论文集名. 出版地：出版者，出版年：起止页码.

学位论文/报告：[序号]作者. 论文名[D/R]. 出版地：出版单位，年份：起止页码.

标准：[序号] 标准编号，标准名称[S].

专利：[序号] 专利所有者. 专利题名[P]. 国别：专利号. 公告日期.

电子文档：[序号] 主要责任者. 题名 [文献类型标志/文献载体标志]. 出版地：出版者，出版年(更新或修改日期)[引用日期]. 获取和访问路径.

各种未定义类型的文献：[序号] 主要责任者. 文献题名[Z]. 出版地：出版者(单位)，(出版)年份.

(5) 本刊将在文章发表后赠送本刊作者当期样刊，并一次性支付稿酬。

随着互联网的广泛普及，目前绝大多数期刊的“作者须知”均可从网上阅读或下载。作者可从相应期刊的印刷版中获取具体的网址，也可通过网络搜索的方式获取某特定期刊的网址。此外，有些网站中也罗列了丰富的期刊信息供读者查询。

3. 投稿前需要检查的项目

(1) 邮件中是否包括期刊所要求的足够份数的原件和复印件(包括正文、表格和插图)。如果是在线或E-mail投稿，应尽可能遵从期刊的相关要求。例如，应使用的软件、正文和图表是作为同一个文件名存储还是分别存储等。

(2) 题名页中是否注明了通讯作者详细的通信地址、E-mail地址。

(3) 论文题名的字数、摘要的格式等是否符合刊物的特定要求。

(4) 表格要分别单独打印(最好一页一张表)，并按其在论文中出现的先后顺序连续编号；确认各表格的表题，使读者在不参阅正文的情况下能够理解表格的内容；检查正文中提及表格的地方，以保证每张表格都已提及，并符合表的内容；在表格出现的位置预留一定的空白并标注表序和简明的表题。

(5) 插图是否按其在论文中出现的先后顺序连续编号；每张插图都至少在正文中提及一次，而且正文中每一个提及处都符合插图的内容；在插图出现的位置预留一定的空白并标注图序和简明的图题。

(6) 表题和图题应是简短、准确的短语，最好不超过15个字，必要时可附表注或图注。

(7) 对照参考文献的原文检查参考文献目录中的各著录项，确保所有参考文献的著录项准确且完整无缺；参考文献的序号应正确、连续并且在正文中分别有引用标注；检查正文中的脚注(在期刊允许使用的前提下)是否在正文中都有提及。

(8) 确保已满足期刊有关体例方面(编写格式和组织形式)的要求。例如，是否从标题页开始给论文连续编页码，打印稿的行距(通常是隔行打印)，各行的右端是否要求对齐(通常不允许使用连词符来分隔单词换行)，研究项目的资金资助信息是以首页脚注的形式标注还是以致谢的形式标注等。

(9) 确保已满足期刊有关需要说明或声明的要求。例如，是否要注明正文的字数；是否要附寄所有作者签名的声明信，以声明各作者的责任、贡献，并说明已获得所有致谢人的书面同意；是否需要附寄所有引用的个人通信和未出版资料的书面同意函、出版商或版权人书面同意复制或改编的图表的函件等。

(10) 一定要保留一份完整的原件，以防稿件在投寄过程中丢失。

4. 投稿的一般注意事项

(1) 务必遵照期刊的要求将期刊投寄给指定的收稿人或收稿单位(期刊的编辑部、编委会、主编、执行编委或助理编辑)。

(2) 仔细检查稿件内容并确保满足拟投稿期刊的全部投稿要求(详见上文“投稿前需要检查的项目”)。

(3) 随稿附上一封所有作者签署的投稿信，简要说明拟投稿的栏目、稿件的重要性，并声明未曾发表过，有些期刊(尤其是生物医学类期刊)甚至要求作者说明稿件的内容合乎伦理道德方面的规定、与他人(或机构)不存在利害冲突关系、各位作者分别对稿件的贡献等。

(4) 在收到作者的投稿后，期刊编辑部会给稿件编号并将相关信息记录在案，并大致检查稿件的内容。如果基本符合要求，那么通常会给作者发一封收稿函(receipt acknowledgment)；如果超过20天不曾收到任何答复，那么作者可以发E-mail或打电话询问有关事宜。

9.2 中英文论文的投稿步骤

对投稿期刊的征稿主题、投稿须知等信息进行了解之后，作者需要将论文投给期刊编辑部，等待编辑处理。目前，大多数期刊都采用网上投稿的方式，经过一系列投稿步骤，将论文传至编辑部。尽管各期刊不同，但投稿的流程大体相似。下面分别以中文论文和英文论文为例，介绍向某期刊投稿的步骤。

9.2.1 中文论文投稿

第一步：登录期刊网站，查找在线办公系统中的作者中心(见图9-1)，单击“作者中心”，可看到信息提示(见图9-2)。如果初次在该期刊投稿，则需要先注册；如果已有用户名和密码，则可直接登录(见图9-3)。

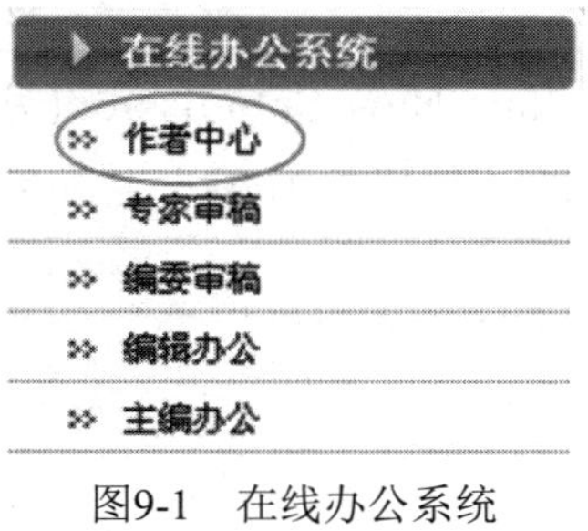

在线办公系统
作者中心
专家审稿
编委审稿
编辑办公
主编办公

图9-1　在线办公系统

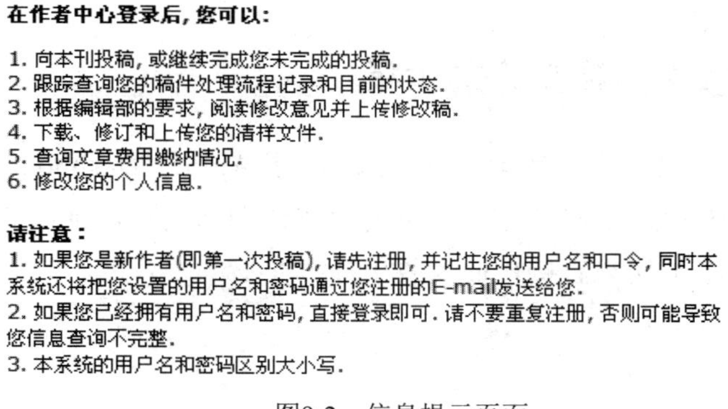

在作者中心登录后，您可以：
1. 向本刊投稿，或继续完成您未完成的投稿.
2. 跟踪查询您的稿件处理流程记录和目前的状态.
3. 根据编辑部的要求，阅读修改意见并上传修改稿.
4. 下载、修订和上传您的清样文件.
5. 查询文章费用缴纳情况.
6. 修改您的个人信息.

请注意：
1. 如果您是新作者(即第一次投稿)，请先注册，并记住您的用户名和口令，同时本系统还将把您设置的用户名和密码通过您注册的E-mail发送给您.
2. 如果您已经拥有用户名和密码，直接登录即可. 请不要重复注册，否则可能导致您信息查询不完整.
3. 本系统的用户名和密码区别大小写.

图9-2　信息提示页面

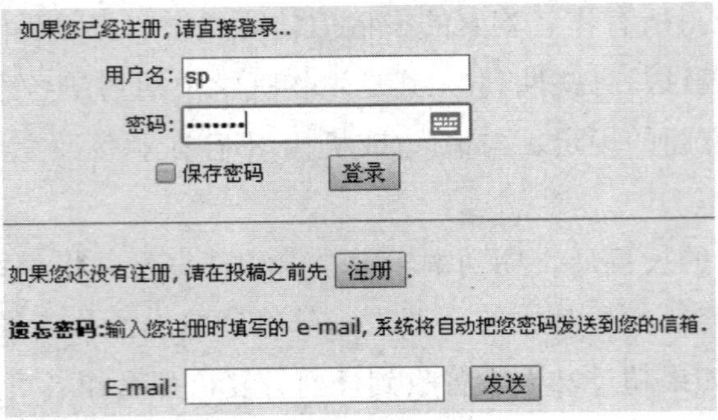

如果您已经注册，请直接登录..
用户名：sp
密码：
保存密码　登录
如果您还没有注册，请在投稿之前先 注册.
遗忘密码:输入您注册时填写的 e-mail，系统将自动把您密码发送到您的信箱.
E-mail:　发送

图9-3　注册或登录页面

第二步：登录后，可进入新稿件投稿页面(见图9-4)，填写投稿确认书，逐项都同意后，才能继续投稿。

第三步：进入投稿步骤页面(见图9-5)后，逐项输入文章的相关信息，并可向期刊推荐审稿专家(编辑部不一定会采用)，同时可申请回避某些审稿专家，上传稿件，直至完成投稿。

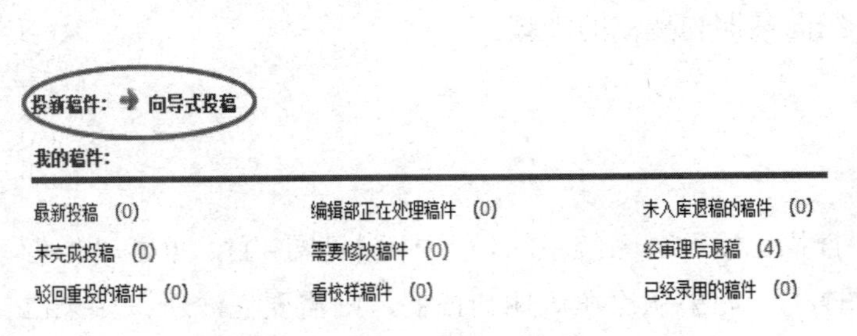

图9-4　新稿件投稿页面

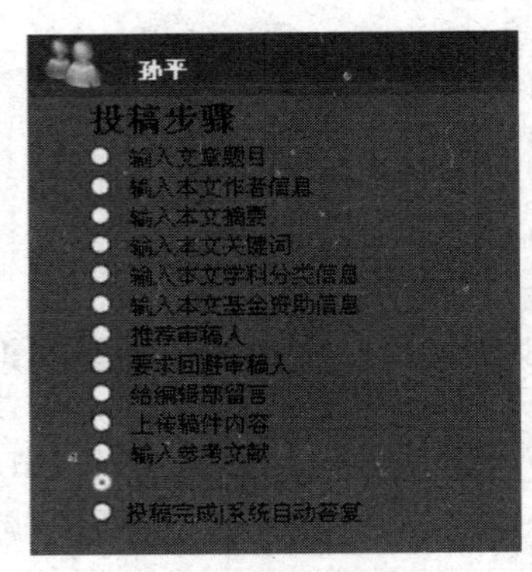

图9-5　投稿步骤页面

9.2.2　英文论文投稿

第一步：登录期刊网站，查找Author Dashboard中的Start New Submission(见图9-6)，单击进入。如果初次在该期刊投稿，则需要先注册；如果已有用户名和密码，则可以直接登录(见图9-7)。

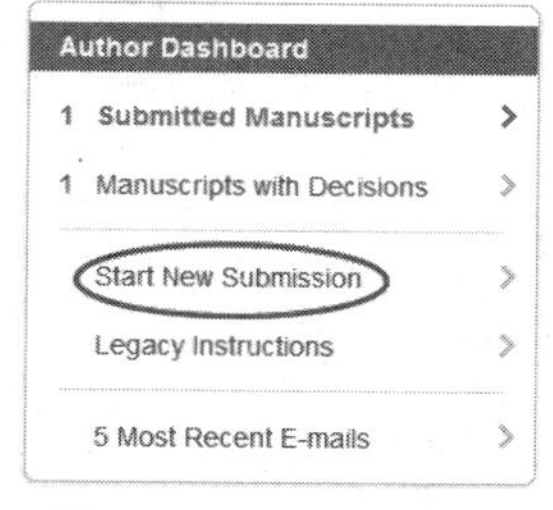

图9-6　进入投稿页面

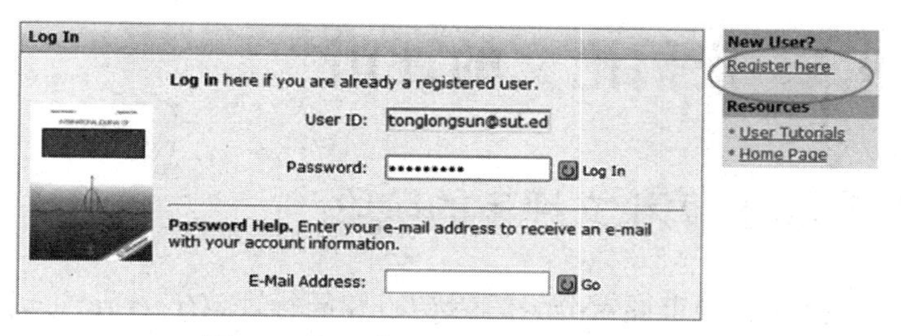

图9-7　注册或登录页面

第二步：登录后，可查看期刊征稿的研究领域(aims and scope)，进入作者中心(Author Center)，进行新稿件投稿(见图9-8)，逐项输入文章的相关信息(见图9-9)后，上传稿件。

与中文论文投稿不同的是，投递英文论文时需要在Details and Comments中上传预先写好的文章的新颖性说明(the novelty)和投稿信(cover letter)。

Submitted Manuscripts

STATUS	ID	TITLE	CREATED	SUBMITTED
ADM ADM • Awaiting Peer Review	JAS-2016-0171.R1	Tracking Control for a Cushion Robot Based on Fuzzy Path Planning with Safety Angular Velocity View Submission	10-Aug-2016	10-Aug-2016

图9-8　新稿件投稿页面

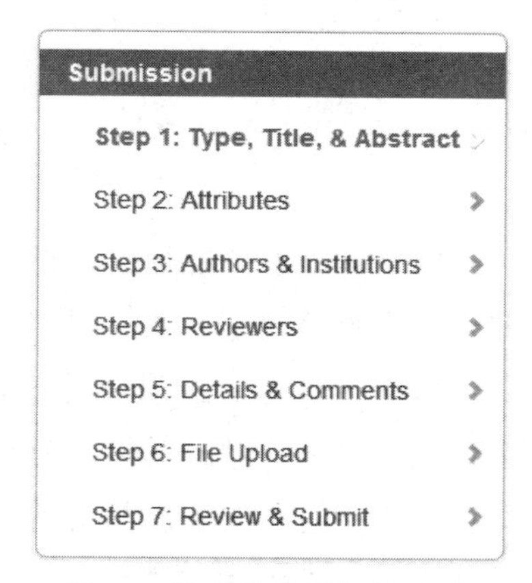

图9-9　投稿信息输入的步骤

第三步：投稿完成后，要查看各项投稿信息，并阅读上传的原文，确认无误后，单击确认上传，完成投稿。

9.3 投稿论文的评审

9.3.1 投稿论文评审的阶段

稿件的评审通常分为编辑初审和同行评议(peer review)两个阶段。

各期刊中，编辑初审的退稿率差别极大，国内期刊多在30%以下，某些高水平的国际性期刊则高达70%。编辑初审一般包括内容审查和形式审查两个方面：内容审查是指确认稿件的主题和内容是否与期刊的宗旨和定位相符；形式审查则涉及稿件的体例格式是否符合期刊的要求。编辑初审合格的稿件通常要送交两位或更多的审稿人进行同行评议。

同行评议是科技期刊遴选论文、维护和提高学术质量的重要途径之一。科技期刊采取的同行评议形式主要有以下几种：①单盲评审(作者姓名对审稿人公开，但审稿人姓名不对作者公开)；②双盲评审(作者姓名和审稿人姓名互不公开)；③公开评审(作者姓名和审稿人姓名互相公开)。

9.3.2 审稿的内容

通常，审稿人在审稿过程中需要关注以下几个方面。

(1) 稿件的内容是否新颖、重要。审稿人应对稿件所涉及内容的创新性和重要性进行评价，包括选题是否新颖、结果是否具有新意、数据是否真实、结论是否明确等。

(2) 实验描述是否清楚、完整。实验部分应提供足够的细节以便他人重复，或允许有经验的审稿人根据实验描述来判断数据的质量。此外，审稿人还应根据自己的学识来评判稿件中的实验或理论工作是否完善，测量中是否有缺陷或人为因素，以及采用的技术对于作者要表达的数据是否合适，数据是否具有代表性等。

(3) 讨论和结论是否合理。论文中问题的提出与解答应遵循一条“主体主线”，即写作的发展应有一个清晰的思路，并合乎科学逻辑；讨论要紧扣作者本人的实验结果；结论要合理。当作者外推的数据不足以支持结论时，审稿人应给出适当的建议，包括是否需要获得更多的证据或数据，或删除论题论据不足的推测部分，甚至可建议对数据或结果的其他可能性进行解释。

(4) 参考文献的引用是否必要、合理。有关参考文献的评审内容主要有以下几项：参考文献的各著录项，包括作者姓名、论文题名、期刊名、出版年、卷期号、页码等，应正确无误，并且要与正文中的引用保持内部一致性；所引用的参考文献应确有必要；作者如果在稿件中声称自己的工作取得了突破或很大进步，审稿人则要注意检查作者引用的论证文献是否合适，尤其要阐述对论证文献关键性工作的改进。

(5) 文字表达与图表使用。文字表达应遵循简洁、清楚的原则。审稿人不应将自己的文风强加给作者，但可指出表达欠清楚的地方，或建议作者删除稿件中过量的修饰词并使用更为清楚、明晰的词汇。稿件篇章结构的组织应条理清楚，合乎逻辑；摘要应具有自明性，并且要高度概括论文的主要内容；引言应简明地阐述论题并提供相关的背景信息；材料与方法、结果、讨论、结论等次级标题应视具体内容予以取舍或合并，力戒重复。

稿件中所有的图表应具有必要性、自明性，使审稿人和读者无须参照正文就能读懂图表，正文和图表中不应出现重复的数据或内容。

9.3.3 如何处理审稿意见

为了有效地与编辑和审稿人沟通、维护自己的学术观点，作者在处理审稿意见时应尽量注意以下几点。

(1) 作者无须为了发表论文而过于屈从审稿人的意见，对于不合理或难以认同的建议，在稿件的修改中可不予接受，但一定要向编辑和审稿人说明理由。

(2) 如果审稿意见中的批评源于误解，那么也不要将误解归罪于审稿人的无知、粗心和恶意；相反，作者应反思自己如何更清楚地表达，以免其他读者再发生类似的误解。对于偶尔收到的粗心或不合适的评议，要尽量避免言辞过激的回应。

(3) 尽量逐条回复审稿人的意见。如果审稿意见没有按条目列出，就先按条目将其分开并加注序号，然后分别回答。如果有认识或观点上的分歧，那么应尽可能地使用学术探讨性的证据和语言来解释审稿人的错误(尽管有时审稿人并不是这样)，以便编辑在必要的时候将其转达给原审稿人或另请他人做进一步评议。

(4) 寄回修改稿时，应将标有修改注记的原稿附上，以便编辑识别作者是如何回复审稿者意见的。此外，应附寄一份按条目列出的审稿意见和说明作者修改意图的修改信，以便编辑处理或再次送审。

9.4 学术道德规范

理想的科学研究工作是一个求真、求善、求美的过程，是不断努力探索、推动人类社会进步和发展的过程。但近年来，不论是国内还是国外，学术造假、学术道德失范的事件屡有发生，严重地损害了高等学府庄重严谨的形象，阻碍了学术事业的繁荣发展，更影响了民族创新能力的提高和社会经济的发展。

什么是学术道德？简单来说，学术道德就是指在科学研究过程中，学术研究者应当遵循的基本规范和准则，包括严谨治学、诚实守信、不弄虚作假、不剽窃、不侵犯他人知识产权等诸多要素。倘若一个科研人员缺乏学术道德，轻则其科学成果没有公信力，自毁名誉；重则会损害国家的尊严，阻碍学术研究的健康发展。因此，学术道德是每一位从事科研人员所必须遵守的基本行为准则。

9.4.1 违反学术道德的现象

在科学界，违反学术道德的现象大量存在，而且有上升趋势。这种违反学术道德的现象主要表现在以下几方面。

(1) 科学研究的粗制滥造。有些人不去关注当前学术界在某一学科的进展状况，而是局限于原有层次上，对一些已经取得突破的问题，简单地重复前人做过的工作。这种现象在各类教材的编写中表现得较为明显。还有一些人在研究过程中不深入研究，而是采用“剪刀加糨糊”的操作方式，制造毫无学术价值的垃圾文本。

(2) 篡改和伪造研究数据。这种现象主要是指按照某种科学假说和理论演绎的期望值伪造虚假的观察与实验结果，从而支持理论的正确性或者确认实验结果的正确性。这种现象具体包括以下几类：编造数据，根本未进行任何观察与实验，捏造不存在的数据、篡改数据；以一些实验结果为基础来推测实验结果，对另一些与推测结果不同的实验结果和数据进行修改、拼凑；按期望值任意组合实验结果，或者把与期望值不符的实验结果删除，只保留与期望值一致的实验结果。数据的不真实会直接导致科学论文的质量低下。

(3) 抄袭和剽窃他人的劳动成果，具体表现为从抄袭学术观点，到整节、整段、整篇照搬。抄袭剽窃者不仅有一般科研人员和学生，还有极少数知名专家。

(4) 学术腐败现象严重。受不良风气的影响，在研究成果鉴定、项目评审以及学校评估、学位授予审核等工作中出现了一些弄虚作假或试图以不正当手段影响评审结果的现象。例如，有的人利用权力为自己谋取学位、文凭，有些学校在利益驱动下降低标准乱发文凭。这些现象会对那些勤恳为学的人们造成很大的震荡和冲击，严重影响了学术界的正常秩序，造成了学术界的信任危机。

上述这些现象，有的长期存在且比较严重，有的尚处在潜伏阶段，严重损害了科学工作者、科研机构和高等院校的形象，给科学事业的发展带来了不良影响。如果任其发展下去，那么将会严重污染学术环境，影响学术声誉，阻碍学术进步，进而影响科学的健康发展。

9.4.2 学术道德教育的措施

如今，学术道德问题已不容忽视，必须引起重视并予以杜绝。要杜绝和防止学术研究中不端行为的出现，最重要的还是教育，特别要加强对青年一代，尤其是对高等院校、科研院所在读学生的科学道德和学术规范教育，将科学道德和学术规范教育作为学生教育的一项重要内容，与学术培养同步进行。高校在实施教学活动的过程中，必须重视并加强科学道德和学术规范教育工作，具体可从以下几个方面入手。

(1) 加强道德教育。教师不仅要认真上好“品德教育”课，还要教育学生分清什么是对、什么是错、什么是好、什么是坏。只有充满正气的学习氛围、洋溢着精神文明的生活环境，才是健康的校园环境。

(2) 教育者要以身作则。身教胜于言教，各级领导和教师首先要洁身自好，为学生树立榜样，使学生对高尚品质的认识不只局限在理论层面，而是要让他们认识到在自己身边就有可学习的榜样。

(3) 建立一支学术评论队伍，如影评家、书评家一样，专门评论学术界的各种优良品质和不良行为。

(4) 建立诚信档案，将有不良行为者记录在案，这样对于不良行为也可以起到制约的作用。

(5) 建立健全学术规范制度，明确什么可为、什么不可为，并明确道德与违法的界限，使违反规定者有所顾忌。

(6) 学校还应设置专门的管理机构予以监督，或纳入纪检部门进行管理。

学术不端行为不仅给国家造成了大量的资金浪费，还严重破坏了以求真务实为基本精神的学术研究规则，损害了知识分子在人们心中的形象，污染了学术环境，阻碍了学术进步和科研创新，甚至危及下一代科研人员的诚信观念，进而对整个科研领域的发展产生深远的不良影响。因此，高校必须重视道德教育，只有创造人才辈出的活跃局面，才能为国家培育出大量可用之才。

思考题

(1) 想要高效的发表科技论文，需要明确和解决哪几方面问题？

(2) 阅读某期刊投稿须知，并模拟投稿。

(3) 实践中文期刊和英文期刊的投稿过程。

(4) 学术道德教育包括哪几项措施？

扫码自测

第10章 科技写作训练实例

前面的章节详细阐述了科技论文写作和毕业论文写作的一些基本问题。实际上，出于对学生科研能力的培养，越来越多的高校鼓励学生申请创新创业训练项目；同时，越来越多的学生参与教师科研项目，以此增加科研兴趣，提高创新能力。此外，如何撰写开题报告，如何撰写项目申请书，如何将科研成果撰写成专利，这些都与科技写作息息相关。下面我们将通过实例来分别进行论述。

10.1 开题报告撰写及实例

开题报告就是当课题方向确定之后，课题负责人需要准备的研究计划，它是对课题的论证和设计，也是提高毕业论文选题质量和水平的重要环节。学校不同，开题报告的写作格式稍有不同，但基本都是由课题研究的目的和意义、课题研究的主要任务和预期目标、设计方案、课题进度安排及参考文献组成。

在本章节中，我们以一名本科生的开题报告《基于模糊PID控制的全方向康复机器人轨迹跟踪》为例，给出各部分的撰写内容。

10.1.1 课题研究的目的和意义

课题研究的目的和意义主要包括以下几方面内容。

(1) 介绍课题的历史背景、现状和发展趋势。关于这个课题，前人曾做过哪些方面的研究、解决了哪些问题、还存在什么问题等。

(2) 针对存在的问题，说明选择这个研究课题的原因，交代研究的价值。一般先提出进行这个研究的现实需要；再导出研究的实际意义，这部分内容要求具体、客观，且能提供有针对性的评述文献资料，切忌空洞无物。

(3) 阐述自己的独特见解。作者应注重分析研究，善于发现问题，突出选题在当前研究中的位置、优势及突破点。

课题研究的目的和意义举例如下所示。

随着世界各国逐渐步入老龄化社会，出现了大量的脑血管或神经系统疾病患者，这类患者多数伴有偏瘫症状。同时，因交通事故造成肢体损伤的人数也越来越多。这些患者除了早期的手术治疗和必要的药物治疗外，正确科学的康复训练对恢复肢体运动功能具有重要作用。传统康复训练都由治疗师手把手帮助完成，由于其体能的限制，无法保证受训者得到足够强度的训练；同时治疗效果会受到不同治疗师自身经验和水平的影响，不能精确控制和记录训练参数，难以确定和改进治疗方案，并且无法建立训练参数和康复指标之间的对应关系，不利于深入研究受训者的康复训练规律。

为了减轻治疗师的负担，并使患者早期得到及时有效的康复训练，康复机器人受到世界研究者的关注。步行是人类日常自立生活重要的基本活动之一，近年来下肢康复机器人得到了很大发展，如步态训练机器人、下肢外骨骼机器人、全方向步行训练机器人等。这些康复机器人都需要精确跟踪预先指定的训练轨迹，由于机器人系统具有非线性特性，且受到多种不确定因素的影响，要实现精确轨迹跟踪是很困难的。本毕业设计将采用模糊PID控制方法，研究一种全方向康复步行训练机器人的轨迹跟踪问题，目的是使机器人抑制各种不确定性对系统跟踪性能的影响，提高轨迹跟踪精度。

10.1.2 课题研究的主要任务和预期目标

这部分要说明研究的主要内容，需要解决的问题和预期的结果，即说明研究主要根据什么理论、采用什么方法、取得什么成果。

课题研究的主要任务和预期目标的举例如下。

1. 主要任务

(1) 建立全方向康复步行训练机器人的动力学模型，并明确各系数矩阵的物理含义，刻画重心偏移对系统模型的影响。

(2) 根据轨迹跟踪误差和误差变化率，设计变参数矩阵的PID控制器；建立隶属度函数，制定模糊推理规则，调节控制器参数。

(3) 给定不同跟踪轨迹，并改变康复者质量、重心偏移参数，验证模糊PID控制方法抑制不确定参数的优越性，并与传统的PID控制方法进行对比，检验提高系统跟踪精度的有效性。

2. 预期目标

(1) 得到全方向康复步行训练机器人的动力学模型。

(2) 获得一种抑制系统不确定参数的模糊PID控制方法，并实现轨迹跟踪控制。

(3) 通过仿真结果对比，验证文中控制方法的有效性。

10.1.3 设计方案

设计方案要与前文的研究任务相对应，分别给出每部分研究内容的初步解决方案，并给出主要使用的技术手段等。

设计方案举例如下所示。

(1) 依据牛顿力学理论建立全方向步行训练康复机器人的数学模型，将重心偏移刻画在动力学模型中。

(2) 根据跟踪误差和误差变化率，设计模糊PID控制器，采用模糊推理方法对PID参数k_p、k_i、k_d进行在线整定，构成参数自整定PID控制器，使全方向康复步行训练机器人具有良好的动态和静态性能。控制系统结构如图10-1所示。

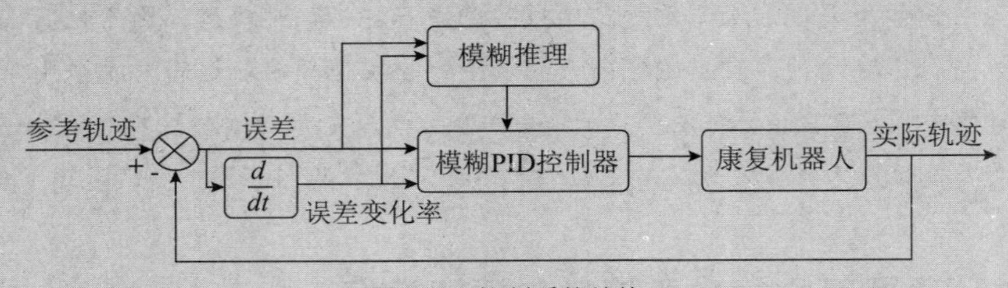

图10-1 控制系统结构

(3) 确定隶属度函数。用于PID参数调整的模糊控制器采用二输入三输出的形式。控制器是以误差和误差变化率作为输入，PID控制器的三个参数P、I、D的修正量Δk_p、Δk_i、Δk_d作为输出。取误差和误差变化率及输出Δk_p、Δk_i、Δk_d模糊子集为{NB，NM，NS，ZO，PS，PM，PB}。

(4) 仿真研究模糊PID控制方法解决系统不确定参数的有效性，并与传统PID控制方法进行对比。

10.1.4 课题进度安排

这部分主要阐述整个研究在时间及顺序上如何安排，怎样分阶段进行，对每一阶段的起止时间、相应的研究内容及成果均要有明确的规定，阶段之间不能间断，以保证研究进程的连续性。

课题进度安排举例如下所示。

第一周至第二周：熟悉课题，查阅文献。

第三周至第四周：完成开题报告和外文文献翻译。

第五周至第六周：整体方案设计。

第七周至第八周：建立系统动力学模型。

第九周至第十一周：模糊PID控制器设计，仿真验证有效性。

第十二周至第十三周：PID控制器设计，仿真对比有效性。

第十四周至第十六周：毕业论文撰写。

第十七周至第十八周：毕业论文修改，准备答辩。

10.1.5　参考文献

这部分要列出完成开题报告参考的全部文献资料。开题报告通常对参考文献总数和外文文献的数量有要求。一般的开题报告要求参考文献不少于15篇，外文资料不少于4篇。

参考文献举例如下所示。

[1] 胡进，侯增广，陈翼雄，等. 下肢康复机器人及其交互控制方法[J]. 自动化学报，2014，40(11)：2377-2390.

[2] 文忠，钱晋武，沈林勇，等. 基于阻抗控制的步行康复训练机器人的轨迹自适应[J]. 机器人，2011，33(1)：142-149.

[3] 张立勋，伊蕾，白大鹏. 六连杆助行康复机器人鲁棒控制[J]. 机器人，2011，33(5)：585-591.

[4] 杨俊友，白殿春，王硕玉，等. 全方向轮式下肢康复训练机器人轨迹跟踪控制[J]. 机器人，2011，33(3)：314-318.

[5] 孙平. 速度受限的全方向康复步行训练机器人Backstepping补偿跟踪控制[J]. 信息与控制，2015，44(3)：309-315.

[6] GUO S, JI J C, MA G W, et al. Lower limb rehabilitation robot for gait training[J]. Journal of Mechanics in medicine and Biology, 2014, 14(6): 1-9.

[7] SAN-MERODIO D, CESTARI M, AREVALO J C, et al. Generation and control of adaptive gaits in lower limb exoskeletons for motion assistance[J]. Advanced Robotics, 2014, 28(5): 329-338.

[8] ZHAO G, YU H Y, YIN Y H. Developing a mobile lower limb robotic exoskeletons for gait rehabilitation[J]. Journal of Medical Devices, 2014, 8(12): 1-6.

[9] JIANG Y L, WANG S Y, ISHIDA K, et al. Directional control of an omnidirectional walking support walker: adaptation to individual differences with fuzzy learning[J]. Advanced Robotics, 2014, 28(7): 479-485.

[10] SUN P, WANG S Y. Redundant input guaranteed cost non-fragile tracking control for omnidirectional rehabilitative training walker[J]. International Journal of Control, Automation and Systems, 2015, 13(2): 454-462.

[11] 刘祚时，邝先验，吴翠琴. 基于模糊PID的足球机器人运动控制研究[J]. 工程设计学报，2006，13(4)：224-227.

[12] 王三武，董金发. 基于MATLAB模糊自整定PID控制器的设计与仿真[J]. 机电工程技术，2006，2：8-10.

[13] 李琳，曾孟雄. 模糊PID控制在运动控制中的应用. 机械与电子[J]，2006，25(2)：65-67.

[14] 梁铁城，姜长洪. 参数自调整模糊控制系统的设计与仿真[J]. 系统仿真学报，2006，18(2)：628-633.

[15] SUN P, WANG S Y. Redundant input guaranteed cost switched training control for omnidirectional rehabilitative training walker[J]. International Journal of Innovative Computing, Information and Control, 2014, 10(3): 883-895.

10.2 创新创业训练项目申请书撰写及实例

大学生创新创业训练以培养学生的自主能力、学习能力、实践能力、创新能力和交往能力为目的，强化学生的创新创业能力训练，能够增强高校学生的创新能力和创业能力，培养适应创新型国家建设需要的高水平创新人才。

10.2.1 训练项目类型及选题原则

1. 训练项目类型

大学生创新创业训练项目主要包括创新训练项目、创业训练项目和创业实践项目三类，具体如下。

(1) 创新训练项目是指大学生团队或个人在导师的指导下，自主完成创新性研究项目设计、研究条件准备和项目实施、研究报告撰写、成果(学术)交流等工作。创新训练项目应当具备一定的新颖性和创新点。

(2) 创业训练项目是指大学生团队或个人在导师的指导下，由学生在项目实施过程中扮演一个或多个具体的角色，通过编制商业计划书、开展可行性研究、模拟企业运行、参加企业实践、撰写创业报告等工作，达到创业模拟训练的目的。创业训练项目应当具备大学生进入社会后进行创业活动的针对性。

(3) 创业实践项目是指大学生团队或个人在学校导师和企业导师的共同指导下，采用前期创新训练项目(或创新性实验)的成果，提出具有市场前景的创新性产品或者服务，并以此为基础开展创业实践活动。创业实践项目应当具备社会企事业单位背景、社会实践特点和可操作性。

2. 选题原则

大学生创新创业训练项目注重对学生在各个研究环节、不同研究方法、综合研究能力方面的训练和培养，既具有自主性、综合性、创新性、实践性和应用性等特点，又受到学生专业基础薄弱、实践经验少、实施期限短等限制。因此，项目选题既要有相对独立、完整的研究链条，又要难易适中、切实可行、行之有效。这就要求项目选题要少些“纯理论研究”，多些深入实践的具有自主性、调研性、对策性、应用性的研究或创业活动。选题时应遵循以下几项原则。

(1) 选题应以社会需求为导向，贴近现实、贴近生活，特别是当前社会生活中的热点和难点问题，体现较强的问题意识和现实价值。

(2) 选题应以学生兴趣为出发点，适合本科生开展，难度适中，可行性强，有利于项目按期顺利完成。

(3) 选题应紧密结合学科专业知识，综合运用多种研究方法，以科学研究、社会调研或创业实践为主要方式，形成相对独立、完整的研究链条，有利于取得突破性创新成果或创业成果。

10.2.2 撰写实例

下面以某校大学生创新创业训练项目申报表为例(见表10-1)，来介绍每一部分的撰写内容。

表10-1 大学生创新创业训练项目申报表

项目名称 全方位移动小车的轨迹跟踪及其实现

项目类型 ■创新训练项目□创业训练项目□创业实践项目

项目负责人 ________

所在学院 信息科学与工程学院

指导教师 孙 平

申报日期 2014.10.28

(续表)

<table>
<tr><td>项目名称</td><td colspan="6">全方位移动小车的轨迹跟踪及其实现</td></tr>
<tr><td>项目类型</td><td colspan="6">(√)创新训练项目 (　)创业训练项目 (　)创业实践项目</td></tr>
<tr><td>项目实施时间</td><td colspan="6">起始时间：2014年12月　　完成时间：2016年6月</td></tr>
<tr><td rowspan="7">申请人或申请团队</td><td></td><td>姓名</td><td>年级</td><td>所在院系/专业</td><td>联系电话</td><td>E-mail</td></tr>
<tr><td>主持人</td><td></td><td>2013级</td><td>信息学院/
智能科学与技术</td><td></td><td></td></tr>
<tr><td rowspan="5">成　员</td><td></td><td>2013级</td><td>信息学院/
智能科学与技术</td><td></td><td></td></tr>
<tr><td></td><td>2013级</td><td>信息学院/
智能科学与技术</td><td></td><td></td></tr>
<tr><td></td><td></td><td></td><td></td><td></td></tr>
<tr><td></td><td></td><td></td><td></td><td></td></tr>
<tr><td></td><td></td><td></td><td></td><td></td></tr>
<tr><td rowspan="3">指导教师</td><td>姓名</td><td colspan="2">孙平</td><td>研究方向</td><td colspan="2">康复机器人控制</td></tr>
<tr><td>年龄</td><td colspan="2"></td><td colspan="2">行政职务/专业技术职务</td><td></td></tr>
<tr><td>主要成果</td><td colspan="5">Ping Sun, Shuoyu Wang. Redundant Input Guaranteed Cost Non-fragile Tracking Control for Omnidirectional Rehabilitative Training Walker. International Journal of Control, Automation and Systems, 2015, 13(2):454-462.
Ping Sun, Shuoyu Wang, Hamid Reza Karimi. Robust Redundant Input Reliable Tracking Control for Omnidirectional Rehabilitative Training Walker. Mathematical Problems in Engineering, 2014, 1-10.
Ping Sun, Ting Wang. Robust Control for Nonlinear TCP Time-delay Dynamic Network Systems. Przeglad Elektrotechniczny, 2012,88(7): 257-260.
Ping Sun, Shuoyu Wang. Redundant Input Guaranteed Cost Switched Training Control for Omnidirectional Rehabilitative Training walker. International Journal of Innovative Computing, Information and Control, 2014, 10(3): 883-895.
Ping Sun, Shuoyu Wang. Robust Input Redundant Reliable Tracking Control for Omni-directional Rehabilitative Training Walker. ICIC Express Letters, 2014, 8(1): 79-85.
Ping Sun, Shuoyu Wang. Self-Safety Tracking Control for Redundant Actuator Omnidirectional Rehabilitative Training Walker. ICIC Express Letters, 2015, 9(2): 357-363.
Ping Sun, Zhouzhou Wang, Weilin Xue. Tracking Control for the Center-of-gravity Constant Shift of Omnidirectional Rehabilitative Training Walker. Applied Mechanics and Materials Journal, 2014, 619: 298-302.
Ping Sun, Shuoyu Wang. Improvement Model for Omnidirectional Rehabilitative Training Walker and Tracking Control. Proceedings of 2014 IEEE International Conference on Mechatronics and Automation, 2014: 1359-1364.
Ping Sun, Shouyu Wang. Robust Fault-tolerant Compensation Tracking Control for Omni-directional Rehabilitative Training Walker. Proceedings of 2013 IEEE International Conference on Mechatronics and Automation, Takamatsu, Japan, 2013:575-580.
Ping Sun, Shuoyu Wang. Robust Fault-tolerance Tracking Control for Omni-directional Rehabilitative Training Walker. Institute of Electrical Engineers of Japan, Tokyo, 2013:55-59.
孙平，彭万平. 全方向康复步行器的鲁棒容错控制. 沈阳工业大学学报，2014，36(2)：218-223.
孙平. 鲁棒H_∞控制理论与应用. 清华大学出版社，2012.
孙平，赵明，宗良，彭万平. 一种独立于康复者质量的轮式康复机器人的控制方法. 申请日期：2013.11.20，发明专利申请号：ZL 201310596476.1.</td></tr>
</table>

(续表)

一、项目实施的目的、意义 当今社会中，由于科技的不断进步以及人力成本的提升，自主移动机器人已经成为一个十分活跃并且具有广泛应用前景的研究领域。全方位移动小车在自主移动机器人领域中占有重要地位，它具有环境感知、动态反馈与决策功能，具有运动速度快、控制简单等特点，在自动生产线、无人驾驶车辆、火星车等热门领域内都有广泛应用。 目前对全方位移动小车的研究越来越多，并有不断发展趋势，其带来的经济效益是推动自主移动机器人研发的最主要力量。它的优点主要包括以下几个：①全方位移动小车具有高度灵活性，能进行全方位无死角移动。在实际应用中，可以制成家庭自动扫除机器人，通过传感器与自身程序控制并结合全方位移动的灵活性，对家庭中一些平常难以打扫的死角进行有效的清洁。②具有便利性，由于电子技术的发展，电路板的体积和重量被大大降低，使得小车的整体质量和体积都得到有效压缩，有效减少空间使用。③具有高度精确性，通过传感器与小车本身的信号传递，可以有效预测自身行进的轨迹，并随时加以修正。④无最小转弯半径，在很大程度上表征了车辆能够通过狭窄弯曲地带或绕过不可越过的障碍物。转弯半径越小，车的机动性能越好。 全方位移动小车在实际运动中往往需要跟踪指定的行走路径，尽管目前关于全方位移动小车的研究取得了一些成果，然而都忽视了小车载物后，会引起系统重心偏移，从而产生较大的跟踪误差，会使小车碰撞周围人或物体。因此，如何解决重心偏移对跟踪精度的影响，使全方位移动小车高精度安全跟踪运动路径，具有重要的研究意义。 本项目将研制一种全方位移动小车，配有传感器与实时定位系统，并设计路径跟踪控制方法，通过即时处理小车外部传感器传输的信号，改变电机的驱动速度与方向，保证小车能够有效缩小实际轨迹与预定轨迹的跟踪误差，实现系统重心偏移时的路径跟踪
二、项目研究内容和拟解决的关键问题 项目研究内容： (1) 设计并开发一台全方向移动小车，运动机构由3个全向轮组成，由直流电机驱动。 (2) 建立全方位移动小车的运动学模型，刻画重心偏移对系统的影响。 (3) 设计小车硬件电路和软件算法，并完成程序调试，使小车跟踪预先指定的运动路径。 (4) 完成全方位移动小车轨迹跟踪实验，通过车载传感器测量轨迹跟踪误差，并调整控制器参数。 拟解决的关键问题： (1) 建立小车运动学模型是解决重心偏移的关键。 (2) 设计跟踪控制方法是提高跟踪精度的关键
三、项目研究与实施的基础条件 (1) 作为智能科学与技术专业的学生，已经掌握了C语言、C++、模拟电路等学科的知识，并熟悉单片机及外围电路开发。后续还会学习数字电路、自动控制原理等相关课程，理论基础较好。 (2) 具备全方位移动小车实验平台，可为控制方法测试提供良好的实验条件，实验环境良好。 (3) 有经验丰富的指导教师随时进行指导，解决相关难题，所在课题组有十余名研究生可同时进行技术指导。 (4) 项目组成员对单片机及其程序设计有浓厚的兴趣，并具有良好的学习能力，可以通过学校丰富的图书和文献资料解决遇到的问题
四、项目实施方案 (1) 完成配有3个全向驱动轮的小车的结构设计。 (2) 进行小车硬件设计，包括传感器、单片机、编码器、陀螺仪，并完成硬件电路。 (3) 对小车进行软件设计，并实现软硬件联调。 (4) 建立小车运动学模型。 (5) 根据速度跟踪误差和位置跟踪误差，设计PID控制器，编写实验程序。 (6) 针对指定的直线和椭圆路径，完成跟踪控制实验

(续表)

整体研究方案如图10-2所示。

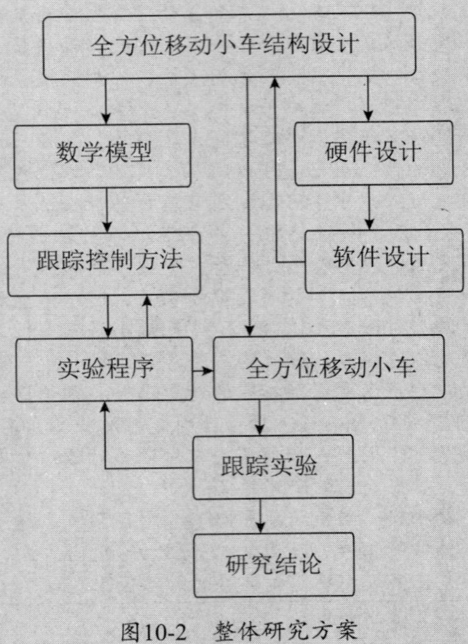

图10-2　整体研究方案

五、学校可以提供的条件

(1) 实验室有小车的框架结构，可以对其改造使之符合要求，实验环境良好

(2) 本系的老师可以帮助学生解决在设计过程中存在的问题，或者设计思路上的不足，为项目实施提供有力帮助

(3) 图书馆有丰富的文献资源，拥有单片机编程、轨迹跟踪、反馈控制等相关资料

(4) 网络上有很多论文、学术报告资料，可供参考，也可查找相关问题的解决方案，还可寻求技术上的帮助

六、预期成果

(1) 完成一台全方位移动小车

(2) 获得建立数学模型和实施小车跟踪控制的方法

(3) 完成小车路径跟踪实验，并掌握实验程序调试方法

七、经费预算

支出项目	金额/元	计算依据
版面费		发表学术论文、申请专利
实验材料费		单片机开发板，芯片，集成电路器件，电子显示屏等
实验工具费		万用表，电烙铁，焊锡，布线器等
差旅费		调研、开会旅费
总计		

(续表)

八、导师推荐意见 通过该项目研究可以锻炼学生的动手能力，将所学专业知识进行融合，从而提高学生解决问题的能力。在全方位移动小车实验平台的基础上，能够保证项目顺利实施并取得预期成果。 签名：孙平 2014年10月28日
九、学院推荐意见 教学院长签字：　　学院盖章 年　月　日
十、学校推荐意见： 学校负责人签名：　　学校盖章 年　月　日

10.3 专利申请撰写实例

专利申请文件的撰写，是一项法律性和技术性都非常强的工作。专利申请文件撰写的好坏，直接影响申请人能否获得专利权以及专利保护范围的大小，也会影响该申请在专利局的审批速度的快慢。因此，能否撰写出一份既符合具体发明的特点、又符合法律要求的专利申请文件，关系到专利申请人的切身利益。专利申请文件包括请求书、摘要、权利要求书、说明书、附图以及其他附件。其中，权利要求书是整个专利中的核心文档，一旦授权，则具有法律效用，将限定专利保护范围。请求书是填写专利名称和申请人基本信息的表格，其余部分将以笔者授权的发明专利《康复训练机器人运动速度和运动轨迹同时跟踪的控制方法》为例，来具体说明各部分的撰写内容。该专利的授权证书如图10-3所示。

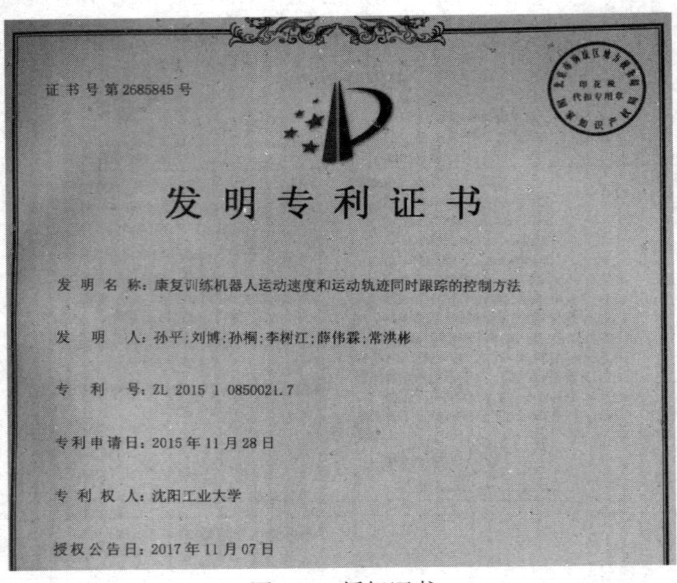

证书号第2685845号

发明专利证书

发明名称：康复训练机器人运动速度和运动轨迹同时跟踪的控制方法

发明人：孙平;刘博;孙桐;李树江;薛伟霖;常洪彬

专利号：ZL 2015 1 0850021.7

专利申请日：2015年11月28日

专利权人：沈阳工业大学

授权公告日：2017年11月07日

图10-3　授权证书

10.3.1　发明名称

发明专利的名称与科技论文的题名一样，有着相同的一般要求和文字要求，这里以图10-3授权的发明专利为例，给出突显发明专利创新性工作的专利名称。

发明名称：康复训练机器人运动速度和运动轨迹同时跟踪的控制方法。

10.3.2　摘要

本发明公开了一种康复步行训练机器人运动速度和运动轨迹同时跟踪的控制方法，其特征为：基于康复步行训练机器人的运动学模型和动力学模型，冗余自由度特征，非线性输入-输出线性化理论，建立各驱动轮转速与驱动力之间的解耦状态方程；设计驱动力控制器，基于解耦状态方程，使康复步行训练机器人的运动速度实现渐近跟踪；驱动力控制器结合非线性反馈控制律，基于康复步行训练机器人动力学模型，使运动轨迹实现渐近跟踪；基于MSP340系列单片机将输出的PWM信号提供给电机驱动单元，使机器人同时实现对参考轨迹信号的运动速度和运动轨迹跟踪。该控制方法巧妙地利用康复步行训练机器人的冗余自由度特征，并应用非线性输入-输出线性化理论，使机器人同时实现运动速度和运动轨迹的渐近跟踪，能有效提高训练者的安全性和康复效果。摘要附图如10-4所示。

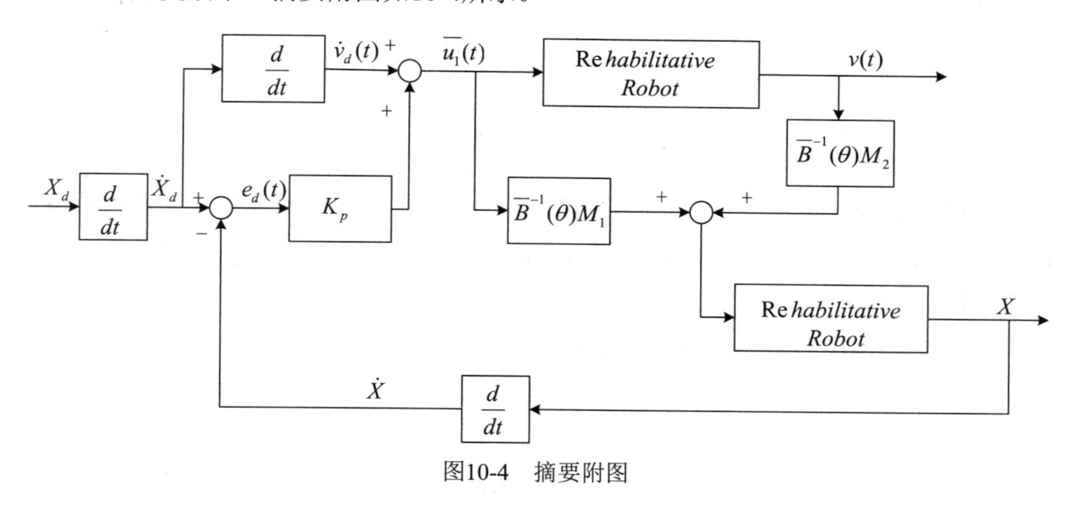

图10-4 摘要附图

10.3.3 权利要求书

(1) 康复步行训练机器人的运动速度和运动轨迹同时跟踪的控制方法的特征在于：该康复步行训练机器人是一种冗余自由度机器人，基于冗余机器人的特征，应用非线性输入-输出线性化理论，建立各驱动轮转速与驱动力之间的解耦状态方程；设计驱动力控制器，基于解耦状态方程，使康复步行训练机器人的运动速度实现渐近跟踪；结合驱动力控制器和非线性反馈控制律，基于康复步行训练机器人动力学模型，使运动轨迹实现渐近跟踪。具体的操作步骤如下所述。

① 基于冗余康复步行训练机器人的特征，结合运动学和动力学模型，应用非线性输入-输出线性化理论，建立各驱动轮转速与驱动力之间的解耦状态方程。

② 设计驱动力控制器，基于解耦状态方程，使康复步行训练机器人的运动速度实现渐近跟踪；驱动力控制器结合非线性反馈控制律，基于康复步行训练机器人动力学模型，使运动轨迹实现渐近跟踪。

③ 基于MSP430系列单片机将输出的PWM信号提供给电机驱动单元，使机器人同时实现对参考轨迹信号的运动速度和运动轨迹的跟踪。

(2) 根据权利要求“①基于冗余康复步行训练机器人的特征，应用非线性输入-输出线性化理论，建立各驱动轮转速与驱动力之间的解耦状态方程”，系统的运动学模型描述为

$$V=K_c\dot{X} \tag{10-1}$$

其中

$$V=\begin{bmatrix}v_1\\v_2\\v_3\\v_4\end{bmatrix},\ X=\begin{bmatrix}x(t)\\y(t)\\\theta(t)\end{bmatrix},\ K_c=\begin{bmatrix}-\sin\theta & \cos\theta & L\\\cos\theta & \sin\theta & -L\\-\sin\theta & \cos\theta & -L\\\cos\theta & \sin\theta & L\end{bmatrix}$$

式中，V表示机器人4个驱动轮的运动速度，X为机器人的实际行走轨迹，K_c表示系数矩阵，θ表示水平轴和机器人中心与第一个轮子中心连线间的夹角，L表示机器人中心到各个轮子的距离。

基于冗余自由度特征可知$v_1+v_2=v_3+v_4$成立，进而得到如下运动学模型

$$V_R=K_R\dot{X} \tag{10-2}$$

其中

$$V_R=\begin{bmatrix}v_1\\v_2\\v_3\end{bmatrix},\ K_R=\begin{bmatrix}-\sin\theta & \cos\theta & L\\\cos\theta & \sin\theta & -L\\-\sin\theta & \cos\theta & L\end{bmatrix}$$

(3) 根据权利要求“①基于冗余康复步行训练机器人的特征，应用非线性输入-输出线性化理论，建立各驱动轮转速与驱动力之间的解耦状态方程”，系统的动力学模型描述为

$$M_0\ddot{X}=B(\theta)u(t) \tag{10-3}$$

其中

$$M_0=\begin{bmatrix}M+m & 0 & 0\\0 & M+m & 0\\0 & 0 & I_0+mr_0^2\end{bmatrix},\ B(\theta)=\begin{bmatrix}-\sin\theta & \cos\theta & -\sin\theta & \cos\theta\\\cos\theta & \sin\theta & \cos\theta & \sin\theta\\L & -L & -L & L\end{bmatrix},\ u(t)=\begin{bmatrix}f_1\\f_2\\f_3\\f_4\end{bmatrix}$$

式中，M_0为包含机器人质量M、康复者质量m和转动惯量I_0的系数矩阵，$B(\theta)$为机器人旋转角度构成的系数矩阵，$u(t)$表示机器人的控制输入力。

基于冗余机器人特征，令两个输入力$f_2=f_4$，进而得到如下动力学模型

$$M_0\ddot{X}=\overline{B}(\theta)\overline{u}(t) \tag{10-4}$$

其中

$$\overline{B}(\theta)=\begin{bmatrix}-\sin\theta & 2\cos\theta & -\sin\theta\\\cos\theta & 2\sin\theta & \cos\theta\\L & 0 & -L\end{bmatrix},\ \overline{u}(t)=\begin{bmatrix}f_1\\f_2\\f_3\end{bmatrix}$$

式中，$\overline{u}(t)$表示机器人转化为非冗余系统后的控制输入力，$\overline{B}(\theta)$表示系数矩阵。

(4) 根据权利要求“①基于冗余康复步行训练机器人的特征，应用非线性输入-输出线性化理论，建立各驱动轮转速与驱动力之间的解耦状态方程”，由运动学模

型(10-2)可得到如下表达式

$$\dot{X} = S(x)v(t) \tag{10-5}$$

其中

$$S(x) = K_R^{-1},\ v(t)=V_R$$

对模型(10-5)两边同时微分并结合动力学模型(10-4)，得

$$\begin{cases} \dot{X} = S(x)v(t) \\ \dot{v}(t) = M_1^{-1}(-M_2 v(t) + \overline{B}(\theta)\overline{u}(t)) \end{cases} \tag{10-6}$$

其中

$$M_1=M_0S(x),\ M_2=M_0\dot{S}(x)$$

(5) 根据权利要求“①基于冗余康复步行训练机器人的特征，应用非线性输入-输出线性化理论，建立各驱动轮转速与驱动力之间的解耦状态方程”，定义系统状态变量

$$q = \begin{bmatrix} X \\ v(t) \end{bmatrix} = \begin{bmatrix} x(t) & y(t) & \theta(t) & v_1(t) & v_2(t) & v_3(t) \end{bmatrix}^T$$

系统模型(10-6)可化为如下仿射非线性系统

$$\dot{q} = \begin{bmatrix} S(x)v(t) \\ -M_1^{-1}M_2 v(t) \end{bmatrix} + \begin{bmatrix} 0 \\ M_1^{-1}\overline{B}(\theta) \end{bmatrix}\overline{u}(t) \tag{10-7}$$

针对系统模型(10-7)设计非线性反馈控制律

$$\overline{u}(t) = \overline{B}^{-1}(\theta)M_1\overline{u}_1(t) + \overline{B}^{-1}(\theta)M_2 v(t) \tag{10-8}$$

于是系统(10-7)化为如下形式

$$\dot{q} = f(q) + g(q)\overline{u}_1(t) \tag{10-9}$$

其中

$$f(q) = \begin{bmatrix} S(x)v(t) \\ 0 \end{bmatrix},\ g(q) = \begin{bmatrix} 0 \\ I \end{bmatrix}$$

式中，I表示具有恰当维数的单位矩阵。

定义系统输出向量y为

$$y = h(q) = \begin{bmatrix} x(t) & y(t) & \theta(t) & v_1(t) & v_2(t) & v_3(t) \end{bmatrix}^T \tag{10-10}$$

对输出向量y进行微分，得

$$\dot{y} = \nabla h(q)[f(q) + g(q)h(q)] = L_f h(q) + L_g h(q)\overline{u}_1(t) \tag{10-11}$$

从而可得各驱动轮转速与驱动力之间的解耦状态方程

$$\dot{v}(t)=\overline{u}_1(t) \tag{10-12}$$

(6) 根据权利要求“②设计驱动力控制器，基于解耦状态方程，使康复步行训练机器人的运动速度实现渐近跟踪；驱动力控制器结合非线性反馈控制律，基于康复步

行训练机器人动力学模型，使运动轨迹实现渐近跟踪”，假设康复机器人实际行走轨迹为X，医生指定训练轨迹X_d。对X和X_d分别微分，可得机器人实际运动速度$v(t)=\dot{X}$和医生指定运动速度为$v_d(t)=\dot{X}_d$，设运动速度跟踪误差为

$$e_d(t)=\dot{X}_d-\dot{X}$$

设计驱动力控制器为

$$\overline{u_1}(t)=\dot{v}_d(t)+K_p e_d(t) \tag{10-13}$$

在控制器(10-13)作用下，得到速度跟踪误差模型为

$$\dot{e}_d(t)+K_p e_d(t)=0 \tag{10-14}$$

通过选取适当的控制器增益矩阵K_p，可实现运动速度跟踪渐近稳定；同时驱动力控制器(10-13)结合非线性反馈控制律(10-8)，基于康复步行训练机器人动力学模型(10-4)可实现运动轨迹跟踪渐近稳定。

(7) 根据权利要求“③基于MSP430系列单片机将输出的PWM信号提供给电机驱动单元，使机器人同时实现对参考轨迹信号的运动速度和运动轨迹跟踪”，以MSP430系列单片机为主控制器，主控制器的输入接电机测速模块、输出接电机驱动模块，电机驱动电路与直流电机相连，电源系统给各个电气设备供电。

(8) 根据权利要求“③基于MSP430系列单片机将输出的PWM信号提供给电机驱动单元，使机器人同时实现对参考轨迹信号的运动速度和运动轨迹跟踪”，主控制器的控制方法为读取电机编码器的反馈信号与主控制器给定的控制命令信号X_d和$\dot{X}_d$，计算得出误差信号。根据误差信号，主控制器按照预定的控制算法计算电机的控制量，送给电机驱动单元，电机转动带动轮子维持自身平衡及按指定方式运动。

10.3.4 说明书及附图

1. 技术领域

本发明涉及轮式康复机器人的控制领域，尤其是关于冗余轮式康复机器人的控制方法。

2. 背景技术

随着老龄化社会的到来，由于疾病和交通事故等原因，步行功能障碍患者逐年增多。然而，由于我国医护资源不足、医疗费用昂贵，许多患者错过了最佳恢复期，从而导致患者步行功能逐渐丧失，给家庭和社会带来沉重的负担。因此，发展康复机器人对患者进行步行功能训练具有重要意义。

康复步行训练机器人需要跟踪医生指定的训练轨迹对患者进行训练，有关康复机器人轨迹跟踪控制方法已有许多研究成果，然而这些成果在考虑轨迹跟踪时都忽视了速度跟踪。机器人运行在未知环境中，如果运动速度过快超过患者承受能力，则会使患者再次受伤从而威胁其安全；如果运动速度过慢，则会使患者达不到运动强度而影响康复效果。因此，探索康复机器人运动速度和运动轨迹同时跟踪的控制方法尤为重要。本发明所研究的康复步行训练机器人是冗余机器人，到目前为止，还没有将运动学模型和动力学模型相结合实现冗余康复机器人的运动速度和运动轨迹同时跟踪的控制方法。因此，研究如何使康复步行训练机器人同时实现速度跟踪和轨迹跟踪具有重要意义。

3. 发明内容

1) 发明目的

为了解决上述问题，本发明提供了一种使康复步行训练机器人同时实现速度跟踪和轨迹跟踪的控制方法。

2) 技术方案

康复步行训练机器人运动速度和运动轨迹同时跟踪的控制方法，其特征在于以下几方面。

(1) 基于冗余康复步行训练机器人的特征，结合运动学和动力学模型，应用非线性输入-输出线性化理论，建立各驱动轮转速与驱动力之间的解耦状态方程。

(2) 设计驱动力控制器，基于解耦状态方程，使康复步行训练机器人的运动速度实现渐近跟踪；驱动力控制器结合非线性反馈控制律，基于康复步行训练机器人动力学模型，使运动轨迹实现渐近跟踪。

(3) 基于MSP430系列单片机将输出的PWM信号提供给电机驱动单元，使机器人同时实现对参考轨迹信号的运动速度和运动轨迹跟踪。

3) 实施步骤

(1) 基于冗余康复步行训练机器人的特征，应用非线性输入-输出线性化理论，建立各驱动轮转速与驱动力之间的解耦状态方程，系统的运动学模型描述为

$$V=K_c\dot{X} \tag{10-15}$$

其中

$$V=\begin{bmatrix} v_1 \\ v_2 \\ v_3 \\ v_4 \end{bmatrix},\quad X=\begin{bmatrix} x(t) \\ y(t) \\ \theta(t) \end{bmatrix},\quad K_c=\begin{bmatrix} -\sin\theta & \cos\theta & L \\ \cos\theta & \sin\theta & -L \\ -\sin\theta & \cos\theta & -L \\ \cos\theta & \sin\theta & L \end{bmatrix}$$

式中，V表示机器人4个驱动轮的运动速度，X为机器人的实际行走轨迹，K_c表示系数

矩阵，θ表示水平轴和机器人中心与第一个轮子中心连线间的夹角，L表示机器人中心到各个轮子的距离。

基于冗余自由度特征，有$v_1+v_2=v_3+v_4$成立，进而得到如下运动学模型

$$V_R = K_R \dot{X} \tag{10-16}$$

其中

$$V_R = \begin{bmatrix} v_1 \\ v_2 \\ v_3 \end{bmatrix},\quad K_R = \begin{bmatrix} -\sin\theta & \cos\theta & L \\ \cos\theta & \sin\theta & -L \\ -\sin\theta & \cos\theta & L \end{bmatrix}$$

(2) 系统的动力学模型描述为

$$M_0 \ddot{X} = B(\theta)u(t) \tag{10-17}$$

其中

$$M_0 = \begin{bmatrix} M+m & 0 & 0 \\ 0 & M+m & 0 \\ 0 & 0 & I_0 + mr_0^2 \end{bmatrix},\quad B(\theta) = \begin{bmatrix} -\sin\theta & \cos\theta & -\sin\theta & \cos\theta \\ \cos\theta & \sin\theta & \cos\theta & \sin\theta \\ L & -L & -L & L \end{bmatrix},\quad u(t) = \begin{bmatrix} f_1 \\ f_2 \\ f_3 \\ f_4 \end{bmatrix}$$

式中，M_0表示包含机器人质量M、康复者质量m和转动惯量I_0的系数矩阵，$B(\theta)$表示机器人旋转角度构成的系数矩阵，$u(t)$表示机器人的控制输入力。

基于冗余机器人特征，令两个输入力$f_2=f_4$，进而得到如下动力学模型

$$M_0 \ddot{X} = \overline{B}(\theta)\overline{u}(t) \tag{10-18}$$

其中

$$\overline{B}(\theta) = \begin{bmatrix} -\sin\theta & 2\cos\theta & -\sin\theta \\ \cos\theta & 2\sin\theta & \cos\theta \\ L & 0 & -L \end{bmatrix},\quad \overline{u}(t) = \begin{bmatrix} f_1 \\ f_2 \\ f_3 \end{bmatrix}$$

式中，$\overline{u}(t)$表示机器人转化为非冗余系统后的控制输入力，$\overline{B}(\theta)$表示系数矩阵。

(3) 由运动学模型(10-16)可得如下表达形式

$$\dot{X} = S(x)v(t) \tag{10-19}$$

其中

$$S(x) = K_R^{-1},\quad v(t)=V_R$$

对模型(10-19)两边同时微分并结合动力学模型(10-18)，得

$$\begin{cases} \dot{X} = S(x)v(t) \\ \dot{v}(t) = M_1^{-1}[-M_2 v(t) + \overline{B}(\theta)\overline{u}(t)] \end{cases} \tag{10-20}$$

其中

$$M_1=M_0S(x),\quad M_2=M_0\dot{S}(x)$$

(4) 定义系统状态变量

$$q=\begin{bmatrix} X \\ v(t) \end{bmatrix}=\begin{bmatrix} x(t) & y(t) & \theta(t) & v_1(t) & v_2(t) & v_3(t) \end{bmatrix}^T$$

系统模型(10-20)可化为如下仿射非线性系统

$$\dot{q}=\begin{bmatrix} S(x)v(t) \\ -M_1^{-1}M_2v(t) \end{bmatrix}+\begin{bmatrix} 0 \\ M_1^{-1}\overline{B}(\theta) \end{bmatrix}\overline{u}(t) \tag{10-21}$$

针对系统模型(10-21)设计非线性反馈控制律

$$\overline{u}(t)=\overline{B}^{-1}(\theta)M_1\overline{u}_1(t)+\overline{B}^{-1}(\theta)M_2v(t) \tag{10-22}$$

于是系统(10-21)化为如下形式

$$\dot{q}=f(q)+g(q)\overline{u}_1(t) \tag{10-23}$$

其中

$$f(q)=\begin{bmatrix} S(x)v(t) \\ 0 \end{bmatrix}, \quad g(q)=\begin{bmatrix} 0 \\ I \end{bmatrix}$$

式中，I表示具有恰当维数的单位矩阵。

定义系统输出向量y为

$$y=h(q)=\begin{bmatrix} x(t) & y(t) & \theta(t) & v_1(t) & v_2(t) & v_3(t) \end{bmatrix}^T \tag{10-24}$$

对输出向量y进行微分，得

$$\dot{y}=\nabla h(q)[f(q)+g(q)h(q)]=L_f h(q)+L_g h(q)\overline{u}_1(t) \tag{10-25}$$

从而可得各驱动轮转速与驱动力之间的解耦状态方程为

$$\dot{v}(t)=\overline{u}_1(t) \tag{10-26}$$

(5) 设计驱动力控制器，基于解耦状态方程，使康复步行训练机器人的运动速度实现渐近跟踪；驱动力控制器结合非线性反馈控制律，基于康复步行训练机器人动力学模型，使运动轨迹实现渐近跟踪。假设康复机器人实际行走轨迹为X，医生指定训练轨迹为X_d。对X和X_d分别微分，可得机器人实际运动速度$v(t)=\dot{X}$和医生指定运动速度$v_d(t)=\dot{X}_d$，设运动速度跟踪误差为

$$e_d(t)=\dot{X}_d-\dot{X}$$

设计驱动力控制器为

$$\overline{u}_1(t)=\dot{v}_d(t)+K_p e_d(t) \tag{10-27}$$

在控制器(10-27)的作用下，得到速度跟踪误差模型为

$$\dot{e}_d(t)+K_p e_d(t)=0 \tag{10-28}$$

通过选取适当的控制器增益矩阵K_p，可实现运动速度跟踪渐近稳定；同时驱动力控制器(10-27)结合非线性反馈控制律(10-22)，基于康复步行训练机器人动力学模型(10-18)可实现运动轨迹跟踪渐近稳定。

(6) 基于MSP430系列单片机将输出的PWM信号提供给电机驱动单元，使机器人同时实现对参考轨迹信号的运动速度和运动轨迹跟踪。以MSP430系列单片机为主控制器，主控制器的输入接电机测速模块、输出接电机驱动模块，电机驱动电路与直流电机相连，电源系统给各个电气设备供电。

(7) 主控制器的控制方法为读取电机编码器的反馈信号与主控制器给定的控制命令信号X_d和$\dot{X}_d$，计算得出误差信号。根据误差信号，主控制器按照预定的控制算法计算电机的控制量，送给电机驱动单元，电机转动带动轮子维持自身平衡及按指定方式运动。

4) 优点及效果

本发明是一种使康复步行训练机器人同时实现速度跟踪和轨迹跟踪的控制方法，具有如下优点：本发明应用冗余自由度特征建立康复步行训练机器人驱动轮转速与驱动力之间的解耦状态方程，易于实现速度跟踪，从而为实现轨迹跟踪提供了可能，该控制方法能提高训练者的安全性和康复效果。

4. 附图说明(考虑篇幅，此处略去)

图1为本发明控制器工作框图；

图2为本发明康复步行训练机器人结构坐标图；

图3为本发明的MSP430单片机最小系统；

图4为本发明的主控制器外围扩展电路；

图5为本发明硬件总体原理电路。

5. 具体实施方式

下面结合附图对本发明做进一步的说明，但本发明的保护范围不受实施条例的限制。

1) 特征

康复步行训练机器人运动速度和运动轨迹同时跟踪的控制方法，其特征在于以下几个方面。

(1) 基于冗余康复步行训练机器人的特征，结合运动学和动力学模型，应用非线性输入-输出线性化理论，建立各驱动轮转速与驱动力之间的解耦状态方程。

(2) 设计驱动力控制器，基于解耦状态方程，使康复步行训练机器人的运动速度实现渐近跟踪；驱动力控制器结合非线性反馈控制律，基于康复步行训练机器人动力学模型，使运动轨迹实现渐近跟踪。

(3) 基于MSP430系列单片机将输出的PWM信号提供给电机驱动单元，使机器人同时实现对参考轨迹信号的运动速度和运动轨迹跟踪。

2) 实施步骤

(1) 基于冗余康复步行训练机器人的特征，应用非线性输入-输出线性化理论，建立各驱动轮转速与驱动力之间的解耦状态方程， 系统的运动学模型描述为

$$V=K_c\dot{X} \tag{10-29}$$

其中

$$V=\begin{bmatrix} v_1 \\ v_2 \\ v_3 \\ v_4 \end{bmatrix},\quad X=\begin{bmatrix} x(t) \\ y(t) \\ \theta(t) \end{bmatrix},\quad K_c=\begin{bmatrix} -\sin\theta & \cos\theta & L \\ \cos\theta & \sin\theta & -L \\ -\sin\theta & \cos\theta & -L \\ \cos\theta & \sin\theta & L \end{bmatrix}$$

式中，V表示机器人4个驱动轮的运动速度，X为机器人的实际行走轨迹，K_c表示系数矩阵，θ表示水平轴和机器人中心与第一个轮子中心连线间的夹角，L表示机器人中心到各个轮子的距离。

基于冗余自由度特征，有$v_1+v_2=v_3+v_4$成立，进而得到如下运动学模型

$$V_R=K_R\dot{X} \tag{10-30}$$

其中

$$V_R=\begin{bmatrix} v_1 \\ v_2 \\ v_3 \end{bmatrix},\quad K_R=\begin{bmatrix} -\sin\theta & \cos\theta & L \\ \cos\theta & \sin\theta & -L \\ -\sin\theta & \cos\theta & L \end{bmatrix}$$

(2) 系统的动力学模型描述为

$$M_0\ddot{X}=B(\theta)u(t) \tag{10-31}$$

其中

$$M_0=\begin{bmatrix} M+m & 0 & 0 \\ 0 & M+m & 0 \\ 0 & 0 & I_0+mr_0^2 \end{bmatrix},\quad B(\theta)=\begin{bmatrix} -\sin\theta & \cos\theta & -\sin\theta & \cos\theta \\ \cos\theta & \sin\theta & \cos\theta & \sin\theta \\ L & -L & -L & L \end{bmatrix},\quad u(t)=\begin{bmatrix} f_1 \\ f_2 \\ f_3 \\ f_4 \end{bmatrix}$$

式中，M_0为包含机器人质量M、康复者质量m和转动惯量I_0的系数矩阵，$B(\theta)$为机器人旋转角度构成的系数矩阵，$u(t)$表示机器人的控制输入力。

基于冗余机器人特征，令两个输入力$f_2=f_4$，进而得到如下动力学模型

$$M_0\ddot{X}=\overline{B}(\theta)\overline{u}(t) \tag{10-32}$$

其中

$$\overline{B}(\theta)=\begin{bmatrix} -\sin\theta & 2\cos\theta & -\sin\theta \\ \cos\theta & 2\sin\theta & \cos\theta \\ L & 0 & -L \end{bmatrix},\quad \overline{u}(t)=\begin{bmatrix} f_1 \\ f_2 \\ f_3 \end{bmatrix}$$

$\overline{u}(t)$表示机器人转化为非冗余系统后的控制输入力，$\overline{B}(\theta)$表示系数矩阵。

(3) 由运动学模型(10-30)可得如下表达形式

$$\dot{X} = S(x)v(t) \tag{10-33}$$

其中

$$S(x) = K_R^{-1},\ v(t)=V_R$$

对模型(10-33)两边同时微分并结合动力学模型(10-32)，得

$$\begin{cases} \dot{X} = S(x)v(t) \\ \dot{v}(t) = M_1^{-1}[-M_2 v(t) + \overline{B}(\theta)\overline{u}(t)] \end{cases} \tag{10-34}$$

其中

$$M_1=M_0S(x),\ M_2=M_0\dot{S}(x)$$

(4) 定义系统状态变量

$$q = \begin{bmatrix} X \\ v(t) \end{bmatrix} = \begin{bmatrix} x(t) & y(t) & \theta(t) & v_1(t) & v_2(t) & v_3(t) \end{bmatrix}^T$$

系统模型(10-34)可化为如下仿射非线性系统

$$\dot{q} = \begin{bmatrix} S(x)v(t) \\ -M_1^{-1}M_2 v(t) \end{bmatrix} + \begin{bmatrix} 0 \\ M_1^{-1}\overline{B}(\theta) \end{bmatrix}\overline{u}(t) \tag{10-35}$$

针对系统模型(10-35)设计非线性反馈控制律

$$\overline{u}(t) = \overline{B}^{-1}(\theta)M_1\overline{u}_1(t) + \overline{B}^{-1}(\theta)M_2 v(t) \tag{10-36}$$

于是系统(10-35)化为如下形式

$$\dot{q} = f(q) + g(q)\overline{u}_1(t) \tag{10-37}$$

其中

$$f(q) = \begin{bmatrix} S(x)v(t) \\ 0 \end{bmatrix},\ g(q) = \begin{bmatrix} 0 \\ I \end{bmatrix}$$

式中，I表示具有恰当维数的单位矩阵。

定义系统输出向量y为

$$y = h(q) = \begin{bmatrix} x(t) & y(t) & \theta(t) & v_1(t) & v_2(t) & v_3(t) \end{bmatrix}^T \tag{10-38}$$

对输出向量y进行微分，得

$$\dot{y} = \nabla h(q)[f(q) + g(q)h(q)] = L_f h(q) + L_g h(q)\overline{u}_1(t) \tag{10-39}$$

从而可得各驱动轮转速与驱动力之间的解耦状态方程为

$$\dot{v}(t)=\overline{u}_1(t) \tag{10-40}$$

(5) 设计驱动力控制器，基于解耦状态方程，使康复步行训练机器人的运动速度实现渐近跟踪；驱动力控制器结合非线性反馈控制律，基于康复步行训练机器人动力学模型，使运动轨迹实现渐近跟踪。假设康复机器人实际行走轨迹为X，医生指定训练轨迹为X_d。对X和X_d分别微分，可得机器人实际运动速度$v(t)=\dot{X}$和医生指定运动速度

$v_d(t)=\dot{X}_d$，设运动速度跟踪误差为$e_d(t)=\dot{X}_d-\dot{X}$，设计驱动力控制器为

$$\overline{u}_1(t)=\dot{v}d(t)+K_pe_d(t) \tag{10-41}$$

在控制器(10-41)的作用下，得到速度跟踪误差模型为

$$\dot{e}_d(\mathrm{t})+K_pe_d(t)=0 \tag{10-42}$$

通过选取适当的控制器增益矩阵K_p，可实现运动速度跟踪渐近稳定；同时驱动力控制器(10-41)结合非线性反馈控制律(10-36)，基于康复步行训练机器人动力学模型(10-32)可实现运动轨迹跟踪渐近稳定。

(6) 基于MSP430系列单片机将输出的PWM信号提供给电机驱动单元，使机器人同时实现对参考轨迹信号的运动速度和运动轨迹跟踪。以MSP430系列单片机为主控制器，主控制器的输入接电机测速模块、输出接电机驱动模块，电机驱动电路与直流电机相连，电源系统给各个电气设备供电。

(7) 主控制器的控制方法为读取电机编码器的反馈信号与主控制器给定的控制命令信号X_d和$\dot{X}_d$，计算得出误差信号。根据误差信号，主控制器按照预定的控制算法计算出电机的控制量，送给电机驱动单元，电机转动带动轮子维持自身平衡及按指定方式运动。

3) 结论

本发明解决了康复步行训练机器人运动速度和运动轨迹同时跟踪的问题，基于冗余自由度特征和非线性输入-输出反馈线性化理论建立各驱动轮转速与驱动力之间的解耦状态方程，在实现运动速度跟踪的基础上再实现运动轨迹跟踪，可有效提高训练者的安全性和康复效果。

思考题

(1) 掌握开题报告的撰写内容。

(2) 简述创新创业训练项目的选题原则。

(3) 结合专业方向查阅文献，练习撰写创新创业训练项目申请书。

(4) 查阅专利文献，掌握专利撰写内容。

扫码自测

参考文献

[1] 孙平. 大学生“科技写作”课程与创新能力的培养[J]. 中国教育月刊，2008，20(149)：29-30.

[2] 孙平. 科技写作[M]. 沈阳：沈阳工业大学出版社(校内教材)，2007.

[3] 孙平，伊雪峰. 科技写作与文献检索[M]. 北京：清华大学出版社，2013.

[4] 孙平，伊雪峰，田芳. 科技写作与文献检索[M]. 2版. 北京：清华大学出版社，2016.

[5] 孙平，伊雪峰，田芳，魏子淇. 科技写作与文献检索[M]. 3版. 北京：清华大学出版社，2023.

[6] 段明莲，张久珍，李凤棠.学位论文撰写与参考文献著录规范[M]. 北京：北京大学出版社，2009.

[7] 柴晓娟. 网络学术资源检索与利用[M]. 南京：南京大学出版社，2009.

[8] 陈晓瑜，陈蔚丽，陈如好. 高校信息素质教程[M]. 北京：电子工业出版社，2010.

[9] 戴建陆，张岚. 信息检索[M]. 北京：中国电力出版社，2009.

[10] 杜慰纯，宋爽，李娜. 信息获取与利用[M]. 北京：清华大学出版社，2009.

[11] 高飞. 网络信息实用检索[M]. 北京：中国计量出版社，2010.

[12] 洪全. 信息检索与利用教程[M]. 北京：清华大学出版社，2009.

[13] 刘富霞. 文献信息检索教程[M]. 北京：机械工业出版社，2006.

[14] 刘培兰. 现代信息检索与利用教程[M]. 北京：北京交通大学出版社，2009.

[15] 刘英华，赵哨军. 信息资源检索[M]. 北京：科学出版社，2010.

[16] 罗书练，郑萍. 国外免费医学网址集锦[M]. 北京：人民卫生出版社，2009.

[17] 马路. 医药电子资源的检索与利用[M]. 北京：人民卫生出版社，2009.

[18] 乔好勤，冯建福，张材鸿. 文献信息检索与利用[M]. 武汉：华中科技大学出版社，2008.

[19] 宋金芹. 科技信息检索与利用[M]. 北京：中国电力出版社，2010.

[20] 隋莉萍. 网络信息检索与利用[M]. 北京：清华大学出版社，2008.

[21] 孙绿怡. 信息检索[M]. 北京：中央广播电视大学出版社，2007.

[22] 汪楠，张炎. 实用检索技术[M]. 北京：科学出版社，2010.

[23] 王国良，杨晶，孔毅. 信息资源检索与利用[M]. 北京：兵器工业出版社，2005.

[24] 许征尼. 信息素养与信息检索[M]. 合肥：中国科学技术大学出版社，2010.

[25] 伊雪峰，金桂花，刘英煜. 信息检索与利用[M]. 北京：人民邮电出版社，2011.

[26] 于占洋. 药学文献检索与利用[M]. 北京：中国医药科技出版社，2009.

[27] 周金元. 研究生信息素质高级教程[M]. 镇江：江苏大学出版社，2009.

[28] 张孙玮，吕伯昇，张迅. 科技论文写作入门[M]. 北京：化学工业出版社，2005.

[29] 朱国奉，丁广明，任孝珍. 科技应用文写作[M]. 南京：东南大学出版社，2004.

[30] 高烽. 科技论文写作规则和写作技巧100例[M]. 北京：国防工业出版社，2005.

[31] 王力，朱光潜. 怎样写学术论文[M]. 北京：北京大学出版社，1981.

[32] 彭奇志，林中. 信息资源检索策略与分析[M]. 南京：南京大学出版社，2013.